丛书主编 吴松弟　丛书副主编 戴鞍钢

Modern Economic Geography of China
Vol. 2

戴鞍钢 著

中国近代经济地理 第二卷

江浙沪近代经济地理

华东师范大学出版社
ECNUP 全国百佳图书出版单位

图书在版编目（CIP）数据

中国近代经济地理. 第2卷, 江浙沪近代经济地理 / 戴鞍钢著. —上海：华东师范大学出版社, 2013.12
ISBN 978-7-5675-1539-0

Ⅰ.①中… Ⅱ.①戴… Ⅲ.①经济地理-中国-近代②经济地理-江苏省-近代③经济地理-浙江省-近代④经济地理-上海市-近代 Ⅳ.①F129.9

中国版本图书馆CIP数据核字（2013）第308956号

审图号 GS(2014)291号

中国近代经济地理

第二卷　江浙沪近代经济地理

丛书主编	吴松弟　副主编　戴鞍钢
本卷著者	戴鞍钢
策划编辑	王　焰
项目编辑	庞　坚
审读编辑	徐桂茹
责任校对	时东明
版式设计	高　山
封面设计	储　平

出版发行	华东师范大学出版社
社　　址	上海市中山北路3663号　邮编200062
网　　址	www.ecnupress.com.cn
电　　话	021-60821666　行政传真 021-62572105
客服电话	021-62865537　门市(邮购)电话 021-62869887
门市地址	上海市中山北路3663号华东师范大学校内先锋路口
网　　店	http://hdsdcbs.tmall.com

印 刷 者	上海中华商务联合印刷有限公司
开　　本	787×1092　16开
印　　张	17.5
字　　数	351千字
版　　次	2014年12月第1版
印　　次	2014年12月第1次
书　　号	ISBN 978-7-5675-1539-0/K·398
定　　价	62.00元

出 版 人　王　焰

（如发现本版图书有印订质量问题,请寄回本社市场部调换或电话021-62865537联系）

本书为
国家出版基金资助项目
"十二五"国家重点图书出版规划项目
上海文化发展基金会图书出版专项基金资助项目

《中国近代经济地理》总序

描述中国在近代(1840—1949年)所发生的从传统经济向近代经济变迁的空间过程及其形成的经济地理格局,是本书的基本任务。这一百余年,虽然是中国备受帝国主义列强欺凌的时期,却又是中国通过学习西方逐步走上现代化道路,从而告别数千年封建王朝的全新的历史时期。1949年10月1日中华人民共和国成立,中国的现代化进入新的阶段。

近20年,中国历史地理学和中国近代经济史研究都取得了较大的进步,然而对近代经济变迁的空间进程及其形成的经济地理格局,仍嫌研究不足。本书的写作,旨在填补这一空白,以便学术界从空间的角度理解近代中国的经济变迁,并增进对近代政治、文化及其区域差异的认识。由于1949年10月1日以后的新阶段建立在以前的旧时期的基础上,对中国近代经济地理展开比较全面的研究,也有助于政府机关、学术界和企业认识并理解古老而广袤的中国大地上发生的数千年未有的巨变在经济方面的表现,并在学术探讨的基础上达到一定程度的经世致用。

全书共分成9卷,除第一卷为《绪论和全国概况》之外,其他8卷都是分区域的论述。区域各卷在内容上大致可分成两大板块:一个板块是各区域近代经济变迁的背景、空间过程和内容,将探讨经济变迁空间展开的动力、过程和主要表现;另一个板块是各区域近代经济地理的简略面貌,将探讨产业部门的地理分布、区域经济的特点,以及影响区域经济的主要因素。

在个人分头研究的基础上,尽量吸收各学科的研究成果与方法,将一部从空间的角度反映全国和各区域经济变迁的概貌以及影响变迁的地理因素的著作,奉献给大家,是我们的初衷。然而,由于中国近代经济变迁的复杂性和明显的区域经济差异,以及长期以来在这些方面研究的不足,加之我们自身水平的原因,本书在深度、广度和理论方面都有许多不足之处。我们真诚地欢迎各方面的批评,在广泛吸纳批评意见的基础上,推进中国近代经济地理的研究。

目 录

绪 论 /1

第一章 近代城市 /6

第一节 通商口岸城市近代化的起步 /6
一、上海的崛起 /7
二、宁波的滞后 /12

第二节 经济中心城市的位移 /13
一、上海取代苏州的中心城市地位 /13
二、上海确立中心城市地位的社会环境 /15
三、上海近郊市镇格局的变动 /16

第三节 镇江、温州、苏州、杭州和南京的开埠 /18
一、镇江的江河转运区位 /18
二、浙东南出海口的温州 /20
三、苏州、杭州和南京的开埠 /21

第四节 吴淞"自开商埠"的动议 /25
一、"自开商埠"的政治因素 /25
二、吴淞的地理区位 /26

第二章 江河海航运 /29

第一节 上海的枢纽港地位 /29
一、开埠前的上海与江南水系 /29
二、开埠前的上海与江南诸港 /30
三、开埠前的上海港口功能 /32
四、开埠后的枢纽大港 /33

第二节 新旧航运业的兴替 /35
一、旧式航运业的困境 /35
二、江海轮船业的经营 /37
三、内河小轮船的航行 /38

第三节　江河海航运的衔接 / 48
　　　　一、江河海航运网络 / 49
　　　　二、上海与浙东航线 / 56
　　　　三、上海与苏北航线 / 58
　　　　四、上海与长江航线 / 60

第三章　陆路交通和邮电航空 / 63
　　第一节　铁路的伸展 / 63
　　　　一、吴淞铁路 / 63
　　　　二、津镇铁路和津浦铁路 / 64
　　　　三、沪宁铁路和沪杭甬铁路 / 65
　　　　四、陇海铁路江苏段和青三铁路 / 74
　　　　五、浙赣铁路、江南铁路和苏嘉铁路 / 75
　　　　六、铁路与沿线城镇经济变迁 / 77
　　第二节　公路的修筑 / 78
　　　　一、上海的率先行动 / 78
　　　　二、江浙的追随 / 80
　　　　三、江浙沪公路的联结 / 82
　　第三节　水陆联运 / 85
　　　　一、水路与铁路及公路的衔接 / 85
　　　　二、战争的破坏和战后的修复 / 89
　　第四节　邮电和航空 / 91
　　　　一、邮电的沟通 / 91
　　　　二、航空运输 / 102

第四章　近代工业 / 105
　　第一节　上海的工业中心地位 / 105
　　　　一、近代工业的发生 / 105
　　　　二、工业门类和分布 / 106
　　　　三、占全国的比重 / 113
　　第二节　江浙的近代工矿业 / 116
　　　　一、以沪宁铁路为轴心的江苏工业 / 116
　　　　二、以沿海地区为重心的浙江工矿业 / 123
　　　　三、民间资本的工矿业投资 / 126

四、江浙沪工业的空间特征 / 129

第五章　农业和手工业 / 133

　第一节　**农产品的商品化** / 133
　　一、口岸经济的带动 / 133
　　二、经济作物相对集中产区 / 137

　第二节　**城郊农副业** / 142
　　一、上海城郊农副业的多种经营 / 142
　　二、城郊型农副业生产的变迁 / 144

　第三节　**城乡手工业** / 150
　　一、棉纺织业和轧花业 / 150
　　二、缫丝业和丝织业 / 156
　　三、新兴的手工业 / 158

　第四节　**农垦企业和农产品加工及农机具的应用** / 165
　　一、苏北盐垦区和浙江的农垦企业 / 165
　　二、苏北盐垦区的开发模式 / 170
　　三、农产品加工及农机具的应用 / 172

第六章　商业和金融业 / 179

　第一节　**城乡商品流通** / 179
　　一、上海的商贸中心地位 / 179
　　二、城乡商品经销网 / 181

　第二节　**新式商人群体** / 189
　　一、新式商人的崛起 / 190
　　二、华侨商人的投资 / 192

　第三节　**银行、钱庄、票号、保险业和传统借贷** / 193
　　一、银行 / 193
　　二、钱庄、票号和典当 / 196
　　三、保险业和传统借贷 / 203

第七章　人口分布和迁徙 / 208

　第一节　**太平天国战争前后的人口变动** / 208
　　一、战争期间的人口损失 / 208
　　二、战争前后的人口变动 / 209
　　三、江浙人口的地区分布 / 210

　第二节　**人口迁徙** / 213

一、城乡人口流动 / 213
　　二、上海的人口集聚 / 216
　　三、移民与近代工业 / 217
　　四、移民与城乡经济 / 223

第八章　区域内部的发展落差 / 233
第一节　区域内部的梯度发展差异 / 233
　　一、上海、苏南与苏北 / 234
　　二、浙东北与浙西南 / 235
第二节　长江三角洲经济区的雏形 / 236
　　一、晚清时期 / 236
　　二、民国时期 / 237

表图总目 / 243
参考征引文献目录 / 245
后记 / 259
索引 / 260

绪　论

一、江浙沪的自然条件和经济重心区域

江浙沪位于中国东南沿海的中部和长江下游,包括黄淮平原、长江中下游平原和东南丘陵地区的大部,其中大部分处于北亚热带和中亚热带季风区域,热量充足,降水丰沛,无霜期淮河以北为 210 至 220 天,江淮之间为 220 至 230 天,长江以南可达 230 至 250 天,甚至更长。适于多种植物的生长,农作物可以一年二熟,甚至一年三熟。由于降水总量丰富,地表径流充足,主要河流有长江、淮河、钱塘江、瓯江,区域内径流量地区分布不均,总体上南部大于北部,山区大于平原,沿海大于内陆。平地多于山丘,是本区域土地资源的一大优势。区域内的海岸线长 3 456 公里,占中国大陆海岸线的 19.2%。长江下游流经本区域并注入大海,为本区域提供了丰富的水资源和巨大的水运能力。[①] 具体而言,江浙沪三地的自然条件又有差异。

江苏省地处长江、淮河下游,东临黄海,并与上海相接,西连安徽,南邻浙江,北毗山东。境内平原广袤,河湖交错,地跨中亚热带、北亚热带和暖温带等不同的生物气候带,在东亚季风气候控制下,气候湿润,有利于作物生长。全省土地总面积 10.17 万余平方公里,约占全国土地总面积 1.05%,其中平原约占 68%,低山丘陵约占 5%,岗地约占 10%,水面约占 17%。全省地势,总的形态是南北稍高,中间较低,由西向东作平缓倾斜。[②]

浙江省东临东海,北与江苏、上海接壤,西与安徽、江西毗邻,南与福建相连。全境都属于亚热带气候,各地的降水量差别不大。境内地形复杂,全省约 10 万平方公里的陆地面积中,山地丘陵占 70%,平原和盆地占 23%,河流和湖泊占 6% 以上,向有"七山二水一分田"之说。全省地势自南向北呈阶梯状倾斜。大体表现为,浙江南部是平均海拔 800 米的山区,中部乃至西北部以丘陵和盆地为主,东北部是由杭嘉湖平原与宁绍平原所组成的低平冲积平原。[③]

上海市位于东海之滨,地处长江入海口,[④]西和北与江苏省接壤,南与浙江省毗邻。全市面积 6 190 平方公里,占全国土地总面积的 0.6%。全境位于长江三角洲

---

① 李润田主编:《中国资源地理》,科学出版社,2003 年,第 191、192 页。
② 张同铸主编:《江苏省经济地理》,新华出版社,1993 年,第 1、2、15 页。
③ 吴松弟等主编:《走入中国的传统农村——浙江泰顺历史文化的国际考察与研究》,齐鲁书社,2009 年,第 307 页。
④ 按:今上海地区清代属江苏省,1927 年 7 月 7 日上海特别市政府成立,市郊各县此后仍属江苏省。1958 年 1 月 17 日,国务院将原属江苏省的嘉定、宝山、上海三个县划归上海市。同年 12 月 21 日,又将原属江苏省的川沙、青浦、南汇、松江、奉贤、金山、崇明七个县划归上海,详细情况可参阅熊月之等主编:《上海:一座现代化都市的编年史》,上海书店出版社,2009 年,第 532 页。本书所论述的上海,空间范围以今行政区划为准。

东南前缘,境内均为地势低坦的冲积平原,亚热带湿润季风气候和煦温润,土地肥沃。上海的陆地水文,呈现出水源丰足、塘渠纵横、江湖密布的水网地区特征。流经上海的主要河流,有长江、黄浦江和吴淞江(下游称苏州河)等。西部的淀山湖,是全市最大的淡水湖泊。①

江浙沪是中国最早开发的地区之一,闻名遐迩的河姆渡文化、崧泽文化等古文明遗址有清晰生动的体现。早在秦汉时期,长江中下游的平原和低山地带的相当部分土地即已被先民垦殖,且开始较多地使用较为进步的铁犁、牛耕。东晋南北朝,中国北方遭逢战乱,大批民众南迁,长江中下游平原和低山地带得以进一步开发。隋唐时期南北大运河的开辟,对促进江南经济繁荣具有特殊意义。长江中下游平原的粮食生产在全国占有重要地位,太湖流域的蚕桑、浙江丘陵地带的茶叶,苏杭地区的手工缫丝、丝绸、刺绣、陶瓷、铁器、造纸、印刷等普遍发展。城市也随着手工业、商业和交通运输业的发展日益繁盛,江南开始成为中国相对最富庶的地区。明清时期,本区域农业生产在全国占有更重要的地位,中央政府所需要的粮食,大部分依赖本区域。明万历年间,除蚕桑外,本区域已发展成全国重要的产棉区,松江地区(松江府,包括今上海)成为中国最大的手工棉纺织业中心,南京、苏州、杭州是中国最大的丝织业中心。②

江浙沪的经济重心区域,是习称"江南"的长江三角洲。前近代江南的地域范围,学术界曾有不同的界定。有的是指苏南浙北八府一州,即苏州、松江、常州、镇江、江宁、杭州、嘉兴、湖州八府和太仓州;③有的侧重苏南浙北五府,即苏州、松江、常州、杭州、嘉兴、湖州五府;④有的更为扩大,包括了苏南浙北和皖南。⑤本书采用自然地理上的长江三角洲范围,结合经济、地理、人文、社会诸因素,对前近代长江三角洲空间范围有自己的界定,认为其地理特征明显,北起扬州、泰州、海安、枡茶一线,东临大海,西至镇江,沿大茅山、天目山东麓南迄杭州湾北岸,包括清代镇江府、常州府、苏州府、松江府、杭州府、嘉兴府、湖州府、太仓州、通州、海门厅和扬州府局部,从地貌地形考察,由里下河平原南缘、河口沙洲区和太湖平原三部分组成,总面积约4万平方公里,其间土地肥沃,河道纵横,交通便利。上述区域特别是长江以南各府州,是当时江浙两省经济重心之所在,自然环境和地理条件亦很相近,"苏、松接壤,东接嘉、湖,西连常、镇,相去不出三四百里,其间年岁丰歉、雨旸旱溢、地方物产、人工勤惰皆相等也";同时也是全国范围内经济相对发达地区,"以苏、松、常、镇、杭、嘉、湖、太仓推之,约其土地无有一省之多,而计其赋税实当天下之

---

① 程潞主编:《上海市经济地理》,新华出版社,1988年,第1、8页。
② 李润田主编:《中国资源地理》,科学出版社,2003年,第192页。
③ 详可参阅刘石吉:《明清时代江南市镇研究》,中国社会科学出版社,1987年。
④ 详可参阅樊树志:《明清江南市镇探微》和《江南市镇:传统的变革》,复旦大学出版社,1990年、2005年版。
⑤ 如唐力行称:"对于江南的区域范围,各家均有不同的界定。本书界定为苏南、浙北和皖南。"见唐力行:《苏州与徽州》,商务印书馆,2007年,第14页。

半,是以七府一州之赋税,为国家之根本也"。① 以近代上海开埠和崛起为契机,江浙沪经济地理格局的深刻演进,无疑得力于这一厚实的物质基础。

二、以往相关研究的回顾

综览海内外学术界以往研究成果,尚未见有"近代江浙沪经济地理"研究专著,相近的论著有1982年由孙敬之领衔的"全国经济地理科学与教育研究会"发起组织编写的"中国省市区经济地理丛书",内有包括《江苏省经济地理》、《浙江省经济地理》和《上海市经济地理》等在内的31个分册,由新华出版社于20世纪八九十年代陆续出版,但其重点均侧重当代而非近代。地理类专题著作,有南京师范学院地理系江苏地理研究室编《江苏城市历史地理》(江苏科学技术出版社,1982年)、祝鹏《上海市沿革地理》(学林出版社,1992年)、吴必虎《历史时期苏北平原地理系统研究》(华东师范大学出版社,1996年)等。虽然"近代江浙沪经济地理"专题研究明显薄弱,但与近代江浙沪经济变迁相关的研究成果丰硕,以其经济重心区域江南史研究为例,新近出版的陈忠平、唐力行主编的《江南区域论著目录(1900—2000)》(北京图书馆出版社,2007年)和王家范主编的《明清江南史三十年(1978—2008)》(上海古籍出版社,2010年)等,对此已有较为全面的梳理,本书不再罗列,其中明清江南市镇或近代江南城市研究论著颇引人注目。

明清以来的江南市镇,是国内外学术界长期关注和研究的热点。影响较大的成果,有傅衣凌《明清时代江南市镇经济的分析》(《历史教学》1964年第5期)、刘石吉《明清时代江南市镇研究》(中国社会科学出版社,1987年)、樊树志《明清江南市镇探微》(复旦大学出版社,1990年)、陈学文《明清时期杭嘉湖市镇史研究》(群言出版社,1993年)、朱小田《江南乡镇社会的近代化转型》(中国商业出版社,1997年)、包伟民主编《江南市镇及其近代命运》(知识出版社,1998年)、陈国灿《江南农村城市化历史研究》(中国社会科学出版社,2004年)、樊树志《江南市镇:传统的变革》(复旦大学出版社,2005年)、冯贤亮《太湖平原的环境刻画与城乡变迁(1368—1912)》(上海人民出版社,2008年)、陈国灿《浙江城镇发展史》(杭州出版社,2008年)、(日)森正夫等《江南三角洲市镇研究》(名古屋大学出版会,1992年),(日)川胜守《明清江南市镇社会史研究》(东京汲古书院,1999年)等。

明清以来尤其是近代江南城市的研究,近年来深受国内外学术界的重视,相关著作颇多。主要有张仲礼主编《近代上海城市研究》(上海人民出版社,1990年)、茅家琦主编《横看成岭侧成峰——长江下游城市近代化轨迹》(江苏人民出版社,1993年)、张仲礼主编《东南沿海城市与中国近代化》(上海人民出版社,1996年)、王卫平《明清时期江南城市史研究:以苏州为中心》(人民出版社,1999年)、张海林

---

① 梁章钜:《浪迹丛谈》卷五,均赋;钱泳:《履园丛话》卷四,水学。

《苏州早期城市现代化研究》(南京大学出版社,1999年)、虞小波《比较与审视——"南通模式"与"无锡模式"研究》(安徽教育出版社,2001年)、万灵《常州的近代化道路——江南非条约口岸城市近代化的个案研究》(安徽教育出版社,2002年)、张仲礼等主编《长江沿江城市与中国近代化》(上海人民出版社,2002年),以及(美)施坚雅主编、叶光庭等译、陈桥驿校《中华帝国晚期的城市》(中华书局,2000年),(美)林达·约翰逊主编、成一农译《帝国晚期的江南城市》(上海人民出版社,2005年)等。

此外,在一些通史或专题类著作中,也有相关的论述。如李国祁《中国现代化的区域研究:闽浙台地区》(台北中研院近代史研究所,1982年),王树槐《中国现代化的区域研究:江苏省》(台北中研院近代史研究所,1984年),熊月之主编《上海通史》(上海人民出版社,1999年),金普森等主编《浙江通史》(浙江人民出版社,2005年),(法)白吉尔著、王菊等译《上海史:走向现代之路》(上海社会科学院出版社,2005年),傅璇琮主编《宁波通史》(宁波出版社,2009年),苏利冕主编《近代宁波城市变迁与发展》(宁波出版社,2010年)等。

综观以往的成果,学者们对各自的研究对象多有很好的阐述。但受各自论题的牵制,尚无如"近代江浙沪经济地理"研究所要求的综合性考察。尽管如此,这些成果为本书的研究提供了必不可少的基础,笔者对此抱有至深的敬意。

三、本书的篇章结构

在以往相关研究的基础上,本书不拟分省区按时段作面面俱到的平铺直叙,而是将江浙沪作为一个密切相关的区域,从经济地理的角度作综合性的历史考察。重点论述近代百余年间,这一区域在遭遇外部资本主义势力猛烈冲击下,以及随之而来的诸多全新的政治经济制度模式和科学技术、思想文化等因素的影响下,以上海为中心在经济地理格局方面所发生的一系列意义深远的历史演变。旨在以扎实的专题研究的方式,较全面和清晰地展示这种演变的历史进程,并适当体现一些历史人物或群体在这种进程中的贡献,行文力求具体生动并有确凿的资料依据。

全书除绪论外,共分八章,依次论述近代江浙沪经济地理的诸要素,即近代城市、江河海航运、陆路交通和邮电航空、近代工业、农业和手工业、商业和金融业、人口分布和迁徙、区域内部的发展落差等。

其中,第一章主要论述本区域内的各通商口岸城市。它们先后开埠于第一次鸦片战争至19世纪末,其中以上海最为重要。其间,进出口贸易总体上呈持续增长态势,其中经由上海的进出口贸易总值,大体上一直占有全国进出口总额的一半。出口商品主要来自上海所在的长江三角洲,以及作为近代上海港经济腹地的长江流域各省区;主要进口商品,逆向销往上述各地。主要对外贸易国有英、美、法、日等。区域外的一些通商口岸,如青岛、烟台、天津等,往往承担了作为中国进出口贸易第一口岸——上海——的转运港。

近代上海的崛起,促使本区域内的经济中心城市由苏州向上海转移,并相应导致原先以苏州为中心、以运河为纽带的城镇体系转而归向上海,并在沪宁杭铁路沿线相继出现无锡、常州、镇江等与上海相呼应的近代城市;而京杭大运河沿线的一些城市如淮安、扬州等,则因旧式航运业的落伍、运河淤塞和近代经济发展迟缓等因素呈现相对衰落的态势。作为近代中国最大的口岸和经济中心城市,上海在本区域及长江流域乃至中国的现代化进程中的引领作用和影响,有多方面的突出表现。

第二和第三章,主要论述近代交通方式和交通路线的变迁。本区域内近代交通方式的出现,总体上领先于全国其他地区,其中近代航运业和铁路尤居前列,并对所经地区的经济变迁,有着直接的、广泛的影响。但总体上,近代交通方式仍是起步阶段,区域内主要的交通工具仍是前近代的。

第四章,主要论述近代工业的兴起。上海是中国近代工业的发祥地,也一直是近代中国的工业中心,并因此带动了本区域内主要是沪宁杭铁路沿线其他一些城市近代工业的起步。近代上海工业的主要部门,有船舶修造业、农副产品出口加工业、棉纺织业、机器制造业等;区域内其他城市的工业,主要是轻工业生产部门。就总体而言,无论是上海还是区域内的其他城市,其工业部门的就业人口在全部就业人口中的比重甚小;大部分的工厂,资金少,规模小,技术水平低,只是在主要生产环节使用了机器,其他工序仍是手工劳动,符合民国《工厂法》各项规定的并不多。

第五章,主要论述近代农业和手工业的变迁。受持续增长的进出口贸易的刺激,本区域内棉花、蚕桑、蔬菜等经济作物的种植面积明显扩展。手工业同样受此促动,一些行业通过调整生产结构、流通渠道和市场取向等重要环节,与世界市场发生联系,伴有机器使用和新技术的引进。

第六章,主要论述近代商业和金融业的发展。鸦片战争后,随着自然经济的分解,商品经济的发展和近代工业、交通业的兴办,国内市场商品种类和流通数量不断增加,各级市场交易活动频繁,与外界的联系逐渐扩大,金融业也随之同步发展。上海的商贸和金融中心地位日益凸显。

第七章,主要论述人口分布和迁徙。本区域内的人口数量的变化,同样受到战乱、灾荒、疫病等因素的影响,较具特色的是受区域内上海等近代工商业城市崛起的吸引,区域内外的乡村人口陆续进入上述这些城市寻找谋生途径且颇具规模,其中尤其以上海城市人口的增速最快。受区域内近代工商业实际发展状况的制约,进入城市的乡村人口很多仍处失业或半失业状态。近代上海是当时区域内也是国内人口最多的城市,其移民或曰"难民"城市的特征鲜明。

第八章,主要论述区域内部的发展落差。总体而言,本区域内的经济发展,呈现梯度发展差异。与上海直接毗邻的苏南地区居前,浙东北其次,浙西南和苏北居后。而以上海为中心的相关地域的经济发展,渐次促成长江三角洲经济区的雏形。

第一章　近代城市

城市是人类社会发展进步的产物。中国是世界上城市历史悠久、数量众多的国家之一。早在先秦时期,就有一些人口众多、商业繁盛的城市存在。时至清代,城市的发达超过以往。与欧洲历史上的城市相比较,中国古代城市有其鲜明的特点。具体表现为城市的兴建往往首先是出于政治上、军事上的需要,与此相联系,当时城市的居民、官吏、地主、军人、僧侣以及其他消费人口居主导地位,从事手工业生产和商品流通的工匠、商人则居从属地位。

而传统的欧洲城市,很多是手工业、商业中心,其居民以手工业者、商人居多,有些城市如意大利的威尼斯、热那亚等,通过向国王交纳永久税获得自治权,成为在经济上、政治上都相对独立的实体。

两相对照,可以看到,中国古代城市的政治功能,即作为封建集权制度下政治权力所在地的功能,异常突出。在这种封建制度下,一个城市的地位和规模,主要是由其在政治权力中的地位决定的。唐代长安(今西安)、南宋临安(今杭州)、明清北京等繁华城市,同时又都是封建王朝都城所在地;下至苏州、扬州、广州等城,也无一不是府郡州县治所设置地。政治功能的这种重要作用,使之成为左右中国古代城市兴衰的主要因素。

唐宋以后,随着运河的开凿和漕运的兴起,运河沿岸出现了一批城市。明清时期,南方的农业、手工业进一步发展,远远超过了北方,商品经济也较为活跃,区域性的市场和全国性的商路网基本形成,内河和海上贸易也有发展,东南地区的城市越来越多,西部和北部的城市则相对减少,城市分布的不平衡性日趋显现。[①] 鸦片战争后则更为明显,一些突破旧有发展模式,以对外贸易和工商业发展为主要依托的新兴城市相继出现,并在推动中国社会发展进程中发挥着越来越大的作用。这批新兴城市崛起的背景和动力,决定了它们的发展道路明显有别于中国古代城市,其城市面貌和功能自具近代特色。近代中国最大的通商口岸上海,是这批新兴城市的突出代表。

第一节　通商口岸城市近代化的起步

中英《江宁条约》(习称《南京条约》)规定的五个通商口岸城市,是我国最早步入近代化的城市,其中的上海和宁波均位于江浙沪地区。上海地处富饶的长江三角洲,位居中国海岸线中段和长江出海口,背靠广袤的长江流域腹地,面对浩瀚的

[①] 何一民主编:《近代中国城市发展与社会变迁(1840—1949年)》,科学出版社,2004年,第13页。

太平洋,这种优越的地理位置和自然条件,为上海作为港口城市的发展,提供了良好的条件。

一、上海的崛起

鸦片战争前,上海已是东南沿海著名的商贸港口城市。但是,由于清朝政府只准广州一口对外通商的禁令,当时的上海港除了与南洋、朝鲜和日本维持为数不多的传统贸易往来外,主要以进行中国沿海各地的转口贸易以及长江和内河航运贸易为主。上海只是一个面向国内市场的中等海口城市,上海所具有的各种地理、经济优势在传统经济背景下,还难以施展,很长一段时间,上海的城市规模和地位,一直无法与苏南地区首邑苏州相匹敌。

上海开埠后,繁忙的进出口贸易,直接推动了上海城市的发展。以租界为中心,经销进出口货物的店铺相继开张。与此同时,服务于进出口贸易的船舶修造业等陆续创办。此外,外商为适应他们在华活动的需要,还在上海陆续开办了面粉厂、汽水厂、酿酒厂、制药厂、印刷厂等一些轻工企业和食品加工业。在此基础上,上海的公用事业也开始建立和发展。19世纪60年代(同治年间)大英自来火房和法商自来火房建立,租界开始供应煤气。80年代(光绪年间)租界又先后建立了电厂和自来水厂,电灯、电话、电报、自来水在上海相继出现。水、电的供应,大大促进了商业的繁荣,加速了工业的发展。近代西方的物质文明和科学技术已经较为广泛地进入上海城市的生活领域,是推动上海城市近代化历程的重要方面。

上海作为近代中国最大的通商口岸,与中国其他地区相比,遭受外国资本主义的冲击格外剧烈,资本主义生产方式所赖以发展的各种客观条件也较早在这里具备,从而为中国近代工业在上海兴起,准备了必要的物质前提。19世纪六七十年代(同治、光绪年间),一批洋务企业及民间资本企业陆续在上海创办,开始用先进的机器生产代替传统的手工业生产方式,推动了上海城市社会生产力的发展。

中日甲午战争后,列强的资本输出,加剧了中国社会经济结构的变动,在外资企业大量开办的同时,民间资本企业也在上海纷纷创办。工业的发展,明显推动了商业、金融、交通运输、市政建设等各个方面的发展。经济近代化的进程,带动了城市科技和教育的近代化。早在洋务运动发端时期,上海就于1863年(同治二年)设有广方言馆,后并入江南制造总局,成为企业附属的新式学堂。一批有近代意识的科学家如华蘅芳、徐寿等人,积极从事近代科学技术知识的引进和应用。1896年(光绪二十二年),交通大学的前身——南洋公学在上海设立;次年,中国人自办的第一所女子学堂——经正女塾创办。与此同时,近代新闻事业也在上海兴起和发展,促进了近代民主思想的传播。上海的城区范围,也有极大的扩展。

20世纪初年,上海的城市面貌已有根本的变化。随着租界的设立和扩张、中外贸易的推进和城市经济的发展,城区范围大为扩大。1845年(道光二十五年)英租界设立时,面积830亩,东至黄浦江,南至洋泾浜,北至李家厂,西界未定。一年后定界路(今河南中路)为西界,增为1 080亩。1848年11月(道光二十八年十月),英租界向西扩展至泥城浜(今西藏中路),面积2 080亩。同年美租界设立。1863年(同治二年)英美租界合并为公共租界,经两次扩张后,到1899年(光绪二十五年)面积达33 503亩。1849年(道光二十九年)法租界设立,经三次扩张后,至1914年面积达到15 150亩。两者合计,为48 653亩。这一面积是原来上海县传统繁华地区面积5 000—6 000亩的8倍之多。①

作为贸易口岸,上海拥有的经济、地理优势,在同期开埠诸港口中是独特的。广州虽然对外贸易历史悠久,但它偏处华南一隅,远离大宗出口商品丝、茶的主要产地江浙等省,四周丘陵起伏,交通不畅。五口通商以前,内地省份出口物资,以及经由广州输往这些地区的进口货物,多须长途跋涉,方能抵达销售地点,徒增成本,耗时费力。当时广州港在中国对外贸易中长期占据首要地位,乃是清政府对广州一口通商规定所致。所以鸦片战争后,"五口分设商埠,非粤货不到广州"②,其对外贸易顿显衰落。福州和厦门,在地理位置、运输条件以及所在地区经济发展程度和市场潜力上,都受局限。福建地狭多山,除茶叶外,可供出口的商品有限。就进口而言,福建相对贫瘠,人口少,市场容量小,且省内外交通受周围地形限制,运输不便。"闽省虽与粤、浙、江西等省毗连,然除海道可以四通八达外,其余各处非系崎岖之峻岭,即属湍急之险滩",故"闽省厦门之物资,则止能售于本省,不能旁及他方,盖由地势使然"。③

宁波位于杭州湾南岸,与浙省经济富庶的杭嘉湖地区联系不密,"该处虽系海口,一入内河,须盘坝三四次方抵省城,商贩不甚流通"。④ 所在地区相对闭塞,"杭嘉湖三府,树桑之地独多。金、衢、严、宁、绍、台六府,山田相半;温、处二府,山多田少"。⑤ 地理环境、物产状况,制约了港口的发展余地。时任浙江巡抚梁宝常称,"浙江十一府内,如台、金、衢、严、温、处六府,或土瘠民贫,或风俗俭朴,需用洋货无多。惟杭、嘉、湖、宁、绍五府,户口殷富,用物浩繁。五府之中,又惟杭、嘉、湖三府俗尚华靡,为销货最多之地。夷船进口货物,以呢羽洋布为大宗,销路多在杭、嘉、湖三府。出口货物,以茶叶湖丝绸缎为大宗,而湖丝绸缎亦多产于杭、嘉、湖三府……该三府地面均与江苏一水可通,民间需用洋货及土产湖丝绸缎,并一切货物,近则可赴上海贩运",宁波则由于"地处偏僻,自杭至宁,计程五百数十里,中隔钱塘、曹娥二江,又绍兴一带,河窄坝多,驳船狭小,装货有限,运脚多所耗费",较之上海口之

---

① 周振鹤:《城外城——晚清上海繁华地域的变迁》,复旦大学文史研究院、哈佛大学东亚系编:《都市繁华——1 500年来的东亚城市生活史国际学术研讨会论文集》(2009年编印),第373页。
② 民国《佛山忠义乡志》卷一四,人物。
③ 《福州将军敬敫奏》(道光二十五年三月十七日),中国社会科学院经济研究所藏《清户部档案抄件》。
④ 《筹办夷务始末》(咸丰朝),中华书局,1979年,第155页。
⑤ 《清高宗实录》卷三一三,第44页。

路捷费轻大不相同,"是以杭州以北客商鲜有来宁贸易之事"。① 开埠前宁波港对外贸易尚称活跃,是与当时清政府将它定为对日贸易商港相维系的。

上海口岸独具的诸多优势,成为外国商人注目的焦点。1832 年(道光十二年),英国东印度公司曾派人至上海港刺探,并想立刻在上海通商,未能如愿。② 于是他们在返航后,鼓动英国政府用武力实现上海开埠。③ 吸引他们的是上海的地缘优势、市场潜力和已有的港口条件。通过上海,他们可以将在华经济活动的区域扩大并延伸至整个东南沿海和广袤的长江流域。这些都是中国其他口岸无法提供的。因此《南京条约》订立后不久,就有多艘英、美商船径赴上海,"意在通商",清政府地方官员"以税则未定,码头未立,不便先行交易",未予准允。④

1843 年(道光二十三年)开埠后最初的一个多月里,上海港就有 6 艘外国商船抵达。⑤ 后又不断增加,1844 年(道光二十四年)为 44 艘,1849 年(道光二十九年)达 133 艘。⑥ 与此同时,越来越多的中国商船被吸引到上海,"自从开港以来,这些船只带来大量的茶和丝供应给在这里的英国商人,在回程中把换到的欧美制造品运走"。⑦ 广州一口通商禁令解除,上海港久被压抑的潜能得以释放。最集中的体现,是取代广州成为中国对外贸易的首要港口。在进口方面,外国商船涌入,经由上海港输入的大宗进口商品的数量逐渐超过广州。1855 年(咸丰五年)七种进口英国棉、毛纺织品,除棉纱一项,其余六种全部都是经由上海的多于从广州的输入。⑧ 1853 年(咸丰三年),上海港丝出口达 58 319 包,是同年广州出口数量的 11 倍多,占当年全国生丝出口总数的 92.7%。同年,上海港茶叶出口是广州的 2 倍多。此后,上海港丝、茶出口数量始终超过广州,雄居各港之首。

表 1-1 上海、广州丝茶对英出口量(1843—1856 年)　　单位:磅

年 份	丝		茶	
	上 海	广 州	上 海	广 州
1843		1 787		17 727 750
1844		2 604	1 149 000	49 457 250
1845	6 433	6 787	3 801 000	49 769 250
1846	15 192	3 554	12 460 000	47 488 500

---

① 《筹办夷务始末》(道光朝),中华书局,1964 年,第 2822、2823 页。
② 许地山:《达衷集》卷上,商务印书馆,1928 年,第 49、50 页。此前,欧美国家对上海港尚未注意。乾隆后期即 1787 年和 1793 年,英国使臣两次来华要求增开通商口岸,都未提到上海港。这与上海港在嘉道年间趋旺的进程,是吻合的。
③ 严中平译述:《英国鸦片贩子策划鸦片战争的幕后活动》,《近代史资料》1958 年第 4 期,第 40、41 页。
④ 《护理两江总督孙善宝奏报吴淞口英美船只来去情形并英船呈递照会折》(道光二十三年四月十七日),中国第一历史档案馆编:《鸦片战争档案史料》,天津古籍出版社,1992 年,第 7 册,第 145—148 页。
⑤ 《江苏巡抚孙善宝奏报办理上海开市情形折》(道光二十三年十一月初九日),中国第一历史档案馆编:《鸦片战争档案史料》,天津古籍出版社,1992 年,第 7 册,第 370 页。
⑥ (美)马士:《中华帝国对外关系史》第 1 卷,三联书店,1957 年,第 401、402 页。
⑦ 丁名楠等:《帝国主义侵华史》第 1 卷,人民出版社,1973 年,第 89 页。
⑧ 《英国棉毛织品输入上海、广州统计表》,彭泽益编:《中国近代手工业史资料》第 1 卷,中华书局,1962 年,第 492 页。

续 表

年份	丝		茶	
	上海	广州	上海	广州
1847	21 176	1 200	12 494 000	45 246 750
1848	18 134		12 711 000	46 290 167
1849	15 237	1 061	18 303 000	34 797 600
1850	17 245	4 305	22 363 000	40 100 000
1851	20 631	2 409	36 722 500	42 204 000
1852	41 293	3 549	57 675 000	35 617 250
1853	58 319	4 577	69 431 000	29 700 000
1854	54 233		50 344 000	48 200 000
1855	56 211		80 221 000	16 700 000
1856	79 196		59 300 000	30 404 400

(资料来源:(美)马士著,张汇文等译:《中华帝国对外关系史》,三联书店 1957 年版,第 1 卷,第 413 页。)

进出口总值的统计,同样显示了这种兴替。

表 1-2 上海、广州对英进出口贸易总值(1844—1856 年) 单位:万元

年份	上海	广州	年份	上海	广州
1844	480	3 340	1 851	1 690	2 320
1845	1 110	3 840	1 852	1 600	1 640
1846	1 020	2 520	1 853	1 720	1 050
1847	1 100	2 530	1 854	1 280	930
1848	750	1 510	1 855	2 330	650
1849	1 090	1 930	1 856	3 200	1 730
1850	1 190	1 670			

(资料来源:所据资料系由英国政府外交文件公布的数字,转见《马克思恩格斯论中国》,人民出版社 1957 年版,第 98 页。)

上表显示,1843 年(道光二十三年)上海开埠后,广州对英进出口明显下降,期间有的年份偶有回升,隔年大都又跌至原有水平之下;然而上海对英贸易总值几乎总是逐年上升,并在 1853 年(咸丰三年)超过了广州。英国是当时欧美各国对华贸易的主要国家,直到 19 世纪 60 年代初(同治初年),对英贸易仍占中国对外贸易的 80%以上。[①] 因此,上表记录的进出口贸易消长,足以说明上海开埠后,中国对外贸易重心由广州向上海转移。

---

① 姚贤镐编:《中国近代对外贸易史资料》,中华书局,1962 年,第 624 页。

  如果再将同期开放的其他口岸作番比较,可以从更广的角度反映这种兴替和转移。1844年(道光二十四年)英国驻华公使曾实地察访各新开口岸,结论是"宁波密迩沪埠,商业恐难发展。至于福州,则河道险阻,缺点复多,对欧贸易希望殊稀"。厦门稍好,亦不及上海,四口中"以上海为尤善"。1844年(道光二十四年)宁波开埠,是年对外贸易额尚有50万元;五年过后,非但没有增长,反降至不到5万元。① 1846年(道光二十六年)清政府档案资料亦载:"至宁波海口为新设五口通商之一,因旱道偏僻,商贾罕通,其洋货尽赴上海,故税课较四口为独少。近来,以月计则夷税或有或无,以一季计之则或数千两及数百两不等。"②

  相比之下,上海开埠后进出口贸易之盛格外突出。1846年(道光二十六年)香港《中国邮报》称:"迄今为止,上海是新开各口中进行大规模贸易的唯一港口,但上海的贸易量已经达到许多人所预期于所有北部港口者的总和。"③究其因,无疑是前述上海具有的潜在的综合优势释放的结果。最直接的是,上海邻近出口丝、茶产区,背倚富庶的江南地区,开埠后虽清政府规定"湖丝旧例,应出粤海关,经过浙、赣、韶三关,例应完纳三关税课;嗣改上海通商,由湖州径来上海,先令补完三关税课"。出口商品仍多循地理之便,就近转往上海出口。其他四口则受地理条件、市场需求的制约,出口货物运输不便,"进口之货不能旺销"。④ 旨在赢利的众多外商裹足不前,纷趋上海,"故贸易之旺,非他处所能埒。虽有人事,亦地势使然"。⑤

  远处北地、素少交往的俄国商人也闻风而至。以往论及早期中俄贸易,每多述及恰克图陆路通商。现据清代档案记载,早在1805年(嘉庆五年)已有俄国商船"来粤求市",径直驶抵广州要求通商,同年并有两艘俄舰强行驶入黄埔港要求贸易之举,均遭清政府拒绝,未得遂愿。清廷后又谕令:"如再有此等外洋夷船向未来粤者,其恳请贸易之处,断不可擅自准行。"⑥故上海开埠后,随着中国外贸重心的北移,俄商旧话重提,"垂涎各国夷商之往来海上,利市十倍,意欲效尤",转而要求在沪通商。⑦ 1848年(道光二十八年)至1854年(咸丰四年),先后有多艘俄国商船驶抵,"求在上海地方贸易"。⑧ 清政府答以俄国"系北路陆地通商之国,上海非所应到",未予应允。⑨

---

① 《浙江巡抚梁宝常奏》(道光二十六年九月二十六日),中国第一历史档案馆编:《鸦片战争档案史料》,天津古籍出版社,1992年,第7册,第729页。
② 姚贤镐编:《中国近代对外贸易史资料》,中华书局,1962年,第563、618、406、586页。
③ 严中平辑译:《英国资产阶级纺织利益集团与两次鸦片战争的史料》,《经济研究》1957年第2期,第120页。
④ 《蓝蔚雯吴煦等密禀鸦片贸易情形及设卡征税办法》(1856年)、《福建茶商禀开海禁于上海关税大有关碍节略》(1855年),太平天国历史博物馆:《吴煦档案选编》,江苏人民出版社,1983年,第6辑,第189、169页。
⑤ 王韬《瀛壖杂志》卷六。同书卷三载:"苏郡濒海诸邑镇,聚贾船,通海市,始集于白茆,继盛于刘河,后皆淤塞,乃总汇于上海,西人既来通商,南北转输,利溥中外。"按:白茆,在刘河口北。冯焌光《西行日记》称:"白茆港口在刘河口北,太湖泄海支流也。"(《清代日记汇抄》,上海人民出版社,1982年,第322页)
⑥ 《两广总督耆英等奏》(道光二十五年三月四日),中国第一历史档案馆编:《鸦片战争档案史料》,天津古籍出版社,1992年,第7册,第559页;刘选民:《中俄早期贸易考》,《燕京学报》第25期(1939年6月),第196—197页。
⑦ 《两广总督恰良等奏》(1854年3月25日),《四国新档·俄国档》,台北中研院近代史研究所,1966年,第9页。
⑧ 《两广总督叶名琛奏》(1854年6月23日),《四国新档·俄国档》,台北中研院近代史研究所,1966年,第103页。
⑨ 《上谕》(道光二十八年九月十日),中国第一历史档案馆编:《鸦片战争档案史料》,天津古籍出版社,1992年,第7册,第876页。

据统计,1853年(咸丰三年)经由上海的对英进出口货值,已分别占全国各港口对英进出口总值的59.7%和52.5%。①上海取代广州,成为中国对外贸易的首要港口。这种兴替是上海开埠后从沿海诸口岸中脱颖而出的集中体现,其意义是上海作为港口城市所独具的地缘、经济优势终于得以发挥实际作用。

二、宁波的滞后

宁波是江浙沪地区的另一个第一批开埠城市,但宁波开埠后,与上海相比较,对外贸易增长迟滞。其主要原因,在于宁波虽是宁绍平原和浙西南丘陵地带主要的出海口,但以港口布局而言,它与上海相距不远,受地理环境限制,自身经济腹地狭小,"所借以销卖洋货者,唯浙东之宁、绍、台、金等府;其内地贩来货物,仅有福建、安徽及浙省之绍属茶斤,并宁、绍、金、衢、严等府土产油蜡、药材、麻棉、纸、席、杂货等物",②发展余地有限,所以开埠不久其进出口贸易就被吸引到了上海港。"盖宁波密迩上海,上海既日有发展,所有往来腹地之货物,自以出入沪埠较为便利。迨至咸丰初年,洋商始从事转口货物运输,所用船只初为小号快帆船及划船,继为美国式江轮,但此项洋船仅系运输沪甬两埠之货物,与直接对外贸易有别"。③

宁波实际已成为上海在浙东南的一个转运港,通过它的中介,杭嘉湖以外的浙江大部分地区乃至毗邻的江西广信、安徽徽州等府,都成为上海港间接腹地的一部分。1870年(同治九年),经由宁波运往内地的洋布共有281 187匹,其中运往衢州府33 454匹,广信府25 429匹,绍兴府22 312匹,金华府18 208匹,温州府16 346匹。"广信府的洋货供应从自然位置来看,应当是依赖江西的九江,但是从宁波至广信的路程虽比较远,却比较方便而且省费,所以走这一条路的很多",该府玉山县年销洋布达20 517匹,超过金华、温州等府销量。④

出口方面,徽州等府外销茶叶,"经过山区到宁波后,仍然留在中国人手里,外国人只能在它运到上海后并经行帮的准许才能得到",在整个流通网络中,上海是宁波销售其出产物和购买所需物资的市场。⑤如1905年(光绪三十一年)英国驻宁波领事称:

> 虽然宁波有相当一部分的外贸生意,但直接与外国进行的贸易总量却很小。假如没有从香港和怡朗进口糖的话,那么进口量就会微乎其微。上海充当了宁波所有其他货物的分配中心。这是由于某些商品,如煤油,从这条道上运输比较方便,而有些商品,如丝织品,当地商人更愿意到上

---

① 黄苇:《上海开埠初期对外贸易研究》,上海人民出版社,1979年,第142、143页。
② 中国第一历史档案馆编:《鸦片战争档案史料》,天津古籍出版社,1992年,第7册,第441页。
③ 姚贤镐编:《中国近代对外贸易史资料》,中华书局,1962年,第618页。
④ China Imperal Maritime Customs, Reports on Trade at the Treaty Ports in China, 1870, Ningbo, p.64.
⑤ 姚贤镐编:《中国近代对外贸易史资料》,中华书局,1962年,第619页;陈梅龙等译编:《近代浙江对外贸易及社会变迁——宁波、温州、杭州海关贸易报告》,宁波出版社,2003年,第362页。

海这一较大的市场上去收购,因为在那里他们有更大的选择余地。

1911年(宣统三年)英国驻宁波领事的贸易报告亦称:"交通方便而且运费便宜,促使许多中国人都直接到上海购买他们所需的洋货,因为那里选择余地大而且价格更为便宜。"此报告强调:"宁波离上海太近以至不能再发展直接贸易。自从有了一种运茶的快速帆船以来,中国其他小地方的贸易经销都集中在香港或上海,这里的外商数量就逐渐减少,并被中国商人所代替。"①

第二节 经济中心城市的位移

上海开埠前,在长江三角洲,其城市地位远不及邻近的苏州、杭州。后两者相较,苏州又居杭州之上。

一、上海取代苏州的中心城市地位

鸦片战争前的苏州,"为水陆冲要之区,凡南北舟车、外洋商贩莫不毕集于此"。原因之一,在内河水运网络中,苏州的地理位置更有利。它地处苏南平原中心地带,背靠太湖,坐拥大运河,北有无锡、常州、镇江与长江相通,比大运河尾闾、杭嘉湖平原南端的杭州交通更便捷,"其各省大贾自为居停,亦曰会馆,极壮丽之观。近人以苏杭并称为繁华之都,而不知杭人不善营运,又僻在东隅,凡自四远返运至者,抵杭停泊必卸而运苏开封出售,转发于杭。即如嘉、湖产丝,而绸缎纱绮于苏大备"。② 作为长江三角洲经济中心城市,苏州商贸交易活跃,乾隆年间《陕西会馆碑记》载:"苏州为东南一大都会,商贾辐辏,百货骈阗,上自帝京,远连交广,以及海外诸洋,梯航毕至。"又载:"天下有四聚,北则京师,南则佛山,东则苏州,西则汉口。"③

苏州商业的发达,是与周边地区的丝、棉手工业生产直接相联系的。明清以后,江浙地区商品经济有了长足发展,主要表现为桑、棉等经济作物种植面积日渐增多,粮食生产相对缩减。在农产品商品化程度较高的基础上,当地的丝、棉手工业生产相当发达,便捷的水路交通将苏州与四周散处、大小不等的江南市镇联结在一起,形成以苏州为中心的市场网络。

康熙年间,苏州城内有布店76家,苏绣商店108家,经营丝绸的店铺则为数更多。④ 在元和县唯亭镇、嘉定县外冈镇这类农村集镇,都有苏州布号商人设立布庄,收购布匹运回苏州外销。相距较远的松江府的一部分棉布交易也被吸引到苏州,有数十家布商采取"布店在松,发卖在苏"的经营方式。⑤ 嘉善县人孙圕所作《魏塘

---

① 陈梅龙等:《宁波英国领事贸易报告选译》,《档案与史学》2001年第4期,第3、7页。
② 纳兰常安:《宦游笔记》卷一八。
③ 江苏省博物馆编:《明清苏州工商业碑刻集》,江苏人民出版社,1981年,第331页;刘献廷:《广阳杂记》卷四。
④ 参见陈学文:《明清时期的苏州商业》,《苏州大学学报》1988年第2期。
⑤ 道光《元和唯亭志》卷三,物产;乾隆《续外冈志》卷四;上海博物馆编:《上海碑刻资料选辑》,上海人民出版社,1980年,第84页。

竹枝词》亦有"织成不让丁娘子,只待苏松抄布船"之句。

苏州因而既是外地输入东南地区商品粮的周转、调剂中心,又是长江三角洲丝、棉手工业品主要集散地,以其深厚的经济、地理优势,稳居长江三角洲经济中心城市地位,"四方往来千万里之商贾,骈肩辐辏"。[①] 商业活动的鼎盛,城市经济的繁华,在全国也屈指可数。

距苏州不远的上海,自清中叶海禁放开,海运业带动了城市经济的发展,但直到嘉道年间其城市地位仍在苏州之后,仅人口一项就有很大差距。据估计,当时上海城市人口约27万,而苏州则有50万人之多。[②] 国内各省与江浙地区的商品交换,仍汇聚苏州进行。经海路运抵上海港的南北货物,也多以苏州为销售地,"上海本地沙船向以花布、茶叶等货运往关东、山东各处售卖,换买黄豆,往返生理;即闽、广商船亦以糖货为大宗,所有洋布呢羽等货向在苏州售卖,上海行销本不甚多"。[③]

上海开埠后,局面大变,原先经由苏州集散的大宗贸易纷纷改趋上海,苏州的区域经济中心城市地位渐由上海取代。长江流域余粮省份外运粮食多顺江东下抵沪集散,不再由苏州中转,经上海港周转的国内米谷运销量急剧增长,从1869年(同治八年)的37 327担,猛增至1890年(光绪十六年)的4 770 226担,增长幅度高达百余倍。[④]

苏州丝货交易,"本为天下第一,四方商人群至此间购办。迨自上海通商以来,轮船麇集,商贾辐辏,以致丝货均至上海贸易"。[⑤] 具体而言,鸦片战争前,江南产绸地区和北方销绸地区的货运往来,一般都依靠大运河这条干线来承担。苏州地处运河要冲,也是江南产绸地区的中枢,交通便利,客商云集。因此各产绸地区的绸庄大都在苏州设有分庄,以利推销,苏州自然形成江南地区绸缎集散地。自上海开辟商埠以后,海港码头扩展,水陆交通便利,内外贸易日渐繁盛。因此原在苏州办货的客商,纷纷撤迁来上海设立办货庄,各产地的绸庄为适应形势的变化,也在上海设立推销机构。[⑥]

19世纪60年代(同治年间)伴随上海内外贸易规模的扩大及其相关城市经济的发展,长江三角洲中心城市已由苏州移至上海。目睹这种兴替,地方人士慨叹苏州曩时列肆如栉,货物填溢,楼阁相望,"今则轮船迅驶,北自京畿、南达海徼者又不在苏而在沪矣。固时势为之,有不得不然者乎"。[⑦]

---

① 沈寓:《治苏》,《皇朝经世文编》卷二三,吏政。
② (美)罗滋·墨菲著,章克生等译:《上海:现代中国的钥匙》,上海人民出版社,1986年,第82页。
③ 《江苏巡抚孙善宝奏报办理上海开市情形折》(道光二十三年一月初九日),中国第一历史档案馆编:《鸦片战争档案史料》,天津古籍出版社,1962年,第7册,第370页。按:"操买黄豆",在《筹办夷务始末》(道光朝)卷七〇,第30页为"换买黄豆"。
④ 《上海等四埠米谷、小麦、豆类国内贸易统计》,李文治编:《中国近代农业史资料》第1辑,三联书店,1957年,第473页。
⑤ 《光绪二十二年苏州口华洋贸易情形论略》,彭泽益编:《中国近代手工业史资料》,中华书局,1962年,第2卷,第326页。
⑥ 徐新吾:《近代江南丝织工业史》,上海人民出版社,1991年,第288页。
⑦ 吴炳之:《同治苏州府志序》,同治《苏州府志》卷首。

二、上海确立中心城市地位的社会环境

应该指出,当时国内战争对苏沪两地所发生的不同影响,客观上也对上海取代苏州起了一定的催进作用。1860 年(咸丰十年),太平军二破清军江南大营后,迅即挥师东征,锋芒直指苏州、常州。清朝官吏闻之胆丧,还在太平军"未到以前的数星期内,清朝官吏下令烧毁苏州护城河与城墙之间及城郊的一切房屋……因此许多经营商业的街道和房屋都化为灰烬"。①

当太平军大兵压境时,溃败的清军公然在商业区纵火劫掠。据清人日记载录:"夜间城外兵勇放火烧房屋,彻夜火光烛天,见者胆寒……阊门城外自初四夜(咸丰四月初四日,即 1860 年 5 月 24 日——引者)放火连烧两日,内外隔绝,不通音讯……所烧房屋皆系昔日繁华之地,山塘、南濠一带尽成焦土,当日逃出被害及情迫自尽者,不知几何。"②

而这时的上海,则因辟有外国租界,西方列强为了维持在上海已有的权益,又着力调兵把守,抵御太平军的进逼,局势显得相对平稳。因此,为了躲避清军的骚扰和破坏,也为了躲避太平军的锋芒,苏州地区许多地主、官僚、富商及一些平民纷纷逃往上海以求安身,人数之多,一度曾使通往上海的"昆山河路为难民挤断,不能往返"。③

连年战火给苏州造成的困境是严重的,时至 19 世纪 70 年代中叶(光绪初年),仍是"田畴犹未尽开垦,颓垣废址触目皆是"。④ 上海则除了免于战火,还由于大量人口涌入,其中不乏携带厚资的地主、官僚和富商,更使它成为"通省子女玉帛之所聚",⑤浙江宁波、乍浦等地的商人也纷至沓来,将其经营重心移至上海,从而加速了上海取代苏州,成为江南经济中心城市的进程。即使在战时,常熟仍有商人冒险去上海贩运货物,由于太平军规定不许剃发,"而商贾有往上海、通州、海门去者,不能不剃;至从上海、通州、海门归者,短发又不便,因有向贼(指太平军——引者)中说明缘故,而取伪凭为据者,曰'剃头凭'"。⑥

1861 年 12 月(咸丰十一年十一月),太平军一度攻占宁波。据英国议会文件和怡和洋行档案的记载:"叛军(指太平军,下同——引者)打算在这个港口建立一个海关,据说这是他们最感兴趣的计划之一,构成了他们占领宁波的预定计划";"他们进入宁波后,几乎没有施以什么暴行,丝毫没有侵扰城内的外国人居住区,并且

---

① (英)艾约瑟:《访问苏州的太平军》,王崇武等编译,《太平天国史料译丛》,神州国光社,1954 年,第 128 页。
② 吴大澂:《吴清卿太史日记》,中国史学会主编:《太平天国》(中国近代史资料丛刊),上海人民出版社,1957 年,第 5 册,第 327—329 页。
③ 《吴煦上王有龄禀》(1860 年 5 月 26 日),太平天国历史博物馆编:《吴煦档案选编》第 1 辑,江苏人民出版社,1983 年,第 233 页。
④ 吴炳之:《同治苏州府志序》,同治《苏州府志》卷首。
⑤ 《钱农部请师本末》,《太平天国史料专辑》,上海古籍出版社,1979 年,第 96 页。
⑥ 曾含章:《避难记略》,罗尔纲、王庆成主编:《太平天国》(中国近代史资料丛刊续编),广西师范大学出版社,2004 年,第 5 册,第 345 页。

还做了其他一些证明他们愿意与我们和平相处的表示","他们已建立海关,对过往的一切货物征收小额的税"。①但"钱庄和商人都已离开宁波,不是去上海与舟山,就是逃到乡下"。② 其间,一些商贸交易移至舟山进行,1862年1月(咸丰十一年十二月)英国驻甬领事称:"当叛军逼近之际,许多有声望的宁波人逃到了那个岛屿上。定海港近来经常有外国船舰和轮船在此进出,因而有相当数额的贸易在该岛的市区成交。"③

时至战后,"宁波殷户皆在上海,逃难未回"。④浙江乍浦港原有一些宁波商人经营对日贸易,他们经海路运去青田石刻等工艺品,换回日本的海产品等货物。自江南战起,各地商人多迁往上海,这些宁波人也将对日贸易移至上海,有的在上海设立行号,称之为"东洋庄",有的还在日本设立了"办庄"。⑤

上海作为江南经济中心城市的这种地位以后愈益巩固,不仅江浙地区邻近府县,就是苏州本地的商业活动也被纳入上海港内外贸易的直接辐射圈内。有人说:"泰西各商均未开行,但恐洋商终不愿来此(指苏州——引者)贸易,以上海各货俱全,本地商人在申购办甚便,洋商之货来此有何益耶?"机器缫丝厂开办后,"几乎全部产品运往上海"。所以当甲午战争后苏州、杭州也被辟为通商口岸时,并未出现外商纷纷前往的景象。外商的这种取向,再次映衬出上海作为长江三角洲经济中心城市的稳固地位,并为海关统计资料所印证。1911年(宣统三年),苏州"洋货由外洋径运进口及由通商口岸运来者,由外洋径入之货自属微细,由通商口岸运入之货其价约增关平银五十余万两,来自上海几占全数"。⑥

20世纪初年(光绪末),上海的城市面貌已发生了根本的变化,可以作为衡量近代城市几个要素的,如资本主义工商业,近代市政设施和管理,新式科技、文化、教育事业等,在这里都已有了较大的发展,上海已从一个旧式县城发展成为中国最大的近代城市,1910年(宣统二年)人口已从开埠初期的27万增至128万余人。⑦无论城市规模还是人口总数,都是苏州不能望其项背的。⑧

三、上海近郊市镇格局的变动

近代上海的崛起,给江浙沪地区原有的城镇体系带来冲击,促使其发生结构性的演化。城镇体系是一定地域空间内不同等级规模和职能分工、联系紧密、分布有

---

① 罗尔纲、王庆成主编:《太平天国》(中国近代史资料丛刊续编),广西师范大学出版社,2004年,第9册,第388、388、396页。
② 严中平:《太平天国侍王李世贤部宁波攻守纪实》,《严中平文集》,中国社会科学出版社,1996年,第354页。
③ 夏福礼领事致外交官第次官汉蒙德函,罗尔纲、王庆成主编:《太平天国》(中国近代史资料丛刊续编),广西师范大学出版社,2004年,第9册,第388、388、396页。
④ 段光清:《镜湖自撰年谱》,中华书局,1960年,第189页。
⑤ 上海社会科学院经济研究所等:《上海对外贸易》,上海社会科学院出版社,1989年,第177—178页。
⑥ 陆允昌主编:《苏州洋关史料》,南京大学出版社,1991年,第144、102、222页。
⑦ (美)墨菲:《上海:现代中国的钥匙》,第82页;邹依仁:《旧上海人口变迁的研究》,上海人民出版社,1980年,第90页。
⑧ 民国初年,上海城市人口约200万,而苏州城厢内外总计才约17万人。详可参阅前揭邹依仁书,第60页;王树槐:《清末民初江苏省城市的发展》,台北《近代史研究所集刊》第8辑,第81页。

序的城镇群体,是在自然、经济、社会、交通等因素共同作用下历史形成并处在发展中的动态系统。受上海崛起强大吸引力的导向,江浙沪原先以苏州为中心的城镇体系,呈现归向上海的重新组合,逐渐形成唯上海马首是瞻,以上海口岸内外贸易为主要联结纽带的新的城镇体系。与上海联系的疏密,在很大程度上决定了江浙沪地区城镇的盛衰,其中上海近郊市镇格局变动更为明显。

上海开埠后,近郊农村的物质生产和交换率先受到外国商品输入的冲击,一些原先以个体小生产者之间交换日用必需品或家庭手工业所需原料为基本特征的农村市镇的商业活动日趋衰落,代之而起的则是一批适应上海开埠后进出口贸易迅速增长的需要,依附、服务于对外贸易和近代城市经济颇具活力的农村市镇。明清时期,江南农村的商品生产特别是手工棉纺织业的发展,促使一批农村市镇兴起和繁盛。嘉定县娄塘镇,"所产木棉、布匹倍于他镇,所以客商鳞集,号为花、布码头,往来贸易岁必万余,装载船只动以百计"。宝山县罗店镇,"东西三里,南北二里,出棉花纱布,徽商丛集,贸易甚盛"。[①]

上海开埠后,大量廉价外国机制棉纺织品的涌入,致使农民的家庭手工棉纺织业趋于衰败。"本邑妇女向称朴素,纺织而外亦助农作。自通商而后,土布滞销,乡妇不能得利,往往因此改业者"。[②] 原先一批立足于手工棉纺织业发展基础的农村市镇的商业活动,亦归于萧条。嘉定县城南门,原先"布经市极盛,城内吴三房最著,城外业此者十余家,远自刘河浮桥,近则一二十里内外,布经卖买麇集于此,辰聚酉散,熙攘竟日";"自洋纱盛行,不数年间无复有布经营业,而市况顿衰"。前引该县娄塘镇,"从前布市最盛,近年减色"。[③] 宝山县高桥镇,"从前布市颇盛,由沙船运往牛庄、营口者,皆高桥产也,今利为洋布所攫",市面凋零。罗店镇,昔日因棉布贸易兴旺而有"金罗店"之称,这时也随土布的衰落而趋冷落。[④]

同一时期,另有一批市镇随着上海的发展而兴旺。吴淞镇因地扼中外船只入港要口备受各方青睐,几成市区之"飞地"。虹口港区北侧的江湾镇,"昔不过三里之市场,今则自镇以南马路日增,星罗棋布,商埠之发展直与界联为一气,无区域之可分,繁盛殆甲于全县"。要因在于它贴近租界,"水道则有走马塘之运输,陆道则有淞沪铁路之便捷,其骎骎日上之势殆将甲于全邑乡"。[⑤] 地处南北两翼内河船只进港要道的闵行、黄渡,客货船过往频繁,集镇经济活跃。毗邻内河港区的曹家

[①] 《嘉定县为禁光棍串通兵书扰累铺户告示》,上海博物馆编:《上海碑刻资料选辑》,上海人民出版社,1980年,第96页;乾隆《宝山县志》卷一,市镇。
[②] 李维青:《上海乡土志》,女工。现藏浙江省绍兴县档案馆宣统元年(1909)《上海土布一览表》载:"查土布产额近来逐年递减,缘各地工厂林立,乡镇妇女多入厂工作,冀得较多。东稀一项产额稍旺,因闽广人士多爱国产,不吝重值,乐为购办。西稀机户因利改织者甚伙,西稀锐减,自无待言。东、北两套,向浦东及上海北乡产者为著,近自工厂日多,产额猝受影响,且销处银根奇紧,业此者咸有戒心,产额销场互为因果,市面凋敝,远不如前。"其影印件及由马元泉整理的全文见上海市档案馆主办的《档案与史学》2004年第6期。
[③] 民国《嘉定县续志》卷一,市镇。
[④] 民国《宝山县续志》卷一,市镇;民国《嘉定疁东志》,市集。
[⑤] 民国《宝山县续志》卷一,市镇。

渡,先前"地甚荒僻,绝少行人";自内河轮运开通,"面临吴淞江,帆樯云集,富商巨贾莫不挟重资设厂经商,除缫丝、面粉两厂外,若洋纱厂、织布厂、鸡毛厂、牛皮厂、榨油厂、电灯厂,不数年间相继成立,市面大为发达,东西长二里许,鳞次栉比,烟火万家"。①

民国初年,有人纵览宝山县境内诸市镇兴衰的历史过程后感叹:"综计三十年来,历时初非久远,而生计之丰约,一视地势之通塞为衡。自铁路通,商埠辟,或昔盛而今衰,或昔衰而今盛,非独市镇,即小而村集且然。"②可见晚清上海崛起对江南原有城镇格局的冲击是多方面的。它促使了区域经济中心城市由苏州向上海的转移,并相应导致原先以苏州为中心,由运河为纽带的城镇体系转而归向上海。这些城镇的商品流通结构,也由以前的面向国内市场并以粮棉产品交换为主,逐步转化为纳入国际市场的以外国机制工业品与中国农副产品间的交换为主。并使一部分以个体小生产者之间交换日用必需品或家庭手工业所需原料为基本特征的农村市镇的商业活动趋于衰败,代之而起的则是一批适应进出口贸易增长及城市发展需要的新兴市镇。这些都显示了上海开埠后,江南城镇体系的深刻变化,即由内向型朝外向型的逐步转化。从历史发展的角度看,这种变化是积极的,它在一定程度上打破了原有的封闭状态,使这一地区逐渐卷入世界资本主义市场,从而推动了这些城镇经济结构的演化。

第三节 镇江、温州、苏州、杭州和南京的开埠

继上海、宁波开埠后,又有镇江、温州、苏州、杭州和南京先后开埠,对外通商。

一、镇江的江河转运区位

镇江,扼长江与京杭大运河交会的要冲,是江南经长江和京杭大运河通往苏北地区乃至长江以北更广大地区的主要中转地。这里也是长江沿线各地商船循长江、运河赴苏州的必经要道,"系苏州门户"③。第二次鸦片战争期间,镇江和九江、汉口等被辟为通商口岸。其"城周九里,临大江与运河会合之口,为南北通津。咸丰八年(1858年),《天津条约》开为商埠,商场在城西银台山下。银台山下沿江一带,咸丰十年(1860年)划为英国租界"。④

自辟为商埠,"大量的布匹、糖和金属系由轮船运往镇江在那里分运,因为镇江具有通往南北水路以及长江河流的有利条件"。⑤ 1890年(光绪十六年)镇江海关

---

① 民国《法华乡志》卷一,沿革。
② 民国《宝山县续志》卷一,市镇。
③ 中国社会科学院近代史研究所资料室编:《曾国藩未刊函稿》,岳麓书社,1986年,第303页。
④ 民国《江苏六十一县志》上卷,镇江县,城市。
⑤ 李必樟译编:《上海近代贸易经济发展概况:英国驻上海领事贸易报告汇编(1854—1898)》,上海社会科学院出版社,1993年,第352页。

资料载:其"外洋贸易进口洋货,并非由外洋径行来镇,均由上海转运而来,与沿海之贸易相似";其"出口土货,亦非由本口径行运往外洋,如金针菜、药材、丝、鸡毛、鸭毛等类,由上海转运者居多"。①

1896年(光绪二十二年)英国驻沪领事提及,经由镇江转运的进口货销售区域,是地处长江和黄河之间的广大地区。镇江的海关统计资料亦显示,"鲁南起码黄河北道(1855年后)和运河相交接的地方,处于镇江集货区之内"②。1900年(光绪二十六年),《江南商务报》亦载:"凡由镇江购运洋货之处,以江北及山东、河南、安徽等省水路近便者居多,镇江为该水路之总口,水路指运河而言,可通江北、山东等处,若往安徽、河南两省,则清江浦过洪泽湖及淮河一带均属一水可达"。③

经由镇江的中转,长江三角洲苏北地区的扬州、江都等地与上海的航运网络沟通。"江都为鱼米之乡,轮船、火车通行,贩运沪上,而本地之水产入市者转日见少且贵"。1899年(光绪二十五年),"扬州钱铺殷实可靠者不过数家,市上现银时虑不敷周转,全赖上海、镇江、汉口等处通融挹注"。扬州城内蛋品加工厂的产品,亦都装运上海出口。④

镇江在以上海为中心的江南城镇体系中的地位,因此格外重要。自1858年(咸丰八年)开埠通商后,成为中外轮船经停的要口,据1891年(光绪十七年)镇江海关资料载:"轮船进口之次数、吨数皆比去年加增。本年计1186次,计1266000余吨;上年计1165次,计1153000余吨;本年计多21次,计多112000余吨"。"查本年旅客往来本口者,洋人来者计200余人,往者计100余人。华人来者计73000余人,往者计60500余人"。⑤镇江港客货进出之旺,于此可见一斑。

一些可靠泊长江大、中型轮船的栈桥码头陆续兴建。1900年(光绪二十六年),上海鸿安轮船公司在镇江设置了轮船码头,趸船名"平安号"。同年,德商美最时公司和英商华昌轮船公司分别在运河入江口门东西两边建造码头,置泊趸船。1901年(光绪二十七年),日商大阪公司的趸船码头设在运河小闸之东。此外,美孚、亚细亚等煤油公司也在镇江建造了专用码头。

随着镇江小轮航运业的兴起和发展,沿江一带还设立了不少小轮码头,以停靠内河和长江区间各航线的小轮船。如丰和小轮公司、顺昌和记轮局、戴生昌轮船局、泰昌轮船局、华通小轮公司、天泰轮船局等,均先后在镇江设置了自己的小轮码头。1910年(宣统二年),在镇江考察的美国商人称:"(镇江的)所有产品好像都被

---

① 中国第二历史档案馆等编:《中国旧海关史料(1859—1948)》,京华出版社,2001年,第16册,第135、136页。
② 李必樟译编:《上海近代贸易经济发展概况:英国驻上海领事贸易报告汇编(1854—1898)》,上海社会科学院出版社,1993年,第916页;(美)周锡瑞著,张俊义译:《义和团运动的起源》,江苏人民出版社,1994年,第6页。
③ 《江南商务报》第21期(1900年9月14日),列说。
④ 民国《续修江都县志》卷六,实业;《刘坤一遗集·奏疏》卷三二,第10页。
⑤ 镇江市图书馆藏:《清末民初镇江海关华洋贸易情形》,《近代史资料》总103号,中国社会科学出版社,2002年,第24页。

上海商人买走,这个城市与美国没有直接贸易,要造成直接贸易的唯一办法,似乎是要求我们的商人需有代理人在这个地方。"①

二、浙东南出海口的温州

1876年(光绪二年),英国借口"马嘉理案"②,迫使清政府签订《烟台条约》,增开温州、芜湖、宜昌等为通商口岸。次年4月1日,地处瓯江畔的温州对外开埠通商。瓯海关统计资料表明,"该港进口的洋货和土货,大部分都是从上海转运而来,出口的土货大部分也是运到上海以后再转销国内外各地,所以温州最主要的贸易对象港是上海"。③当时,"商务均在城内,以南门大街、北门直街、府县街、五马街为最繁盛。但以介于宁波、福州两内埠之间,又以瓯江口狭滩浅,大舰不能自由进出,因之商业未见兴盛"。④海关资料亦载:

> 温州的地理位置,处在福州、宁波和上海这三大商业口岸之间,而其出海口使稍大吨位轮船难以进入,直接出口和进口贸易不可能与邻近口岸竞争。本口岸(指温州——引者)惟一展望,看来是有可能增加土产的沿海口岸贸易,以及直接从上海进口洋货供应当地,并分运至周边地区,而目前仍是由宁波或许由福州来供应的。这一目标,不论怎样有希望,但只要本口岸与上海间保持高运费率,就不能达到。内地的零售商贩,仍会选择从宁波获取所需的洋货,这更有利可图。⑤

《1882—1891年海关十年报告》言及温州时称:"开放本口岸时所抱的希望并没有实现,两名外商代表一无所成,于一年后即1878年4月离开,那时不断来到这一口岸的船只也都撤退了。从1878年起,本口岸所有的贸易都由中国(轮船)招商局的一艘小船承担。当时外国居民——官员及家属——总共不到21人,其中还包括6名妇女和4名小孩。"⑥它指出,"从温州运货的主要是棉、原料、煤油和糖的地区,包括北部的台州、黄岩和乐清,西部的龙泉、松阳、处州和南部的平阳",认为"严重阻碍温州发挥其作用,是其所处的地理位置,高耸的雁荡山在其北部形成天然屏障,所以本省的重要城市除了土特产外,都从地理位置较好的宁波获得所需的物资",其中如"兰溪,属于金华府,位于两条河流的交汇点,具有极佳的地理位置,它

---

① 虞和平等译校:《大来日记——1910年美国太平洋沿岸联合商会代表团访华记》,《辛亥革命史丛刊》第9辑,中华书局,1997年,第216页。
② 1875年,英国驻华使馆翻译马嘉理引导一支英国武装"探路队"由缅甸闯入云南腾越,与当地军民发生冲突,马嘉理身亡,史称"马嘉理案"。
③ 详可参见童隆福:《浙江航运史》(古近代部分),人民交通出版社,1993年,第20页。
④ 民国《浙江新志》上卷,第7章,浙江省之社会,商埠。
⑤ 杭州海关编:《近代浙江通商口岸经济社会概况——浙海关、瓯海关、杭州关贸易报告集成》,浙江人民出版社,2002年,第423页。
⑥ 陈梅龙等译编:《近代浙江对外贸易及社会变迁——宁波、温州、杭州海关贸易报告译编》,宁波出版社,2003年,第128—129页。

从宁波经水路运走所有货物,然后再分配到各地"。①

三、苏州、杭州和南京的开埠

苏州和杭州,素为江南名城和江浙两省的省会城市。甲午战争后的中日《马关条约》,将它们和重庆、沙市等增辟为通商口岸。1897年(光绪二十三年),中日签订《苏州日本租界章程》,辟苏州盘门外相王庙对岸青旸地,西起商务公司,东至水绿泾岸,北自沿河十丈官路外起,南至采莲泾岸,为日本租界。② 时至1906年(光绪三十二年),苏州日租界的商务仍无起色,当时在苏州游历的日本人宇野哲人目睹,其虽设立多年,"然其规模仍是可怜至极,虽道路纵横,然我国之建筑仅数十,惟占据中国街之一侧及河岸道路之一侧而已,且极其粗恶"。③

苏州的开埠,并没有改变它与上海在江南城市体系中的地位。沿途城镇的经济生活也得益于苏沪间的这种经济联系,"苏省昆山、新阳两县境为自苏至沪必由之道,向来商业本甚繁盛,自内河创行小轮,苏沪商旅往来尤便,贸易亦日有起色"。"苏州府属吴江、震泽两县同城,东南平望镇,东通梨里、芦墟、金泽等镇,南连盛泽镇,西至梅堰、双阳、震泽六镇,北界县城暨同里、八斥两镇,其余乡村小集,均有朝发夕至之便。自苏省以达嘉、湖,必由此路,是以商业繁盛,甲于诸镇。所有货物,以丝绸、纱布、米、油为大宗。近来内河小轮盛行,客商往还日多"。④

1906年(光绪三十二年)苏州商会档案称:"查苏州商市行情涨落,大致悉依上海市价为准,苏沪商业一气联络。《新闻日报》《申报》各载省商务类志一项,所有商货行情随时涨落,立即登报,朝发夕至。近今宁沪铁路火车开行,尤为捷速,是以一切市面与沪市不相上下。至于货产进出,均以沪地转运。"⑤ 1911年(宣统三年),苏州"洋货由外洋径运进口及由通商口岸运来者,由外洋径入之货自属微细,由通商口岸运入之货其价约增关平银五十余万两,来自上海几占全数"。⑥

距上海稍远的杭州,虽地处钱塘江口、杭州湾畔,但受涌潮涨落及泥沙淤积的阻碍,近海、远洋船只无法驶入,原先与外地的经济交往主要借助内河特别是京杭大运河经由苏州的周转。自上海开埠及江南经济中心由苏州向上海的转移后,杭州连同杭嘉湖地区其他城镇的进出商品,大多直接纳入上海港内河航运货物集散渠道。"浙江的丝,不管政治区域上的疆界,总是采取方便的水路运往上海这个丝的天然市场"。即使在太平天国战争期间,由于太平天国在辖区内允许丝货贩运,

---

① 陈梅龙等译编:《近代浙江对外贸易及社会变迁——宁波、温州、杭州海关贸易报告译编》,宁波出版社,2003年,第136页。
② 陆允昌编:《苏州洋关史料》,南京大学出版社,1991年,第133页。
③ (日)宇野哲人著,张学锋译:《中国文明记》,中华书局,2008年,第184、185页。
④ 章开沅等编:《苏州商会档案丛编》第1辑,华中师范大学出版社,1991年,第88、89页。
⑤ 章开沅等编:《苏州商会档案丛编》第1辑,华中师范大学出版社,1991年,第202—203页。(按:沪宁铁路上海至苏州段于1906年先行通车。)
⑥ 陆允昌编:《苏州洋关史料》,南京大学出版社,1991年,第144、102、222页。

大量的出口丝仍被吸纳到上海成交,"自浙江以达上海,帆樯林立,来去自如"。① 它们多循大运河至江浙接壤的平望镇转道芦墟镇,经青浦县金泽镇、西岑镇、练塘镇入黄浦江抵沪。1861年(咸丰十一年)英国人呤唎携银4万两至平望镇收购生丝,返程时在芦墟镇目击为数很多满载货物的"运丝船、乡下船和上海船"。②

杭州被辟为通商口岸,同样没有动摇上海作为江南经济中心的地位。杭州开埠后,"只有两个国家——英国和日本——派遣领事到杭州","英国领事馆于1900年建成,坐落在运河岸边,与日本租界相对"。③ 沪杭两地的经济联系依旧频繁密切,据1909年(宣统元年)乡土调查资料载,嘉兴、海盐、沈荡、平湖、乍浦、石门、桐乡、屠甸等地所产蚕丝、棉花、茶叶、土布等农副产品,都有很大部分直接销往上海。④ 折返时运回各类工业品,"闵行为沪南通衢,各货以上海为来源,杭、嘉、湖等属为去路,通过居多"。⑤

这种经由内河航运沟通的经济纽带是坚韧的,即使发生歹徒驾船抢劫之事,如1906年(光绪三十二年)"有匪船数十只在沪杭往来孔道,将中外轮船围攻拦劫,毙伤多命",⑥事后仍续行船。在清末民初社会动荡时也未中断,只是相应"改变了它的长久的贸易路线,即原来用平底船从北浙运到上海,而现在则改用汽船经苏州运往上海"。⑦ 1906年(光绪三十二年)在杭州游历的日本人宇野哲人,记述了杭州日租界的萧条:

> 拱宸桥在杭州城北约二里处,往上海往苏州之汽船在此发着。中国街之次,有各国租界;再次,河之下游有我国专管之租界;其中仅有大东公司之职员宿舍及仓库、邮电局、警察署寂寞无邻,立于原野之中。原野中有供在杭日本人游乐之网球场,而道路尚未开通,有时甚至在我租界内可捕得野鸡。

他感叹:"我租界之位置,虽较苏州为便,然其寂寞凋零一如苏州。"⑧ 直到1931年的杭州海关报告仍称:"据目前所知,杭州商人还没有建立起直接与国外通商的网络,这就是说,在海关报告中,几乎没有直接从国外进口的商品,所有到达这一口岸的商品,按规定首先要进口到上海,取得免重征执照后再船运到杭州。"⑨

南京的开埠,颇显曲折。1858年的中法《天津条约》规定南京为通商口岸,称:

---

① (美)马士著,张汇文等译:《中华帝国对外关系史》,三联书店,1957年,第1卷,第405页;王韬:《弢园尺牍》,中华书局,1959年,第62页。
② 《柳兆薰日记》,太平天国历史博物馆:《太平天国史料专辑》,上海古籍出版社,1979年,第317页;(英)呤唎著,王维周等译:《太平天国革命亲历记》,上海古籍出版社,1985年,第47页。
③ 陈梅龙等译编:《近代浙江对外贸易及社会变迁——宁波、温州、杭州海关贸易报告译编》,宁波出版社,2003年,第217—218页。
④ 《嘉兴府各属物产调查表》,《杭州商业杂志》1909年第1期。
⑤ 《匡凤逵洪锡范厘捐调查报告》(1911年),《苏州商会档案丛编》第1辑,第875页。
⑥ 中国第一历史档案馆编:《清代军机处电报档汇编》中国人民大学出版社,2007年,第3册,第205页。
⑦ 《海关报告(1912—1921)》,陆允昌编:《苏州洋关史料》,南京大学出版社,1991年,第115页。
⑧ (日)宇野哲人著,张学锋译:《中国文明记》,中华书局,2008年,第190,191页。
⑨ 陈梅龙等译编:《近代浙江对外贸易及社会变迁——宁波、温州、杭州海关贸易报告译编》,宁波出版社,2003年,第287页。

"将广东之琼州、潮州,福建之台湾、淡水,山东之登州,江南之江宁六口,与通商之广州、福州、厦门、宁波、上海五口准令通市无异。"但当时南京为太平军占领,开埠之事落空。太平天国失败后,列强重提此事,但无实质进展。曾是江南重镇的南京,自经历太平天国战事之后,时隔30余年,"元气至今(时为光绪二十一年,即1895年——引者)未复,民生萧索,城市空旷,毫无振兴之机"。在沪宁铁路通车前,贸易活动相当冷清,与上海的经贸往来亦主要通过镇江的中介。① 此后,南京的商贸业也难有振作。

1897年(光绪二十三年)从安庆去南京参加科举考试的陈独秀,对他眼中的南京城曾有生动的描述:

> 我坐在驴子背上,一路幻想着南京城内的房屋街市不知如何繁华美丽,又幻想着上海的城门更不知如何的高大,因为曾听人说上海比南京还要热闹多少倍。进城一看,我失望了。城北几条大街道之平阔,诚然比起安庆来在天上,然而房屋却和安庆一样的矮小破烂,城北一带的荒凉也和安庆是弟兄。南京所有的特色,只是一个"大"。可是房屋虽然破烂,好像人血堆起来的洋房还没有。城厢内外唯一的交通工具,只有小驴子。②

1898年(光绪二十四年),列强再次要求南京开埠。次年4月1日,南京对外开埠通商,修改后的长江通商章程规定"凡有约国之商船,准在后列之通商各口往来贸易,即镇江、南京、芜湖、九江、汉口、沙市、宜昌、重庆八处"。同年5月1日,位于下关江畔的金陵海关设立,故通常又称南京开埠为"下关开埠"。③

但南京的城市经济并无明显起色,日本汉学家内藤湖南1899年(光绪二十五年)来到南京,目睹"马路两侧亦稀有人家,田畴竹树犬牙交错,若行于村落之间"。④ 1903年(光绪二十九年),美国人盖洛坐船从上海去南京,惊讶地看到南京"城内的大片空地足以生产充裕的粮食"。⑤ 在1910年(宣统二年)抵达南京考察的美国商人的眼中:"南京是一个政治城市,贸易是非常不受重视的,要使他们打破习俗得费许多口舌。这个城市里除了蚕丝业外没有机器制造工业。"⑥

显然,镇江、温州、苏州、杭州和南京的相继开埠,在总体格局上并没有改变上海在江南城镇体系中的中心城市地位。英国驻沪代理总领事满思礼1897年(光绪二十三年)贸易报告称:

---

① 张之洞:《筹办沪宁铁路已派洋员测勘分段兴造折》,《张文襄公全集》卷四〇,第6—7页。
② 《陈独秀自传》(1937年11月),陈元晖主编:《教育思想》(中国近代教育史资料汇编),上海教育出版社,2007年,第962页。
③ 侯风云:《传统、机遇与变迁——南京城市现代化研究(1912—1937)》,人民出版社,2010年,第37、38页。
④ (日)内藤湖南、青木正儿著,王青译:《两个日本汉学家的中国纪行》,光明日报出版社,1999年,第63页。
⑤ (美)威廉·埃德加·盖洛著,晏奎等译校:《扬子江上的美国人——从上海经华中到缅甸的旅行记录(1903)》,山东画报出版社,2008年,第23页。
⑥ 虞和平等译校:《大来日记——1910年美国太平洋沿岸联合商会代表团访华记》,《辛亥革命史丛刊》第9辑,中华书局,1997年,第216页。

图 1-1　19 世纪末江浙沪通商口岸地域分布

  汽艇拖着中外商号的货船定期往返于上海与这些新口岸（指苏州和杭州——引者）之间，杭州新发展的贸易可能会抽走宁波的部分贸易，如果苏州有较大发展的话，上海或许也会受到影响，但只会是轻度的影响，而它与苏州之间更方便和更频繁的交通将带给上海更大的繁荣，从而将补偿可能会从上海被引到苏州去的一些贸易而有余。①

  京杭大运河穿越而过的无锡、常州，向以从属于苏州中心城市的米、布转运码头著称。自上海开埠，它们与苏州间传统的经济联系被削弱，贸易往来改趋上海。进口商品及南北杂货，经由上海的采购量常占无锡转口内销总额的 70%—80%。1908 年（光绪三十四年）沪宁铁路贯通后，"茧子、小麦、黄豆和米从无锡运往上海"更为便捷，彼此的联系更加紧密。② 有人在考察近代无锡农村集镇变迁后认为："无锡是随着上海的兴起而兴起，而无锡农村集镇则是随着无锡的勃兴而发展起来的，这是一个大的区域经济中心和小的区域经济中心及其卫星城镇的变迁发展史。"③

---

① 李必樟译编：《上海近代贸易经济发展概况：英国驻沪领事贸易报告汇编（1854—1898）》，上海社会科学出版社，1993 年，第 923 页。
② 《海关报告（1902—1911）》，陆允昌编：《苏州洋关史料》，南京大学出版社，1991 年，第 103 页；茅家琦等：《横看成岭侧成峰：长江下游城市近代化的轨迹》，江苏人民出版社，1993 年，第 19 页。
③ 赵永良：《百余年来无锡农村集镇的变迁》，《中国地方志通讯》1984 年第 1 期，第 80 页。

毗邻的常州,糖、杂货、洋布、煤油等大宗商货均来自上海,当地所产茧丝则直接运沪销售。①

第四节 吴淞"自开商埠"的动议

通商口岸对所在及邻近地区商品流通的促进和带动显而易见,从中最得益的自然是享有诸多特权和把持进出口贸易的在华列强。甲午战后,起意"振兴商务"的清朝政府,设想通过自开商埠,挽回利权。

一、"自开商埠"的政治因素

1898年(光绪二十四年),光绪帝颁布上谕:"欧洲通例,凡通商口岸,各国均不得侵占,现当海禁洞开,强邻环伺,欲图商务流通,隐杜觊觎,惟有广开口岸一法……着沿江沿海各将军督抚迅就各省地方悉心筹度,如有形势扼要、商贾辐辏之区,可以推广口岸展拓商埠者,即行咨商总理衙门,惟须详定节目,不准划作租界,以均利益以保事权。"②

朝野人士也多有动议,端方认为时下中国"不独门户洞辟,即堂奥腹地亦无不流通,贸易日盛月新,居交通之时代而为闭塞抵制之谋,诚非策矣"。③ 有人指出,"时至今日既不能闭关绝市,而各国藉端要挟又复日出不穷,然则于千万不得已之中而思一两全之计,惟有于江海要区自行辟作商埠",以求"利权不至外溢,而于富强之道亦得焉"④。1899年(光绪二十五年),已有福建三都澳和湖南岳阳奏准自开商埠。

清朝政府自开商埠的着眼点,虽有振兴商务的考虑,但首先是在政治层面,即通过所谓"自开",防堵列强增开口岸的要求。1901年(光绪二十七年),两江总督刘坤一称:

> 广开口岸之旨,原欲杜侵占,第多一口岸,于税厘即增一漏卮,于国币即多一份费用。通盘筹计,沿海择要开口利多害少,沿江、内地多开口岸实属有害无利。盖内地与沿江断不虑有侵占,而于华洋杂处、制造皆有大损。且内地开口,沿途经由之地皆隐成口岸,且内地名虽开通一处。实则沿江海而至内地开处均与口岸无异,所损尤大,而于商务未必真有利益。⑤

1908年(光绪三十四年),外务部仍强调:"开埠通商事关交涉,虽自辟稍可保主权,而内地究不同口岸,当此治外法权尚未收回之时,多一商埠即多一纠葛。"⑥紧

---

① 常州市地方志办公室编:《常州地方资料选编》第1辑,第1页。
② 朱寿朋:《光绪朝东华录》,第4189页。
③ 《湘抚端方自开商埠筹办情形折》,《湖南历史资料》1980年第1期。
④ 佚名:《与客谈通商口岸》,《皇朝新政文编》,台北文海出版社,1985年影印本,第2568页。
⑤ 王彦威、王亮辑:《清季外交史料》,台北文海出版社,1985年影印本,卷一五〇,第20页。
⑥ 王彦威、王亮辑:《清季外交史料》,台北文海出版社,1985年影印本,卷二一五,第11—12页。

邻上海的吴淞,就一波三折,筹开而又中辍。

二、吴淞的地理区位

吴淞扼黄浦江入长江口要冲,是中外船只进出上海港的必经之地。19 世纪 60 年代(同治年间)后,进出上海港的外国商船日多,而面对吴淞口外的淤沙,大吨位远洋船只常受滞阻,往往要候潮进港,因而曾有开辟吴淞港区的动议。海关报告载:"在上海开埠以后的年代里,进口船只的体积大大增加,而长江进口水道一直没有疏浚修治,浅水时江口拦沙水位比黄浦江还要浅。所有巨轮都只能停留在口外,航商对这种情况啧有烦言。"①

清政府则出于防务考虑,拒绝疏浚,列强便起意开辟吴淞港区,先是提议修筑淞沪铁路,1866 年(同治五年)英国驻华公使阿礼国致书清廷:"上海黄浦江地方,洋商起货不便,请由海口至该处于各商业经租就之地,创修铁路一道。"强调"浦江淤浅挑挖不易,铁路修成,水路挑挖无关紧要"。经清廷议复,认为"开筑铁路妨碍多端,作为罢论"。②

时隔六年,1872 年(同治十一年)美国驻沪领事布拉德福背着清政府组织吴淞道路公司,并于 1874 年(同治十三年)兴筑淞沪铁路,1876 年 2 月(光绪二年一月)铺轨,企图在吴淞开辟水陆转运泊岸。一位美国学者在参阅美国国会档案后指出,美国领事此举"是受横滨——东京间建筑铁路的刺激的,上海港口的运输问题与东京有些相似。外国船舶认为碇泊在距离外国租界下游十二英里的吴淞江(应为黄浦江——引者)中比较便利。从这个碇泊处建一条铁路通到这个城市,将会起到与横滨——东京线的类似作用"。而日本的那条铁路,正是由美国人在 1869 年承建并于 1872 年通车的。③

列强筹开吴淞港区的举措,惊动了上海地方官员。1876 年 3 月(光绪二年二月),苏松太兵备道冯焌光照会英、美驻沪领事:"通商章程第六款载明,各口上下货物之地,均由海关妥为定界。又江海关定章,浦江泊船起下货物之所,自新船厂起至天后宫为界,商船只许在例准起货下货之界内起货下货各等语。是吴淞既非起货下货之所,又吴淞口一段尽属海塘,关系民生、农田保障,为中国最紧要之事,断不能任百姓将官地盗卖,建造房屋、码头。"强调"上海贸易租界,自洋泾浜起至虹口止,有法国租界,有美国租界,吴淞口系宝山县所管,不在通商租地界限之内。又各国通商章程,只有上海口岸,并无宝山地界通商"。④ 英、美领事无言以对。后经交涉,由清政府出巨资将淞沪铁路购下拆毁。

① 《海关十年报告译编》,第 287 页。
② 《清季外交史料》卷五,第 19 页。
③ 宓汝成编:《中国近代铁路史资料》,中华书局,1963 年,第 1 册,第 34、35 页。
④ 宓汝成编:《中国近代铁路史资料》,中华书局,1963 年,第 1 册,第 43、44 页。

列强筹开吴淞港区的举措虽然受挫,但淤沙仍横亘吴淞口外,列强据此仍不断发难。1881年(光绪七年),两江总督刘坤一遂上书奏称:

> 吴淞口在黄浦江口内,本与长江防务无涉,惟赴上海必经此沙。此沙日积日高,各国大船出入不便,有碍洋商生计,故彼饶舌不休。夫中外既经通商,水道本应疏浚,如我置之不理,彼得藉以为词,抽费兴工,势必永远占据,谓系洋商捐办,华官不能与闻。再四思维,只有自行筹款挑挖,则所挖之宽窄浅深,作缀迟速,均可操纵自由,只令通船而止,万一有事,则沉船阻塞,亦反掌间事也。①

意在通过自主疏浚淤沙,堵塞列强口实。次年,从国外进口的设备运抵,进度缓慢的疏浚工程开始,筹开吴淞港区的动议一度沉寂。

但列强并未止步,甲午战争后日本报纸称"日本在上海择地开租界一事,以吴淞为佳。黄浦江淤沙日厚,其势迟早必至无法可治,不能行船。如吴淞则日后必大兴胜之地,与上海来往之路之极便,本当择租界于吴淞"。②沿江一些地段则先后易主,至1898年(光绪二十四年)初"吴淞口之蕴藻浜南沿江水深之地,除操厂一块,悉为洋人所得"。英、德等国更以兵船进出吴淞口不便为由,向清政府索要蕴藻浜以北沿江百余亩空闲官地,以建造所谓兵船码头,企图再开吴淞港区。③ 如1898年4月15日(光绪二十四年三月二十五日)《申报》所言:

> 自上海通商,外洋轮船出入,吴淞为咽喉要路……第水路虽为通商要道,而岸上未有租界,且地属太仓州之宝山县,又非上海所辖,西商欲于此间设栈起货,格于成例,不克自由;而淞沪铁路工程又未告竣,公司货物必由驳船起运,船乘潮水涨落,未能迅速克期,此西人之心所以必须辟租界于吴淞者。

为止息列强觊觎,1898年(光绪二十四年)初两江总督刘坤一奏请吴淞自开商埠获准。事后他陈述说:

> 上海近来商务日盛,各项船只由海入江,以吴淞为要口。只因拦江沙淤,公司轮船必须起货转运,致多阻滞。现值淞沪铁路将次竣工,商货往来自必益形繁盛。经臣商准总理衙门,将吴淞作为海关分卡,添建验货厂,俾得就近起下货物以顺商情,并于该处自开商埠,准中外商民公同居住,饬道会商税司妥切筹议,将马路、捕房一切工程仿照沪界认真办理,期于商务、地方均有裨益。④

---

① 刘坤一:《订购机器轮船开挖吴淞口淤沙片》,《刘坤一遗集·奏疏》卷一八,第69页。
② 《时务报》第22册(1897年3月),译载。
③ 北京大学历史系近代史教研室编:《盛宣怀未刊信稿》,中华书局,1960年,第61页。
④ 《刘坤一遗集·奏疏》卷二八,第29页。

消息传出,吴淞地价陡升。1898年5月22日(光绪二十四年四月三日)《申报》"吴淞口开埠近闻"载:"张华浜以及吴淞炮台一带农田已为中西商人购置殆尽,地价飞涨,每亩可值五六百金,至灯塔左近沿浦滩地则更涨至每亩四千五六百两矣。"而先前每亩只值数十两,至多也不过百余两。①

　　随后,自开商埠的步骤渐次展开。未来商埠的地域,确定为沿黄浦江从吴淞炮台向南,越过蕴藻浜,迄于陈家宅这一"东西进深三里"的狭长地带。为此成立了开埠工程总局、清查滩地局等机构,次年,在蕴藻浜北筑成东西向马路五条、南北向马路三条,沿江驳岸也着手兴建。②

　　中国自开商埠的举动,招致列强的忌恨,英国领事抱怨:"由于这个港口是'自动地'开放的,因此中国有权指定开放的条件,其中之一就是外国人不得在租界(应为商埠——引者)之外取得土地。"③诚如刘坤一所指出的:"彼族觊觎吴淞已非一日,今幸自开商埠,不能占我要隘,必思挠我利权。"英人的手法之一,是对招租官地反应冷漠,使刘坤一等欲将官地变价用于开发商埠的设想受挫。④

　　不久北方义和团起事,1901年(光绪二十七年)《辛丑条约》规定疏浚黄浦江包括吴淞口淤沙,"洋商营业趋势益集中于上海,淞口无转移之希望",列强不复再提开辟吴淞港区事,清政府的"自开商埠"遂也陷于停顿。⑤"埠工、升科、会丈等局亦于是年次第撤销","惟筑成之马路交错纵横,犹存遗迹"。从其"市街东西长而南北短"的布局走向中,人们仍依稀可见当年的开发设想。⑥由筹开吴淞港区引发的自开商埠规划虽告夭折,但余音未绝。⑦

---

① 《申报》,1898年5月23日。
② 民国《宝山县续志》卷三,营缮。
③ 李必樟译编:《上海近代贸易经济发展概况:英国驻沪领事贸易报告汇编(1854—1898)》,上海社会科学院出版社,1993年,第949页。
④ 《刘坤一遗集·奏疏》卷三一,第33、34页。按:此处官地,系指"吴淞一带滨海沿江历年涨出滩地"(同前注,第33页)。
⑤ 民国《宝山县续志》卷六,实业。
⑥ 民国《宝山县续志》卷六,实业;卷一,舆地。
⑦ 时至民国初年,张謇曾受命赴"吴淞重兴埠政",旋遇1924年齐卢之战,"经费告竭"被迫停办。详可参阅民国《宝山县再续志》卷六,实业。

第二章　江河海航运

长江三角洲向以江南水乡著称,境内江河纵横、湖泖众多,与国内大水系大多有河道相通。舟楫便利的河道水系为内河航运提供了得天独厚的自然地理条件。

第一节　上海的枢纽港地位

1843年上海开埠后,很快发展成中国内外贸易枢纽大港。

一、开埠前的上海与江南水系

上海地区水系是太湖水系的一部分,[①]古今太湖尾闾大都是经过今上海市境入海。由于受地理环境变迁和人类生产活动的影响,历史时期上海地区水系曾发生过较大的变化,从初期的三江水系,逐步演变为吴淞江水系和黄浦江水系。[②] 上海境内最主要的航运河道,是历史悠久的吴淞江以及明初整治后的黄浦江。

吴淞江源自太湖,唐宋时长250余华里,宽150余丈,其入海口南跄浦阔达9华里。1042年(宋庆历二年)因风涛多毁漕船,吴淞上游太湖入口处筑起长堤,使江流渐淤渐狭,历朝历代多事挑浚。尽管如此,明清时期它仍然是上海地区内河航运的主要干流之一。其东会黄浦可出入南北大洋,西溯运河可抵苏、常,北连安亭等浦港可通太仓浏河、常熟白茅港;此外江之南还有赵屯浦、大盈浦、顾会浦、崧子浦、盘龙浦五大支流,南通青浦、松江城,接秀州塘还可直抵浙西。黄浦江又称大黄浦,其上游据传为古东江遗迹。明永乐初,户部尚书夏原吉整治江南水利,采纳上海人叶宗行的建议,疏浚黄浦下游范家浜河道,上接浙西泖湖诸水,下径达海。数百年来水量充沛,河道深畅,成为"漕船商舶日夕往来要路"。[③]

吴淞、黄浦之外,上海地区境内还有不少重要的通航支流,除上述淞南五大浦外,介于吴淞江与黄浦江之间东西走向的蒲汇塘,东接肇家浜直抵上海县城并注入黄浦,西与五大浦交会,经青浦过湖泖可达运河而抵浙西、苏南,是横贯浦西的重要水道。黄浦以东的主要水路有周浦塘、下沙浦、闸港等,它们东连各盐场团灶运盐河,西接黄浦,南经其他塘浦可达浦南、浙西。吴淞江以北重要的支流有练祁塘、盐铁塘、马路塘等。以马路塘为例,西可达罗店至嘉定县城,东达宝山,南至泗塘达吴淞,为嘉定县北境通邑干河。

这些河道以及为数众多的其他小泾、小浜,不仅把整个上海地区连接成一个舟

[①] 本节所称的上海地区是指今上海市辖区范围。
[②] 详可参阅赵永复、傅林祥撰《历史时期上海地区水系变迁》,载《上海研究论丛》第12辑,上海社会科学院出版社,1998年。
[③] 崇祯《松江府志》卷二五,兵防。

楫便利的水路运输网,而且它们还辐射四方,与国内各大水系沟通,其中最重要的是运河和长江水系。上海地区入江南运河水系的河道甚多,既可以溯湖泖从苏南进运河,也可以下浙西经秀州塘入运河。而后,南可抵杭州、宁波;北可至苏州、常州、镇江以至更北之地。上海地区从水路入长江既可以走运河西折,也可以出吴淞上溯长江流域各省市。

内河航运把上海地区与长江三角洲连为一体。其在上海西邻的通航干流如娄江,"为太仓、松江、崇明、昆山必由之要道";福山塘,为输运必经之路,商贾必由之所,舟楫赖以通行。① 明清时期,上海地区同江南各地的贸易往来,多经上述航道沟通。如吴淞江北岸的孔泾,又称林道浜,沿浜有江湾、真如、南翔、娄塘诸镇,"嘉(兴)、湖(州)贾贩多从此道以避江潮之险"。又如淀山湖西有双塔镇,因地处苏松水路适中之地,客商往返至此时近傍晚,多"住此停榻",故又称商榻镇。②

清前期,随着上海港的崛起,上海连接浙西、苏南,特别是连接苏州的内河航运更为发展。③ 当时从上海至苏州有两条航路,"或过黄浦江,或过泖湖",商船载外洋商货运出内地土特产。如福建漳州、泉州海船载糖、靛、鱼翅等到上海,然后用内河船只运往苏州,折返时运回布匹、绸缎、凉暖帽子、惠泉酒等。《淞南乐府》记载:"船之运盐者曰盐拖,又名湖船,今则惯载洋货赴苏。"如鸦片战争前夕一些英国人在上海所见,从上海出发,众多适于航行的河流四通八达,航运无阻。宽畅的水路连接着周围城镇乡村。在浙江的澉浦、杭州及苏州等地的河道中,都可以看到驶往上海的船只。④ 上海地区内河航运之便捷,在中国沿海各港口城市中首屈一指。

二、开埠前的上海与江南诸港

江浙沪地区诸港口间,曾有一个盛衰兴替的过程。在清前期,堪与上海比肩的曾有浏河港的屹立。浏河港位于太仓州境内,距长江入海口不远,宋元以后因江南经济的发展和海上贸易的开展渐趋兴盛,"外通琉球、日本诸国,故元时南关称六国码头"。⑤ 明代达鼎盛期,永乐年间郑和数次下西洋均从这里启航。"明季通商,称为天下第一码头"。⑥ 它与江南首邑苏州府城有刘河直接沟通,是为苏州通海之门户,"凡海船之交易往来者必经刘家河,泊州之张泾关。过昆山,抵郡城之娄门"。⑦ 苏州的海船修造业因而称盛,清康熙帝南巡姑苏,"见船厂问及,咸云每年造船出海

---

① 道光《元和唯亭志》卷三,风俗;万历《常熟水利全书》。
② 正德《松江府志》卷二,水;崇祯《松江府志》卷三,镇市。
③ 原为江南首邑苏州通海门户的浏河港,清中叶后日渐淤狭,渐趋中落。至道光八年(1828年),据陶澍目击:"浏河即古之娄江,其上游自太湖东北迤逦而来,至新阳县界之新造桥,与吴淞分流而东,绕太仓州城南,历嘉洋、嘉定等界,东入于海,绵长七八十里。自嘉庆十七年挑浚之后,屡经水患,沙泥淤垫,旱涝无从灌溉。不但太仓州属农田失收。兼为上游苏松一带水道之梗。近来淤垫更甚,以致久收屡赈。臣陶澍前因公经过该处,目击情形,几同平陆。其出海之处,有拦门沙一道,阻遏海口"(陶澍:《会同江督借款挑浚浏河折子》(道光八年),《陶澍集》上册,岳麓书社,1998年,第463—464页。)
④ (英)胡夏米著,张忠民译:《"阿美士德"号1832年上海之行记事》,《上海研究论丛》第2辑,上海社会科学院出版社,1989年。
⑤ 崇祯《太仓州志》卷七,水道。
⑥ 道光《刘河镇记略》卷四,形势。
⑦ 嘉靖《太仓新志》卷三。

贸易者多至千余"。① 当时浏河港海运之盛可见一斑。

但受潮汐的影响，浏河港有一个泥沙淤积的问题，"其患在潮与汐逆而上，淀积浑沙，日以淤壅，几十年间必再浚之"。② 因疏于治理，港口状况恶化，"乾隆五年(1740年)开浚之后，浅段未深，深处亦浅"，③且愈演愈烈。"乾隆末，河口陡涨横沙，巨舰不能收口"，海船进出受阻，交通苏州等地的刘河也日渐淤狭，货物集散转运不畅，浏河港渐趋中落。④

原先入港的海船相继转往邻近的上海港，嘉庆《上海县志》载："自海关通贸易，闽、粤、浙、齐、辽海间及海国舶虑刘河淤滞，辄由吴淞（淞）口入，舣城东隅，舳舻尾衔，帆樯如栉，似都会焉。"嘉庆中叶，曾因港而兴的浏河镇已是"南北商人皆席卷而去"，往昔的繁盛景象一去不返。⑤ 咸丰初年，京杭大运河滞阻，江苏漕粮拟就近由浏河港海运，然而时过境迁，刘河口淤塞积重难返，虽于"癸丑、甲寅（咸丰三年、四年，1853、1854年）之间捞浚以通舟楫"，终无明显改观。⑥ 这时的浏河港，与上海已不能同日而语。

上海的南端，乍浦港一度也颇兴旺。它地处杭州湾畔浙江平湖县境内，直接面海，西与嘉兴府城相距不远，有河道相通。元明两代，海运往来曾有一定规模。自清康熙年间海禁放开，聚泊该港的海船接踵而至，"南关外灯火喧阗，几虞人满"。⑦ 其中大多往返于华南及日本航线。乾隆《乍浦志》载："乍浦贾航糜至，三山、鄞江、莆田并设会馆，宾至如归。"⑧ 在经由乍浦港输入的食糖中，"广东糖约居三之二"，来自广东的"糖商皆潮州人，终年坐庄"。⑨

与日本间的贸易往来也很活跃，据东京都立中央图书馆藏航船日志记载，运抵乍浦港的货物，多由水路经嘉兴至苏州分销。⑩ 但它偏离长江入海口，与江南经济富庶地区的交通联系不及浏河、上海便捷，港口外又"有沙滩二三四里不等，滩外又有浅水数里，凡有重大货船，皆泊于浅水之外，用小船乘潮驳载登岸"。退潮时，"商船难拢口岸"，贸易规模终受制约，不少原先停泊该港的闽、广商船，后来"多汛至江南之上海县收口"。⑪

1851年（咸丰元年），浙江海运漕粮曾拟从乍浦入海，终因铁板沙阻碍，无船可

---

① 《清圣祖实录》卷二七〇，第14页。
② 黄与坚：《刘河镇天妃闸记》，《吴郡文编》卷三。
③ 道光《刘河镇记略》卷五，盛衰。
④ 光绪《太仓州镇洋县志》卷二，营建。
⑤ 道光《刘河镇记略》卷五，盛衰。
⑥ 光绪《太仓州镇洋县志》卷五，水利。
⑦ 乾隆《乍浦志》卷三，武备。
⑧ 乾隆《乍浦志》卷一，城市。
⑨ 道光《乍浦备志》卷六，关梁。
⑩ 陈吉人：《丰利船日记备查》，杜文凯等编：《清代西人见闻录》，中国人民大学出版社，1985年。
⑪ 《浙江粮道为筹议海运漕粮上常大淳禀》(1851年7月8日)，太平天国历史博物馆编：《吴煦档案选编》，江苏人民出版社，1983年，第6辑，第113页。道光《乍浦备志》卷六，关梁。

雇,主事者决定"仍应由江苏上海放洋"。① 后人曾感叹:

> 乍浦当上海未繁盛以前,为浙西巨埠,单以糖而论,由福建及汕头航海来者,年达二十万包,故乍浦有福建会馆,灯光山下复有漳泉公所及真君殿,祠保生大帝,有闽人某驻此,尝亲为余道之,想见当时万里梯航、客商云集盛况。自上海盛后,群舍此而趋彼,于是乍浦就衰,今昔异势矣。②

浏河、乍浦港的衰退,使开埠前的上海作为太湖流域主要出海港的地位愈发突出。1842 年(道光二十二年)江苏布政使李星沅称,上海乃"小广东",海船辐辏,洋货聚集,"稍西为乍浦,亦洋船码头,不如上海繁富。浏河亦相距不远,向通海口,今则淤塞过半"。③ 唯有上海港货物进出频繁,名闻遐迩。

三、开埠前的上海港口功能

但如前所述,开埠前的上海,商业活动虽很活跃,然而较之江南首邑苏州仍瞠乎其后。原因在于上海港口和城市的发展,都受到了人为的束缚。清中叶后,封建社会的各种矛盾日趋尖锐,清朝政府为稳固其统治,重又加强了对海外贸易的限制,于 1757 年(乾隆二十二年)停闭江、浙、闽三处口岸,限定广州一口通商,以后又陆续颁布了一些相关的条例章程。这些措施的推行,反映了面对日渐东来的西方资本主义势力,清朝政府封闭自守的消极对策。④

在这种背景下,上海的发展以及它与内地的经济联系,受到内向型经济格局的很大制约。这种经济格局,是自给自足的自然经济和统治者相应的思想观念的产物,所谓"天朝物产丰盈,原不藉外夷货物以通有无"。⑤ 海外贸易,不仅在地域上有严格规定,对进出口货物的种类、数量和交易方式等也有很多限制,"向来粤洋与内地通市,只准以货易货,例禁甚严"。⑥

就上海而言,与不属欧美的日本及东南亚的贸易往来虽得维持,但内容和规模均很有限。清叶梦珠《阅世编》载:"邑商有愿行货海外者,较远人颇便,大概商于浙、闽及日本者居多。据归商述日本有长耆(崎)岛者,去国都尚二千余里,诸番国货舶俱在此贸易,不得入其都。"

经上海港输往日本的有丝、棉纺织品、手工艺品和药材等,从日本运回的是铜、海产品、漆器等。19 世纪 30 年代(道光年间),暹罗出产的蔗糖、海参、鱼翅等,吸引

---

① 《浙江推行漕粮海运之难呈折》(1851 年 11 月 30 日),太平天国历史博物馆编:《吴煦档案选编》,江苏人民出版社,1983 年,第 6 辑,第 116 页。
② 朱偰:《汗漫集》,凤凰出版社,2008 年,第 141 页。
③ 《李星沅日记》,陈左高等编:《清代日记汇抄》,上海人民出版社,1982 年,第 208 页。
④ 对清朝政府闭关政策的评价,学术界尚有分歧。笔者认为其重点是防范外来势力,其中也包括所谓"防微杜渐"(《清高宗实录》卷五一六,第 17 页)的考虑,即防范国内民众与外国人接触后对清朝统治可能带来的冲击。这种政策推行的结果,严重阻碍了中国与外部世界的联系,也没有能使中国免遭外来侵扰。
⑤ 中国第一历史档案馆:《英使马戛尔尼访华档案史料汇编》,国际文化出版公司,1996 年,第 57 页。
⑥ 《章沅奏》(道光九年正月),姚贤镐编:《中国近代对外贸易史资料》,中华书局,1962 年,第 175 页。按:有关限制的条例、章程、规定等,可参见该书第 174—231 页。

不少中国商人前去采购,"他们的帆船每年在二三月及四月初,从海南、广州、汕头、厦门、宁波、上海等地开来"。1829年(道光九年),驶抵新加坡的中国商船有8艘,1830年(道光十年)10艘,次年又增至18艘,其中除闽、广外,"来自上海及浙江省宁波附近者2艘,一艘载500吨,另一艘175吨"。① 马六甲、槟榔屿、爪哇、苏门答腊,也都有中国商船前去交易,并将当地特产返销上海。②

尽管上海地处长江入海口,但因不能与欧美国家通商,邻近地区的丝、茶等出口商品均不得不舍上海而辗转运往广州。因此就总体而言,海外航线在上海港贸易总量中的比例甚微,约仅占3%—4%,③上海与外国的经济联系是相当有限的。

四、开埠后的枢纽大港

上海开埠后,着眼于其作为外贸口岸的诸多有利条件,外国商人纷至沓来,并同样吸引了早期经营进出口贸易的中国商人。据现存英国伦敦图书馆的敦利商栈等簿册文书披露,早在1843年11月(道光二十三年九月)上海正式开埠前夕,至少已有两家华商外贸行栈闻风而至,着手筹办等候开业,其中之一的敦利号业主张新贤向官府呈递了开业申请,内称:"窃职向在粤东贩运江浙各货,开设裕隆竹记字号。缘上年奉有五口通商谕旨,职在粤东有同业陈春圃、卞博山情愿合伙在上海开设敦利号,招徕丝茶各商,遵奉新议章程,照则纳税,经理贸易事务。是以职等于今年七月来上(海),在台治西姚家弄、东姚家弄、王家巷、孙家巷以及前和典基、万瑞坊基等处租赁栈房,门前均贴敦利栈字样,以便招接各路商人,安顿货物,庶英国领事官到日,即可通商贸易。"④对上海开埠后对外贸易兴旺前景的期盼和憧憬,跃然纸上。

这份呈请经松江海防厅同知沈炳恒转呈苏松太道宫慕久,并于1843年12月12日(道光二十三年十月二十一日)获准。此后效仿者继起,仅据这批簿册文书记载,至1844年10月14日(道光二十四年九月三日)上海已有39家专营或兼营进出口贸易的商号。

表2-1　开埠初期上海华商外贸业(1844年3—10月)

行　号	进口主要货物	出口主要货物
本号	各色布匹、大呢、羽绸、洋熟铁、玻璃	茶叶、湖丝、石膏
敦利	各色布匹、大呢、羽绸、洋熟铁、玻璃	茶叶、湖丝
广利	各色布匹、大呢、洋熟铁	湖丝

---

① 聂宝璋编:《中国近代航运史资料》第1辑,上海人民出版社,1983年,第53—56页。
② (英)胡夏米、张忠民译:《阿美士德号1832年之行记》,《上海研究论丛》第二辑,第286页。
③ 《上海港史话》编写组:《上海港史话》,上海人民出版社,1979年,第20页。
④ 商人张新贤为察请开设敦利号以与英商贸易事,转见王庆成:《上海开埠初期的华商外贸业——英国收藏的敦利商栈等簿册文书并考释(上)》,载《近代史研究》1997年第1期,第41—42页。

续 表

行　号	进口主要货物	出口主要货物
通亿		湖丝
周公正	原布、大呢、玻璃、洋熟铁、胡椒	茶叶、湖丝、紫套布
仁记	各色布匹、大呢、洋熟铁、胡椒、洋酒	湖丝、石膏
和记	大呢、玻璃、洋锡片、洋刀、洋钢	湖丝
华记	大呢、玻璃、胡椒、洋布	湖丝、麝香
位记	各色布匹、檀香、洋硝、洋熟铁、玻璃	湖丝、紫套布
怡生	各色布匹、檀香	湖丝
名利	各色布匹、剪绒、沙藤、象牙	湖丝、紫花布
长益	苏木、水靛、玻璃、牛皮、洋糖	粗窑缸器、铜器、大黄、湖丝
益三	水靛、洋麻、棉花	明矾
义记	各色布匹、洋酒、洋枪	湖丝
天盛	哔叽、大呢	茶叶
裕泰	各色布匹、大呢、沙藤	
信成	槟榔、乌糖、栲皮	
阳和	原布、花布、自来火、木钟	
融和	洋青、洋糖、洋酒、洋枪	
德利	布匹、大呢、玻璃	
益记	洋布、乌木	
周益大布店	洋铅	
广盛	布匹	
芳盛	沙藤	
采文	原布	
义成	布匹	
春和	布匹	
春芳	布匹	
恒珍	洋铅	
裕润	洋锡	
永隆	玻璃、栲皮	
荣丰	沙藤	
隆记		湖丝
朱通裕		茶叶
万成		明矾
道裕		茶叶
怡馨		茶叶
和山		茶叶

（资料来源：王庆成：《上海开埠初期的华商外贸业——英国收藏的敦利商栈等簿册文书并考释（上）》，《近代史研究》1997年第1期，第37—39页。）

这些稀见簿册文书的披露,有助于对以往因资料匮乏而湮没无闻的开埠初期上海华商外贸业的重新估价,也可以从当时国内商界的反应,去认识开埠后上海作为中国第一港城的迅速崛起。

铁路、公路出现以前,船舶是上海与外界交往的主要交通工具,1865年(同治四年)海关贸易报告称:"只要上海作为对外贸易中心的情况不变,那么对外贸易活动就必须完全依赖船舶来进行。"①轮运业逐渐取代木帆船成为主要的运输工具,为上海的发展提供了充分必要条件,进出上海港的船舶总吨位由此直线上升。

表2-2　进出上海港船舶总吨位(1844—1899年)　　单位:吨

年　份	总吨位	年　份	总吨位
1844	8 584	1879	3 060 000
1849	96 600	1889	5 280 000
1859	580 000	1899	8 940 000
1869	1 840 000		

(资料来源:尚刚:《上海引水史料》,《学术月刊》1979年第8期。)

以1899年(光绪二十五年)与1844年(道光二十四年)比较,增长幅度高达千余倍。1913年已跃升至19 580 151吨,较1899年又翻一番多,与1844年比已是两千余倍。②1928年上海港进出船舶净吨位已位居世界第14位,1931年又跃居第7位,港口货物吞吐量达1 400万吨。1925年至1933年,经上海港完成外贸进出口货值平均占全国港口的55%,国内贸易货值平均占全国港口的38%。至1936年,全国500总吨以上的本国资本轮船企业共99家、船404艘,其中总部设在上海的有58家、船252艘;以上海为始发港或中继港的航线总计在100条以上。③上海的枢纽港地位,稳居全国之首。

第二节　新旧航运业的兴替

鸦片战争后,江浙沪地区的航运业呈现新旧兴替的历史进程。

一、旧式航运业的困境

中国地域辽阔,海岸线长,河流众多,航运业源远流长。但在封建社会,它的发展受到很大束缚,在技术上就有一些人为的限制。1747年(乾隆十二年)清朝政府规定:"福建省仔头船,桅高篷大,利于走风,未便任其置造,以致偷漏,永行禁止。"④

---

① 聂宝璋编:《中国近代航运史资料》第1辑,上海人民出版社,1983年,第1269页。
② 罗志如:《统计表中之上海》,国立中央研究院,1932年,第52页。
③ 倪红:《上海市档案馆馆藏近代上海港建设档案概况》,《上海档案史料研究》第1辑,上海三联书店,2006年,第273页。
④ 道光《厦门志》卷五,船政。

鸦片战争前夕,中国的航运业仍处在木质构造、人力或风力驱动的阶段。而同一时期,随着工业革命的推进,欧美国家的远洋航运业有了长足发展,19世纪上半期东印度公司来华商船平均载重吨位在1 200—1 300吨。①

虽然它们还都是帆船,但构造、装备先进,"大者三桅,小者两桅,前后左右俱有横桅以挂帆",行驶快捷。相比之下,中国航运业的落后是明显的,"一艘载重350吨至400吨的帆船,有80至100名海员,其人数至少足以驾驶同样吨位的欧洲船五艘"。②一旦中国大门被打开,欧美货船特别是轮船纷至沓来,中国旧式航运业明显衰落。

五口通商后,外国商船涌入。其装备、技术先进,又有不平等条约庇护,对港区内的中国海船业构成威胁,往返南洋航线的木帆船首先遭遇危机,"自福、厦二口办理通商,轮船常川来往,商贾懋迁惟期妥速,内地商货每多附搭轮船运销,既免节节厘金,又无遭风被盗之患,进出口岸系报完洋税","是洋船日多则民船日少"。1866年(同治五年)英国驻福州领事认为"可以肯定说,外国轮船尤其是英国轮船正在逐渐而稳步地垄断沿海航运"。③

时任闽浙总督吴棠奏称:"自轮船通商以来,滨海之民日形萧索,如福建之台湾、厦门等处,向资海船以为生者多称富有,近则十户九穷。"④为争夺中国沿海航运,外国船主经营灵活,可按月也可按航次包船,一艘350吨的轮船往返福州、上海的租金是3 500—3 600元。当时,"中国人还需要较小的轮船从宁波载运小量杂项货物到上海,这对易于腐败的货物最合适,例如橘子、鲜果等等,这类货物需要运输迅速"。⑤

继而面临困境的,是行走北洋航线的沙船业。上海开埠初期,沙船业因拥有比较稳定可靠的漕粮运输业务而得以维持经营。是时,"江浙海运米船有沙船,有卫船。沙船户系南省商民,卫船户系天津商民。大号船每只受米三千石,中号船受米二千石、一千余石,小号船受米八百石以至五百石不等。该船在南省受兑。每船酌准八成装粮,二成装货,给与脚价,免征货税"。⑥

清初以来,东北大豆是南销大宗货源,"江浙沙、蛋等船航海往来贸易,其自南往北者,货不拘一;而自北回南者,总以豆货为大宗"。沙船交卸漕粮南返,"运销货物向以豆饼、豆石为大宗,舍此无可贩运"。⑦为保证漕粮海运,清政府曾规定:"豆石、豆饼在登州、牛庄两口者,英国商船不准装载出口。其余各口,该商照税则纳

---

① (美)马士著,张汇文等译:《中华帝国对外关系史》,三联书店,1957年,第1卷,第105页。
② 中国史学会主编:《鸦片战争》(中国近代史资料丛刊)第1册,上海书店,上海人民出版社,2000年,第21页;姚贤镐:《中国近代对外贸易史资料》,第67页。
③ 聂宝璋:《中国近代航运史资料》第1辑,上海人民出版社,1983年,第1271页。
④ 《筹办夷务始末》(同治朝)卷五五,第3页。
⑤ 聂宝璋:《中国近代航运史资料》第1辑,上海人民出版社,1983年,第1272页。
⑥ 《太仆寺卿柏寿奏》(同治六年九月二十日),中国第一历史档案馆藏:《军机处录副奏折·财政类》。
⑦ 《筹办夷务始末》(同治朝)卷七,第50页;卷二八,第38页。

税,仍可带运出口及外国俱可。"①史称"豆禁"。

凭借漕粮运输和"豆禁"的保护,19世纪50年代末(咸丰年间)沙船业尚有实力。据1860年(咸丰十年)在沪英商访查:

> 宁波以北沿海航运的土著船只在三千艘以上,其所投资本适中估计也有七百五十万英镑左右。北部各省依赖此项帆船为生者约十万人。政府与此等船只唯一的直接利害关系,在于每年赖以运输漕粮到天津。约有三分之一的帆船从事漕运,其余三分之二则经营贸易。而漕船在天津卸下米粮后,其回程也是经营贸易的。贸易几乎全是牛庄、山东和上海、宁波之间的买卖。②

这种局面并未一直保持,1862年(同治元年)清政府为取悦列强联合抵挡太平军,取消了"豆禁",此后"夹板洋船直赴牛庄等处装运豆石,北地货价因之昂贵,南省销路为其侵占";"江浙大商以海船为业者,往北置货,价本愈增,比及回南,费重行迟,不能减价以敌洋商。日久消耗愈甚,不惟亏折货本,至歇其旧业"。③ 未及几年,上海港沙船锐减至"不及四五百号"。④ 19世纪晚期(光绪年间),约存40余艘。⑤

二、江海轮船业的经营

轮船驶入长江,沿江木帆船也受强烈冲击。"自长江通航后,出入货物概由洋船运输,以期稳速,而以轮船为最多。良由中国帆船行程迟缓,不但有欠安稳,而且航无定期,上行时大感困难。于是下行船只行达目的地后,不顾价值如何。即就地出售者比比皆是"。继而,长江支流的民船也受波及。据1868年(同治七年)的记载,"1860年开放长江,轮船通航,数千艘帆船遂被逐入支流。这些帆船对于当时行驶在支流中的小船是一个强有力的竞争者",很多小船被迫停航,"甚至当时把货物交由轮船装运的中国商人,也悲叹这些船家被突然打翻原来生活方式的遭遇"。⑥

蒸汽机取代帆桨,机器代替人力,是一种历史的进步。尽管在近代中国,这种进步同时也带有悲剧性色彩,因为它伴随着旧式航运业的衰落和众多船夫、水手的窘困。但轮船毕竟是工业革命的产物和新技术的体现,它的优越性是明显的。有外国人说:"中国人充分感觉到把他们的货物交由外国轮船运输能有迅速和安全的优点,他们知道外国轮船可以在任何季节和季候风里航行。"⑦轮船的效率是木帆船

---

① 王铁崖编:《中外旧约章汇编》,三联书店,1959年,第1辑,第117页。
② 严中平译:《怡和书简选》,《太平天国史译丛》第1辑,中华书局,1981年,第159、160页。
③ 《筹办夷务始末》(同治朝)卷三二,第20页《海防档》福州船厂(三),第5页。
④ 曾国藩奏(同治六年十二月十七日),中国第一历史档案馆藏《军机处录副奏折·财政类》。
⑤ 《民国上海县志》卷一,纪年。
⑥ 聂宝璋编:《中国近代航运史资料》第1辑,上海人民出版社,1983年,第1414、1415页。
⑦ 聂宝璋编:《中国近代航运史资料》第1辑,上海人民出版社,1983年,第1272页。

无法企及的,两者间的兴替是不可逆转的,"即如上海一埠,向推沙船为大宗,全盛时何止二三千号,自有轮船夹板后,沙船无以自存"。①

各航线木帆船趋于衰落的过程,也就是上海港本国运输工具步入近代化的启动过程。沙船业衰败所波及的漕运困难,便是李鸿章等人创办轮船招商局的主要动因,现实已使他们认识到,"为将来长久计,舍轮船公司一层,此外别无办法"。②1865年(同治四年)上海海关贸易报告载,"有各种理由认为帆船货运的黄金时代已成为历史"。在各主要航线,轮船已是人们首选的运输工具,"中国人很热衷于乘轮船,客运量十分可观,从北京南下的各品官员几乎完全放弃了陆路旅行"。③

三、内河小轮船的航行

江南地区向以水乡著称,境内江河纵横、湖泖众多,与国内大水系大多有河道相通。舟楫便利的河道水系为内河航运提供了得天独厚的自然地理条件。以上海为例,其西邻的通航干流如娄江,"为太仓、松江、崇明、昆山必由之要道";福山塘,为输运必经之路,商贾必由之所,舟楫赖以通行。④ 明清时期,上海与江南各地的贸易往来,多经上述航道沟通。如吴淞江北岸的孔泾,又称林道浜,沿浜有江湾、真如、南翔、娄塘诸镇,"嘉(兴)、湖(州)贾贩多从此道以避江潮之险"。又如淀山湖西侧有双塔镇,因地处苏松水路适中之地,客商往返至此时近傍晚,多"住此停榻",故又称商榻镇。⑤

19世纪50年代(咸丰年间),为扩大进出口贸易和在华活动范围,欧美商人就以上海为基地,将轮运业的触角伸向四周的内河水道,"置造小火轮船装运银两前赴内地,采办丝斤并各项货物回沪"。1865年2月(同治四年一月),结束国内战事后的清政府宣布不准外轮驶入通商口岸以外的内河。在沪外国商人反应激烈,称"这些小轮全都锚泊停航,一点都派不上用场,因为它们是为内陆贸易而特制,完全不适合海运",联名要求各国驻华使节出面干预。清政府对外国轮船深入内河深为顾忌,担心"若一处准行,处处皆援例而起,夺目前商船之生业,弛日后军国之防闲,关系利害极重,是以屡议未允,即再续请,仍不便行"。⑥

时至1895年(光绪二十一年),《马关条约》在规定增辟沙市、苏州、杭州通商口岸的同时,准许外国船只"从上海驶进吴淞口及运河以至苏州府、杭州府"。1898年(光绪二十四年)颁布的《内港行船章程》,又将范围扩大到各通商省份的内河水道。⑦ 此后,以上海为中心,专营内河航线的外国轮船公司相继设立。

---

① 《申报》,1884年1月12日。
② 丁日昌:《抚吴公牍》卷三二,第7页。
③ 聂宝璋:《中国近代航运史资料》第1辑,上海人民出版社,1983年,第1266、1269、1270页。
④ 道光《元和唯亭志》卷三,风俗;万历《常熟水利全书》。
⑤ 正德《松江府志》卷二,水;崇祯《松江府志》卷三,镇市。
⑥ 聂宝璋:《中国近代航运史资料》第1辑,上海人民出版社,1983年,第350、352、367页。
⑦ 王铁崖:《中外旧约章汇编》第1辑,三联书店,1959年,第616、786页。

另一方面,19世纪70年代中后期(光绪初年)后本国商人兴办内河轮运的要求久被搁置。"苏、杭内地水道,若以小轮船行驶,极为便捷。历年中外商人皆以厚利所在,多思禀准试办。只恐碍民船生路及税卡抽厘等情,辄格于时议,未肇准行"。即使已经成船,也被迫中止。① 几艘行驶沪苏间的内河小轮,多经清政府特许,其用途受到严格限制,"准行内河并带官物,不准带货搭客作贸易之事,以示与商船有别"。②

1895年(光绪二十一年)始,对华商内河轮运业的束缚相应减轻。1895年7月29日,翁同龢称:"杭州本有小轮十余,现准令运货。"同年9月7日,他又称:"小轮分六路,沪至苏,沪至杭,沪至崇明、通州,苏至镇,镇至清江,沪至宁波。商人请照洋章免厘,此不可行,惟轮船不准拖带,此必应力持。"③至1898年(光绪二十四年),"通商省份所有内河,无论华、洋商均可行驶小轮船,藉以扩充商务,增加税厘"。④ 上海港本国资本内河轮运公司的经营,突破原先的限制,扩大至商业领域的客货运输,并开辟了新的航线,渐次形成"内河小火轮船,上海为苏、杭之归宿,镇江为苏、宁、清江之枢纽"的基本格局。⑤

内河轮运的发展势头,促使轮船招商局不落人后,参与角逐。1902年(光绪二十八年)由它组建的招商内河轮船公司,拥有小轮7艘、拖船6条,先驶往苏、杭,后航线伸展至南浔、湖州、宜兴、溧阳、江阴,从苏州经无锡、常州至镇江,过长江抵扬州、清江,又从清江越宿迁至窑湾,濒淮河至正阳关,形成一覆盖江南和苏北大部的内河航运网,轮船也从最初的7艘增加到1911年(宣统三年)的近30艘,成为上海乃至全国规模最大的内河轮运企业。⑥

招商内河轮船公司创立之初,航线开辟于上海、苏州、杭州之间。随着轮船驳船的增加,航线也不断扩充,在江苏境内的沪苏线向西延伸至无锡、常州、镇江,发展成为苏镇线,并先后开航江阴至无锡、宜兴至无锡、常州、溧阳各线。以后,又将航线过江沿运河向北伸展,开航镇江至清江及镇江至扬州、仙女庙(今江都)、小河口的客轮航线。

内河轮运禁令解除后,以上海为中心,航行长江口江面及江浙沿海的华商轮船公司也得以一试身手。较早者有1901年(光绪二十七年)行驶南通、海门的广通公司;较具规模的有1904年(光绪三十年)张謇等人创办的上海大达轮步公司,上海与南通、海门地区的航运业务大部归其经营。专走上海与浙东沿海航线者,早期有1903年(光绪二十九年)锦章号"锦和"轮往来上海和舟山、镇海,1909年(宣统元年)又添置

---

① 《申报》1882年7月8日、1890年4月25日。
② 《交通史航政编》,交通史编纂委员会,1935年,第1册,第482页。
③ 谢俊美:《翁同龢集》,中华书局,2005年,第1190、1230页。
④ 清季外交史料卷一三〇,第15页。
⑤ 张之洞:《筹设商务局片(光绪二十二年正月初五日)》《张文襄公全集》卷四三,第16页。
⑥ 樊百川:《中国轮船航运业的兴起》,四川人民出版社,1985年,第432页。

"可贵"轮,航线延至象山、石浦、海门。① 正是在上述背景下,上海港登记注册的内河轮船,从1901年(光绪二十七年)的142艘攀升至1911年(宣统三年)的359艘。

表2-3 上海港内河小轮船注册统计(1901—1911年) 单位:艘

年份	注册数	指数	年份	注册数	指数
1901	142	100	1907	334	235
1902	144	101	1908	360	254
1903	180	127	1909	360	254
1904	216	152	1910	381	268
1905	275	194	1911	359	253
1906	314	221			

(资料来源:据历年海关报告,《上海民族机器工业》上册,中华书局,1966年,第130页。)

无论其绝对数或增长量,都居全国首位。上海不仅是江南乃至中国第一港城,也是最大的内河轮运中心,凭借四通八达的航运网络,以上海为中心的江南各地城镇经济联系更加紧密。《1896—1901年杭州海关报告》载:

> 本地区各方向都有运河支流,主要靠小船运输货物,运输的数量和种类非常多……各种各样大小不一的无锡快是附近最主要和最有用的船,几乎都被轮船公司用来运载乘客和货物到上海和苏州。有时几条无锡快被租用几个月,跑一趟运输,偶尔也租用几天,运价2—3元,视船只大小和货运要求而定。这些船由住在船上的船主及其家人驾驶,如果运载的客人增加,他们就再雇用别人,这些雇工工钱是一天一角并提供伙食,船运的利润估计是运费的10%。②

表2-4 沪苏杭甬间的内河运输船(1896—1901年)

船只	普通货物(担)	出发点	货物名	船员数	价值(元)
乌山船	300—800	宁波、上海	普通货物	3—6	300—1 200
百官船	300—900	宁波、上海	普通货物	3—6	300—1 200
乌篷船	100—400	宁波、上海	普通货物	5—7	150—250
无锡西庄船	300—700	苏州、上海	普通货物	6—7	1 000—1 400
常州船	100—400	苏州、上海	普通货物	4—6	500—900
常熟船	100—200	苏州、上海	普通货物	3—5	400—800

---

① 《申报》1901年4月19日;《中外日报》1904年5月2日;《交通史航政编》第2册,第538页。
② 陈梅龙等译编:《近代浙江对外贸易及社会变迁——宁波、温州、杭州海关贸易报告译编》,宁波出版社,2003年,第233—235页。

续　表

船　只	普通货物(担)	出发点	货物名	船员数	价值(元)
江北船	60—100	苏州、上海	普通货物	2—3	70—200
芦墟船	70—200	苏州、上海	普通货物	3—4	200—400
蒋村船	400—1 000	苏州、上海	普通货物	4—6	500—1 300
长安船	500—800	苏州、上海	普通货物	5—6	600—900
湖遍子船	50—100	苏州、上海	普通货物	2—3	120—200
满江红	300—600	苏州、上海	乘客、普通货物	8—12	1 000—3 000
蒲鞋头	200—400	苏州、上海	乘客、普通货物	5—9	600—1 200
南湾子	200—600	苏州、上海	乘客、普通货物	5—9	600—1 200
无锡快	200—300	苏州、上海	乘客、普通货物	4—7	700—1 100
吴江快	70—200	苏州、上海	普通货物	3—6	400—900
丝网船	50—100	苏州、上海	普通货物	3—5	500—800
驳船	100—300	苏州、上海	普通货物	2—4	200—600

(资料来源：陈梅龙等译编：《近代浙江对外贸易及社会变迁——宁波、温州、杭州海关贸易报告译编》，宁波出版社，2003年，第234—235页。)

其中，"走吴淞江者，由苏州而上达常熟、无锡，或达南浔、湖州"。一些固定航班相继开设，最繁忙的当数上海至苏州航线，"往来苏沪小轮每日四五只"。1896年(光绪二十二年)据苏州海关统计："自开关后，由申进口小轮353只，拖船1 004只；出口往申小轮355只，拖船902只"。载运旅客，"计往沪者12 142人，由沪来者16 008人"。[①] 以新闸为始发码头，也有固定班轮经黄渡驶往上海远郊朱家角等地。[②]

1899年8月4日(光绪二十五年六月二十九日)《申报》曾以赞叹的口吻，记述了苏州河口以西轮船运输繁忙的景象："内地通行小轮船，取费既廉，行驶亦捷，绅商士庶皆乐出于其途。沪上为南北要冲，商贾骈阗，尤为他处之冠。每日小轮船之来往苏、嘉、湖等处者，遥望苏州河一带，气管鸣雷，煤烟聚墨，盖无一不在谷满谷，在坑满坑焉。"内河轮运业的兴盛，直接促成苏州河两侧内河港区的形成。

当时，"往来申、苏、杭小轮公司码头均设沪北"，即在英租界北端的苏州河畔。"著名的有戴生昌、老公茂、大东(日商)、内河招商等，大都开设在铁大桥下堍(今河南路桥北堍——引者)，其他小轮船局尚不少"。[③] 其中也包括开往朱家角等地的短

---

① 民国《上海县志》卷一二，交通；《光绪二十二年、二十三年苏州口华洋贸易情形论略》，陆允昌编：《苏州洋关史料》，南京大学出版社，1991年，第151,146页。
② 宣统《黄渡续志》卷一，疆域；民国《青浦县续志》卷五，山川。
③ 《东方杂志》第4卷第3号，第66页；上海市机电一局等编：《上海民族机器工业》，中国资本主义工商业史料丛刊，中华书局，1966年，上册，第128页。

途班轮。① 内河航运工具的改进即轮船的运营,连同原先就有的众多大小木帆船的输运,进一步密切了上海与江南各地的联系。据统计,1897 年(光绪二十三年)沪苏杭之间乘坐轮船往来者已超过 20 万人次。②

1901 年(光绪二十七年),周作人走水路从绍兴经上海去南京报考江南水师学堂,对沿途各类内河航船有生动的记载:

> 绍兴和江浙一带都是水乡,交通以船为主,城乡各处水路四通八达,人们出门一步,就须靠仗它,而使船与坐船的本领也特别的高明,所谓南人使船如马这句话也正是极为确当的。乡下不分远近,都有公用的交通机关,这便是埠船,以白天开行者为限,若是夜里行船的则称为航船,虽不说夜航船而自包夜航的意思。
>
> 普通船只,船篷用竹编成梅花眼,中间夹以竹箬,长方的一片,屈两头在船舷定住,都用黑色油漆,所以通称为"乌篷船",若是埠船则用白篷,航船自然也是事同一律。此外有戏班所用的"班船",也是如此,因为戏班有行头家伙甚多,需要大量的输送地方,便把船舱做得特别的大,以便存放"班箱",舱面铺板,上盖矮矮的船篷,高低只容得一人的坐卧,所以乘客在内是相当局促的,但若是夜航则正是高卧的时候,也就无所谓了。
>
> 绍兴主要的水路,西边自西郭门外到杭州去的西兴,东边自都泗门外到宁波去的曹娥,沿路都有石铺的塘路,可以供舟夫拉纤之用,因此夜里航行的船便都以塘路为标准,遇见对面的来船,辄高呼曰"靠塘来",或"靠下去",以相指挥,大抵以轻船让重船,小船让大船为原则。
>
> 旅客的船钱,以那时的价格来说,由城内至西兴至多不过百钱,若要舒服一点,可以"开铺",即摊开铺盖,要占两个人的地位,也就只要二百文好了。航船中乘客众多,三教九流无所不有,而且夜长岑寂,大家便以谈天消遣,就是自己不曾插嘴,单是听听也是很有兴趣的。③

而往返于杭沪间的戴生昌和大东两家轮船公司则各有特色,"戴生昌系是旧式,散舱用的是航船式的,舱下放行李,上面住人,大东则是各人一个床铺,好像是分散的房舱,所以旅客多喜欢乘坐大东。价钱则是一样的一元五角,另外还有一种便宜的,号称'烟篷',系在船顶上面,搭盖帐幕而成,若遇风雨则四面遮住,殊为气闷,但价钱也便宜得多,只要八角钱就好了。普通在下午四时左右开船,次日走一天,经过嘉兴、嘉善等处,至第三天早晨,那就一早到了上海码头了"。④

1905 年(光绪三十一年),张克胜等人集资在镇江创办了华通小轮公司,开航

---

① 民国《青浦县续志》卷五,山川。
② 聂宝璋:《聂宝璋集》,中国社会科学出版社,2002 年,第 282 页。
③ 周作人:《知堂回想录》,安徽教育出版社,2008 年,第 49—50 页。
④ 周作人:《知堂回想录》,安徽教育出版社,2008 年,第 53 页。

扬州至清江、南通至崇明的航线。其后,大同轮船公司以4艘小轮定期行驶于镇江至淮安、清江一线,炳记小轮公司有2艘轮船行驶镇江至江宁航线。1906年(光绪三十二年),欧阳元瑞等人在苏州设立瑞丰轮船总公司,开航苏州至常州、镇江的航线。

据1912年的统计,在江苏登记经营内河航运业的有52家公司,拥有内河小轮101艘(不包括招商内河轮船公司小轮36艘),经营内河航线45条。除大达内河轮船公司外,大多集中在苏南水网地区。其中绝大部分是以上海为始发港,经内河驶往长江三角洲各城镇乡村,详见下表。

表2-5　江苏各地内河小轮公司及轮船航线(1912年)

公司名称	轮船数	行驶航线
新商内河轮船公司	5	武进至乌溪、无锡等地
娄琴公记	1	太仓至昆山
通裕商号	13	上海至苏州、杭州、无锡、常熟、镇江
裕新商号	3	上海至苏州、杭州
泰昌轮船局	4	南京至芜湖、扬州、清江至镇江
庆记轮船局	3	上海至苏州、杭州、常州、镇江
大达轮船公司	2	上海至扬州
大达内河轮船公司	11	唐家闸至吕四、扬州、盐城至泰州
慎记商号	3	上海至苏州、杭州、常州、镇江、汉口
杜锦祥商号	3	上海至太仓、南汇、苏州、镇江、杭州、湖州
启昌商号	1	上海至苏州、镇江、湖州、杭州
孙直记商号	3	上海至苏州、杭州、常熟
永和轮船局	3	上海至苏州、杭州、镇江、清江
恒茂机器厂	3	上海至杭嘉湖、苏州、常州、镇江、汉口
陈福昌商号	1	上海至杭嘉湖、苏州、常州、镇江、汉口
协记号	1	上海至杭嘉湖、苏州、常州、镇江、汉口
利益商号	3	上海至杭嘉湖、苏州、常州、镇江、汉口
同兴商号	1	上海至杭嘉湖、苏州、常州、镇江、汉口
恒昌祥机器厂	1	上海至杭嘉湖、苏州、常州、镇江、汉口
荣昌铁厂	1	上海至苏州、杭嘉湖、常州、镇江
公记商号	1	上海至苏州、杭嘉湖、常州、镇江
荣昌商号	1	上海至苏州、杭嘉湖、常州、镇江
姚朝记商号	1	上海至苏州、杭嘉湖、常州、镇江
姚芳记	1	上海至苏州、杭嘉湖、常州、镇江
张珊记商号	1	上海至苏州、杭嘉湖、常州、镇江

续表

公司名称	轮船数	行 驶 航 线
张毅记	1	上海至苏州、杭嘉湖、常州、镇江
裕德和商号	1	上海至苏州、杭嘉湖、常州、镇江
姚秦记商号	1	上海至苏州、杭嘉湖、常州、镇江
浙江铁路公司	1	上海至苏州、杭嘉湖、常州、镇江
张福记商号	1	上海至苏州、杭嘉湖、常州、镇江
闵昌商号	1	上海至苏州、杭嘉湖、常州、镇江
朱志记商号	1	上海至苏州、杭州、镇江、汉口
同兴商号	1	上海至苏州、杭州、湖州、平湖、常州、镇江
芜芦航路轮船局	1	上海至苏州、杭州、湖州、平湖、常州、镇江、芜湖
王范记商号	1	上海至苏州、杭州、湖州、平湖、常州、镇江、芜湖
沈梅记商号	1	上海至苏州、杭州、湖州、平湖、常州、镇江、芜湖
孙顺昌号	1	上海至苏州、杭州、湖州、常州、常熟
豫大商号	1	上海至苏州、杭州、常熟
同秦商号	1	上海至苏杭等处
钮宽记商号	1	上海至苏杭等处
洽记商号	1	上海至苏州、杭州、嘉兴、湖州
求新铁厂	4	上海至松江、平湖、嘉兴、苏州、杭州、常州、镇江
复昌商号	1	上海至苏、杭、嘉、湖、镇、浔、汉
公兴铁厂	1	上海至苏、杭、嘉、湖、镇、浔、汉
张山记	1	上海至苏、杭、常、镇、芜湖、九江
通源轮船局	1	上海至嘉兴、盛泽
孙公记商记	1	上海至常熟、梅里、浒浦
裕兴轮船公司	1	上海至崇明、海门、通州、泰兴、镇江
祥大源商号	1	上海至镇江等处
买铸记商号	1	上海至镇江、南京、六合
秦道记商号	1	镇江至六合
姚慕记	1	上海至苏州、常州、镇江、杭州、嘉兴、湖州

(资料来源:郭孝义主编:《江苏航运史(近代部分)》,人民交通出版社,1990年,第62—64页。)

统计显示,在上述52条通往长江三角洲江浙两省各地的内河轮运航线中,有47条以上海为始发港,投入运营的轮船总计有79艘,上海作为长江三角洲内河轮运中心港的地位和功能清晰凸显。航线所经城镇,也因此联系更密切。

表 2-6　上海与江苏各地间内河轮船航线经过站点(1912 年)

航线起讫地点	航线经过站点
苏州至上海	三江口、陆家浜、青阳江、四江口、黄渡、北新泾
常熟至上海	八字桥、东塘市、巴城、昆山、四江口、黄渡
荡口至上海	湘城、巴城、昆山、四江口、黄渡
无锡至上海	新安、望亭、浒墅关、苏州、巴城、昆山、三江口、黄渡
上海至启东	海洪港、湾港、宋季港、青龙港、川洪港、岸头港
上海至崇明	吴淞、七效、堡镇、新开河、二条竖河
上海至南通天生港	任港
上海至扬州霍家桥	浒通、浒浦、姚桥、任港、天生港、张黄港、八圩港、天星桥、口岸、三江营
上海至镇江	苏州、无锡、常州
上海至泰兴	崇明、海门、南通、如皋、泰兴
上海至清江浦	苏州、常州、镇江、扬州

(资料来源：郭孝义主编：《江苏航运史(近代部分)》，人民交通出版社，1990 年，第 65—66 页。)

内河轮运在浙江的出现稍晚于沿海航运，至中日甲午战争后，华商经营内河小轮的禁令解除，浙江各地的内河轮运渐趋活跃。至清末，浙江全省注册颁照的内河航线有 21 条，其中杭嘉湖地区 11 条，以宁波为中心 6 条，以台州海门为中心 4 条，初步形成了地区性的内河轮运网络。民国以后，又有较大发展。据不完全统计，1914 年至 1929 年间，杭嘉湖地区领照经营的小轮公司有 95 家，有小轮船 165 艘，其中经营跨省航线的有 84 家和小轮船 107 艘，经营地区内航线的有 11 家和小轮船 58 艘。1932 年，绍兴地区有 7 家轮运公司，主要经营萧山至杭州、绍兴至萧山、绍兴至上虞 3 条航线。民国初年，宁波地区只有数家内河小轮公司，至 1930 年已增至 37 家，投入营运的小轮船有 47 艘。1935 年，温州内河轮运公司有 26 家，小轮船 40 艘。1936 年，台州内河轮运企业有 9 家，小轮船 15 艘。[①]

另据 1921 年的调查，有 12 家航运公司经营杭州以北运河的航线，其中戴生昌、招商局、正昌公司、立兴公司等 4 家公司的总部设在上海。[②] 据 20 世纪 30 年代初的记载，上海与浙北市镇间经由内河轮运建立起来的联系十分活跃。

---

① 陈国灿：《浙江城市经济近代演变述论》，邹振环等主编《明清以来江南城市发展与文化交流》，复旦大学出版社，2011 年。
② 丁贤勇等译编：《1921 年浙江社会经济调查》，北京图书馆出版社，2008 年，第 227 页。

表 2-7　20 世纪 30 年代初上海与浙北间内河轮船航运

公司名称	航线	途经市镇
招商局内河轮船公司	上海至湖州	芦墟、徐里、平望、震泽、南浔
通源轮船局	上海至吴兴	黎里、平望、震泽、南浔
新永安汽船局	吴兴至上海	宝墟、黎里、平望、震泽、南浔
庆记轮局	上海至平湖	闵行
利兴顺记轮局	新市（湖州）至上海	新市、南浔、震泽、平望、黎里
立兴公司	上海至湖州、菱湖	芦墟、黎里、平望、震泽、南浔、驿馆

（资料来源：陈国灿：《江南农村城市化历史研究》，中国社会科学出版社，2004 年，第 281—282 页。）

表 2-8　20 世纪 30 年代初上海与浙北市镇间内河航班

市镇	航运企业	航线	班次	轮船吨位（吨）
乌镇	招商局内河轮船公司	菱湖——上海	途经，一天一班	4.7
	通源轮船局	上海——菱湖	途经，一天一班	不详
菱湖	招商局内河轮船公司	菱湖——上海	始发，一天一班	4.7
	通源轮船局	上海——菱湖	始发，一天一班	不详
	立兴公司	上海——菱湖	始发，一天两班	13/35.63
	正昌公司	上海——菱湖	始发，一天两班	16.64/15
南浔	招商局内河轮船公司	上海——湖州	途经，一天两班	15.28
	通源轮船局	上海——吴兴	途经，一天两班	15.56/13.72
	新永安汽船局	吴兴——上海	途经，一天一班	30
	永顺汽船局	吴兴——上海	途经，一天一班	32
	利兴顺记轮局	新市——上海	途经，一天两班	10
	立兴公司	上海——菱湖	途经，一天两班	13/35.63
	正昌公司	上海——菱湖	途经，一天两班	16.64/15
双林	招商局内河轮船公司	菱湖——上海	途经，一天一班	4.7
	通源轮船局	上海——菱湖	途经，一天一班	不详
新市	利兴顺记轮局	新市——上海	始发，一天两班	10

（资料来源：陈国灿：《江南农村城市化历史研究》，中国社会科学出版社，2004 年，第 285—287 页。）

内河轮运网络的形成和发展，改变了城市之间、地区之间的商品运输和人员往来的原有形态，推动了城乡市场的整合以及与省外市场的联系。在杭嘉湖地区，1932 年共有 41 家企业参与内河航运，投入营运的小轮船有 86 艘。其中，经营规模较大的招商局内河轮船公司，有 8 艘轮船营运杭州至苏州、杭州至震泽、上海至湖州、张堰至平湖、海宁至硖石等航线；宁绍轮船公司，有 10 艘轮船经营嘉兴至南汇、杭州至湖州、嘉兴至苏州、嘉兴至海盐、吴兴至长兴、乌镇至长安等航线;源通轮船公司,有13艘轮船经营上海至吴兴、杭州至苏州、嘉兴至湖州、嘉兴至新市、嘉兴至震泽、嘉兴至菱湖等航线。这些内河轮运航线,既有跨省的,又有跨地区的,也有不少是县际和县域范围的,沿途还停靠诸多农村市镇,由此形成了多层次的内河客货运输体系。①

1936年的地方文献载,在江苏省,"内河小轮则集中于上海、南京、镇江、吴县、无锡、武进诸处,各城市乡镇除偏僻不通水道者外,几于皆有小轮定期开驶"。② 在浙江省,"全省内河轮船航驶已通之线,长约2 174公里;全省内河航船已通之线,长约2 056公里;全省沿海轮船已通之线,长约1 226公里,共计5 456公里。全省已登记之轮汽船为316艘,帆船为65 000余艘,无帆小船约20 000余艘。全省内河轮船公司共173家,全省外海轮船公司共60家"。③

近代以来,即使对上海周围众多小城镇来说,河道通塞或交通条件的变革,也是直接影响其发展进程的主要因素。前者如嘉定县纪王庙镇,"在吴淞江南,与青浦接壤,俨傥浦经流镇中,市街南北二里强,东西二里弱,大小商店二百余家,以大街中市及林家巷最热闹,布商、靛商向为各业最,今靛业衰落,布业亦不如昔,以棉花、蚕豆、米、麦、土布、蔬菜为大宗,每日晨昼两市,市况以俨傥浦、吴淞水道之通滞为盛衰"。④

具体考察,河道通塞与近代以来江南小城镇兴衰的关系,主要有以下几种表现。其一,因河道淤滞而渐趋衰落。青浦县小蒸镇,"自宋、元以来,文人蔚起,为一邑望,铺户毗接,商贩交通。国朝(清)道、咸间,河道淤塞,市廛日衰"。宝山县新兴镇,"又名新镇,在罗店镇之东南十二里,与月浦接壤,光绪初年,只茅屋三四家。该处跨马路河有木桥一座,一日雷击桥栏,迷信者谓可以医疾,有僧人借以集资,其后建庙造桥,居户渐多,今有小木行一家,南货、布庄、药铺、茶、酒等店十余家,日昃后赶集颇盛,近以路河淤塞,货船渐少,市面稍衰"。⑤ 其特点是,大多地处上海远郊,又偏离主干河流,河道通塞基本上放任自流,乏人关注。

其二,因航道疏浚或顺畅而日渐兴盛。宝山县大川沙口,"其地向无市面,仅有二三店铺,以便行人休息,解渴疗饥。光绪元年,浚大川沙河,舟楫往来,交通便利,居民筑室,开张店肆,以有易无。市分南北,北市较胜,南市中有大川沙桥(俗名马桥),东设栏杆焉"。南汇县泥城镇,"自光绪初元有张锦之、朱曾三先后建屋于城中心之横港西岸,于是商贩纷至,蔚成市镇,是为横港镇。后又展拓往北,跨港而东,有陆姓等建里,面西列肆,总计南北延袤二里余,虽间有断续处,而有衙署、旧粮署,

---

① 陈国灿:《浙江城市经济近代演变述论》,邹振环等主编《明清以来江南城市发展与文化交流》,复旦大学出版社,2011年。
② 殷惟和:《江苏六十一县志》上卷,1936年铅印本,江苏省总说,交通。
③ 姜卿云:《浙江新志》,1936年铅印本,上卷,第9章,浙江省之建设,航政。
④ 民国《嘉定县续志》卷一,疆域志,市镇。
⑤ 宣统《蒸里志略》卷一,疆域上,镇市;民国《宝山县续志》卷一,舆地志,市镇。

有善堂(纯阳堂),有学堂(发蒙小学,以旧义塾改),有工厂,市廛栉比,百业完备。殷实大户多在东西两岸,为泥城菁华所萃"。①

其三,因地处水路要冲而繁盛依旧并有新的发展。青浦县练塘镇,"滨湖接荡,四面皆水,为吴越分疆之要点,松沪西北之屏藩。明季之剿倭寇,清季之御粤寇(指太平军——引者),盖尝先后麕兵于此。镇市居民稠密,百货俱备,水栅东、西、北各一,南二,镇东太平桥,左右为米市,上海米舶及杭、湖、常熟之来购米谷者多泊焉。镇东新街至轿子湾,西界桥至湾塘,每早市,乡人咸集,舟楫塞港,街道摩肩,繁盛为一镇之冠"。上海县陈行镇,"塘口地滨黄浦,船厂最多,夏间帆船聚修于此,市面为之一振。舟行候潮,皆寄泊港口,港内有税务分所(前清名抽厘分卡),以征往来商货"。②

南汇县杜家行镇,"跨王家浜为市,东西横街长约里许,南北街仅四之一,商店约百余家,内以杨恩桥逶南迄南栅口,即景星街,迤西迄土地堂桥,即庆云街,最称热闹。西越黄浦距上海境塘湾镇,西北距上海境塘口镇,南距邑境闸港口镇,均约六里,为沿浦市集之最大者。水陆交通,贸易兴盛,浦口设有轮埠,往来申沪尤便"。奉贤县青村镇,"在泰日乡南,居奉贤县中心,市况极盛。东到四团镇三十里,西到庄行镇三十四里,水运畅通。程伟渔、程伟杰昆仲在此创办实业,颇为蒸蒸日上,尤以程恒昌轧米厂闻名遐迩。每届籴谷时期,晒谷场延长里余,真属罕见"。③

此外,清末内河小轮船的运营,推动了一些小城镇的崛起。南汇县闸港镇,"为邑西南境门户,向来商店寥寥,近自轮船通行后,商市大增,百货都有"。④地处上海南北两北两翼内河船只进出港要道的闵行、黄渡,客货船过往频繁,如"闵行为沪南通衢,各货以上海为来源,杭、嘉、湖等属为去路,通过居多",⑤城镇经济活跃。《上海乡土地理志》载:"闵行为本邑首镇,地当水陆之冲,户口殷阗,商业繁盛,距县治约六十里许。地产棉花多于粳稻。风俗素称朴实,近亦渐趋浮靡。水道有小轮,陆路有汽车,交通颇便。"⑥位于上海远郊的朱家角镇,也因内河小轮船的开通而闻名遐迩。

第三节　江河海航运的衔接

长江三角洲苏州、杭州、无锡、常州、南京等城市,因江河海航运的衔接,与宁波、南通、镇江等构成以上海为中心的江河海航运体系的主要支点,成为上承下达的地方性客货集散疏运点。

---

① 民国《盛桥里志》卷三,礼俗志,风俗;民国《南汇县续志》卷一,疆域志,市镇。
② 民国《章练小志》卷一,形胜;民国《陈行乡土志》第四课,市镇。
③ 民国《南汇县续志》卷一,疆域志,市镇;民国《奉贤县志稿》卷一〇,地方区域志。
④ 民国《南汇县续志》卷一,疆域志,市镇。
⑤ 《匡凤逵洪锡范厘捐调查报告(1911年)》,章开沅等编:《苏州商会档案丛编》第1辑,华中师范大学出版社,1991年,第875页。
⑥ 民国《上海乡土地理志》第九课,闵行。

一、江河海航运网络

苏州的小轮航线充分利用了河网密集的有利条件,在继老公茂、招商内河、戴生昌、庆记、源通等轮船公司从苏州开航上海、杭州、常熟、常州等航线以后,又陆续增辟了许多短途客班。从1921年到1936年这一期间,苏州内港轮运业的发展进入兴盛时期。东至上海、南达杭州,西过无锡、常州抵达镇江,北经常熟接长江,乃至偏僻乡村以及孤立于太湖之中的东西山麓,都有固定的小轮航线。主要干线有:

苏沪线 由苏州至上海的航线是苏州最早开航的干线之一。该线原由日清汽船会社、戴生昌、招商内河和公茂四家轮运企业经营。1915年,日清退出此线。1921年,招商内河、戴生昌各以小轮1艘、公茂以小轮3艘隔日行驶其间。后来,源通轮船局和中央轮船局也经营此线。另有专营商货运输和内河转运业务的通商公司也"置有小轮货船间日往返苏沪,装运两地商货",1927年因亏损停业。数月后,该公司由苏州商人集资接盘,改名为通商恒记内河转运公司,在苏州老阊门外太子码头及上海德安里一弄分设苏州和上海两个公司,继续经营内河轮船转运业务。

1932年初,淞沪抗战爆发,上海北火车站被毁,铁路交通阻断,许多居民纷纷乘坐轮船至苏州避难,客流猛增。招商内河轮船公司增添了"利亨"、"永胜"、"河安"3艘小轮,戴生昌也增添了"源吉"、"同荣"2艘小轮行驶苏沪线。源通轮船局在5月间又"特备快轮加放苏沪早班",每晨6时开往上海,中班仍在每日上午11时开航。中央轮船局也以"楚泰"、"永兴"2艘小轮单放,各在单、双日往来于苏州、上海之间。在此期间,有些人也乘机使用陈旧的小轮纷纷组织沪苏临时专班,超载多装,不顾旅客安全,抬高票价,牟取暴利。一时苏沪线上,船只骤增,秩序混乱,时有劫船越货事件发生。招商内河、源通等船局,曾迭次要求江苏水警队派舰保护。

苏沪线的小轮客票票价,曾屡次增加。1925年时,招商内河、戴生昌、公茂三家由苏州至上海的票价为官舱每间5元、大房舱每间3元、小房舱每间2元、客舱每人0.7元、烟篷每人0.5元。其中,公茂的低档票价稍低,客舱为0.6元、烟篷为0.4元。上述票价,比15年前平均增加了40%左右。淞沪战争沪宁铁路中断后,小轮虽停止货运,加班加轮运送旅客,但仍拥挤异常,于是"苏沪轮船票乘机高涨",社会反响较大。

1932年3月26日,苏州轮船业同业公会召开苏沪、苏嘉航线各轮局(公司)经理会议,拟定了苏州至上海的票价,规定正班大房舱每间16元、小房舱每间10元、客舱每人1.5元、烟篷每人1元;早班、特别班客舱每人2元、烟篷每人1.4元;饭食一律包括在票价内,酒资随船票附加一成,不准额外需索,行李根据价值高低和体积大小,每件加收2角或1角。以上票价,虽与时局混乱时抬高的票价相比压低了不少,但与 1925 年票价相比,却上涨了一倍或一倍有余。①

苏杭线 该线由苏州经吴江、震泽、湖州至杭州,全程 119 公里,是苏州小轮通航最早的航线之一,同时又是轮船首创夜间航行的一条航线。该线原由日清、戴生昌以及招商内河三个轮船公司经营。1915 年日清汽船会社退出此线后,又有源通轮船局、顺生商号以及平安轮船局相继派船加入这条航线竞争。1925 年,源通、平安轮船局、顺生商号各购轮船一艘也开始航行苏杭线。戴生昌轮局的两条轮船和招商内河的两条轮船实行隔日一班,单、双日轮流开航的办法。每天下午 3 时由苏州开出,通宵夜航,第二天上午 10 时左右到达杭州,当时该线客票的价格见下表。

表 2-9 1925 年苏杭线客票价格表

停靠地点	客票价格(元)			
	官舱	房舱	客舱	烟篷
吴江	1.2	0.6	0.3	0.2
八坼	1.5	0.8	0.4	0.3
平望	1.5	0.8	0.4	0.3
震泽	2.1	1.0	0.6	0.4
南浔	2.4	1.4	0.7	0.5
湖州	2.3	1.8	1.0	0.6
菱湖	3.9	2.4	1.2	0.7
杭州	4.0	2.5	1.4	0.8

(资料来源:郭孝义主编:《江苏航运史(近代部分)》,人民交通出版社,1990 年,第 98 页。)

1934 年 11 月,苏锡福记与裕新元记两轮局开航苏杭日班。其航线与以前稍有不同,此时是从苏州经平望、震泽至南浔后,西南行至新市经塘栖以达杭州。该口班每日上午 6 时半从苏州、上午 8 时半从杭州各开一班。两轮局苏州码头在金门外南新桥堍,杭州码头在拱震桥东登云桥堍。此外,庆记轮局、源铝丝厂、洽汇商号、庞怡泰号以及振兴商号、未记商号等轮船局和一些商人购置或租赁小轮,另辟新的线路航行苏杭线,但由于线路过长,绕道费时,乘客不多,加之经营不善等原因,倏航倏停。

苏虞线 该线由苏州至常熟,是苏州三大航线之一。它南连沪宁铁路,北接浒浦小长江线,是苏州向北的一条重要航线,也是苏州通江捷径,营业兴旺。1931年,招商内河及公茂两轮局为了便利旅客,招徕业务,变更开航时间,使苏虞线轮船到苏州后可与火车衔接。由于旅客到达苏州即可购票上车,无须在车站久候,因此

---

① 郭孝义主编:《江苏航运史(近代部分)》,人民交通出版社,1990 年,第 96、97 页。

业务大盛。利澄、通裕、惠通三轮局闻讯后,也相继参与竞争。

1935年,常熟至嘉兴公路的苏(州)常(熟)段筑成通车,很多旅客弃船乘车,因此各轮局"营业大衰,一落千丈"。惠通、招商内河、通达、公茂等轮局在常熟开会,决定自"9月1日起实行跌价,以维营业而图生存"。苏州至常熟的全程新价为头等(即房舱)0.45元、二等(即客舱)0.35元、三等(烟篷)0.25元;"半程"头等0.23元,二等0.18元,三等0.14元。新价比上一年加价的票价下降12.5%。

以苏州为中心的航线,还有支流航线47条,连同上述3条主要航线共50条,由59家轮船公司(局)经营,有90艘小轮参与营运,航线总里程长达2 179公里,为苏南各市之最。①

无锡位于苏南水网中心,物产丰富,交通亦方便。进入19世纪中叶以后,随着上海人口急剧增长对粮食需求的增加,趁清政府决定江南漕粮在无锡集中起运等有利条件,无锡成为著名的"米市"。每年仅从宜兴、溧阳、江阴等地运入无锡的大米就有三四百万石,如果加上从河南、山东、安徽、苏北等地运来的小麦和从东北运来的大豆,无锡全年运粮船可达10万艘次。无锡还为上海提供了大量工业原料,一到鲜茧上市,"茧行林立,收茧之多岁必数百万金"。

无锡城区南临太湖北近长江,江南运河斜穿东西,锡澄运河沟通南北,周围水道纵横,港汊交错,水上交通发达。其主要小轮航线有:锡沪线:该线由无锡经苏州到上海,是无锡最早也是主要的一条航线。在此线上航行的有戴生昌、公茂、日清、招商内河四家轮运公司。1915年日清退出此线,所剩三家都以经营客运为主。沪宁铁路通车后,客运受到一定影响,该线货运后来居上。

1912年,泰昌轮船公司开航常州——无锡——苏州——上海之间的货班。不久,协兴轮船公司亦开设锡沪货班,所运的主要货种有蚕茧、生丝、大米、小麦、面粉、棉纱、纱线、布匹以及其他工业品和农副产品。1924年1月,原经营客运的公茂轮船公司改开货班。1927年中华檀裕轮船公司及大江南、招商正记轮局和苏皖航运局、荣永记轮局都纷纷派船经营锡沪货班,但为时很短便先后停业。1930年振记轮船公司也开航过锡沪货班。

开设货运班的各家公司为了招徕货源,扩大营业,竞争激烈,运费常因货而异,因人而异,私运漏税以及乱降价等情况时有发生。为减少纠纷,各家于1930年6月派代表在航业公会办事处开会,议决整顿办法如下:(一)附拖茧船的拖运费,应以每包实收银元计算,并开给"公票",茧船由各轮局小轮拖带,并酌提公益费,充作办事处经费;(二)划一小麦运价;(三)议定部分拖货船的拖运价、违反规定的罚则以及提充公益费的办法等。各轮局经过这次集议整

---

① 郭孝义主编:《江苏航运史(近代部分)》,人民交通出版社,1990年,第98、99页。

顿,加强了联系,缓和了彼此的竞争和矛盾。各轮局之间以及货主与轮局之间的纠纷也较前减少。

锡溧线 该线由无锡经宜兴至溧阳,也是无锡主要航线之一。此线原由招商内河轮船公司经营,后中华轮船公司、新商河轮船公司等也派轮加入航行。在1914年以后的20余年间,常州源兴轮局、永固轮局、利江公司、永田轮船公司、公利轮船公司、江南轮船公司、东南轮船公司、西南轮船公司(不久江南、东南、西南三者联营称"三南联营局")、永新等9家小轮也先后开航此线。在同一条航线上,船东十几家,竞争激烈,纠纷迭起,有的被迫中途歇业或退出,有的进行改组或联营,难以维持正常营运。至1936年,此线仅剩下中华、新商河、永固、三南、永新五家经营,情况才趋稳定。

锡澄线 该线由无锡至江阴,是无锡的又一条内河干道航线。早在1906年(光绪三十二年)招商内河轮船公司即开辟此线,1915年利澄轮船公司也经营此线,两公司每日分早晚二班由锡、澄二地对开往来。该线是衔接苏北靖江等县的旅客、物资渡江接转沪宁铁路的一条要道,因此营业发达,乘客拥挤,尤其是每年冬季农闲,客流量更大,运力紧张。1928年创立的严东轮船公司于次年参加此线航行后,三家公司相互排挤,激烈竞争,以致1929年都有亏折。1936年初,翔康轮船公司加入此线。至此,共有四家公司经营锡澄线。①

以无锡为中心的客货内河运输航线共有36条,由36家轮船公司(局)的63艘小轮参与营运,航线总里程为1 656公里,其中的若干航线见下表。

表2-10 无锡至上海等地的若干内河航线

航线起讫	经过地点	里程(公里)	轮局或公司名称	轮船名称
无锡——上海	望亭、苏州、巴城、昆山、黄渡	190	公茂轮局、泰昌轮局、振记、协兴,瑞生祥轮局	福星、江利、新大兴、新掘兴、永元、平江
无锡——江阴	石幢、青阳、月城桥、南闸	40	招商内河轮船公司、利澄公司、严东公司	寿昌,新安、飞遗、飞鲸、德和
无锡——溧阳	裕桥、戴溪桥、华渡桥、运村、和桥、宜兴、徐舍	138	招商内河轮船公司、中华恒裕轮船公司、永因汽轮公司、新商河轮船公司	建元、恒发、永因、新江南
无锡——宜兴	洛杜、戴溪桥、运村、和桥、屺亭桥	86	华新轮局、永因汽轮公司、济南轮局、新商河轮船公司、阳羡汽轮公司	华兴、永兴、永安、相宜、园山

---

① 郭孝义主编:《江苏航运史(近代部分)》,人民交通出版社,1990年,第103、104页。

续 表

航线起讫	经过地点	里程（公里）	轮局或公司名称	轮船名称
无锡——湖州	大渲、西山、大钱	127	太湖轮船公司	新太湖
无锡——奔牛	洛社、横林、戚墅堰、常州	62	新商河轮船公司	新江顺
无锡——吴塘门	南桥、石塘桥、许舍、南方泉	32	锡南公共汽轮局	惠风
无锡——南方泉	南桥、石塘桥、许舍	21	通达轮局	利民
无锡——葛埭桥	南桥、石塘桥、许舍	18	鸿胜汽轮局	鸿胜
无锡——大渲		15	太湖轮船公司	飞云
无锡——青祁	北桥、南桥	9	开阳商号	青山、青绿
无锡——周铁桥	钱桥、藕塘桥、张舍、雪堰桥、潘家桥、分水墩	48	中华恒裕轮船公司	华恒、恒顺
无锡——东莱	张泾桥、陈家桥、北漍	52	新济汽轮局、东北祥记电船局	新康、学利
无锡——周庄	张泾桥、陈家桥、陈墅、长泾、陆家桥、瓠岱桥	51	利澄公司、东北祥记电船局	飞鹏、样裕、祥原
无锡——顾山	三瀤桥、张泾桥、陈家桥、东新桥、陈墅	32	新济汽轮局	新济
无锡——华墅	张泾桥、北漍	47	利澄公司	新飞龙

（资料来源：郭孝义主编：《江苏航运史（近代部分）》，人民交通出版社，1990年，第104、105页。）

南京的小轮航运业，也有一定的发展。轮船招商局成立后，与太古、怡和、旗昌等外国轮船公司争夺长江航线上的客源，曾在1879年8月30日（光绪五年七月十三日）《申报》刊登广告，称凡是该局开往南京的船只，都要在南京的码头上多停泊一个小时，以防拥挤，方便去南京参加乡试者上下轮船。民国初年，泰丰、泰昌、扬子、大安等小轮公司（局）均在南京设有分号，开办长江短途及内河小轮运输业务，均以客运为主。不久，盛记、天泰、源大、福记等轮船公司共20余艘轮船也先后定期行驶从南京到扬州、口岸、六合、溧水、湖熟、芜湖等地的航线。由于相互之间竞争激烈，以上公司经过协商于1918年在镇江设立了小轮公会，订立公约，划分航线,分班行驶。①

在苏南地区内河轮运业逐步发展的进程中,上海的民族资本适时介入,联合当地工商界着手在长江岸边兴建江河联运码头。江阴的黄田港是长江运输衔接苏南内河水系的主要转运点,1923年刘鸿生鉴于无锡、苏州、常州各地工业发展,"用煤数量甚巨,求取运输起卸的便捷,必须由长江转入黄田港口。先请邑人吴汀鹭在港的东面购买江边滩地,建筑码头仓库,经三四年之久,于1926年冬方才完工。该码头建筑规模相当巨大,由刘氏独资经营,定名中华码头公司,专销开滦烟煤,并兼营堆栈业务"。

1927年秋,又有上海义泰兴煤商与江阴的尹仲仁等人联手,集资创办华昌煤业码头公司,由义泰兴经理沈锦洲任董事长,尹仲仁任总经理,在黄田港的西面建筑码头,于1930年5月开始营业。"从此长江中的装煤大轮不绝,驳运内地的煤船衔接而来"。上述两家码头公司每年煤的起卸数量,各达10多万吨,装卸工有千余人。②

抗日战争时期,上海及长江三角洲遭日寇铁蹄蹂躏。据1941年12月出版的国民政府中央调查统计局特种经济调查处有关侵华日军对沦陷区交通的统制及其"上海内河轮船公司"的调查资料载:

> 华中各省,江河纵横,航运最便。"八一三"事起,水上交通曾一度停顿,其后由敌寇雇轮航行。嗣为统制起见,于是以日清汽船公司为主体,组织"江浙轮船公司"作为内河航运之统制机关,非属该公司之船舶,一律禁止航行。继谋加强统制起见,于(民国)二十七年七月二十八日以该公司为基础,成立"上海内河轮船公司",经营华中一带内河航路之客货运输,船舶贷借,仓库及码头等业务。资本额原定为200万日元,内计敌方179万507千元,伪方20万401千元,最近为扩展航线及增加船只计,已将资本增至1 000万日元。现在航线遍布大江南北。③

由此,华中内河运输多归上海内河轮船公司"统制经营",其所统制经营的内河航线中,从上海始发通往长江三角洲各地的可见下表。

表2-11　上海内河轮船公司由上海始发的航线

起讫地点	经过地点	航行情形
上海——无锡	吴县	每2日开1次
上海——昆山		每6日开1次
上海——嘉定		每10日开1次

---

① 郭孝义主编:《江苏航运史(近代部分)》,人民交通出版社,1990年,第116页。
② 江阴市政协学习文史委员会编:《江阴文史资料集粹》,上海古籍出版社,2004年,第706页。
③ 上海市档案馆编:《日本在华中经济掠夺史料(1937—1945)》,上海书店出版社,2005年,第299页。(按:当时所称的华中地区,指上海、江苏、浙江、安徽、江西、湖北等省市全部或大部。)

续　表

起 讫 地 点	经过地点	航 行 情 形
上海——北新泾		每日开1次
上海——武进		每2日开1次
上海——常熟		
上海——叶榭	闵行	每日开1次
上海——平湖		每5日开1次
上海——松江		每2日开1次
上海——西塘		每3日开1次
上海——川沙		
上海——南汇		每日开1次
上海——朱家角		每8日开1次
上海——黎里		每7日开1次
上海——台家桥		每日开1次
上海——吴兴		每5日开1次
上海——新北库量		每7日开1次
上海——卅四桥		
上海——闸港		
上海——枫泾		
上海——金山		
上海——嘉兴		
上海——大通桥		
上海——八圩		
上海——六里桥		
上海——杭州		
上海——浒浦		每日开1次
上海——霍家桥		每3日开1次
上海——崇明		
上海——天生港		
上海——江阴		
上海——南通		
上海——南京		

（资料来源：上海市档案馆编：《日本在华经济掠夺史料(1937—1945)》，第312—314页。）

二、上海与浙东航线

上海与浙东沿海航线,主要是在沪甬间展开的。

宁波是宁绍平原和浙西南丘陵地带的主要出海口,但从港口布局而言,它与上海相距不远,但受地理环境限制,自身经济腹地狭小,"所借以销卖洋货者,唯浙东之宁、绍、台、金等府;其内地贩来货物,仅有福建、安徽及浙省之绍属茶斤,并宁、绍、金、衢、严等府土产油蜡、药材、麻、棉、纸、席、杂货等物",①发展余地有限。

开埠不久,其进出口贸易就被吸引到了上海港,"盖宁波密迩上海,上海既日有发展,所有往来腹地之货物,自以出入沪埠较为便利。迨至咸丰初叶,洋商始从事转口货物运输,所用船只初为小号快帆船及划船,继为美国式江轮,但此项洋船仅系运输沪甬两埠之货物,与直接对外贸易有别"。② 其背景如英国驻甬领事所说:"交通方便而且运费便宜,促使许多中国人都直接到上海购买他们所需的洋货,因为那里选择余地大而且价格更为便宜。"③

宁波与外界的航运往来,如英国驻甬领事《1911年度贸易报告》所称:"本口岸的航运分两个方面,一是在宁波与上海之间,另外就是在宁波与邻近城镇之间。"④有学者指出:

> 虽然宁波作为一个远洋贸易中心的重要性下降了,但它又作为一个区域中心而繁荣起来。据说宁波传统的帆船贸易在咸丰和同治年间(1851—1874)是它的全盛期。而且由于宁波慢慢变为经济上依附于上海的一个新的区域性职能的经济中心,它享有一个能支持生气勃勃的区域开发的大量贸易。在19世纪下半叶,诸如编帽、刺绣、织棉制品、织渔网、裁缝等这些农村手工业扩大了。与上海定期班轮的开航和当地运输效率的适当改善,提高了宁波腹地内进口商品的比例和促进了农业的商品化,整个宁波的腹地中新设了好几十个定期集镇。⑤

宁波英国领事《1905年度贸易报告》指出:"上海充当了宁波所有其他货物的分配中心。这是由于某些商品如丝织品,当地商人更愿意到上海这一较大的市场上去收购,因为在那里他们有更大的选择余地。"它强调,宁波"85%的贸易是在沿海进行的,由两艘轮船每日在宁波与上海之间往返运输"。⑥ 宁波港的辅助设施也得到改进,《1882年至1891年宁波海关十年报告》载:"宁波地区在这一时期设立了三座灯塔,白节山灯塔和小龟山灯塔设立于1883年,洛迦山灯塔于1890年设立,

---

① 中国第一历史档案馆编:《鸦片战争档案史料》,天津古籍出版社,1992年,第7册,第441页。
② 姚贤镐编:《中国近代对外贸易史资料》,中华书局,1962年,第618页。
③ 陈梅龙等译编:《近代浙江对外贸易及社会变迁——宁波、温州、杭州海关贸易报告译编》,宁波出版社,2003年,第344页。
④ 陈梅龙等译:《宁波英国领事贸易报告选译》,《档案与史学》2001年第4期,第3页。
⑤ (美)施坚雅主编,陈桥驿等译校:《中华帝国晚期的城市》,中华书局,2000年,第482页。
⑥ 陈梅龙等译:《宁波英国领事贸易报告选译》,《档案与史学》2001年第4期,第3页。

它们都是在上海海关主持下建造的。"①

随着中外贸易的增长和江南各地经济联系的增强,1903年(光绪二十九年)已有上海锦章商号的"锦和"轮往来上海和舟山、镇海,1909年(宣统元年)又添置"可贵"轮,航线延至象山、石浦、海门。沪甬间的航运往来尤为频繁,1909年(宣统元年)已有5艘轮船行驶于沪甬航线,除原先的两艘轮船即英国太古公司的"北京"轮和中国轮船招商局的"江天"轮之外,又增法国东方公司的"立大"轮和中国宁绍商轮公司的2艘轮船。"主要是大量的客运使这些轮船能够获利",因而"新旧船主之间展开了一场相当激烈的竞争"。②

其中新加入的宁绍商轮公司引人注目,它是由甬籍实业家虞洽卿集资创办的。着眼于沪甬间活跃的经济联系,虞洽卿于1908年5月(光绪三十四年四月)发起筹办宁绍商轮股份有限公司,额定资本总额为100万元,每股银元5元,计20万股,总行设在上海,在宁波设有分行,又在上海、宁波等国内15个主要商埠及日本横滨设立代收股款处。至同年10月,第一期股本已实收23.9284万元,按商律召开第一次股东会议,正式选举虞洽卿为总理,方樵苓、严子均为协理,具体经办此事,又选举叶又新等11人为董事,成立董事局。

1905年5月(光绪三十一年四月),公司经邮传部、农工商部批准立案,公司股款也已募集到70多万元。同年6月,从福建船政局订购的宁绍轮已到沪,公司又购入一艘通州轮,改名"甬兴"。沪、甬两地码头也动工兴建。是年7月,两船即行驶于沪甬间。宁绍商轮公司投入运营后,受到沪甬航线原有几家轮船公司的排挤,其中英国太古公司尤甚。1911年9月(宣统三年七月),太古公司在《申报》刊登广告,宣布"上海往宁波各货水脚大减价",并联合其他几家公司,将统舱客票由1元跌至0.25元,企图以此挤垮开业不久的宁绍公司。面对压力,虞洽卿等人一方面呼吁宁绍同乡大力支持公司营业,一方面动员旅沪宁波商人组织航业维持会,由该会募集10余万元资助宁绍公司。货运则得宁绍客帮的支持,"相约报装宁绍轮始终不渝",公司藉此渡过难关,站稳了脚跟。③

1913年,虞洽卿为便利其家乡物产的输出,并与沪甬线衔接,又添置了1艘"镇北"小轮,行驶于龙山、镇海、宁波间。次年6月,他独资创办了"三北轮埠股份有限公司",总公司仍设在上海,于龙山、镇海和宁波设有分公司,额定股份20万元,每股100元,计2000股。公司章程规定其宗旨为"建筑商埠,开辟航路,利便商人"。该公司实由虞洽卿一人独资创办,其95.5%的股份归他拥有。公司开业后,起初以2艘小轮行驶于宁波、镇海、沥江、龙山航线。1916年又添"姚北"轮,仍投入上述航线,并与宁绍公司的沪甬线相接。至1919年,虞洽卿经营的轮运企业(包括三北轮

---

① 陈梅龙等译编:《近代浙江对外贸易及社会变迁——宁波、温州、杭州海关贸易报告译编》,宁波出版社,2003年,第36页。
② 陈梅龙等译:《宁波英国领事贸易报告选译》,《档案与史学》2001年第4期,第7页。
③ 冯筱才:《虞洽卿与中国近代轮运业》,金普森等主编:《虞洽卿研究》,宁波出版社,1997年。

埠公司、鸿安商轮公司、宁兴轮船公司)共计已拥有船只12艘,总吨位达1.4097万吨。在沪汉、沪甬线上有定期班轮行驶,其余长江及沿海一些商埠均拥有码头、趸船、栈房等设施。①

据1921年的调查,宁波与上海间的定期航线,"有太古洋行每周3班,招商局的上海宁波温州线每周1班,宁绍轮船公司每天1班。不定期的航线,有怡和洋行的从香港到宁波、上海、大连、牛庄的航线"。②浙沪间沿海轮运航线的运营,带动了如普陀山等景点的旅游业。1930年8月9日下午4时,黄炎培"上'新江天'轮船赴普陀,五时船开行。直达票价,房舱三元。同行者沈沅秋、章伯寅夫人及其公子,李达孚及其子孟符、其姐其女,单东笙子屺瞻,都加入上海青年会旅行团,每人纳费二十元,船票食宿均在内"。③

三、上海与苏北航线

南通、海门,虽与上海隔江相望,但在近代航运业兴起以前,受内向型经济的束缚和长江口宽阔水面的阻隔,互相之间的交往相当稀疏,当地盛产的棉花及土布多经苏北平原运销北方,"徐、淮、山东由旱道上所来的客商,赶着成群的驴马,到通、如一带贩卖。回去时,买到一驮一驮的棉花,用土布作袋,载上马背北去"。上海开埠后,"成为中外百货的集散市场,凡属运销东北各地的货物,俱已改从上海出口,从此山东客人逐步通过上海购买南通土布"。地处长江口北岸的通、海地区,沿江的码头已有太古、怡和、招商等公司的轮船往来停泊,运抵的洋纱"因其条干均匀,不易断头,渐为机户所乐用,作为经纱,从此就出现了洋经土纬的土布"。④

洋纱的输入,直接促动了通、海地区手工棉纺织业的演变,其生产原料由原先的土产棉花或土纱转而采用廉价的洋纱或稍后的本国机制棉纱。1899年(光绪二十五年),由张謇创办的通州大生纱厂于是应运而生,继而又在崇明和海门增开两厂,其市场基础便是当地众多农户维持或扩大土布生产而对机纱的大量需求,如大生企业档案所揭示的,"纱市关系于布,布畅销则纱销旺,反是则否";"本厂纱与关庄布消息相因,由来已久"。⑤

1903年(光绪二十九年),张謇为了解决大生纱厂原料和产品运输所需,集资12万银两在苏北天生港开办了一家小型轮船公司,取名"大达内河轮船公司",购置了2艘载重3吨左右的小轮"达海"和"达泰"号,航行于苏北如皋、海门一带,装运大生纱厂的原料和产品。次年,张謇又与汤寿潜等人合作,在上海集资创立大达轮步公司(1920年改称上海大达轮船公司),张謇任总理,李厚佑为副总理,王一亭

---

① 冯筱才:《虞洽卿与中国近代轮运业》,金普森主编:《虞洽卿研究》,宁波出版社,1997年。
② 丁贤勇等译编:《1921年浙江社会经济调查》,北京图书馆出版社,2008年,第355页。
③ 黄炎培著,中国社会科学院近代史研究所整理:《黄炎培日记》,华文出版社,2008年,第3卷,第251页。
④ 林举百编:《通海关庄布史料》,1962年油印本,第11—14页。
⑤ 南通市档案馆编:《大生企业系统档案选编(纺织编)》,南京大学出版社,1987年,第359、368页。

为经理。

上海大达轮步公司创立之前,南通大生纱厂为了解决本厂"购运物料之不便",曾设立大生轮船公司,作为纱厂的附属企业。当时有"大生"小轮1艘往来于上海、南通之间,运货并兼载客。上海大达轮步公司创办时,原定征股100万两,每股100两,实际上从1904年(光绪三十年)至1906年(光绪三十二年)的三年间只招得250股合银2.5万两。由于资金短缺,只得先以经营码头为主要业务,在上海十六铺沿岸设置钢质趸船,建造栈房,办理码头、趸船、仓库等出租业务,同时代理经营大生轮船公司"大生"轮的客货运输业务。

1906年5月(光绪三十二年四月),大生轮船公司订造的"大新"轮投入运营后,开航上海——南通线,"大生"轮则航行上海——海门线,这两条船的客货运输业务均由上海大达轮步公司代理经营。1908年(光绪三十四年),上海大达轮步公司又从上海太古洋行购得小轮两艘,起名"大安"和"大和",随即投入运营,并将上海至南通的航线向上游延伸到口岸,改称沪口线。1910年(宣统二年),大生轮船公司并入上海大达轮步公司,后者遂拥有"大生"、"大新"、"大安"、"大和"四艘轮船,共载重1630余吨,资本为39.7万余元。

辛亥革命后,沪口线延伸至扬州霍家桥(今属邗江县),称为沪扬线。它从上海沿长江上溯,经海门的浒通港,常熟的浒浦口,南通的姚港、任港、天生港,如皋的张黄港,靖江的八圩港,泰兴的天星桥、口岸,扬州的三江营、八江口至霍家桥,全长约300公里。其停靠点大部分是苏北的长江沿岸港口,促进了苏北地区和上海的物资交流、商旅往来,有利于沿线特别是南通地区经济的发展。[①]

1904年(光绪三十年),继大达内河轮船公司和上海大达轮步公司组建后,为适应南通地区实业的发展及其与上海的联系,张謇又着手创办通州天生港大达轮步公司,又称通州大达趸步公司。公司筹办时,资本额定为白银40万两,先筹集12万两开办,而到1906年(光绪三十二年)底仅集得股银2.52万两,合252股。由于资金不足,港口建设规模也就不得不相应缩减。天生港轮步公司共建有石驳岸码头3座。在石驳岸码头基础工程完成后,就着手在石码头上建造木质栈桥和其他港口附属设施。此外,还建造了相应的办公用房和仓库。天生港轮步公司主要办理客运售票,零星货运,代客过载,报关,出租堆栈及押汇等业务。

自1909年(宣统元年)起,沪扬线的轮船可以按时停靠天生港码头,上下旅客和装卸货物。海关资料载:"经当地制造商向中国政府申请,已于1909年7月17日(宣统元年六月初一日)开放位于上海镇江间长江左岸之通州天生港为停靠港。"[②]大批原材料、设备及日用品可由此运抵南通,当地纱厂的成品及南通地区的

[①] 郭孝义主编:《江苏航运史(近代部分)》,人民交通出版社,1990年,第58—60页。
[②] 海关总署本书编译委员会编:《旧中国海关总税务司署通令选编》,中国海关出版社,2003年,第651页。

农副产品也经此运往上海及其他各地,南通地区的旅客商贩亦多由此转往上海等地。① 据1922年至1931年的《海关十年报告》记载:

> 经营南通航运的轮船公司共计8家:太古、怡和、日清及宁绍各公司船只专载旅客;招商局及三北公司有时也载运货物由汉口至通州;大达及大通两轮船公司船只根据内河航运条例定期往来于上海、通州、扬州之间,南通货物多赖此两家公司运输。

> 南通地方有四个港口:天生港系上下客货处所;芦泾港为上下搭客处所;任港及姚港为内河轮船贸易地方。除芦泾港外,各港均位于江滨,与南通城及唐家闸直接相通,于客货运输甚为方便。从南通至江北各地有水路相通。唐家闸几家小轮公司船只每日开往各地,而南通民船运输公司也有帆船80艘停泊于天生港,供装运内地货物之用。②

1935年,有人建议将江海关南通分关并入上海或镇江海关,南通大生第一纺织公司董事长徐静仁明确表示反对,并强调了天生港对南通及苏北等地的重要性:

> 南通为江北各县之要口,土产运销外省,外省进口百货均以本县天生港为起卸货物之总枢。近年江北垦地大辟,棉产日丰,每年价值数千万之原棉,亦以南通为转汇之中心。自江海关设立南通分关,三十年来驻港查验,杜绝漏卮,便利商运,国计民生交相受益。敝公司出品纱布,多数推销川、鄂、皖、赣等省,平日赖有南通分关报验,便捷省时节费,在在可予工商企业以便利。③

在张謇等人着力经营大达轮步公司的时候,上海至崇明的航线也已开通。1908年(光绪三十四年),上海"华商崇明轮船公司"成立,有2艘小轮,总吨位计1 154吨,专营沪崇航线,方便了两地间的客货往来。④

此外,上海还与苏北的海州(今连云港)建立了海运联系。1921年,海州开为商埠,隶属于青岛胶海关。据1936年的统计,海州港与上海的贸易占其贸易总额的49.2%,与其隶属的胶海关所在的青岛的贸易则仅占其贸易总额的11.1%。⑤

四、上海与长江航线

上海开埠后,受外国列强青睐的一个重要原因,是其深知上海地处长江入海口所蕴含的市场潜力和发展前景。在他们看来,"世界上没有哪个港口有上海如此巨

---

① 郭孝义主编:《江苏航运史(近代部分)》,人民交通出版社,1990年,第61页。
② 徐雪筠等译编:《上海近代社会经济发展概况(1882—1931):〈海关十年报告〉译编》,上海社会科学院出版社,1985年,第314页。
③ 《徐静仁致财政部关务署呈文(1935年12月11日)》,南通市档案馆等编:《大生集团档案资料选编·纺织编》第5册,南通市档案馆等,2007年。
④ 丁日初主编:《上海近代经济史》第2卷,上海人民出版社,1997年,第331页。
⑤ 徐德济:《连云港港史(古近代部分)》,人民交通出版社,1987年,第112页。

大的供需潜力的"。① 1853年7月（咸丰三年六月），美国驻华公使致函美国国务卿，认为："一旦在长江及其支流应用轮船运输，就可以想象得到整个长江流域的贸易将会全部为上海所吸纳。"次年他在江苏昆山会见清两江总督怡良时，公开提出要清政府开放长江，让"美国公民任意船载货物从上海进入长江及其支流的任何口岸、城市或港湾"。② 第二次鸦片战争后，其目的部分达到，镇江、九江、汉口相继开埠，外商船只可贸易往来。

自长江开放，以上海为起点，外国商船争相驶入。1863年2月21日（同治二年一月四日）《北华捷报》称："去年一年内，华北（指华南以外的沿海地区——引者）对外贸易关系一个最重要的方面，是从欧洲和美国开到中国各通商口岸的商船在数量上的大增长，它们从事沿海与沿江的航运，使商船队得到永久性的扩大"；"各式各样的轮船参加长江上交通运输业的竞争，从拖曳船到海洋大轮船，从以螺旋摆动机器推动的暗轮，到从美国开来以左右舷引擎推动的大明轮，无不具备。"它们麇集上海，"因为不论各船在抵沪后将再开到哪个地方去，上海是海外开来的一切船只都要停靠的港口"。

此前，美商琼记洋行"火鸽号"已在1861年4月（咸丰十一年三月）率先投入长江航运，历时一个月完成了上海与汉口间约500英里的往返航程。当它返抵上海时，琼记洋行得意地称他们已"把长江开发了"。其他洋行不甘落后，紧随其后。1862年（同治元年）至1863年（同治二年）间，上海约有20家外国商行"每家都经营一二艘轮船，从此长江贸易特别兴旺，大多数行号都想在长江经营船运"。1864年（同治三年）的一份船期表记载，有7家洋行的15艘轮船在长江航线定期行驶，其中美国位居第一，共9艘98 250吨，分属旗昌、同孚、琼记洋行；英国6艘8 983吨，名列第二。③ 上海第一家近代航运企业，1862年（同治元年）开业的美商旗昌轮船公司，经营长江沿岸及中国沿海的客货运输，业务发展很快，后与英商怡和、太古并列早期在沪三大外资轮船公司。④

这也促使中国本国轮船公司的兴办，"盖长江未通商以前，商贾运货，行旅往来。悉系雇佣民船，帆樯如织。自有轮船行驶，附载便捷，商贾士民莫不舍民船而就轮船"。⑤ 1872年5月30日（同治十一年四月二十四日）《申报》载文指出，由上海至汉口搭乘轮船仅需三日，如坐木船最快也得二十天，"其途间之累坠阻滞，较之轮船已可往返三次矣"。它进而赞叹"舟楫之利，至轮船为已极矣。大则重洋巨海可以浮游而自如，小则长江内河可以行走而无滞。其运载重物也为至便，其传递紧信

---

① 上海市档案馆藏：《费唐法官研究上海公共租界情形报告书》，第255页。
② （美）戴维斯：*American diplomatic and public papers: The United States and China*（《美国外交文书：美国和中国》）第1辑，第4卷，第71页，第5卷，第126页。
③ 聂宝璋编：《中国近代航运史资料》第1辑，上海人民出版社，1983年，第260、263、264页。
④ 聂宝璋：《中国近代航运史资料》第1辑，上海人民出版社，1983年，第727页。
⑤ 《江西巡抚德馨奏》（光绪十四年四月二十日），中国社会科学院经济研究所藏"清户部档案抄件"。

也为至速,其护送急客也为至妥且捷"。

上海滩对轮船的优越性已广为人知,"各省在沪殷商,或置轮船,或挟资本,向各口装载贸易,俱依附洋商名下"。美商旗昌轮船公司一百万两开业资本,有六七十万两是华商投资,其中后来涌现出唐廷枢等一些中国早期实业家。[①] 中国第一家本国轮运企业——轮船招商局不久也在上海设立,因为面对旗昌轮船公司等企业的经营,李鸿章等人已认识到"为将来长久计,舍轮船公司一层,此外别无办法"。[②]

长江轮运航线的开通,密切了上海与长江沿岸各地原本薄弱的经济联系。上海开埠前,它与这些地区的经济交往多由苏州沟通。尽管上海位于长江入海口,顺江而下的木帆船多由镇江入运河至苏州上下货物,少有直接驶抵上海者。1832年(道光十二年)英国东印度公司成员在吴淞口暗中观察过往船只,所见南北海船数目之大令其惊讶不已,却唯独没有提及来自长江的商船。上海地方史料《阅世编》亦载,"往来海舶俱入黄浦编号,海外百货俱集,然皆运至吴门发贩"。长江航线联通,频繁的轮船运输和各口岸间定期航线的开辟,以上海为中心和沿江口岸城市为支点,长江沿岸各地的城乡经济往来空前紧密。

以上海为中心的江河海航运的衔接,为江浙沪各地的经济交往提供了便利。一些原本相对闭塞落后的地区,借助其沟通,改善了对外交通和经济联系。据轮船招商局档案载,1888年(光绪十四年)浙江台州府官员称:

> 地方瘠苦,近来民生之凋敝更日甚一日。推原其故,皆由于泉货未能流通。而泉货之不流通,实由于程途之梗阻。查卑属背山面海,南连温郡,北界绍兴,东北则抵宁波。自台至省,非道出宁波,即路经绍郡,重山复岭,跋涉为艰。行李肩挑,计斤论价,非但钱粮军饷管解匪易,即行商银货亦艰转运。欲求官商之便,惟有舍陆而海,则南可达温,北可抵宁。

强调"为长计,惟有经过商轮进口搭载,则台属泉货亦可望其流通。兹查自沪至温,原有招商局商轮往来行驶,卑属之海门为该商轮往来必经之路",于是商洽"援照长江商路在江阴各处停轮之例,往来顺道海门,进口停轮"。为此还拟订了详细的运营章程。[③]

---

① 汪敬虞:《唐廷枢研究》,中国社会科学出版社,1983年,第106页。
② 丁日昌:《抚吴公牍》卷三二,第7页。
③ 聂宝璋编:《中国近代航运史资料》第1辑,上海人民出版社,1983年,第1373、1396—1399页。

第三章　陆路交通和邮电航空

江浙沪在铁路、公路、邮电及航空运输等方面，也是近代中国相对发达地区。

第一节　铁路的伸展

长江三角洲，是近代中国铁路最先动议和兴建之地。

一、吴淞铁路

1849年(道光二十九年)，在广州出版的英文《中国丛报》就刊文称："中国国内贸易外国人了解得少，显然它的数量一定很大，它的分支遍及全国，如果有任何办法(从上海)修建两条短短的铁路，一头扩展到杭州，一头扩展到苏州，在那两个城市中如果再允许外国人自由访问和贸易，那么上海的国际和国内贸易就会同时在大得多的幅度上进行。"①第二次鸦片战争后，就有外商将此付诸行动，最早的是在沪的美商琼记洋行。1859年(咸丰九年)，该行老板曾通过美国驻华公使华若翰向清朝政府提出修造一条上海苏州间约60英里铁路的计划，遭清朝政府的拒绝。

时隔三年，筑路计划再次提出。1862年(同治元年)，包括琼记在内的上海28家洋行共同签署了由上海英商商会向英国当局提出的一项建议，其中提到为在整个中国不受限制地进行贸易，必须不断地施加压力，迫使清朝政府给予外商通向内地的特权。随后，这些洋行联名向江苏巡抚李鸿章申请成立"苏州上海火车局"，要求修筑沪苏线铁路。尽管这项联合提出的申请较之琼记独家倡议来得有力，但仍遭拒绝。李鸿章认为铁路只有由中国人自行管理，才会对中国有利，而且民众对于因筑路而被夺去铁路也一定会非常反对。这个计划也因此作罢。②

但是事情并没有结束。1865年(同治四年)，一些和对华贸易有关系的英国商人在伦敦成立了中国铁路有限公司，筹划修建上海至苏州的铁路。这次的计划比较详细，拟议中的铁路以上海苏州河桥为起点，取道吴淞、嘉定、昆山，到达苏州大东门外，先铺设单轨，准备投资214万两，预期每年能获利7.5%即17 000两。但这个计划很快就发生变化，同年以英商怡和洋行为主，在上海成立了吴淞道路公司，计划修筑上海至吴淞的铁路，也就是原先筹划的上海至苏州铁路的起始段，以方便上海港进出口货物的运输，仍遭清朝政府的拒绝。③

1872年(同治十一年)，西人旧话重提。美国驻上海副领事布拉特福在美国驻

---

① 汪敬虞：《19世纪西方资本主义对中国的经济侵略》，人民出版社，1983年，第435页。
② 聂宝璋：《聂宝璋集》，中国社会科学出版社，2002年，第50页。
③ (英)肯德著，李宏等译：《中国铁路发展史》，三联书店，1958年，第4—8页。

华公使和美国国务院的支持下,组织吴淞公司,开始进行修筑铁路的准备。不久因经济困难,布拉特福把公司转让给资金雄厚的英商怡和洋行,由后者组织名义上由英美合资,实际以英商为主的吴淞铁路公司。此后,由英国驻上海领事麦华陀出面以修筑"一条寻常马路"为由,向上海地方当局提出购买上海至吴淞间筑路所需土地的要求,获取了征地权,随即开始铺设路基。接着,麦华陀又致函上海道台,将运抵的铁路器材谎称"供车辆之用",获准运入。1876年1月(光绪二年初)路基铺成,开始路面工程,2月14日通行运料车,6月30日上海至江湾段试车成功,7月3日正式通车运营。《申报》记者登车而行,观察了沿途乡民的反应,并以《民乐观火车开行》为题作了生动的描述:

> 此处素称僻静,罕见过客,今忽有火车经过,既见烟气直冒,而又见客车六辆皆载以鲜衣华服之人,乡民有不诧为奇观乎?是以尽皆面对铁路,停工而呆视也。或有老妇扶杖而张口延望者,或有少年荷锄而痴立者,或有弱女子观之而喜笑者,至于小孩或惧怯而依于长老前者仅见数处,则或牵牛惊看似作逃避之状者,然究未有一人不面带喜色也。①

吴淞铁路的修筑和首段告成,招致清朝政府的强烈反应。经交涉,英美最终接受了中方"给价买回"和"另招华商股本承办"的方案,同意由中方赎回吴淞铁路。1876年10月(光绪二年八月),中英双方签订了《收买吴淞铁路条款》,由清朝政府用28.5万两白银赎回吴淞铁路,一年之内付清。在此期间,仍由吴淞铁路公司行车营业。该条款订立后,吴淞铁路公司继续向吴淞方向筑路。1876年12月1日(光绪二年十月十六日),这条从上海到吴淞长约15公里的铁路全线通车。1877年(光绪三年)夏秋间,一年期满,清朝政府在交付赎金后,拆毁了这条在中国最早出现的铁路。

二、津镇铁路和津浦铁路

19世纪80年代(光绪年间),又有修筑津镇铁路即天津至镇江铁路的动议。其拟议中的走向,大体与大运河并行,由京城或天津南下抵清江浦及镇江,故早期亦多称清江铁路。其动议,最早可追溯至1880年(光绪六年)刘铭传《请筹造铁路折》,其中认为"查中国要道,南北宜开二条:一条由清江经山东,一条由汉口经河南,俱达京师";并提出"拟请先修清江至京师一路,与本年议修之电线相表里"。②由于内阁学士张家骧等人的反对,刘铭传的建议未被清廷采纳。

此后,清江铁路的筹筑不时有人提议。1885年(光绪十一年),左宗棠复奏海防事宜,提议修筑清江铁路,认为:"查清江浦至德州,宜先设立铁路,以通南北之

---

① 《申报》1876年7月10日。
② 刘铭传:《刘壮肃公奏议》卷二,第3页。

枢,一便于转漕而商务必有起色,一便于征调而额兵即可多裁。且为费仅数百万,由官招商股试办,即可举行。"①1886年(光绪十二年),御史屠守仁上疏提议筹建清江铁路,认为有事时可供运兵,"至若安平无事之时,转东南之漕,岁数百万石,数日即达天仓,历来河运之弊一扫而空,无待禁革。此缓急足以固京畿也"。②但依旧没有被采纳。

中日甲午战争惨败后,清朝政府的态度有了变化,开始鼓励民间投资兴办近代企业。曾留学美国并参与洋务运动的容闳抓住时机,明确提出利用外资修筑津镇铁路的构想。1896年(光绪二十二年),他在《铁路条陈》中建议借助美国资本兴筑津镇铁路,指出:"职道所以踌躇四顾,而窃欲变通办理,借力于美也。盖美与我素无嫌隙,今借其商人之财力,而权自我操,毋庸照会政府,他国断不过问。"③1898年1月18日(光绪二十三年十二月二十六日),容闳向总理各国事务衙门呈递修筑津镇铁路具体条陈22条,其中强调"公司铁路一切工程,商款商修"④。次月,总理各国事务衙门奏准允许容闳等筹资设立铁路公司,修筑由天津经山东德州至江苏镇江的铁路。容闳遂加紧在美国的筹资活动。同年夏,英国驻华公使得知"津镇铁路借款五百五十万美元和筑建上述铁路的合同,已于8月23日由容闳与一家强大的英美辛迪加签订了"。⑤

但容闳的举动,很快招致在山东独占路权的德国的强烈反对。德国驻华公使以《中德胶澳租借条约》为由,要求总理各国事务衙门阻止容闳经由山东的筑路计划。面对德国的压力,清朝政府退缩了,先是责令容闳将津镇铁路绕过山东,改由浦口经河南开封至天津;后又不许容闳吸收外国资本入股,只准招募中国资本,并以半年为限,逾期不能招足路股,则不再准许其集资筑路。面对来自各方的压力,容闳难以抗衡,"既明知此事势有所不能,遂不得已将此计划舍去"。⑥津镇铁路构想,胎死腹中。

1908年(光绪三十四年),起点仍是天津,终点则从镇江改为浦口的津浦铁路修筑计划启动,并由清朝政府外务部侍郎梁敦彦与德国的德华银行、英国的华中铁路有限公司订立《天津浦口铁路借款合同》,规定中方筑路借款额为500万英镑,其中英国占37%,德国占63%。⑦1911年(宣统三年),津浦铁路建成通车。

三、沪宁铁路和沪杭甬铁路

吴淞铁路拆除后,在江浙沪核心地区的长江三角洲,再见铁路兴筑是在19世

---

① 交通部、铁道部交通史编纂委员会:《交通史路政编》,1935年编印,第1册,第38页。
② 屠守仁:《屠光禄奏疏》卷四,第14、16页。
③ 储桂山编:《皇朝经文新编》,铁路,卷一,第8、9页。
④ 宓汝成编:《中国近代铁路史资料》,中华书局,1963年,第1册,第233页。
⑤ 宓汝成编:《中国近代铁路史资料》,中华书局,1963年,第1册,第240页。
⑥ 容闳:《西学东渐记》,湖南人民出版社,1981年,第142页。
⑦ 宓汝成:《帝国主义与中国铁路》,上海人民出版社,1980年,第134、664页。

纪末20世纪初(光绪中期),主角是本国资本实业界人士。

1894年(光绪二十年)的中日甲午战争和次年被迫签订的中日《马关条约》,使得民族危机空前深重,中国朝野"实业救国"呼声高涨,自建淞沪铁路被提上议事日程。1897年(光绪二十三年),南洋通商大臣刘坤一奏请官费自办吴淞至南京的铁路,后获准先筑淞沪铁路,任命盛宣怀为铁路总办,于当年2月17日动工。次年8月,通车至蕴藻浜,次年冬筑至吴淞炮台湾,全线通车,长15.87公里。设有宝山路、天通庵、江湾、高境庙、张华浜、蕴藻浜、吴淞镇、炮台湾等车站,主要办理客运。上海始发站原在河南北路塘沽路口,后因扩建马路移至宝山路。①

淞沪铁路动工不久,就引起英国人的关注,1898年4月4日(光绪二十四年三月十四日)香港汇丰银行致函英国外交部:"位于上海、苏州和南京之间的拟议中的铁路,引起我们的特别注意。该铁路将经过中国最富庶、人口最多的区域。它的修筑将有助于中国的开放,而且当该铁路确实证明是有利可图的时候,它还会极大地刺激类似企业向其他有利于英国贸易的方面扩展。"②

1903年(光绪二十九年),中英银公司取得沪宁铁路借款权,开始着手筹建。次年动工,至1908年3月29日(光绪三十四年二月二十七日)竣工,4月1日正式通车,大大便利了彼此间的客货往来。通车的第一年,运载旅客325万人次,收入为138.5万元。1910年(宣统二年)乘客数增至425万人次,收入为170万元。1911年(宣统三年),收入再增至200万元。受沪宁铁路借款权被英商攫取的刺激,江浙地区一些士绅和实业界人士等决意筹集资本,自主修筑铁路。次年4月,张謇发起成立江苏铁路公司。1906年(光绪三十二年),浙江方面率先修建杭州至嘉兴段铁路。1907年4月(光绪三十三年三月),在张謇的主持下,上海至嘉兴段也开工兴建。③

沪嘉杭铁路的修建,其意义不仅在于唤醒了国民的利权思想,从外人手中争回了路权;而且在于它把实业界的视线引向了铁路,以与列强对中国路权的攫夺相抗衡。沪杭铁路资本以商界为大宗,商界的投资又集中在杭州、嘉兴、湖州、宁波、绍兴五府,皆浙江工商业相对发达地区,其中宁、湖二府尤多富商。宁波府的商人多以上海为营业基地,上海集中了约3万名宁波商人,号称"宁波帮"。他们以经营钱庄、银号为主,兼营洋药、五金等业,"其大者往往拥数百万金之资产,每年为二三百万之买卖"。④

由江浙两省商办铁路公司集资兴筑的沪杭铁路,是晚清中国以民族资本独立建成的主要铁路干线。按照当时的预估,修筑一公里铁路,至少需要投资4万元,

---

① 上海市档案馆编:《上海古镇记忆》,东方出版中心,2009年,第61页。
② 吴乃华摘译:《英国议会文件有关瓜分狂潮时期列强争夺中国铁路权益资料选译》,《清史译丛》第6辑,中国人民大学出版社,2007年,第150页。
③ 丁日初主编:《上海近代经济史》第2卷,上海人民出版社,1997,第339—340页。
④ 详见闵杰:《浙路公司的集资与经营》,《近代史研究》1987年第3期。

相当于一家中小型企业的投资,沪杭铁路全长200余公里,包括站线在内,至少需要1000万元以上的投资,因此江浙两省铁路公司都把争取来自上海的投资视为公司资本的重要来源,确定了"筹集股款自以沪上巨商为大宗"的筹款方针。

由于江浙两省铁路公司的成立得到上海商界的大力支持,上海的投资又在两省铁路公司中占有极大比重,所以这两家铁路公司在组织形式上也有别于省内的一般企业,江苏铁路公司设总公司于上海,在苏州设分公司;浙江铁路公司虽把总公司设在杭州,但在上海专设分公司,并将每年一届的公司股东常会轮流在沪杭两地举行。

沪杭铁路全长210公里,其中浙路公司筑140公里,苏路公司筑70公里,总计占当时全国商办铁路通车里程的三分之二。有学者仔细研究后指出:"倘若没有上海的投资,这条铁路的修筑是不可想象的。"而投资于江浙铁路公司的上海人,尽管有典当商、木材商,但居于主导地位的,是与进出口贸易有关的生丝、洋货、五金、药材等行业的商人,以及与上海人口骤增相联系的粮食商。这些商人因其所从事的行业与近代经济接触较多,成为他们投资近代企业的一大动因。他们所选择的地区,除上海外,往往是其籍贯所在的家乡,来自江浙两省的商帮是上海商界中实力最强者,"这就在一定程度上使江浙两省成为上海向外投资的重点地区"。[①]

历时近三年,1909年5月30日(宣统元年四月十二日)沪嘉段(上海至枫泾)举行开车典礼。次月,杭嘉段(杭州至枫泾)通车。同年8月13日,沪杭铁路全线正式通车。原籍青浦县朱家角镇的实业界人士蔡承烈,"以铁路营业重在转输,珠街阁(即今朱家角——引者)产销米、油额甚巨,谋自松江筑支路至镇,展拓至安亭,与沪宁接轨",并"派员测勘路线,卒以河港纷歧,工程过巨,未果"。[②] 1916年,建成上海北站至新龙华间的铁路,衔接了沪宁、沪杭两条铁路,形成贯通江南主要经济发展地带的交通干线——宁沪杭铁路。

铁路的修筑,对沿线城镇民智的启迪影响颇大。1909年8月(宣统元年七月)沪杭铁路全线通车,沿途观者如堵。当时的情景,身为杭州人的夏衍晚年曾有追忆:

> 艮山门是杭州至上海的第一站。通车的第一天,整个杭州——包括沿路乡村都轰动了,我母亲也很高兴地带了二姐、四姐和我,背了条长板凳,带了干粮(南瓜团子),走了二里多路,到艮山门车站附近沿线的空地,排着队去看火车这个从来没有见过的"怪物",沿线挤满了人,连快要收割的络麻地也踏平了。在盛夏的烈日下晒了两个多钟头,好容易看到一列火车从北面开来。隆隆的车轮声和人们的呼喊声溶成一片,这个大场面,

---

[①] 闵杰:《清末上海对沪杭铁路的投资》,《上海研究论丛》第9辑,上海社会科学院出版社,1993年。
[②] 民国《青浦县续志》卷二四,杂记下,遗事。

尽管时隔七十多年，到现在依旧是记忆犹新。①

沪杭铁路通车后的运营，时人曾有记述："1910年秋行车次数，每日沪杭间客运列车3对，定期货车1对，杭嘉间客货混合区间车1对，江墅间客货混合列车4对。行车最高时速为80华里。嘉兴杭州间快车行驶（包括停站）共为2个半小时（仅停硖、长、艮三站），各站都停的客车杭嘉间须行3个小时。"②

1916年，又建成上海站至新龙华间的铁路，联结了沪宁、沪杭两条铁路，形成贯通长江三角洲主要经济发达地带的交通干线——宁沪杭铁路。其具体经过，当事人曾有追述：沪杭甬铁路上海车站原设在南市，凡由沪宁路前往沪杭路各站的旅客，都须穿越租界到南市转车。1914年沪杭甬铁路收归国有，便着手筹划由沪宁路上海站筑联络线，"经由上海西站、徐家汇站至新龙华站与沪杭线衔接。此项工程于1916年完成。衔接之后，列车由沪宁路上海站可以直达杭州，旅客到达上海亦无转车之烦。同时将原有沪杭路上海站至新龙华站一段作为支线，并改沪宁上海站为上海北站，沪杭上海站为上海南站"。③

这时有人曾提出兴办无锡至湖州铁路的设想。1916年8月，民族资本家陈尚侠提议兴筑无锡至湖州的铁路，计划沿途经宜兴、溧阳、广德至湖州，并筹设锡湖铁路公司，招股集资，但这项计划未得北洋政府同意而终止。④

随着铁路的运营，专业技术和管理人才的培养也被提上议事日程。浙江铁路公司成立后：

> 以路事草创，需人孔急，乃于1906年秋，在杭州设立浙江铁路学校。先办营业速成班，聘日本铁路专业人员为主教，一年毕业。学生一切费用全由路方供给。1907年续招测绘及营业速成各一班，1908年修业期满，派沿线各部门实业一年，始正式毕业。此班不收学费及书籍费，实业时给津贴9元。
>
> 1908年招建筑、机械、营业各一班，聘日本专业人员三人分任主教。修业期限，机、建为三年，营业一年半，实习各一年。学杂费均向学生收取，惟学行兼优或屡试优等者，免其学膳费。先后获得优待者十余人。1909年冬，营业班毕业。
>
> 1910年，浙省当局拟将路校改为浙江高等工业学校，拨给官款协助。但公司不愿更改，力却官款，因而中止。1911年，建筑、机械班相继毕业。适辛亥光复，路款支绌，不再续招新生。计前后五班，共毕业学生400余

---

① 夏衍：《懒寻旧梦录》（增补本），三联书店，2006年，第10页。
② 陈亦卿：《沪杭甬铁路修筑与营运的追述》，全国政协文史资料委员会：《文史资料存稿选编·经济（下）》，中国文史出版社，2002年，第758页。原编者注：陈亦卿曾任沪杭甬铁路局副局长。
③ 汪佩青：《沪宁、沪杭甬两路接通和统一调度的经过》，《文史资料存稿选编·经济（下）》，中国文史出版社，2002，第762页。原编者注：汪佩青曾任沪宁、沪杭甬铁路调度所主任调度员。
④ 丁日初主编：《上海近代经济史》第2卷，上海人民出版社，1997年，第340页。

人。后因新人员的需要,由公司吸收数批青年,派各部门各车站,自费学习一年或二年,再派充实习员司。①

应该指出的是,虽有铁路的开通,但相当发达的水路航运,一直是江南地区各城镇之间主要的交通渠道。②即使在有铁路经过的地方,水路航运也因其价格低廉和招呼方便、停靠点多而继续运营,在松江县"自沪杭铁路开车,小轮船之往来松沪者无法营业,惟因船资取费较廉,乡村中人犹乐就之。凡苏州、杭州、盛泽、张堰、平湖、湖州等班小轮船,经过松江者,必于米市渡得胜港口岸稍停,另有拖船接送上下旅客,再有拖船载客送至竹竿汇、秀野桥两处登岸"。③

很长一段时期,与海运以及长江和内河航运相比,宁沪杭铁路在整个长江三角洲货物运输总量中所占比重仍居后。其原因主要是长江三角洲地势平坦,河道纵横交错,又临江面海,水运通达四方,是线路受限制的铁路所难以匹敌的。至1927年,沪宁、沪杭两条铁路全年货运量129万吨,而同一年上海海运河运的货运总量为1 082余万吨,铁路货运量只是后者的约12%。即使如此,宁沪杭铁路的贯通,仍为长江三角洲增添了一条便捷的交通干道。1912年杭州海关报告载:

> 杭州到上海的铁路最近才建成,它是沪杭甬铁路的组成部分,本来该铁路在1898年由中英公司承担,然而该公司发起的贷款和有关情况遭到了浙江省的强烈反对,合同最后也于1908年3月被撕毁。该铁路的建设就由中国公司独立承担,使用国内的资金,并由中国人监督。
>
> 1907年完成了单线12英里长的铁路,连接钱塘江上的闸口和外国租界,沿城墙的东面有两个站分别靠近清泰和艮山,从闸口到艮山站段铁路从属于沪杭铁路干线,其东北方向通往上海。1908年初,该线路通到了距离杭州55英里的嘉兴,同时江苏铁路公司又把该线从上海终点站修至浙江——江苏交界的枫泾。
>
> 1909年8月,从杭州到上海全长145英里的铁路线修成并开始通车。无论是干线还是支线,都受到了很好的保护。五列火车每天在租界和闸口之间奔驰,除了运送来往于城市之间的旅客外,还运送大量前往上海或来自上海的货物。
>
> 1910年清泰车站被移到城内,并命名为杭州站,火车可进入城墙。杭州到上海之间的火车每天来回三次。现在快车在这段距离上行驶只需5个小时,而轮船大约要花24小时。每天除了一辆货车来往于上海与杭州外,还有嘉兴到杭州、嘉兴至上海的区间火车。

---

① 陈亦卿:《沪杭甬铁路修筑与营运的追述》,《文史资料存稿选编·经济(下)》,中国文史出版社,2002,第758页。
② 上海的公路运输起步较晚。1919年兴筑的军工路是上海第一条近郊公路。详可见熊月之主编《上海通史》,上海人民出版社,1999年,第8卷,第201—210页。
③ 民国《松江志料》,交通类。

铁路通过的村庄,地势都很平坦,没有遇到施工上的困难,也没有隧道。该铁路建设中虽然有许多方面需要提出批评,但必须承认该服务行业很守规则,因此很少发生严重事故。由于能与上海快速联系,本地的生活条件有了很大提高。在闸口设计了一座桥,可使铁路线通过钱塘江,并与正在建设中的宁波——杭州段相连。①

沪杭铁路的开通,还带动了莫干山的旅游业。位于浙江省武康县境内的莫干山,风景优美,气候宜人,为避暑胜地。但以往从杭州去莫干山,交通并不方便,须由杭州乘船经水路到三桥埠,然后步行上山,山路曲折难行,游客往往畏而止步。

1920年,经沪杭甬铁路局沈叔玉等人实地考察,决定由该局在山上出资购买原由德国人经营的旅舍作为铁路旅馆,"并收回杭州至莫干山水路汽船营业由铁路办理,由工程处派工程队到三桥埠测量和建筑到山上旅馆这10余里一段的公路。该路地质坚实,都是红砂石底,除二三处石潭用炸药爆破和筑多处涵洞以泄山水外,工程顺利而迅速地完成。除水泥外,其他用料都是就地取材。以上的计划,除公路修筑费外,共费8万余元。旅馆开业后,营业发达。遂于1921年添建房屋一所,共有房63间及其他设备,共费65 000元"。②

据同年日本驻杭州领事馆的一项调查称:

莫干山是离上海最近的避暑地,因此开始逐渐在此处建造别墅和洋房,现在外国人拥有的房屋约有130幢,盛夏时节约有600人聚集到此地,俨然已经形成一个小部落了。从上海来的游客,如果是从上海出发走水路,可以先利用沪杭间的大运河到达塘栖镇,然后再由塘栖镇北折,直达三桥埠。一般游客都是先利用沪杭甬铁路到达艮山门车站,换乘后再到达拱宸桥车站,然后再乘坐石油发动机船。该铁路公司还在上海出售车、船以及轿子的联票。③

此外,如果上海的旅客"早上7点从上海北站乘火车出发,有拱宸桥出发的石油发动机船与该趟列车相衔接,每日发船1次,当天晚上9点左右可以到达莫干山。柴油发动机船,在每年的4月1日至10月31日之间定期发船。而在三桥埠码头,该铁道公司还设立了一个办事处,帮助乘客安排轿子以及搬运行李"。④

游客的增多,促进了相关的服务业,同时也提供了不少就业机会。上述调查称:

---

① 陈梅龙等译编:《近代浙江对外贸易及社会变迁——宁波、温州、杭州海关贸易报告译编》,宁波出版社,2003年,第252—253页。
② 沈叔玉:《关于沪宁、沪杭甬铁路的片断回忆》,《文史资料存稿选编·经济(下)》,中国文史出版社,2002,第750—751页。原编者注:沈叔玉曾任沪宁、沪杭甬铁路局局长。
③ 丁贤勇等译编:《1921年浙江社会经济调查》,北京图书馆出版社,2008年,第292—293页。
④ 丁贤勇等译编:《1921年浙江社会经济调查》,北京图书馆出版社,2008年,第292—293页。

关于居住在此地的中国人,在此地被开辟之前仅有两户。现在逐渐多起来,他们大多散居在外国人部落的四周,约有500人。他们多是轿夫、担夫、建筑工人以及佣人等,一年四季居住在此。除了冬季的三四个月外,这里可见到的中国人超过千人,他们建小茅屋作为居住的地方。这里的商店几乎都是由中国人经营的,有食品店、杂货店、书店、五金店、鞋店、洋服店、竹器店、水果店、牛肉店、豆腐店、酒馆、干货店、理发店、洗衣店等,这些店穿插在外国人的房屋之间,或散落在其附近。①

自1921年始,"中国银行杭州分行从5月到9月之间也在此地设立办事处,办理银行的一般业务。从船码头到三桥埠之间,已经由避暑协会架设了电话线,并且在每年夏季,还在此地开设电报局,可受理海外电报业务。邮局一年四季在此开设业务,因此,第二天早上就可以看到上海的报纸,还可以得到一些日常生活的资料。通讯比当地的县城还要方便。另外,还设有教堂,在夏季的每个星期天,教堂都会做礼拜。这里还设有一座医院,夏季有一名常驻医生,方便大家看病"。②有人回忆:"因有铁路提倡和浙省公路衔接的便利,山中私人的避暑住宅到1925年止已发展到700余所。"③

宁沪杭铁路通车后,客货运量节节攀升。1914年9月,中华民国政府交通总长朱启钤与中英银公司代表梅尔思订立收回杭甬之浙段铁路条款,正名为沪杭甬铁路总局,并设于上海,委任钟文耀任沪杭甬铁路管理局长。1916年12月,沪杭甬与沪宁铁路接轨工程竣工,大大方便了乘客,运量大增。据记载,两路接通的第二年,沪宁铁路的乘客由550万人次增至600万人次,沪杭甬铁路的乘客由111万人次增至450万人次。④

另据海关资料统计,沪宁铁路1912年客运人数为4 882 000人次,到1920年增至8 200 000人次,增长率为68%。商品和煤炭运输量的增长更为突出,1912年的货运总吨位为490 000吨,1920年增至1 400 000吨,增长率为185.71%。沪杭铁路1915年客运量为3 379 000人次,到1920年稳步上升至3 571 000人次。1920年货运量为587 000吨,与1915年的482 000吨相比,增长率为22.04%。⑤

1921年的杭州海关报告有更详细的记载:"尽管受到第一次世界大战和当地动乱之影响而导致交通紊乱等不利因素,但是这条沪杭甬铁路的最近十年来之客运和货运都是蒸蒸日上。然而从杭州到宁波这段却仍未全部修通,只能从杭州接

---

① 丁贤勇等译编:《1921年浙江社会经济调查》,北京图书馆出版社,2008年,第295页。
② 丁贤勇等译编:《1921年浙江社会经济调查》,北京图书馆出版社,2008年,第295页。
③ 沈叔玉:《关于沪宁、沪杭甬铁路的片断回忆》,《文史资料存稿选编·经济(下)》,中国文史出版社,2002,第751页。
④ 邵力大等:《上海南火车站》,本书编委会编:《20世纪上海文史资料文库》,上海书店出版社,1999年,第3册,第429页。注:1937年淞沪抗战爆发,上海南火车站被日军炸毁,后只留存南车站路、车站支路等路名。
⑤ 徐雪筠等译编:《上海近代社会经济发展概况(1882—1931):〈海关十年报告〉译编》,上海社科院出版社,1985年,第219、220页。

通到百官。百官位于曹娥江之东岸,当时曾有德国工程师负责修筑一座桥横跨曹娥江,恰巧是在大战开始那年(1914年),当时该桥预计可于1915年3月竣工通车。战争爆发,架桥计划也从此落空。下列统计数据系由上海之沪杭甬铁路运输车务主任所供给:

年　份	载客数(人)	运载货量(吨)
1914	954 462	2 584 574(市担)
1915	3 378 991	460 463
1916	4 121 493	365 218
1917	4 682 645	464 059
1918	5 100 452	494 497
1919	5 445 502	494 497
1920	5 743 286	585 070

当时沪杭甬铁路所运载的主要货物有:水果、蔬菜、大米、豆类、茶叶、煤、煤油、丝及丝织品、木材、木料、柴、纸张、文具、蚕茧、食物和食糖之类。"[1]

此后,这种增长势头得以延续。据1931年的一项调查,凡嘉兴需要进口的绸、布、糖、煤、卷烟、化肥、洋广货物等36种货物,全部来自上海的占12种,局部来自上海的有9种,两者合计占进口货种数的58%;在当地包括米、黄豆、丝、纸板等52种输出货物中,销往上海的达45种,占货物种类的86%以上。[2]

1922年至1931年《海关十年报告》称:"沪杭甬铁路也同沪宁铁路一样,本期既未铺设路线,亦未延长干线,但因货运畅旺,所有叉路都已成为85磅铁轨,原来的75磅干线铁轨也都在改换成85磅铁轨。"[3]沿途各站运往上海等地的土特产,可见下表:

表3-1　沪杭甬铁路沿线各站物产运销一览

站别	物产	产量	产地	运销地点	销量
上海南站	桃子	约1 500担	龙华	上海	全销
莘庄	浜瓜	约4 000担	本地	上海及内地	全销
	米	约10 000担	本地	上海	全销
	豆	约4 000担	本地	上海及嘉兴	全销

---

[1] 杭州海关译编:《近代浙江通商口岸经济社会概况》,浙江人民出版社,2002年,第683、684、703、704页。
[2] 建设委员会经济调查所统计课编:《中国经济志》,转引自张忠民主编:《近代上海城市发展与城市综合竞争力》,上海社会科学院出版社,2005年,第22页。
[3] 徐雪筠等译编:《上海近代社会经济发展概况(1882—1931):〈海关十年报告〉译编》,上海社会科学院出版社,1985年,第282页。

续表

站别	物产	产量	产地	运销地点	销量
新桥	米	约10 000担	本地	松江及上海	全销
枫泾	西瓜	约2 000担	本地	上海及内地	全销
	牛	约1 000余头	本地	上海	全销
嘉善	蟹	约2 000件	本地	上海及杭州	全销
	鲜虾鱼	约10 000桶	本地	上海	全销
王店	豆	15 000担	王店院	上海	12 000担
硖石	鸡	200担	硖石	上海	200担
	羊	200担	硖石	上海及香港	200担
斜桥	鲜蔬菜	20 000	本地	上海	20 000
周王庙	鲜蔬菜	250余吨	周王庙及邻村	上海	无限量
许村	鲜鱼	1 000余担	许村	上海	
笕桥	鲜菜	1 500吨	本地	上海	
拱宸桥	鲜柿子	每年约6千万件	蒋村古塘	上海	年约五六万件
	鲜笋	每年约七八万件	上柏武康	上海	年约六七万件
艮山	蔬菜	约十万件	艮山门外	上海	约六七万件
南星	火腿	750吨	金华义乌东阳	上海及嘉兴转各处	750吨
	冬笋	625吨	龙游江山	上海及嘉兴转各处	625吨

（资料来源：《中华民国全国铁路沿线物产一览》，1933年，铁道部联印处编印；转引自唐艳香、褚晓琦：《近代上海饭店与菜场》，上海辞书出版社，2008年，第303页。）

规划中的沪杭甬铁路曹娥江至宁波段全长约78公里，1910年（宣统二年）动工兴建，1914年1月竣工。时因第一次世界大战爆发，预订的由德国制造的钢质桥墩未能运抵，曹娥江大桥没有建成，钢轨只铺设到曹娥江东岸。

1934年11月11日钱塘江大桥开工，1937年9月26日铁路桥通车。杭州南星桥至萧山段亦同时建成。10月，公路桥通车。因日军逼近，钱塘江桥由我方于1937年12月自行炸毁。萧山至曹娥江段于1936年10月21日开工，1937年11月通车。沪杭甬铁路除曹娥江桥外，全线建成。1938年，萧曹段为战时需要拆除。1953年7月，萧山至曹娥江段重建开工，后一度停工，至1954年9月复工，12月通车。曹娥江大桥亦于同月开工，1955年3月竣工。至此，沪杭甬铁路真正实现全线贯通。[①] 此时距1906年10月苏杭甬铁路杭枫段开工，已近50年。

应该指出，很长一段时期，与发达的海运以及长江和内河航运相比，宁沪杭铁路在整个长江三角洲货物运输总量中所占比重仍居后。在中国的其他地区，也有

---

① 王致中：《中国铁路外债研究：1887—1911》，经济科学出版社，2003年，第143页。

类似情形。清末民初在华的德国传教士卫礼贤,注意到中国铁路交通中的"一个奇怪现象","这就是即使客运出现了堵塞,货运却永远吃不饱。这可能是因为在中国的国内贸易中,最重要的东西往往是那些不需要快速运输的商品,所以速度慢但价格便宜的人力和畜力运输,比铁路运输更适合这些货物"。①

在长江三角洲,则主要是这里河道纵横交错,又临江面海,轮船和木帆船水运通达四方,是线路受限制的铁路难以匹敌的。至1927年,沪宁、沪杭两条铁路全年货运量129万吨,而同一年上海海运河运的货运总量为1 082万余吨,铁路的货运量只是后者的约12%。即便如此,宁沪杭铁路的贯通,仍为长江三角洲增添了一条便捷的交通干道,1911年(宣统三年)杭州海关报告称,自沪杭铁路全线通车,"干线和支线客货运输都很踊跃,——与上海的快捷交通大为改善本地区的生活条件"。②其自身货运量也节节攀升,1912年沪宁线货运总量为49万吨,1920年增至140万吨。沪杭线1915年货运总量为48.2万吨,1920年增至58.7万吨。③

四、陇海铁路江苏段和青三铁路

与山东毗邻的苏北地区,沿海滩涂地和近岸水底沙滩绵延,"沿海洋面外似一望汪洋,其实水中沙线千条万缕,纵横曲折。即平底沙船尚必多雇小舟熟习沙线者探水引路,乘潮行驶,潮退立虞搁浅"。④北至海州(今连云港),南至通州(今南通)的绵长海岸线间缺乏船只可以靠泊的海港,苏北地区的输出入商品多须经运河和津浦铁路北上青岛、天津,南下镇江、上海等地。陇海铁路最初也因没有自己的出海口,承运物资须经徐州中转津浦线,因此筹资展筑陇海线并建造出海港,民国初年成为苏北地方人士和陇海铁路当局的共识。

当时陇海铁路出海港的选址方案有两个,一个是海州,另一个是通州的海门,前者以海州士绅沈云霈为首,后者以南通张謇为代表。但陇海铁路延伸段是借款筑路,定点权在债权方,他们认为徐州至海州路途短,路基状况好,如至海门则线路长,地势低洼,最终舍弃海门方案。1921年,徐海段动工,先至海州,后至新浦,终至大浦,全长198.3公里,1926年建成并通车。其"西至潼关,东达海州,长约2 000余里,大站凡八,自郑州而西为洛阳、陕州、潼关,自郑州而东为开封、商邱、徐州、海州,全路工友5 000有奇"。⑤

此后,经海州由海路转运的货物明显增多,尤其是运往上海的,海关资料载:"1926年陇海铁路从徐州延伸到海州,给上海开拓了一个新的重要的后方基地。

---

① (德)卫礼贤著,王宇洁等译:《中国心灵》,国际文化出版公司,1998年,第397页。
② 杭州海关译编:《近代浙江通商口岸经济社会概况——浙海关、瓯海关、杭州关贸易报告集成》,浙江人民出版社,2002年,第683—684页。
③ 丁日初主编:《上海近代经济史》第2卷,上海人民出版社,1997年,第340页。
④ 中国第一历史档案馆编:《鸦片战争档案史料》,天津古籍出版社,1992年,第3册,第215页。
⑤ 中央民众运动指导委员会:《(民国)二十一年至二十二年特种工会调查报告》,转引自李文海主编:《民国时期社会调查丛编(二编)·社会组织卷》,福建教育出版社,2009年,第412页。

花生、药材、瓜子和核桃等货品,过去由津浦与沪宁两线运来上海,现在大都取道海州装轮运沪了。"①

1932年,陇海铁路终端海港兴筑,由荷兰治港公司承建,两个码头共六个泊位于1936年完工,定名连云港,与陇海线衔接,时人称其"海陆联运畅达,大批货物均由此出口,三千吨之轮船皆可随意出入,诚为一良好商港"。它的建成,密切了苏北地区与上海、青岛等沿海口岸的经济联系。据统计,1936年和1937年上半年,连云港与上海间的贸易货物各占连云港当时吞吐量的42.9%和55.5%,其中输入分别占58.5%和66.2%,输出分别占46.9%和53.6%。输入的商品主要是五金、水泥、木材、砂糖、面粉等,输出的品种有煤炭、花生、小麦、棉花等。②陇海铁路还通过连云港,与轮船招商局携手办理和开展水陆联运业务,更便利了彼此的货物运输。③

青三铁路位于与上海一江之隔的江苏海门,由张謇筹建,于1921年6月通车,全长6.5公里,从青龙港通往大生三厂,故名青三铁路。1914年,张謇在海门开办了大生第三纱厂。原可选址长江边的青龙港,但由于青龙港岸线不稳定,时塌时涨,因此改而建在离青龙港北约7公里的陈苍球湾。但这里只是一片荒地,并无现成的水路或陆路交通。当时整个海门只有一台25马力的柴油发电机组供应照明用电,根本不能满足大生三厂500多千瓦时的用电需求,所以该厂只能自行解决。而蒸汽发电则需要大量的原煤,原煤由长江运抵青龙港后,再要转运到厂区,于是张謇决定建造一条小铁路,并于1920年初动工,1921年6月完工,全长6.5公里。铁轨为25英寸工字钢,备有两个蒸汽机牵引机车,一个在青龙港,一个在大生纱厂。车厢共有10节,其中8节为货车车厢,2节为客运车厢。前者每节可载货5吨,后者每节可载客50人。时速为15—20公里,班次根据运量而定,年货运量约为3万吨。青龙港原是海门长江岸边通往上海的8个小港,即浒通港、宋季港、圩角港、青龙港、茅家港、新港、太平港、灵甸港之一,自小火车通行后迅速成为海门及周边地区通往上海和苏南地区的主要港口,客货进出频繁。④

五、浙赣铁路、江南铁路和苏嘉铁路

1929年,由浙江省政府发起,修建杭州至江山铁路。次年开工,1933年年底建成。杭州干线暨金华兰溪支线共计360公里。1934年起,杭江铁路开始展筑,次年抵江西玉山,其线路"自杭州钱江南岸西兴起,经萧山、诸暨、义乌、金华、汤溪、龙

---

① 徐雪筠等译编:《上海近代社会经济发展概况(1882—1931):〈海关十年报告〉译编》,上海社会科学院出版社,1985年,第312页。
② 阎建宁:《近代连云港经济发展研究(1894—1937)》,复旦大学2000年硕士论文,未刊本。
③ 黄华平:《国民政府铁道部研究》,合肥工业大学出版社,2011年,第297页。
④ 李元冲:《张謇自办铁路的成功尝试》,海门市张謇研究会主办《张謇研究》2012年第2期。(按:据该文载,青三铁路于1958年12月拆除。)

游、衢县、江山而达江西玉山"。① 1936年延伸至南昌,1937年达萍乡,全线包括原杭江铁路在内,全长1 004公里,改称浙赣铁路。②

1932年,李石曾、张人杰等人设立江南铁路公司,次年开筑芜湖——孙家埠铁路;继又开建南京——芜湖段,1935年5月竣工,次年又从孙家埠展筑至宣城,全长332公里,称江南铁路。③

1935年6月30日,南京国民政府铁道部统计发布(1933年12月调查),全国共有铁路10 246.573公里,其中江苏省1 158.712公里,浙江省637.307公里。④

苏嘉铁路是沪宁、沪杭甬铁路的一条支线。在晚清商办铁路兴起时期,江苏全省铁路公司曾规划修筑苏杭甬铁路,其中一段便是苏州至嘉兴的铁路。后来,由于江苏全省铁路公司以苏嘉线路依太湖而行,地势低洼,河流纷歧,填土、桥梁诸多工程困难,决定同意浙省铁路公司的要求,先修上海至嘉兴的铁路即沪杭甬铁路,苏嘉线被搁置。

1931年1月28日,日本侵略者在上海挑起了"一·二八"事变,中国守军奋起抵抗。上海发生战事,南京至杭州的铁路运输因必经上海而受阻。同年5月,南京国民政府与日本签订《淞沪停战协定》,规定中国军队退出上海以后,不得在沪宁铁路安亭车站暨安亭镇以东至长江边的浒野口地区驻军和布防,这不仅使上海成了不设防的城市,而且势必造成南京国民政府经由上海及其附近地区,在南京与杭州间调动军队也很困难,因此重修苏嘉铁路显得很有必要。

1934年4月,南京国民政府铁道部委托沪宁、沪杭铁路管理局派员代为测量设计。定线测量从1934年11月13日开始,分三队分段进行,每天约500米,至12月13日沪宁、沪杭两路局拟订《苏嘉线建筑计划书》。12月1日,沪宁、沪杭甬路在工务处下设工程处,下分第一、二、三段,全线设苏州站、相门站、吴江站、八坼站、平望站、王江泾站和嘉兴站。1935年2月22日,苏嘉铁路正式动工修筑,次年7月完成,全长约74公里。全路有桥梁73座,拱桥2座,涵洞24处。1936年7月15日正式通车。⑤

苏嘉铁路的开通,大大缩短了苏州与嘉兴间铁路运行的时间。苏州以西、嘉兴以南之间往来的客货运输均可不再绕道上海,可缩短行程约110公里。不久,淞沪会战开始,苏嘉铁路与沪宁、沪杭甬共同担负抗日军运任务,直到1937年11月中旬日寇侵入平望站的前夕才停止行车。此后,苏嘉铁路沦落敌手。1944年3月,为收集钢铁支撑战局,该线被侵华日军拆除。⑥

---

① 余绍宋等:《重修浙江通志稿》,民国年间稿本,浙江图书馆1983年誊录本,第98册,交通,铁路。
② 宓汝成:《帝国主义与中国铁路》,上海人民出版社,1980年,第346页。
③ 宓汝成:《帝国主义与中国铁路》,上海人民出版社,1980年,第346页。
④ 丁贤勇:《新式交通与社会变迁——以民国浙江为中心》,中国社会科学出版社,2007年,第307页。
⑤ 黄华平:《国民政府铁道部研究》,合肥工业大学出版社,2011年,第281页。
⑥ 丁贤勇:《新式交通与社会变迁——以民国浙江为中心》,中国社会科学出版社,2007年,第121、122、123页。

六、铁路与沿线城镇经济变迁

江浙两省境内的一些城市,因铁路的修筑而盛衰互见。其中江苏较明显的,有南京和镇江。南京向为政治要地,商务欠发达。1911年(宣统三年)津浦铁路通车后,局面改变,此年该口岸土货出口总值为297万两,洋货进口净值为395万两;两年后,出口总值增至581万两,进口总值增至641万两;1920年,又分别增至2 500万两和2 100万两,几达1911年的10倍和7倍。①

同一时期,不远处的镇江则明显萧条。原先豫东、鲁南等地外运物产,多经运河南下经镇江抵上海,内销货物则反向输运。1904年(光绪三十年)胶济铁路通车和1906年(光绪三十二年)京汉铁路建成后,上述地区的输出入货物呈多头去向,或仍抵镇江,或去青岛,或往汉口;津浦铁路通车后,又有就近去南京者,镇江乃趋于衰落。1911年(宣统三年)镇江口岸土货出口总值为436 652两,次年则降至210 827两。②

1900年(光绪二十六年)沪杭铁路规划时,原拟经过桐乡去杭州,因遭桐乡官绅的反对,改为南折,取道海宁去杭州。这一改道,对桐乡、海宁两地城镇及经济的发展影响很大,桐乡境内的崇福、石门、梧桐、乌镇、濮院等市镇,因偏离铁路线相对衰落;海宁境内的斜桥、长安、硖石等市镇,因铁路的经过而兴旺,许村、周王庙也从普通乡村成为相对活跃的市镇。③

浙江省境内的金华,地处梅溪和东阳溪的会合处,虽有婺江水运之便,又是府城,但商业不及兰溪发达。"兰溪素为七省通衢,水陆交通堪称便利。婺港、衢港、兰港,均有航船及快船行驶,前极盛时,每日可停宿县城附近数千只。货物之运输,在三港不通之处,可自各地小溪利用竹筏载运,虽云费时,但运费颇廉。至于陆路交通,兰溪前有旧式驿路6条,环通金华、浦江、建德、寿昌、龙游、汤溪等县;今(指1934年——引者)兰金已筑杭江铁路支路;兰寿、兰龙、兰金诸公路皆可通车,其将比前更为便捷,自不待言"。④

浙赣铁路建成后,金华为该路中枢,成为浙江中部的交通和商务重镇。衢县,位于内河水系交汇点,曾有四省通衢之称。自沿海地区通商口岸开埠和轮船运营后,渐呈衰落,自浙赣路成,又趋复兴。江山,地处浙闽交界的陆路要冲,闽北的物产,原先多经江山入浙集散,自沿海地区通商后亦趋萧条。自浙赣铁路经过,江山的商贸又呈活跃,下属的青湖、峡口,也因铁路的经过,从冷僻的小村庄成为浙赣交

---

① 宓汝成:《帝国主义与中国铁路》,上海人民出版社,1980年,第612页。
② 宓汝成:《帝国主义与中国铁路》,上海人民出版社,1980年,第611页。
③ 丁贤勇:《新式交通与社会变迁——以民国浙江为中心》,中国社会科学出版社,2007年,第279页。
④ 冯紫岗编:《兰溪农村调查》(国立浙江大学农学院专刊第1号,1935年1月),转引自李文海主编:《民国时期社会调查丛编(二编)·社会组织卷》,福建教育出版社,2009年,第315页。

界处的重要集镇。① 其背景是,铁路的开通,打破了沿袭已久的各地间商货流通多经水运而形成的江河流域贸易格局。1859年(咸丰九年)实地踏访的容闳目睹:

> 浙江与江西接壤处,交通多水道,其装运货物,大半即用此船。常山为浙省繁盛商埠,江西境亦有巨埠曰玉山,与常山相去仅五十华里。二埠间有广道,坦坦荡荡,阔约三十英尺,花岗石所铺,两旁砌以碧色之卵石,中国最佳路也。两省分界处,有石制牌坊横跨路中,即以是为界石,两面俱镌有四大字曰:"两省通衢",以鲜明之蓝色涂之。此坊盖亦著名之古物,可见其商务之盛,由来旧也。当予等自常山至玉山时,汉口、九江、芜湖、镇江等处,犹未辟为通商口岸,汽船之运货至内地者绝少,而此两省通衢,苦力运货,项背相望,耶许相应答也,每日不下数千人。②

浙赣铁路作为一条从钱塘江下游深入钱塘江上游内地的陆上交通干线,贯通钱塘江流域内部腹地,横切浦阳江流域、东阳江流域、金华江流域、衢江流域等,并冲进了赣江流域,在打破流域贸易中的作用尤为巨大,市场出现重组。如沿线粮食的集散与运输,"逮二十三年(民国二十三年,1934年——引者)杭江路通至玉山,无论上运下运之米,沿路各站均可上车,不独兰溪之米市黯然销沉,即衢县、金华之米市,亦化整为零,有数百元之资本者,尽可自为营运以逐什一之利,故衢县新兴之小米行,约有二十余家,计增三分之二,金华类是,然其营业总额,则实则往昔为少也"。③ 又如名闻遐迩的金华东阳火腿,原先要沿东阳江启程西下,过金华江,向东北经兰江、富春江,先后约七天的时间,来到钱塘,然后经杭州转运,分销到各地。自杭江铁路通车,其在临近的义乌站直接装上火车,经半天时间,约走120公里,便可运抵杭州。④

第二节 公路的修筑

江浙沪地区公路的修筑,稍晚于铁路。

一、上海的率先行动

近代的公路,是以汽车这一新的机器动力车辆的使用为前提的。即使在上海,直到1901年(光绪二十七年)才有汽车从国外引进,这一年上海出现2辆载客小汽车。19世纪末20世纪初,随着租界的扩张和越界筑路,公共租界先后越界筑路达38条,法租界在1900年(光绪二十六年)至1914年间越界筑路24条。与道路相应的是市中心区内连接苏州河两岸的桥梁的建设。

---

① 宓汝成:《帝国主义与中国铁路》,上海人民出版社,1980年,第613页。
② 容闳著,恽铁樵等译:《容闳自传》,团结出版社,2005年,第59—60页。
③ 孙晓村等编:《浙江粮食调查》,上海社会经济调查所1935年印行,第69页。
④ 丁贤勇:《新式交通与社会变迁——以民国浙江为中心》,中国社会科学出版社,2007年,第18页。

1906年（光绪三十二年），苏州河上原有木结构的外白渡桥被拆除。次年，上海第一座钢桁架结构的外白渡新桥落成。此后，从1908年（光绪三十四年）到1927年，浙江路桥、新闸路桥、四川路桥、西藏路桥、河南路桥、乍浦路桥等钢结构及钢筋混凝土结构的新桥先后建成，苏州河南北的交通大为改善。

1912年，上海旧城墙拆除后，在原址上修建起了总宽达19米以上的民国路、中华路环线道路。1912年至1927年间，上海老城厢又新建马路近30条，闸北因为已逐渐发展成为上海新兴的工业区，新筑的马路更多达70余条。①凭借这些城市道路和桥梁系统，上海市中心区的租界、南市和闸北已连成一片。

汽车运输业则与公路的兴筑同步发展。1912年，上海出现民族资本的汽车运输业。同时有龚子清创办的龚福记、朱铭创办的华盛义、孙寿康创办的恒泰3家汽车运输行，货运汽车发照数为4辆，有职工49人。通往郊区的公路，也开始修筑。1918年，淞沪护军使卢永祥因部队调防及军需物资运输的需要，调用步兵第10师，在吴淞至杨树浦平凉路之间，沿着黄浦江堤修筑公路，全长13公里。1919年完工通车，命名为军工路。这是近代上海修筑的第一条近郊公路。

1920年，李平书、李石英、顾馨一、钱新之等人发起筹建沪闵公路。同年11月，成立沪闵南柘长途汽车股份有限公司。1922年5月动工兴筑，同年12月北起南市国货路，南抵闵行，全程29.13公里的沪闵公路竣工通车。1921年，穆湘瑶、朱湘绂等人发起成立上南长途汽车公司。同年10月，动工兴筑上南公路。1922年6月，北起上海县杨思乡周家渡，南抵南汇县周浦镇，全长13公里的上南公路正式通车。

同年，川沙交通工程事务所和上海浦东塘工善后局筹划，由川沙县西门三灶港至庆宁寺塘工局浦东轮渡码头修筑公路。1924年，经黄炎培等人商议，将其改为小火车路，成立上川交通股份有限公司，黄炎培出任董事长，着手筑路工程，铺设轻型钢轨，决定分段实施，先募股金15万元，每股20元，在上海和川沙城内分别设立了股金收款处，认股者踊跃，很快募集到所需资金。1925年10月，庆宁寺至龚家路口段工程竣工通车，沿线设庆宁寺、金家桥、新陆、邵家弄、曹家路、龚家路6站，川沙城内的居民可坐小轮船到龚家路换乘火车往返上海，每日乘客约千人。1926年1月，按原定计划，又募集股金15万元，修筑龚路至川沙段。同年7月通车，增设大湾、小湾、菖紫桥、川沙桥。1934年5月，上川交通股份有限公司与川沙县政府订立租用川钦县道合同，将上川铁路向东延伸至小营房。原在四灶港北的川沙站移至川沙城北重建。1936年3月，又从小营房向南修筑至南汇县的祝桥镇。至此，联结上海与川沙、南汇的上川铁路全长35.35公里，彼此间的交通联系空前便捷。②

---

① 杨文渊主编：《上海公路史》第1册，人民交通出版社，1989年，第36—38，43—44，50—55，59—61页。
② 上海市档案馆编：《上海古镇记忆》，东方出版中心，2009年，第205，206页；丁日初主编：《上海近代经济史》第2卷，第341、342页。

二、江浙的追随

上海的公路建设,给江浙地区的公路修筑以示范和促动。

20世纪20年代,中国民族工商业有较快发展,尤其是在临近上海的苏州、无锡、松江、南通等地,商旅往来和物资流通日多,昔日落后的交通运输已不能适应经济发展的需要。上海城市交通特别是租界中出现的电车、汽车等先进的交通工具,对长江三角洲各地创办汽车运输业有很大影响,有识之士意识到发展汽车运输业是振兴实业、繁荣家乡、便利商旅的重要途径,并开始行动。

上海与江苏间的第一条公路,是沪太汽车公司在1921年兴筑的上海至浏河公路即沪太路。它起自上海,经余庆桥、顾村、罗店至太仓县浏河镇。浏河镇位于太仓、嘉定、宝山三县之间,距长江3公里,距上海约40公里。当地物产丰富,盛产棉花。20世纪初,随着上海纺织工业的发展,这里成为重要的原料供应地,棉花商行多有设立,与上海的商贸往来十分频繁,但其间的陆路交通不便,沪宁铁路通车前,只有一条能供独轮小车通行的小路,从浏河镇到上海要走一整天,如遇雨雪天道路泥泞,行路更难。

沪宁铁路通车后,尽管可取道嘉定到南翔,由南翔改乘火车入沪,但中途需两次转车,分乘独轮车、小火轮和火车,仍然颇费周折,诸多不便。1920年12月,当地一些在上海经营的民族工商业者在太仓旅沪同乡会上,提议修建沪太公路,开办沪太长途汽车股份有限公司。1921年5月,沪太路筹备所在上海成立,并开始筹集资金,选勘线路。

对于沪太路的走向,有两种意见,一是主张利用海堤筑路,经过吴淞、宝山而达浏河镇;一是认为海堤堤身颇高,路面狭窄,凹凸不平,行车不安全,万一因筑路而毁坏堤身,造成坍塌,海潮涌入则会导致灾害,认为沿着过去走的小路,由上海自彭浦经余家桥、大场、塘桥、顾村、刘家行、罗店、潘家桥、墅沟桥而达浏河新闸桥,沿线市镇较多,对发展商贸有利。最后,沪太路筹备所采纳了第二种意见。

线路选定后,即着手筑路。自彭浦至墅沟桥34.25公里均在宝山县境内,路线较长,经沪太路筹备所与宝山县交通事务所反复协商,订立了垫款筑路合同。沪太公司垫款16.35万元,路基路面工程由宝山县交通事务所负责施工,沿途桥梁、涵洞及筑成后的养路事项由沪太公司负责。余下的3公里公路,由沪太公司自行购地筑路。全部工程共耗资30余万元,1922年1月1日上海至大场段竣工通车,同年3月23日全线贯通。

沪太路全长37.25公里,路基宽10米,边沟各宽1.67米,煤屑路面宽8米,厚2.7厘米。全线共有桥梁45座,其中永久式2座,半永久式42座,临时式1座,最大的三座桥是塘桥、三官塘桥和墅沟桥。[①] 沪太路建成后,由浏河镇乘汽车到上海

---

① 刘荫棠主编:《江苏公路交通史》第1册,人民交通出版社,1989年,第69—71页。

只需约 1 个半小时,大大便利了彼此间的交通。

南京国民政府成立后,加快了公路的修筑。1927 年底,时任江苏省政府主席致函上海县公安局长,嘱其"召集上海附近各县公安局长,辅助各县县长,督促地方绅民",着手修筑道路。指示:"各就各县间创筑县路,以能驶行汽车为度,饬于本届内修成路基,逐年培筑坚实,俾成万国通例之路式即上海式之马路","松江各县接近租界,开发较易,且已有长途汽车路数条,如由此展筑,颇觉便利,经济既省,熟练之工人亦易招集。"

随后,上海、松江等地县政府共同发起邀请宝山、嘉定、太仓等县,在上海县政府商议筹筑县道的办法,并回函省政府。1928 年 1 月 8 日,省政府发出指令:"令各县发起修路,先从松属及太仓等县兴筑,次第举行,达于全省。"该指令由省建设厅转各县政府。

1928 年夏,武进县建设局长认为如果各县修筑公路时互不联系,势必会出现很多断头路,于是他邀请吴县、无锡县、江都县等 14 个县的建设局长召开联席会议,讨论协调公路线路,并联名上书建设厅,要求各地公路建设要加强联络,要明确建设经费。同年 12 月,县道建设列入江苏全省公路网规划。当时规划的县道,有 300 多条 8 400 余公里。至 1936 年,除部分县道划入公路干线和支线外,各县还修筑了一部分县道。据不完全统计,这一时期全省共修筑县道 76 条,总长 1152.31 公里,约完成规划数的 14%。[①]

其中锡澄公路在 1929 年 4 月 3 日开工兴建,经费从无锡地方政府所征的"筑路捐"中支取。该路起自无锡北门,经塘头、堰桥、塘头桥、青旸、南闸而抵江阴城。其间无锡段长 14.6 公里,路宽 8 米,架设钢梁桥 11 座,以煤屑铺路面,于 1930 年 7 月建成,共用去 15.5 万银元。

次年 2 月,即由锡澄长途汽车公司通行汽车,"江北靖、如、通、泰一带商旅往来京沪各地者,咸取道于此(此时的京,是指南京——引者)"。在锡澄公路建成后,又相继开始建设锡宜公路、锡虞公路等省道及通往风景区的湖山公路、扬西路等县道。其中锡宜、锡虞公路先后在 1932 年、1935 年通车,并各由江南汽车公司及锡沪长途汽车公司经营。与此同时,无锡的汽车客运业亦有发展。1925 年,无锡成立了最早的出租汽车行——袁世开汽车行,资本 1 000 元,有小汽车 2 辆,经营从火车站至西门、梅园的汽车出租业务。1930 年前,先后又有荣泰刘记、开通、兴昌等汽车行的开办。[②]

1928 年,由民间资本投资修筑绍兴至曹娥的公路;鄞——镇——慈公路也已动工,"这条正在修建中的道路经过海岸边的龙山到达慈溪,另有一条支线通向甬

---

① 刘荫棠主编:《江苏公路交通史》第 1 册,第 101—102 页。
② 虞晓波:《比较与审视——"南通模式"与"无锡模式"研究》,安徽教育出版社,2001 年,第 126 页。

江口的镇海。工程由(浙江)省政府掌管,但并不排除私人股份,主要有虞洽卿的企业。虞是宁波商人中的首富,又是上海的大船主,由他捐助了工程投资的一半"。①1922年至1931年间,杭州至余杭、余杭至临安、萧山至绍兴、余杭至武康、杭州至富阳、杭州至塘栖、绍兴至嵊县、宁波至奉化、杭州至长兴、杭州至平湖、杭州至海宁、杭州至南京等公路先后建成,"无论是官办的还是官商公司的汽车都在已完成的公路上行驶,每公里车资需2角至2角5分,受雇的汽车主要是福特、山地、道奇等,它们的载重量在1—2吨之间。公路两旁间或设有加油站、车库等,杭州有一家汽车修理厂"。②

就浙江全省而言,自1916年一些浙商集资筹建杭徽公路杭州至余杭段始,陆续修筑成杭州至南京的京杭线、杭州至上海的沪杭线、嘉兴至苏州的苏嘉线、衢州华埠至江西婺源的衢婺线、丽水至福建浦城的丽浦线、江山至浦城的江浦线等跨省公路,还有杭州至长兴的杭长线、杭州至绍兴的杭绍线、杭州至临海的杭临线、杭州至衢州的杭衢线、温州至台州的温台线、丽水至永嘉的丽永线等省内跨地区公路干线,以及众多县域之间和县内市镇之间的地方支线。至抗日战争全面爆发前夕,浙江全省公路通车里程有3 376公里,除浙南和浙西部分山区外,大部分县级以上城市都有公路通达。③

三、江浙沪公路的联结

1932年5月,南京国民政府全国经济委员会筹备处"鉴于以前各省修筑公路大都省自为政,不相联络",认为"殊有统筹规划之必要",因此召开了有江苏、浙江、安徽三省建设厅局长参加的公路会议,建议修筑三省之间的互联公路,"以冀由此树基,推近及远,使全国公路均可联络贯通"。并为此成立了苏浙皖三省道路专门委员会,作为修建三省互联公路的设计审议机构。

在其督导下,建成了沪杭公路沪金段。它起自上海谨记路,经北桥、闵行、南桥、柘林、金山卫至金丝娘桥入浙江省,全长75.83公里,其中上海至闵行路段已于1922年由商办长途汽车公司筑成并通行客车。1932年5月,江苏省建设厅成立了沪杭路工程处,负责修筑闵行至金丝娘桥路段及整修上海至闵行路段。同年9月,全路工程告竣。10月10日,全国经济委员会同江、浙两省及上海市在闵行镇汽车轮渡码头附近举行了通车典礼。④

此前,1929年沪闵南柘长途汽车公司由于亏损,无力经营,遂将沪闵线租让给交通股份有限公司,租赁期十年。1929年2月15日,交通公司在沪闵南柘长途汽

---

① 陈梅龙等译编:《近代浙江对外贸易及社会变迁——宁波、温州、杭州海关贸易报告译编》,宁波出版社,2003年,第122页。
② 陈梅龙等译编:《近代浙江对外贸易与社会变迁——宁波、温州、杭州海关贸易报告译编》,宁波出版社,2003年,第295—296页。
③ 陈国灿:《浙江城市经济近代演变述论》,邹振环等主编:《明清以来江南城市发展与文化交流》,复旦大学出版社,2011年。
④ 刘荫棠主编:《江苏公路交通史》第1册,人民交通出版社,1989年,第131、136页。

车有限公司原址成立,集资20万元,拥有大小客车13辆。自1932年沪闵路至乍浦的金丝娘桥之间的公路接通,该公司与浙江省签约联营开办上海、平湖、乍浦之间联运业务,又与江苏省及浙江公路处签约开办水陆联运。①

1932年12月17日,南京国民政府组建成立了苏浙皖京沪五省市交通委员会(以下简称"五省市交委会")负责统筹规划五省市间的公路建设,其中包括相关设施的配备。如交通安全设施是为保证车辆安全行驶所必须设置的公路附属设施,其基本作用首先在于有效地引导驾驶员的视线,将行驶在车道上的车辆纳入各自应有的运行空间,清除车辆之间的相互干扰,达到交通顺畅的目的。其次,对于那些受自然地形或投资的限制,在道路设计中不得不采用技术标准较低的急弯、陡坡及视距不良的路段,安全设施可以起到一定的防护作用,有效地保障行车安全。为此,五省市交委会着手实地调查并制定统一的标志、号志。

截至1935年7月15日,沪杭路已装设警告标志36块、指示标志4块。至1936年,锡沪路和苏常路已装设标志、号志120块。沪浏路、嘉罗路、城松浏路已装设各类标志、号志50块。在公路养护方面,为了有效管理和节省开支,五省市交委会采取了以各省市建设厅养护为主,各长途汽车公司养护为辅的办法,如当时的锡沪长途汽车股份有限公司、江南汽车公司、沪闵南柘长途汽车股份有限公司等,都承担了部分路段的养护工作。②

1932年的"一·二八"淞沪抗战中,沪宁铁路一度被日本侵略军的飞机轰炸而中断运输。出于军事上的考虑,1933年9月,蒋介石电约上海市长吴铁城及10多名上海工商界知名人士,授意由他们发起组织锡沪长途汽车公司并集资筹筑锡沪公路。10月,锡沪公司筹备委员会成立,开始为筹筑锡沪路而招股集资。

1934年3月,江苏省建设厅奉命修筑锡沪公路。4月,建设厅与锡沪长途汽车公司签订借款筑路专营合同,向锡沪公司借筑路款58.4万元,给予锡沪公司路线专营权30年,另收锡沪公司保证金5.8万元。合同还规定,路成营业后,锡沪公司每年缴给建设厅营业总收入的6%作为专营费,建设厅所借的筑路费则于路成后分期偿还给锡沪公司。

锡沪公路系综合宜兴至常熟公路之锡常段及南京至上海公路之常沪段而成。宜熟路为省支线,其中宜兴至无锡段52.25公里已于1933年修竣并由江南长途汽车公司行车营业。沪宁路为七省公路干线,其中镇江至江阴段已经开工兴建,常熟至上海段也已列入七省公路第二期修筑计划中。因此,这两段路线在建设厅接到修建锡沪公路的命令前就已经开始测量并基本定线了。

---

① 盛国策:《旧上海的长途汽车》,上海市政协文史资料委员会:《上海文史资料存稿汇编》,上海古籍出版社,2001年,第8册,第308、309页。
② 武剑华:《五省市交通委员会与东南社会公路交通现代化》,"东南社会和中国近代化"学术研讨会论文,2004年12月,上海东华大学。

锡沪路自无锡城北周山浜起,经东亭、羊尖、常熟,与虞苏王路苏常段相交后出常熟东门经古里、白茆、支塘而达太仓,再环城而东,经新丰、葛隆、外岗、嘉定、南翔、真如入上海,全线共长138.86公里。

省建设厅为指导和督促锡沪路的兴建,在无锡设立了锡沪路工程处,并在无锡、常熟、嘉定设立了分段事务所,全部工程均采用包工修建,工程于1934年4月开工至1935年7月完工。同年8月15日在南翔古漪园举行了通车典礼。

锡沪路共有桥梁171座,其中新建桥梁149座,全部采用桩架式钢筋混凝土桥墩和浆砌块石重力式"U"型和钢筋混凝土桩板式轻型桥台,上部构造为木质临时式。路面以碎砖石作底基,上铺三合土,分层碾压后再铺碎石屑面层。

全线所用工程经费共130余万元,除向锡沪公司借款外,其余按修筑联络公路的筹款规定,由建设厅向全国经济委员会借款。

1935年1月3日,整个工程行将告竣时,蒋介石又要求公路沿沪宁铁路以南经苏州、外跨塘、唯亭、真义、昆山、夏驾桥、安亭、黄渡、南翔而入上海,并限令在5月底前完成上述路线。于是,省建设厅急忙与上海城建部门洽商,决定分工赶筑。自苏州至昆山以东夏架桥由江苏省负责修筑,自夏驾桥至南翔由上海市负责修筑。南翔至上海利用锡沪路的路线。1月8日,省建设厅即组织测量队,17日成立苏昆路工程处,2月5日测量完竣。苏州至昆山段利用1932年"淞沪战争"间修筑的苏昆军路加以拓宽取直,全路铺以煤屑路面,7月份筑成并与上海负责修筑之路段通车。①

1932年9月,上海市长吴铁城邀集王晓籁、钱孙卿等人,发起组织锡沪路长途汽车公司筹备会,推王晓籁为主任委员,着手招商认股。公司筹委会的委员达67人之多,集中了锡沪、苏常(熟)沿线的政界要人,巨贾富商。

1934年,锡沪公司先后与江苏省建设厅、上海市政府签订专营合同,缴付保证金及垫借筑路工款。10月举行创立会,选举张公权为董事长,杜月笙等为常务董事,并推王晓籁为总经理,朱恺俦为经理。1935年7月28日,锡沪长途汽车股份有限公司举行第一次股东大会,新建车站于上海闸北虬江路865号。

同年8月15日,锡沪公司假南翔古漪园举行通车典礼。8月17日,锡沪与苏常支线通车营业。运价规定人/公里银元3分。锡沪线每日对开5班,沪翔间对开4班,另有沪太、沪常等区间车线路,配有大小客车68辆,规模居全国第一,公司日均运客1500人次。锡沪公司的规章制度多系借鉴沪太公司的做法,在财务、车务、机车、司机考核等方面均有较完整的管理制度,业务进展迅速。1935年开业,1936年即盈利13.6万元,占公司总投资额的22.66%,职工有466人。②

---

① 刘萌棠主编:《江苏公路交通史》第1册,人民交通出版社,1989年,第142、143页。
② 盛国策:《旧上海的长途汽车》,《上海文史资料存稿汇编》第8册,上海古籍出版社,2001年,第307、308页。

湖州、嘉兴、苏州为江浙两省连接重镇,濒临太湖,物产丰饶,盛产丝绸。湖嘉公司在1936年5月通车到平望。但湖州旅客流向大多是上海,中间需要换乘才能经铁路去上海,很不方便,要求有湖州直开苏州或嘉兴的汽车。时值江苏省公路局因苏嘉铁路建成通车,汽车成本昂贵,不能与铁路竞争,故有将苏嘉路交与民营之意,而湖嘉公司为了从湖州贯通苏州,即由公司董事长陈勤士、常务董事长沈联芳出面,取得专营合同,自1936年7月1日起,苏嘉全线正式由湖嘉公司通车。同时将公司改为"湖嘉、苏嘉两路长途汽车股份有限公司(简称苏湖嘉公司)"。

自两路全线贯通后,公司针对水网地区桥多,涵洞多的特点,加强养路道班建设,重视车辆的更新,将20辆旧福特车全部改用奔驰柴油车,另有汽油车10辆,营业蒸蒸日上。1936年年终结算即有较大盈利。第一年股东即分得股息及红利,每个职工也能按年收入每元可得奖金0.14元。公司之所以能发展迅速顺当,主要是重视工作效率。全公司管理人员60人,站务60人,驾驶员40人,修理20人,养路50人,合计230人,完成全线134公里的运输和公路养护任务,可见其效率显著。公司重视组织管理建设,有公司组织规程、车站办事细则、司机任用办法、机工修理奖励办法等13项具体规章制度,有行车班次、稽查员规则、车辆保障救济办法等8项工作程序,均有具体规定。公司当年见效益,这和管理和办事周到有着直接的关系。①

抗日战争前夕,浙江省的公路总计约3 800公里,除海岛及山区县之外,均可乘汽车直达省城杭州。抗日战争期间,浙江公路毁坏达五分之四,战后始得逐渐修复。另据统计,到1935年年底,江苏省已通车的公路有1 280公里。②

第三节 水陆联运

江浙沪地区相对发达的多种水陆交通线路之间,往往因地制宜,建立起便捷的联运方式。

一、水路与铁路及公路的衔接

相当发达的内河航运,一直是上海地区各县城镇乡村之间及其与上海及邻近其他城市交通的主要渠道。③民国初年,南汇县惠南镇由当地商人集资创办的轮船公司,经营南汇与上海间的客运班轮业务。轮船从惠南镇的西潭子出发,途经新

---

① 刘荫棠主编:《江苏公路交通史》第1册,人民交通出版社,1989年,第270、271页。
② 丁贤勇:《新式交通与社会变迁——以民国浙江为中心》,中国社会科学出版社,2007年,第29、30、308页。
③ 上海的公路运输起步较晚。1919年兴筑的军工路是上海第一条近郊公路。1932年,全国经济委员会成立,公路建设移归该委员会办理,公路建设速度明显加快。到1937年,连接上海的各干、支公路有:沪桂干线沪杭路、锡沪公路、苏沪公路、沪宁公路;支线沪太路(上海至太仓)、上嘉路(上海至嘉定)、上宝路(吴淞至月浦)、真南路(真如至南翔)、上松线(上海至松江)、上珠线(上海至珠街阁)、青沪路(上海至青浦)、沪七路(上海至七宝)等。沪杭公路于1932年建成,1935年上海至苏州、无锡等城市的公路陆续开通。另外,沪宁、沪杭铁路已先后于1908年、1909年建成通车。详可见熊月之主编《上海通史》第8卷,上海人民出版社,1999年,第201、209—210页。

场、航头、鲁家汇、闸港,进入黄浦江到达上海十六铺附近的大达码头。上海与川沙及南汇周浦的小火车通车后,相应车站设有轮船接送班次,实行水陆联运。惠南镇与各乡镇及邻县之间也有客运班航船。1936年私营浦建公司建成石子路面的沪南公路,惠南镇有公共汽车直达上海。①

即使在有铁路经过的县乡,内河航运也因其价格低廉和招呼方便、停靠点多而继续运营,在松江县:

> 自沪杭铁路开车,小轮船之往来松沪者无法营业,惟因船资取费较廉,乡村中人犹乐就之。凡苏州、杭州、盛泽、张堰、平湖、湖州等班小轮船,经过松江者,必于米市渡得胜港口岸稍停,另有拖船接送上下旅客,再有拖船载客送至竹竿汇、秀野桥两处登岸。②

货运方面,1935年关于江浙地区茧和米运输问题的调查,指出了江浙地区内的农产品较少使用铁路而较多使用帆船的原因:一是因为运距短,经由铁路运输必须多次装卸,又加上铁路运输中间还有转运公司插手,费用增多;二是因为当时货车车辆供给不充分,铁路运货要等车皮,往往反而比由帆船运输慢;三是因为铁路手续麻烦;四是铁路官营,员工对营业盈亏不关心,不负责,而航船业运输者多系民营,负责经心,又有传统的业务联系。因此,除天旱水涸或欲赶上海市价等不得已时用火车运输外,大多取道水路船运。③

沪宁铁路通车后,经由无锡转往邻近的宜兴、溧阳、江阴及靖江、如东等地的过客大为增多,内河轮运业的发展得到新的推动。1912年,华文川、吴增元等集资10万元在无锡开设了中华新裕恒记轮船公司。1915年,又有利澄等轮运公司开设。1917年,无锡已有8家轮局、8条航线,航程为570公里。随着沪锡间人流物流交往的增多和无锡自身城市经济的发展,到1929年无锡共有19家轮运公司,有货轮15艘、客轮42艘,总吨位631.43吨。此外还有固定航线的航船329艘,其中149艘是开往外埠的如江阴、宜兴、常熟、溧阳、丹阳、金坛、沙洲、长兴等地。④

在浙江境内,自沪杭铁路通车,"与铁路竞争引起的一个结果是在过去十年中(指1912年至1921年——引者),新航道上的客运有了发展,杭州与湖州之间已有定期客轮,嘉兴与新塍及嘉兴与海宁之间的航道也已开辟,同时钱塘江的小火轮也大量增加。除了亚细亚石油公司和美孚石油公司的机动船之外,这一地区的运输业几乎都由中国船承担"。⑤

铁路和公路的展筑,为长江三角洲地区的水陆联运铺平了道路。1910年3月

---

① 上海市档案馆编:《上海古镇记忆》,东方出版中心,2009年,第84页。
② 雷君曜:《松江志料》,"交通类",杜诗庭节抄本。
③ 杜修昌:《京沪、京杭沿线米谷丝茧棉花贩卖费之调查》(1935年),转见陈其广:《百年工农产品比价与农村经济》,社会科学文献出版社,2003年,第235页。
④ 虞晓波:《比较与审视——"南通模式"与"无锡模式"研究》,安徽教育出版社,2001年,第125页。
⑤ 陈梅龙等译编:《近代浙江对外贸易及社会变迁——宁波、温州、杭州海关贸易报告译编》,宁波出版社,2003年,第260页。

18日(宣统二年二月十八日),清朝政府邮传部称,"轮路两项,利在交通,自须设法筹增进款,招徕运输",认为轮船招商局"亟宜与江海相通之铁路联合运输,议定合同",并开列了4条水陆联运线,其中之一是由上海陆运至镇江、南京,再水路转运汉口。具体办法是在轮船招商局各有关分局发售直达客货票,统一核算,联运收入按一定比例由轮船和铁路两家分得。

为了做到铁路和水路"衔接一气",轮船招商局采取了一些行之有效的措施。1911年(宣统三年),津浦铁路通车,轮船招商局派轮船停泊于浦口车站,分途转运乘客与货物。不久,该局又与沪宁铁路订立了联运办法。由轮船招商局推行的水陆联运,是中国近代交通史上的创举,效果显著。20世纪30年代,水陆联运是轮船招商局与铁路局之间经常性的协作形式。从1934年至1936年初,轮船招商局先后与京沪杭甬铁路及津浦铁路等办理了联运协作。①

1937年后,原沪杭甬铁路的新龙华至日晖港改为新日支线,开始办理黄浦江水陆联运业务。之后又在市内修建了联运沪宁、沪杭线的真西支线,逐步形成了延续至20世纪80年代初的铁路格局。②

城乡间的客货交往,也得水陆联运之便。江苏"昆山素无轮船,光绪中常熟创办轮船以通申江,路经昆山之东门外,乃辟码头以小泊焉。然船抵东门每至夜分,故附轮者亦绝少。厥后太仓亦有轮船停泊朝阳门外之小马路口,以便附乘火车者。于是常熟亦添设日班轮船专驶昆山车站,以便交通"。③

一些小城镇的商贸活动因邻近铁路或公路,自身又有内河航运之便,交通条件改善而颇为兴盛。上海县朱翟镇,"在吴淞江南,与上海、青浦接壤,距沪宁铁路南翔车站十公里,沪杭铁路樊王渡车站二十里;市街南北约半里,东西一里余,以紫隄街为热闹,大小商肆百余家,有碾米、轧花厂,每日晨昼两市,从前靛商营业与黄渡、纪王、封浜并称盛,今(指民国以来——引者)则以花、布、米、麦、蚕豆、黄豆等为贸易大宗,市况颇旺"。④ 1935年,上海至江苏无锡的公路通车,途经嘉定县马陆镇并设有车站,每天的客货过往明显促进了市镇经济的发展⑤。

嘉定县南翔镇,"南北跨横沥、东西跨走马塘,街路南北长约五里,东西长约六里,距京沪铁路车站约有一里。交通方面,十分便利,商贾很多,物产也富,所以成为各镇中的首镇"。⑥《嘉定县续志》亦载,该镇"自翔沪通轨,贩客往来犹捷,士商之侨寓者又麇至,户口激增,地价、房价日贵,日用品价亦转昂,市况较曩时殷盛"。⑦ 奉贤县西渡口,"为沪杭公路渡浦处,置有轮渡码头。渡东数十步,又为横沥出口

---

① 张后铨主编:《招商局史(近代部分)》,人民交通出版社,1988年,第231、418—420页。
② 徐之河等主编:《上海经济(1949—1982)》,上海人民出版社,1983年,第459页。
③ 民国《昆新两县续补合志》卷五,交通。
④ 民国《嘉定县续志》卷一,疆域志,市镇。
⑤ 上海市档案馆编:《上海古镇记忆》,东方出版中心,2009年,第38页。
⑥ 匡尔济编:《嘉定乡土志》下册,九,南翔。
⑦ 民国《嘉定县续志》卷一,疆域志,市镇。

处,车辆船舶往来如织,商店、工厂时有增设,渐成市集"。① 上海县"虹桥、北新泾二镇,马路通达,渐见兴盛"。② 南汇周浦镇,自上南公路辟通,与上海的往来大为便利,商业贸易兴盛活跃,有"小上海"之称。③

民国年间,一些市镇的航运业因与铁路、公路联结,获得新的发展空间。如南浔镇的轮船航运,有"专走嘉兴接火车班"。长安镇往来于上海、杭州等地的轮船航班,也"均可衔接沪杭路行车时间"。时人描述浙东嵊县与上海、宁波、杭州、绍兴等地的交通时称:"宁沪两处,其道路由南门上船至百官,改车至宁,趁轮至沪。杭绍两处,亦由南门上船至曹娥改轮至绍而杭。"④

这一方面是因为铁路运力不足,1935年印行的一份调查称:"现在的铁路运输,车辆的供给很不充分,必俟有空车可拨时才能装货,而什么时候有货车可以到站,又很难预期,所以要等到货物装就开始起运,已不知等了若干时日。至于水路的帆船运输,虽其行驶的速度较慢,然以卸货起运的迅速,亦可早达目的地了。"⑤

另一方面,铁路和公路的运价比水运要高得多。就铁路而言,20世纪30年代前期和中期,在客运方面,沪杭和曹甬铁路每公里基本运价三等车是0.0254元,四等车是0.0151元;杭江铁路每公里运价平均为0.028元。在货运方面,宁沪、沪杭铁路的每吨每公里运价为一等货0.170元,二等货0.110元,三等货0.0093元。

公路的运价则更高,其中在客运方面,20世纪30年代前期和中期,萧(山)绍(兴)公路每公里运价慢车0.026元,快车0.030元,特别快车0.032元;嵊(县)新(昌)公路的最高票价,达到每公里0.048元。货运方面,30年代中后期,宁沪、沪杭公路每吨每公里运价一等货0.521元,二等货0.384元,三等货0.256元;浙江省公路运输公司所制定的公路班车运费标准,每10公斤行李和每公斤包裹运费分别是0.014元和0.007元,折合成每吨每公里运价高达1.4元。

而在同一时期,江南运河的轮船客运价为每公里0.009元,人力航船每公里0.007元,不到沪杭铁路四等车运价的2/3和1/2,仅为萧绍公路慢车客运价的1/5和1/7。水路运费的情况也相似,如沪宁、沪杭航线每吨每公里运价,轮船一般在0.02—0.12元之间,帆船一般在0.01—0.05元之间。

这种运价上的差别,不利于陆路运输的发展。如前引1935年的一份调查称:"以这样高贵汽车运费来搬运价贱如泥的农产品,无疑地是同劝灾民吃肉一样荒唐的笑话。"并列举了江南各地经由铁路运往上海的大米、干茧的具体情况。据其调查,1934年上海所到大米经由铁路的为270.7万市石,不到经由内河运抵的

---

① 民国《奉贤县志稿》,奉贤县志料拾掇,疆域。
② 李右之:《上海乡土地理志》第十课,蒲淞、法华。
③ 上海市档案馆编:《上海古镇记忆》,东方出版中心,2009年,第90页。
④ 转引自陈国灿:《江南农村城市化历史研究》,中国社会科学出版社,2004年,第293、294页。
⑤ 陈国灿:《江南农村城市化历史研究》,中国社会科学出版社,2004年,第295页。

1 536.7万市石的1/5;同年,由嘉兴运往上海的干茧共27 300包,其中仅约1%由铁路运送,其余99%均经由水路运送。①

二、战争的破坏和战后的修复

抗日战争前,江苏主要公路有干线8条,支线37条,连县道在内,全省通车公路里程可达5 400多公里(包括土路通车)。抗战期间,江苏大部分地区沦陷,公路遭到严重破坏。据1947年1月15日出版的《江苏公路》创刊号《江苏公路局三十五年工程业务概述》中记载:全省境内断断续续勉强通车的公路仅800余公里。这种阻断闭塞的公路交通状况,已远远不能满足国民政府频繁调动大批军事机关、部队以及运送政府官员和重要的工商界人士前往原沦陷区办理接管,恢复统治,复苏经济的需要。

为此,国民政府紧急命令各地方政府抢修公路。江苏省公路局奉军事委员会战时运输管理局和省政府的命令,首先抢修了国民党部队通往日军驻地的公路。如1945年,为沟通南京至上海两大城市的公路交通,国民政府饬令地方政府抢修京(宁)沪路。尚在筹备恢复中的江苏省公路局,奉军事委员会战时运输管理局暨江苏省政府命令,由战时运输管理局拨抢修专款9 000万元,将京沪公路由上海经昆山、苏州、无锡、江阴、武进、金坛、丹阳、镇江而达句容(句容至南京一段路况尚好)一段线路抢修通车。其中沪武段限期于1945年12月31日完成,武句段限期于次年1月15日通车。京沪公路如期抢修通车后,又用余款继续抢修锡沪路(自南翔经嘉定、太仓至直塘段以及京杭路句容至天王寺、武进至漕桥等段工程)。②

1937年抗日战争爆发后,上海通邻省、县长途汽车公司都毁于战火,无一幸免。抗战胜利后,"各公司皆寄希望于国民党政府能赔偿抗战所征之车辆,重振营业。最后,希望皆成泡影,乃不得不采取租车、押款等各种形式,挣扎复业"。其中,锡沪公司与沪太公司战后在恢复业务中车辆、资金均有困难,遂联合组成锡沪、沪太两路联营处,向交通部公路总局第一运输处租用汽车。1946年1月16日,上海到浏河、上海到直塘两线恢复通车。

上海至浏河线恢复后,业务逐渐发展,沪太公司精心经营,开源节支,聚积购车资金,同时又募集新股,购买客车13辆、货车3辆。1947年,沪太公司停止向第一运输处租车,以自有的20辆客车在光复路原址恢复独立经营,同时将嘉定到罗店、宝山到淞杨及宝山到月浦3条线路恢复通车。锡沪公司于上海至直塘线通车后,因资金困难,继续租车营业。1947年,锡沪公路全线整修完毕。5月起,锡沪公路

---

① 陈国灿:《江南农村城市化历史研究》,中国社会科学出版社,2004年,第295、296页。
② 刘荫棠主编:《江苏公路交通史》第1册,人民交通出版社,1989年,第186页。

全线通车。1948年1月,锡沪公司与第一运输处组成锡沪线联营处,分成拆账,联合经营,直至1949年。①

抗战期间南京至天王寺70公里路段破坏较小,但已年久失修。天王寺至父子岭则破坏十分严重,路基路面相隔数米或数十米就被挖成2至3米的横沟,由溧阳至陈塘桥间有近20公里的路已化路为田,桥梁则半永久式的仅存桥台,临时式的桥梁数量最多,损坏也最严重,仅剩下几根桥桩。

1945年8月,曾调派工兵部队和各县民工进行抢修,由于没有整个抢修计划,故成效甚微。军事委员会战时运输管理局南京办事处成立后,首先抢修南京至天王寺段,于1946年2月将该段桥梁整修完毕,并翻修南京至汤山路面。这样南京至汤山间公路可以通车,汤山至天王寺也可勉强通车。南京办事处改组为一区局后,对宁杭国道继续抢修,并在1946年完成贝雷式桥6座,便桥51座,设渡口4处,路基修复到4—5米宽。到年底,天王寺至父子岭间只能晴天勉强通车。

1947年初,一区局对宁杭国道继续进行抢修,油漆贝雷式桥及装备栏杆,以新建桥梁取代4处渡口。对天王寺至父子岭段进行了重点抢修。经过这次抢修,公路路基得到了改善,加铺了路面,新建半永久式桥梁7座,贝雷式桥梁2座,修建半永久式桥梁5座,新建涵洞66道。

宁杭国道抢修通车,重新打通了南京至杭州的通道,使南京、杭州、上海三大城市形成公路交通三角网。②

淮海战役的胜利,使江苏长江以北地区获得解放。人民解放军沿扬清、通榆、浦淮等公路南下,并于1949年4月强渡长江,解放了南京。无锡、常熟以东、金坛以南地区的国民党军队为阻挡解放军进攻,对该地区公路进行了严重破坏,路基路面被挖得遍地坑洞沟壕,许多桥梁被炸塌焚毁,使苏南的主要公路遭到严重的破坏。其中如:1. 京杭线南京至父子岭段。该路是国民党军队向南逃窜的主要公路之一。国民党军队在溃逃时,炸毁了钢筋混凝土桥台木桥面的半永久式天王寺西桥和伯陵桥,两桥路面全被毁坏,大梁被炸断。天王寺至溧阳间的洋河桥被国民党军队破坏,路基路面也遭到不同程度的毁坏。2. 苏嘉路。被国民党军队破坏桥梁7座,破坏程度各有不同,其中以平望附近三孔桥最为惨重。3. 沪杭线。上海至金丝娘桥段公路路面被挖成坑槽,桥梁被炸毁11座,闵行渡口及其渡江设备均遭到严重破坏,不能使用。4. 苏昆、昆太、沪太三线路基路面破坏甚重。桥梁被炸毁12座,其中以昆山附近的通城河桥最为严重。

上海附近的公路桥梁破坏尤为严重。如上海经真如至绿杨桥约10公里的公

---

① 盛国策:《旧上海的长途汽车》,《上海文史资料存稿汇编》第8册,上海古籍出版社,2001年,第311、312、313页。另据同文第315页载,锡沪长途汽车公司解放前夕与公路总局第一运输处联营。解放后,运输处被接管,公司于1949年11月迁苏州,复驶苏常线。1951年10月,因经济不振,与苏南汽车运输公司联营。1953年1月,公司将资产抵债于苏南公司而歇业。
② 刘荫棠主编:《江苏公路交通史》第1册,人民交通出版社,1989年,第187—188页。

路,坑槽遍布,既深又大,接连不断,并挖有交通壕2道,积水之处长达2公里。洛阳桥至嘉定有12公里的公路,情况也相似。嘉定区段,桥梁破坏十分严重,共有15座桥梁全部或大部分被焚毁。① 中华人民共和国成立后,经过倾力整修,才逐渐得到恢复。

第四节 邮电和航空

江浙沪各地城镇以上海为中心活跃的经济联系,是和便捷的信息传输联系在一起的。

一、邮电的沟通

在商品经济的运行中,信息的重要性显而易见。广州一口通商时,江浙地区商人已雇有专人专事信息传递,"盖因丝货、茶叶产于江浙,而洋货则来自广东,此往彼来,殆无虚日。且有常川住居广东之人谓之坐庄,专为探听货物之多寡,价值之低昂。而设遇有可以贸利或有某货滞销不可运往者,即专遣走足,兼程赶回,不过数日可到"。② 上海开埠后,对信息的需求更为迫切。上海最早一家中文报纸,1861年(咸丰十一年)创办的《上海新报》,其发刊词篇首便是"大凡商贾贸易,贵乎信息流通"。晚清上海在信息传输方面的近代化程度,是当时国内其他地方无法企及的。

首先是电报的应用。上海开埠初期,是通过船舶传递获取外部资本主义世界商贸、金融信息。随着上海进出口贸易规模的不断扩大,这种传输手段显见落后。电报的应用,则为改变这种状况提供了可能。1871年4月(同治十年三月),英国人架设的香港至上海海底电线开通营业;同年6月,香港至伦敦海底电线接通。6月6日,《字林西报》收到了直接来自伦敦的第一份有线电报。从此上海与欧美间的信息传递改由电报沟通,以往以日月计的信息传输,现在缩短为数小时可达。信息传输效率的根本性变革,在上海滩引起不小反响,《字林西报》将它称之为"这一年最重大的事情"。③

1872年5月31日(同治十一年四月二十五日)《申报》刊载的一则"电气告白"对电报的应用大加称许:"凡遇切要之事,用电线通报,虽万里之遥片刻周知,所以有裕国裕民之宏用,至于行商坐贾更不可少。"很多中国人还在对电报持疑忌心态时,经营进出口贸易的中国商人却兴趣浓厚,1876年(光绪二年)英国驻沪领事曾说:"尽管农民和一般知识分子对此表示愠怒不悦和麻木不仁,然而据说在诸如杭

---

① 刘荫棠主编:《江苏公路交通史》第1册,人民交通出版社,1989年,第222—223页。
② 《浙江巡抚刘韵珂奏请饬各省有传抄英书不必根究片》(道光二十一年六月十五日),中国第一历史档案馆编:《鸦片战争档案史料》,天津古籍出版社,1992年,第3册,第597页。
③ (法)梅朋等著,倪静兰等译:《上海法租界史》,上海译文出版社,1983年,第451页。

州、湖州和苏州等丝、茶大市场上经营的商人们都极其希望得到这些工具(指电报和铁路——引者)。"①

进入19世纪80年代,伴随上海内外贸易网络的扩展,上海与江南各地及国内各大商埠间的电报线相继架设。1881年(光绪七年),上海经苏州而后沿运河北上至天津的电报线开通。次年,上海循长江至镇江、南京线开通;两年后又延展到汉口。1884年(光绪十年),上海南下至宁波、福州、广州、梧州、南宁、龙州线开通。通过便捷的电报通讯,"不论官商均可传达信息"。

视商场如战场的中外商人纷纷利用电报的快捷,"凡欲操奇计赢尽有费此数元或数十元而得收大利者,是故争先恐后,趋之若鹜"。1884年(光绪十年),上海电报总局每月售出电报纸约1 600张。他们已认识到"商家生财之道惟凭居积贸迁,而为迁为积又视在远市价之高低为断,苟能得声气之先,有利可图,不难一网打尽"。②而电报恰给他们提供了搏击商场的利器,"商贾交易藉电报以通达市价,则无者常绌,而有者常赢"。③

电报的应用,使上海作为江南经济中心城市的地位更为增强。1883年4月(光绪九年三月),上海至杭州电报线尚未开通,《申报》就发表评述称:"本年蚕丝一汛,杭、嘉、湖各属均可迅达电音,本埠该业市面当有振兴之兆。"6月上旬,"本埠丝市开盘,从南浔往来电报络绎不绝"。7月,上海电报总局由苏州分局添设无锡支局,"缘该处丝茧市面颇大,各路客商多有至埠"。④

借助电报,中外之间及中国各主要通商口岸间的商业信息得迅即沟通,又加自1870年(同治九年)苏伊士运河开通,上海至伦敦的航程缩短近四分之一,贸易周期及资金周转期均大为缩短。"直接的结果是,在上海买到生丝时,随即在伦敦市场上出卖,在1871年夏季这一方式已大为通行,丝商用这种方法避免营业中的风险,只要能获得最细微的利润,就能鼓励他又去收买生丝"。一些原本限于实力无缘经营进出口业的商人,因此得有施展身手的可能,"贸易的机会吸引着具有小额资本或信用的人"。⑤

1877年10月2日(光绪三年八月二十七日)美国《纽约时报》记者发自上海的报道称:

> 电报的出现改变了一切,赛跑的日子一去不复返了。现在,任何人只花一点美元就可获知伦敦、纽约、巴黎或圣彼得堡当天的行情,再没有人可能比别人有更多的信息优势。电报出现前,所有贸易都操控在少数人

---

① 《领事达文波1876年度上海贸易报告》,李必樟译编:《上海近代贸易经济发展概况:英国驻沪领事贸易报告汇编(1854—1898)》,上海社会科学院出版社,1993年,第422页。
② 《申报》1882年1月16日、1884年6月30日、1882年11月25日。
③ 郑观应:《论电报》,夏东元编:《郑观应集》上册,上海人民出版社,1982年,第82页。
④ 《申报》1883年4月9日、1883年6月11日。
⑤ 姚贤镐编:《中国近代对外贸易史资料》,中华书局,1962年,第949、951页。

的手中,小人物没有任何机会。而现在,任何人都可依照自己的意愿来做买卖,大商行不可能因为早几天拥有独家信息而挤垮他。[①]

1876年(光绪二年)上海有中小洋行160家,光绪十年(1884年)增至245家,年均增加10.5家。[②]

面对新的竞争格局,那些老牌洋行也改变经营方式,"责任比较大的商人,预料到每笔交易的利润较低,自然倾向于扩大其经营范围以求补偿,结果商业被人为地扩张起来了"。外轮进港时,所载货物"不是预先卖了的,或起岸后立刻就卖了"。[③] 1882年11月25日(光绪八年十月十五日)《申报》以赞许的口吻称,"今日之中国既有轮船广其货之载,复有电线速其音之传",两者互为促进,使上海的商业发展更添活力。

进入20世纪后,在铁路、轮船等新式交通工具应用的促动下,电报业稳步发展。在浙江,电报线已在宁波、绍兴和台州间架设,其中宁波至宁海长211华里,宁海至台州长180华里,台州至海门长120华里。[④] 温州与外界联系的电报线,架设于1902年12月23日(光绪二十八年十一月二十四日),"这项新设施被广泛利用,但电报性能比较差,会造成经常性的中断,至少每周一次,不过事故主要发生在兰溪和缙云地区"。[⑤]

1901年(光绪二十七年),浙江省"只有15个电报局,现在(指1912年——引者)已有24个,没有一个因生意萧条而关闭的"。海关报告认为,这在很大程度上"应归功于汽船和铁路服务的竞争,它们发送邮件的速度在持续、快速的增长。以前的收费标准为,发到本省的任何地方都是每字1角;发送到国内其他地方的按照它所经过的各省每个字增收3分;如果是发往国外的那么费用增加一倍。1908年收费减少了20%,而革命(指1911年的辛亥革命——引者)以后整个中国都是以中文每个字1角、英文每个字2角计算,不受理其他外文字。电报业在以前是官私合营的。1907年这项服务由邮传部接管,并为浙江省任命了一名管理人员。1911年11月革命以来,浙江电报业都从属于上海总局的控制"。[⑥]

至1921年,浙江"共有15个新局开设,换言之,每两年就有3个新开设的电报局。这一在世界其他地区都不可缺少的通讯方式,在浙江有了立足之地,就犹如它是工业机器中必不可少的一个零件。到目前为止,一个拥有2 300万人口的省份,有一半以上的行政地区都有了电报局。而这一拥有6 000职员的机构,目前不仅能

---

① 郑曦原编:《帝国的回忆——〈纽约时报〉晚清观察记(1854—1911)》(修订本),当代中国出版社,2007年,第42页。
② 参见汪敬虞:《19世纪西方资本主义对中国的经济侵略》,人民出版社,1983年,第107页。
③ 姚贤镐编:《中国近代对外贸易史资料》,中华书局,1962年,第951、948页。
④ 陈梅龙等译编:《近代浙江对外贸易及社会变迁——宁波、温州、杭州海关贸易报告译编》,宁波出版社,2003年,第88、89页。
⑤ 陈梅龙等译编:《近代浙江对外贸易及社会变迁——宁波、温州、杭州海关贸易报告译编》,宁波出版社,2003年,第168页。
⑥ 陈梅龙等译编:《近代浙江对外贸易及社会变迁——宁波、温州、杭州海关贸易报告译编》,宁波出版社,2003年,第248—249页。

够自给自足,而且近年来每年都有少量的盈余。关于无线电报的设置,正在认真考虑之中"。①

据现藏湖州市档案馆的《南浔研究》②记载,南浔电报业的开办,可以追溯至1894年(光绪二十年)。至1930年,其长途电话和电报业务已基本通达国内主要城市,其中与上海的联系最多。当时该镇电报的营业时间,每天达16个小时,从上午7时至晚上11时。南浔电报局共有管理员职工7人,其中局长1人,报务员1人,负责报务技术和维修业务的技工3人,送电报工和杂务工2人。其工资最高是80元,最低是70元,在当时各行业中属较高的。

执掌该镇电话业务的,是成立于1920年的南浔电话股份有限公司。它有经理1人,协理1人,话务员7人。工资一般在10元至40元之间。全镇共有固定电话150户,以商人为主,也包括部分名门望族。由于电话费和维护费较贵,使用电话对一般居民来说还是一种奢望。③

与上海的商业贸易和经济地位相适应,上海的电讯事业在20世纪也发展很快。1922年,上海电报局的电报业务已经分为政务、公务、特种和寻常四大类。1930年,上海正式建成执行国际电报业务的国际无线大电台,便捷了长江三角洲地区与海外国家的电讯往来,宁波商业性经营的无线电台的营业收入,"从1929年的16 000元升至1931年的25 800元,其通讯经上海传转,可达非洲比属刚果"。④

1937年抗日战争爆发前夕,上海开办的国内电报业务已有官军电报、寻常电报、新闻电报、夜信电报和各类公益电报共计18种之多;国际电报开发的业务也有12种之多。国内电报年交换量最高可达344万份,国际电报140万份。⑤

江南地区,自唐代以来就设有邮驿传递官方文书。明清时,民间信函往来则有民信局及其信船传递。19世纪初,上海有70余家民信局。⑥它们与江南各地的民信局,担当了民间信函的传送。1838年(道光十八年)狄听在奏陈鸦片走私时,谈及这些民信局的运营:

> 臣籍隶江苏,深知上海县地方滨临海口,向有闽粤奸商雇驾洋船,就广东口外夷船贩卖呢羽杂货并鸦片烟土,由海路运至上海县入口,转贩苏州省城并太仓、通州各路,而太仓则归苏州,由苏州分销全省及邻境之安徽、山东、浙江等处地方。江苏省外州县民间设有信船、带货船各数只,轮日赴苏递送书信并代运货物,凡外县买食鸦片者俱托该船代购。⑦

---

① 陈梅龙等译编:《近代浙江对外贸易及社会变迁——宁波、温州、杭州海关贸易报告译编》,宁波出版社,2003年,第264页。
② 1932年,由南浔镇中学附小的几位教师带领10多名学生所作社会调查的记录,未刊本。
③ 钟华:《20世纪30年代南浔镇的社会状况》,梅新林等主编:《江南城市化进程与文化转型研究》,浙江大学出版社2005年版,第198,199页。
④ 陈梅龙等译编:《近代浙江对外贸易及社会变迁——宁波、温州、杭州海关贸易报告译编》,宁波出版社,2003年,第123页。
⑤ 张忠民:《经济历史成长》,上海社会科学院出版社,1999年,第147—148页。
⑥ 徐之河等主编:《上海经济(1949—1982)》,上海人民出版社,1983年,第454页。
⑦ 北京大学图书馆藏:《筹办夷务始末补遗(道光朝)》,北京大学出版社,1988年影印本,第1册,第634页。

上海开埠后，1866年（同治五年）江海关试办邮政，为中国近代邮政事业的开端。

1878年3月（光绪四年二月），经清朝政府总理各国事务衙门批准，在上海、天津、烟台、牛庄设立海关邮局，开放收寄华洋公众邮件，7月在上海印刷发行中国第一套大龙邮票。这一时期上海邮传机构名目甚多，有官办的驿站、商办的民信局、外国人设立的"客邮"、租界当局的"书信馆"和半官半洋的海关邮局等。

在宁波则有15家邮传行，"传递往来上海和其他地方的信函和包件，服务出色但收费昂贵。寄出信函和包裹，必须到宁波的主要局、店和办事处办理，而寄来的则投递到收信人手中。发往上海或以远地方的邮袋和从上海寄来的，都通过每天的轮船交一位由各邮传行联合出资雇用的信使负责与轮船签约，按固定的每天费用送邮件。发往上海以远的邮件，交给相应的邮传行负责，并转发至目的地。雇用本国的小船运送邮件往本省内地，更容易到达。邮资按照路远近和难易程度而多少不一，往上海的一封信和小包邮资是制钱70文，往杭州100文，往天津200文，往北京400文。小船装邮件，往绍兴收费30文，往杭州40文，一封信最高收400文是远至云南、四川地方的。……这些邮传行的经营都很经济，经理在大的机构每天得制钱600文，会计300文，小雇员所得还要少，每一机构雇用10至15人"。[①]

1896年3月（光绪二十二年二月），光绪帝批准张之洞奏议和海关总税务司、英国人赫德所拟章程开办大清邮政，由赫德负责此事。次年2月，上海成立大清邮政局，11月1日接收上海工部局书信馆，成为江南乃至全国的邮政通信中心。"上海为各埠往来之枢纽，海路由最南之广州廉州府之北海、沿海各埠直达海路最北之盛京之营口；江路由江口之吴淞沿江各埠直达四川之叙州，查过宜昌至叙州或用轮船或用河船，或由旱路寄带来往邮件；河路可直达苏常等郡"。[②]

苏州的邮局，与上海的大清邮政局同月设立。"除了邮局之外，城内与郊区设有17个邮箱。中国国内快速通讯手段尚不完备，因而邮局未显示完美的价值，但邮务业务已稳步地增长。在内地，无锡和常熟的邮局于1901年成立，每日有邮件来往于苏州与这两地之间，也有邮件来往于苏州与南浔之间"。[③] 与此同时，苏州仍有民信局三四十家，"支行遍及江苏与浙江，沿海岸线从牛庄到广州均有代理行。它们的所有人都是宁波人"。其经营方式，"通常寄费须先付，但可以推迟，这决定于邮行而不在于顾主。几乎所有的箱包，在寄送时由收件人付投递费。在长江以南的内地，运送邮件的通常方法是依靠脚划船"。[④]

---

① 杭州海关译编：《近代浙江通商口岸经济社会概况——浙海关、瓯海关、杭州关贸易报告集成》，浙江人民出版社，2002年，第32—33页。
② 《邮政总分各署绘具全国并拟节略（1902年7月3日）》，对外贸易部海关总署研究室编：《中国海关与邮政》（中国近代经济史资料丛刊），中华书局，1983年，第107页。
③ 陆允昌编：《苏州洋关史料》，南京大学出版社，1991年，第82页。
④ 陆允昌编：《苏州洋关史料》，南京大学出版社，1991年，第87页。

1911年(宣统三年),苏州已有1家邮政分局、2家支局、3家内地办事处和43家代理处。自1906年(光绪三十二年)起,传递的邮件总数从150万件增至650万件,邮政包裹增加了60%;邮局工作人员从1901年的20人增至132人。自沪宁铁路开通,邮件传递加速,"苏州每天已有5次投送邮件,铁路每天发运邮件9次。特快投送邮件的制度在1909年实行,次年就扩展到无锡和常熟"。① 如常熟双浜镇,"邮政于前清宣统之季,由支塘局分设代办处于本镇,逐日专差收送汇寄银钱,递运包裹,封寄信缄,悉由人便"。②

杭州邮局设立后,业务同样发展很快,至1901年(光绪二十七年)在绍兴、嘉兴、湖州、南浔等地设有分局,夏季在三桥埠(莫干山下的一个村庄)也设有分局,以方便游客。另外还分布在嘉善、平湖、盛泽、柯桥、萧山和斗门,在杭州城内也有几个。"在杭州、嘉兴、苏州和上海之间的邮件,由戴生昌轮船公司运送,从杭州到嘉兴需15小时,而到上海共需30个小时。杭州和苏州之间的邮件也由该公司运送,需20小时。从杭州到南浔再到苏州,由航船每天运送,分别需要30和20小时。从南浔到嘉兴经上海需要40小时。从绍兴到杭州先由航船运至西兴,再由邮差带来,16小时后到达杭州。杭州到莫干山由航船运送,需6小时。每天从绍兴到宁波的邮件,经过百官和余姚"。③

上海至宁波及杭州至上海的邮件,已搭轮船运送。2004年在宁波发现的一批清代信件生动地反映,自上海成为江南的交通枢纽,杭州湾地区的传统邮路也发生相应变化,如浙江平湖至宁波的信局邮件传递路线不再由小船径送宁波,而是就近先运上海,然后搭乘上海至宁波的轮船夜航12小时即可到达宁波,而平湖乍浦横跨杭州湾至甬江抵宁波距离虽近,却无固定航班,因此只能舍近求远,将原先的"平湖——宁波"的跨海邮路改为"平湖——上海——宁波"的中转邮路,邮件传递的时限为4天。但鲜活的物件,如活鸡、咸蟹等,因非正规包裹能容纳,还得借助民信局原先的邮路,这条传统的邮路一直延续到大清邮局建立后仍然存在。④

1911年(宣统三年),温州邮局已从1902年的2所增至35所。"1902年开设的两个分别在温州和处州,其中只有温州是汇兑局,在此期间,在温州城和瑞安开设了两个分局,两个都是汇兑局。内地的邮局在平阳、青田(两个都是汇兑局)和乐清。除此之外,内地还有27个代理处,分别在虹桥、大荆、缙云、林溪、古鳌头、仪山、金乡、松阳、遂昌、龙泉、玉环厅、坎门、碧湖、云和、庆元、古市、幸塍、双穗场、永嘉场、楚门、柳市、八都、小梅、景宁、泰顺、大和宣平。经手的邮件,从1902年的286 846件增加到了1911年的788 360件,同时汇票兑换额从11 498元上升到

---

① 陆允昌编:《苏州洋关史料》,南京大学出版社,1991年,第98,99页。
② 王鸿飞:《双浜小志》(民国稿本)卷一,市镇,转引自沈秋农等主编:《常熟乡镇旧志集成》,广陵书社,2007年,第753页。
③ 陈梅龙等译编:《近代浙江对外贸易及社会变迁——宁波、温州、杭州海关贸易报告译编》,宁波出版社,2003年,第237页。
④ 《见证杭州湾百年邮路兴衰史》,上海《文汇报》2004年4月1日,第7版。

54 604元"。①

在这期间,原有的民信局依然存在和营运。1892年(光绪十八年)至1901年(光绪二十七年)《海关十年报告》载:

> 大清邮政局建立之后,根据总理衙门给皇上的议办邮政折中的管理办法,要求在联合信局所在地(设有大清邮政局的地方)的各民信局向大清邮政局登记,并把它们收到的准备经由联合信局发送的邮件全部交由大清邮政局办理。按照这一规定,迄今为止,在上海登记的民信局已有46家,这些民信局发送邮件的路线已经包括在大清邮政局的航线之内,就是说它们是用轮船从这里发送信件的。据可靠消息,未登记的民信局它们的邮件是由信使经由陆路或内河航线的小船发送的,它们不需要同大清邮政局直接联系。这类民信局共有25家,因此在上海营业的民信局总计有70家左右。②

事实上,如《海关十年报告》所说:"自从大清邮政局在这里(指上海——引者)建立以后,当地的民信局在数量和经营活动方面简直没有什么变化"。它们与江南及其他地区主要经由内河水道建立的信件传递输运联系,依旧十分活跃,诸如"邮费可以完全由发信人支付,也可以部分由发信人、部分由收信人支付,或者全部由收信人支付,由谁支付都是在信封上面注明的"。③大清邮局设立后,杭州的邮政行则有减少。"在设立大清邮局以前,本地有20多家邮政行从事广泛的业务。然而邮政行的数目逐渐减少,现仅存不到10家,即使如此,其业务人员也大为减少"。④

此后随着沪杭间交通条件的改善,这种兴替愈加明显,《1902年至1911年杭州海关十年报告》载:"1896年在这里开设的大清邮政局在过去几年中大大地得到改善和扩建,现在事实上已经代替或说吸收了当地所有的邮行。1905年,本地经手的邮件为245万件。1911年,虽然邮局面临一些不利因素,但邮件总额却仍超过以往记录,达789万件。所建立的机构数(总局、分局、代理处)从1905年的62个增加到1911年的115个,这意味着几乎每个城镇或重要的农村都有了自己的邮局。上海到杭州铁路的开通,大大便利了邮件的发送,每天有三个来回。同时水路上汽船的增加,也有利于邮件的发送。脚划船和航船也派上了用场,它们提供既便利又可靠的服务。本地的大清邮局从1910年9月4日起不再归海关总税务司控制,而是任命了一个地方邮政局长来管理全省的邮政。"⑤1907年11月(光绪三十三年十

---

① 陈梅龙等译编:《近代浙江对外贸易及社会变迁——宁波、温州、杭州海关贸易报告译编》,宁波出版社,2003年,第168页。
② 徐雪筠等译编:《上海近代社会经济发展概况(1882—1931):〈海关十年报告〉译编》,上海社会科学院出版社,1985年,第99页。
③ 徐雪筠等译编:《上海近代社会经济发展概况(1882—1931):〈海关十年报告〉译编》,上海社会科学院出版社,1985年,第108,109页。
④ 杭州海关译编:《近代浙江通商口岸经济社会概况——浙海关、瓯海关、杭州关贸易报告集成》,浙江人民出版社,2002年,第672页。
⑤ 陈梅龙等译编:《近代浙江对外贸易及社会变迁——宁波、温州、杭州海关贸易报告译编》,宁波出版社,2003年,第248页。

月),邮局已搬出上海海关。1911年5月(宣统三年四月),大清邮政局与海关正式分开。很多民信局依然存在,但其业务已大为缩减。

人民国以后,近代邮政又有新的发展。"1921年的邮件总数同1911年的789万件相比,要超出860万件。邮寄的包裹价值超过1 250万元,汇票总额大约为450万元。如今本省(指浙江省——引者)的邮线已达12 000里。另外,来回运行于内陆航道上的汽船及其他船只的运行里数也不断增加。1921年末,邮政机构比1911年时多12倍。随着邮路的继续扩展,海陆空每一种交通方式都得到了充分利用。以前作为附属区域的宁波和温州,如今已设有总局,绍兴也升到了同一等级。邮政储蓄银行于1919年成立,如今本地已有31家营业所具有储蓄功能,这一新的邮政分支正在稳步前进。1920年以来,没有电报局的那些地方,现在都可以通过邮政按特殊方式传递电报了。毫无疑问,邮局在全省显得越来越重要,未来将比过去十年发展更快"。①

据统计,整个浙江省的邮路,"1931年总长达13 184里,而1922年时只有12 648里。邮局从1922年的106所增加到1931年的132所,代办处由329个增加到397个,邮柜从965个增加到977个。浙江共有60个邮政储蓄所,其中12个是在1931年开设的。这些储蓄所经营三种储蓄:活期储蓄、定活储蓄和邮票储蓄。1922年引进了国际金融体系,这对来往于中国与国外的存户有利。最新引进的航空邮件传递及航空邮政汇款体系,获得了相当大的成功"。② 据1932年的调查,浙江南浔镇的邮政业始于清末,至20世纪30年代初,原有的邮政所已扩大为邮政局,共有4名职工,其中局长1人,局员1人,邮递员2人。其邮政业务量很可观,全年收发信件有4万多件。③

民国政府成立后,曾于1913年11月调整邮政区划,改组成立上海邮务管理局,管辖包括苏南部分地区在内的上海邮区。1914年3月1日,中国正式加入国际邮联,后来又以会员资格首次参加1920年10月至11月在马德里召开的第七次世界邮政大会。"1917年以功率大的现代化机动卡车代替马拉的邮车,大大改进了往来于发件地和收件地之间的邮件运输工作。1919年一艘大型邮轮下水,来往于内河一带,成效显著"。1920年上海地区共收邮件82 500 000件,几乎是1911年的四倍;同年收邮包716 500件,1911年仅211 200件。在1922年的华盛顿会议上,中国与在华经办邮务的各国达成协议,决定裁撤所有的各国在华邮局。1922年至1931年的《海关十年报告》称:"少数民信局现犹存在,但从整体来说,所有中外来

---

① 陈梅龙等译编:《近代浙江对外贸易及社会变迁——宁波、温州、杭州海关贸易报告译编》,宁波出版社,2003年,第264页。
② 陈梅龙等译编:《近代浙江对外贸易及社会变迁——宁波、温州、杭州海关贸易报告译编》,宁波出版社,2003年,第296页。
③ 钟华:《20世纪30年代南浔镇的社会状况》,梅新林等主编:《江南城市化进程与文化转型研究》,浙江大学出版社,2005年,第199页。

往邮件,现在统归中国邮局办理。"①

民国年间,以上海为中心的江浙沪地区的邮政业有较快发展,20世纪40年代经上海的邮局培训后,回乡任职江阴邮电局的鲁汝华的回忆是一个缩影,且生动而具体。当时江阴邮局为二等甲级邮局,职工人数有10多人,其中局长1名,业务员2名,投递员6名,邮运员1名,搬运员1名,服务员1名。县以下的有青阳、杨舍、华士三处,设有三等邮局,每个局仅配备2人,1名局长,1名投递员。以上三地之外的乡村,大的镇市设有邮政代办所,小的集镇设村镇信柜,都由商店代办,一般是南货店或中药店。

邮政代办所和信柜都按照邮路联系,确定隶属关系。西乡的璜土、石庄、利港、黄丹、篁村由武进邮局领导,东南乡的周村、顾山、祝塘、文林、长寿、陆桥、北漍、南新桥、璜塘、马镇、湖塘里、西塘市、西阳桥、河湘桥等由无锡邮局领导。所以当时这些地方的人写信,习惯上都写无锡北外某某地方,这样信件递送时不再绕道江阴,收信更快。同样,靖江县的八圩港、六圩港两个邮政代办所,也由江阴邮局领导。

当时分发邮件有规定的"邮路"。向南有锡澄邮路,这是江阴进出邮件的主要通道。一般邮件发汽车,包裹、印刷品就发小轮。因为当时邮件数量不多,一般都由邮递员背回来,邮件多时,就雇人力车运。向北邮路是江靖邮路,这是大江南北邮运要道之一,由江阴邮局派员将邮件经八圩直接送往靖江邮局交接,邮件少用自行车,多雇人力车。向西邮件因当时镇澄公路阻断,改由人力步行传送西石桥,沿途交接夏港、虞门、申港,当天往返。向东的邮路就比较多,一条是一直伸向沙洲的自行车村镇邮路,从江阴出发,经黄山港、朱家埭、石牌镇、王家埭、西五节桥、猛将堂、福前镇、纯阳堂、大新镇、护漕港、九思街、善政桥,远达合兴街,往返有50多公里,三天一班。这条路全靠人力,邮递员沿途经过较大村镇时摇铃收取信件。

一条是民船邮路,利用快船运邮,船泊东门楼下桥,沿东横河经茅桥、金童桥、三官殿、占文桥、袁家桥抵后塍。另有仓廪桥到三官殿交接。冬令水涸,快船停开,就开临时自行车邮路。此外还有到华士、杨舍的小轮或民船,带运云亭、华士、杨舍等地邮件。西石桥以西的邮件,发往常州;大部分东南乡邮件,发往无锡。寄往本县的信件,都要绕道外县传递。"那时邮局只办理信函,不办理报刊"。②

上海的市内电话,始于1881年(光绪七年)。是年,工部局与大北公司达成协议,成立英商中国电话公司,后又改名为上海德律风公司,许其在英美租界树立电杆,架设通话电线。1899年(光绪二十五年),工部局招标经营租界电话,结果英商华洋德律风公司中标。1908年(光绪三十四年),公共租界工部局和法租界公董局又分别同该公司签约,给予30年的经营特许。根据协议,工部局获得公司50两一

---

① 徐雪筠等:《上海近代社会经济发展概况(1882—1931):〈海关十年报告〉译编》,上海社会科学院出版社,1985年,第198、284页。
② 江阴市政协学习文史委员会编:《江阴文史资料集粹》,上海古籍出版社,2004年,第715—717页。

股的干股1 000股,并规定公司举债须征得工部局和公董局的同意,以不妨碍工部局和公董局对公司的控制权为前提。这样,华洋德律风公司成为租界当局特许的市内电话专营企业。公司初创时,规模尚小,以后日益扩充,并且渐作越界设线的营业,经营范围伸展到南市、闸北、徐家汇等处。① 早在1874年(同治十三年),轮船招商局就酝酿架设电话线,次年请工部局架设了从总部到虹口码头的电缆。②

1907年,为了同华洋德律风公司竞争,清朝政府邮传部电政总局派员组建上海电话局,首先设立南市总局。该局初设时,仅有磁石式交换机480门,用户200余家。由于线路不通租界,业务拓展受阻,遂规定华界用户凡装租界电话者,必须同时安装华界电话。③ 晚清上海地方文献载:

> 上海之有德律风始于壬午季夏,其法沿途竖立木杆,上系铅线二条,与电报无异。惟其中机括则迥不相同,传递之法不同字母拼装,只须向线端传语,无异一室晤言。据云十二点钟内可传遍地球五大洲,盖借电通流,故能迅速者此也。
>
> 其初有英人皮晓浦于租界试行之,设南、北二局,南在十六浦、北在正丰街。如欲邀人闲谈,只费青蚨如同命鸳鸯之数。嗣以经费不敷,不久遂废。癸未春,经天主教司铎能慕谷重设,由徐家汇达英、法租界各洋行,以便预报风雨消息。闻此法由欧人名德律风者所创,故即以其名名之云。④

进入民国以后,上海电话局又陆续增设闸北一、二分局,以及浦东、吴淞、南浔、江湾等分局,规模均不大。至20世纪20年代初,南市总局最大容量为8 000号,但因为尚无法同租界通话,用户仅2 000号。直到1925年华界同租界签订接线合同,华界开始与租界接线,局面才有改观。此后,上海郊县的电话线也陆续架通。如南汇县,1928年至1929年间已有南汇——周浦、南汇——川沙两条电话线。至1935年,作为县城的惠南镇可与县内26个集镇通电话。⑤

1926年,上海电话局开通与苏州、无锡的长途电话线路。接着,华洋德律风公司与上海电话局签订长途电话交换协议租界和华界同样可以接通苏州、无锡的长途电话,上海与南京、杭州的长途电话线路也着手筹建。⑥ 长江三角洲各主要城市间的电话通讯网络初步形成。同年,沪宁长途电话开通,江苏省建设厅在无锡通江桥设立交换所,可直达吴县、常熟等,并可转接省线所经各县电话。⑦ 而距离稍远的上海与宁波间长途电话,在1934年才开通,是年海关报关载:"沪甬长途电话业已

---

① 丁日初主编:《上海近代经济史》第2卷,上海人民出版社,1997年,第382页。
② 《申报》1874年7月13日、1875年2月18日。
③ 丁日初主编:《上海近代经济史》第2卷,上海人民出版社,1997年,第382页。
④ 卧读生著,顾静整理:《上海杂志》,熊月之主编:《稀见上海史志资料丛书》,上海书店出版社,2012年,第1册,第89页。
⑤ 上海市档案馆编:《上海古镇记忆》,东方出版中心,2009年,第84页。
⑥ 丁日初主编:《上海近代经济史》第2卷,上海人民出版社,1997年,第382页。
⑦ 虞晓波:《比较与审视——"南通模式"与"无锡模式"研究》,安徽教育出版社,2001年,第127页。

敷设完成。"①

其间,通话设备也有改进。上海在1923年开办上海市区至南翔间的长途电话时,还未设立专用的长途电话人工交换台。1925年12月上海电话局乘沪宁电报线路大修加挂长途电话铜线之际,在中华路734号南京电话总局内装置专供长途电话人士接续的2席磁石交换台,于1926年5月在上海到苏州、无锡两地的长途电话中正式启用,这才有了专用的长途电话人工交换台。

1928年3月,为便于沪宁长途电话接通租界内电话用户,长途台转移到与沪宁长途线路相近的闸北电话分局。在1932年的"一·二八"抗战中,闸北成为战区,上海电话局将长途线路迁回接到南市电话总局,并装用磁石长途交换台3席共30门。1933年,长途交换台迁入新落成的上海电话局闸北分局,装用美国西方电气公司的共电长途交换台4席,并备莫尔斯电报机一台,与南京电话局长途交换台用电报互相通报记录,以减少话务员占线时间,提高长途电话线路利用率。

到1936年,上海电话局又在紧邻闸北分局东首建成新长途交换台,新装有线长途交换台10席和英国标准电气公司生产的无线长途交换台2席,同年8月正式开放启用,与国内外通话。上海的载波电话,长途的要早于市内的。1936年,交通部为提高长途明线电话的通讯效率,从德国西门子公司引进明线单路载波电话设备,于1937年1月装竣于上海、苏州两地试话,同年2月1日正式开放,这是上海最早使用的明线复用载波电话。

电话在上海的问世,在便利工商经营活动和专业技术及人才培养等方面,带动了长江三角洲地区电话通讯业的发展。1912年,庄启等十人集资2 000元创办武进电话局,于次年2月通话,1914年改称武进电话股份有限公司。市内电话开通不到一个月,用户已达50多户,其中大多是工商界人士,有人称赞电话的开通对其工商业务的拓展大有裨益,"如有身在上海,亦有专机电话,立即速售,则不但无须找出数千两或可保留盈余二万两之大部分也。我在内地信息较迟,再去快信嘱售,辗转往返,亦系数天,则市价已千变万化矣"。②

而工商用户中,又以近代产业用户为主,如交通业18户中有12户使用电话,金融业30户中有28户使用电话。因用户需求殷殷,后又集资10万元,改建局房路线。1922年,武进电话公司与无锡电话公司洽商,各自架线至两县交界处,连接通话。1928年,江苏省建设厅开办省长途电话,经江宁、武进等九县,全长354公里。次年7月,沪宁长途电话线通达常州,常州与沪、苏、锡、宁的电讯联系更加便利。③

---

① 杭州海关译编:《近代浙江通商口岸经济社会概况——浙海关、瓯海关、杭州关贸易报告集成》,浙江人民出版社,2002年,第399页。
② 常州市档案局等编:《常州地方史料选编》第1辑,转引自万灵:《常州的近代化道路》,安徽教育出版社,2002年,第151页。
③ 万灵:《常州的近代化道路》,安徽教育出版社,2002年,第151页。

无锡电话公司和常熟电话公司,分别成立于1911年和1913年。1915年,江阴人吴增元独资筹设江阴电话局,购入瑞典产100门磁石式交换机1台,聘请在上海电话公司任职、熟谙电话通讯技术的梅寿根回江阴主持筹建工程。局址在城东德胜巷,有房屋9间,总机设于楼上。

次年春安装竣工,正式开业。"当时江阴工商业发达地区集中在北大街黄田港东一带,其次为东大街,电话用户也以这两处为多。电话局开办以后,各方面感到方便,安装用户日渐增多,五里以内,月租费一律银元4元5角,不算太贵,机关、工厂、商号、学校纷纷要求装设,业务不断发展,电话局乃架设电缆两路,一路至东大街,一路至新北门。一根电缆,能够容纳50对用户通话,职工引为奇事。1920年,交换机增加到300门。1922年增加到450门,计100门四席,50门1席。接线生达20多人,分日夜三班值机"。

其间,电话线还向乡间延伸。1917年1月架通了江阴南门至峭岐的线路,同年8月架通东门至云亭线路,次年12月架通至璜塘、长寿、祝塘的线路,1922年3月经蒲鞋桥、金童桥、王家埭、五节桥、护漕港直至县境东端的老海坝,1925年12月又架通自王家埭经后塍、泗港至杨舍的电话。最后一路乡区电话为四乡线路,1931年2月经夏港、申港到西石桥。

至此前后历经十余年,架通了江阴乡间主要市镇的电话,通话地点有杨舍、后塍、王家埭、护漕港、三甲里、五节桥、老海坝、泗港、占文桥、青阳、璜塘、峭岐、皋岸、南闸、凤戈庄、毛家庄、月城桥、华士、周庄、长寿、陆家桥、云亭、唐村、三官殿、仓廪桥、金童桥、黄山港、祝塘、申港、夏港、西石桥等30多处,电话线路总长122.61公里,到抗日战争前夕又增加至146.52公里。"当时江苏省民营电话有无锡、常州、南通、徐州、松江、常熟等16家,资金在10万元以上者有无锡、常州,资金在5万元以上者有南通、江阴"。①

1937年7月,抗日战争全面爆发。同年11月,上海长途台被日军侵占。1938年3月7日,日军将上海的电信业包括长途台交给"日本华中电信公司"管理。5月11日,该公司成立了闸北电话局,并在闸北电话局内装用长途交换台6席,经营长途电话和租界以外地上海市内电话。1942年6月,长途交换台迁到四川北路横浜桥日伪上海电话总局新建的局房内,装置有线长途交换台10席共50门、无线长途交换台4席共20门和记录台2席。②

二、航空运输

上海的民用航空业,起步于1929年。这年5月,交通部成立中国航空公司,与

---

① 鲁汝华:《商办江阴电话局始末》,江阴市政协学习文史委员会编:《江阴文史资料集粹》,上海古籍出版社,2004年,第699—700页。
② 双喜:《上海长途电话交换台"全息图"》,上海《新民晚报》2003年12月30日,第31版;重庆:《上海载波电话始末》,上海《新民晚报》2003年8月26日,第31版。

美国航空发展公司签订合同,由中方提供机场地勤设备,美方负责飞行航空,按里程给予酬金。"交通部向美国购买的 4 架飞机运抵之后,即于 1929 年 7 月开辟上海至南京的航线,第一次载运旅客及航空邮件,两地每周对飞 6 次。航线全长 156 英里,全程约需 2 小时,而火车或轮船则分别需时 8.5 小时及 24 小时。1929 年 10 月又增辟沪汉航线,途经南京及九江分站,航线全程为 516 公里,所用时间较轮船要少 70.5 小时。1930 年 7 月,沪宁与沪汉两线合并"。① 自经营以来,月亏约 10 万元。1930 年 8 月,改组成立中美合资的中国航空公司,资本 1 千万元,交通部占 55%,美国飞运公司占 45%,当时美国航空发展公司已将其在华权益转让予美国飞运公司。开业后仍亏损,1933 年由泛美航空公司接办,1935 年转亏为盈。

中国航空公司继开辟上海——南京——汉口线后,又将航线伸展到宜昌、巴县、成都,即沪蜀线。1931 年开辟上海——北平线,1933 年开辟上海——广州线。到 1936 年 6 月,该公司拥有洛宁、司汀逊、道格拉斯等型飞机 17 架。1936 年,该公司飞行 246.6 公里,乘客 18 567 人次,载运邮件 70 806 公斤。

航空邮路的开辟,促进了长江三角洲地区与外界的信息沟通,由宁波"寄发并在上海空邮的信件迅速增加,1931 年已超过 1 万件。"宁波机场的选址也在酝酿,1931 年的宁波海关报告中称:"宁波和镇海被划为上海地区航空线路上的一个航空港,将在 1933 年初正式筹建,目前正在寻找一个临近宁波的地点作为机场。"②

1930 年 2 月,交通部曾与德国汉莎航空公司签订航空邮运合同。次年 2 月,欧亚航空公司成立,"系中、德合办之企业,而以载运欧亚邮件为主要业务,其原拟航线系由上海取道满洲里以达欧洲,嗣因阻碍横生,乃拟改由伊犁赴欧,其自上海以至伊犁,中间所有航站则为南京、济南、北平、张家口、绥远、宁夏、迪化等埠,所用飞机为最新之容克式"。③

公司固定资本 300 万元,1935 年增为 750 万元,1936 年又增至 900 万元,交通部占三分之二,德方占三分之一。1931 年开辟上海——北平——满洲里航线,是为拟定飞行德国柏林的第一段,旋因日本侵略中国东北不得不放弃。后又开辟上海——兰州航线,因在新疆受阻,未能飞往欧洲。其间,该公司经营上海至北平及昆明的航空运输。它拥有容克型飞机 7 架,其中 4 架是租用的。1936 年,共飞行 91.1 万公里,乘客 5 115 人次,载运邮件 26 961 公斤。④

上海龙华机场,是当时长江三角洲的主要航空站。另外,在笕桥有一处军用飞机停机场,是军阀卢永祥建造的,"他到 1924 年为止任浙江督军。1931 年南京航空

---

① 徐雪筠等译编:《上海近代社会经济发展概况(1882—1931):〈海关十年报告〉译编》,上海社会科学院出版社,1985 年,第 283 页。
② 陈梅龙等译编:《近代浙江对外贸易及社会变迁——宁波、温州、杭州海关贸易报告译编》,宁波出版社,2003 年,第 123 页。
③ 《津海关十年报告(1922—1931)》,天津海关译编委员会合译:《津海关史要览》,中国海关出版社,2004 年,第 174 页。
④ 许涤新、吴承明主编:《中国资本主义发展史》第 3 卷,人民出版社,1993 年,第 95—96 页。

学校迁移到笕桥,并从首都(指南京——引者)调来20多架飞机"。[①] 1933年10月,由中美合资的中国航空公司经营的上海——(宁波)——温州——福州——厦门——汕头——广州航线正式开航,在浙江境内起降于温州江心屿水上机场。[②]

[①] 陈梅龙等译编:《近代浙江对外贸易及社会变迁——宁波、温州、杭州海关贸易报告译编》,宁波出版社,2003年,第296页。
[②] 陶士和:《民国浙江史研究》,陕西人民出版社,2003年,第217—218页。

第四章 近代工业

上海是近代中国的工业中心,因其带动,江浙地区的近代工业也在全国名列前茅。

第一节 上海的工业中心地位

上海的近代工业,发端于1843年开埠通商后。

一、近代工业的发生

鸦片战争后,通商口岸陆续增辟,洋行数目不断增加。据统计,19世纪50年代初在华洋行约209家,70年代初增至约550家,90年代末达933家。买办人数自然也就相应增加。据估计,到19世纪90年代末,买办总数已达1万余人。[1] 这里所说的买办,指的是五口通商后,受雇于外国商行,为其在华推销商品和收购原料奔走的那部分中国人。上海是他们主要的活动场所。开埠初期,外商在通商口岸以外地区的活动尚受到一定限制,如1843年(道光二十三年)中英《虎门条约》曾规定,英商"不可妄到乡间任意游行,更不可远入内地贸易"。而身为中国人的买办则可以不受其约束,因此外国商行纷纷委派买办前往内地推销工业品和收购农副产品。

在为外商奔走的过程中,买办通过薪金、佣金等途径,分沾了外商在中国榨取的利润,很快积聚起巨额财富。据估算,1840年(道光二十年)至1860年(咸丰十年)间,积聚在买办手中的资金,累计达二三千万元之多。[2] 买办成了当时中国社会极富有的一个阶层。较之那些封建官僚、地主和商人,买办更多地接触了西方的科学技术和近代企业的经营管理知识,投资近代企业的愿望更强烈。其中有相当一部分人逐渐摆脱外国资本主义的羁绊,投资兴办近代企业,成为中国资产阶级的一个重要来源。据统计,1914年以前,在上海、南通、无锡规模较大的38家民族资本主义企业里,初步查明其出身的创办人或投资人共42人,其中买办和买办商人26人,官僚10人,钱庄和一般商人6人,从买办转化而来的占绝大多数。[3]

1842年(道光二十二年)后,列强通过中英《南京条约》及以后陆续签订的一系列不平等条约,在中国攫取了各种特权。甲午战争前,列强的在华经济活动,虽然以商品输出为主,但是资本输出也已经开始。围绕着商品输出和原料收购,列强相

---

[1] 汪熙:《关于买办和买办制度》,《近代史研究》1980年第2期。
[2] 张国辉:《洋务运动与中国近代企业》,中国社会科学出版社,1979年,第123页。
[3] 丛翰香:《关于中国民族资本的原始积累问题》,《历史研究》1962年第2期。

继在中国开办加工厂和轻工业。据估计,截至1894年(光绪二十年),外国在华的投资总额为2至3亿美元。① 这些外资企业多设立在通商口岸,尤以上海居多。

二、工业门类和分布

上海是中国近代工业的中心。追溯历史发展的源头,则可看到它的发祥和起步,是与列强的商品输出和中外贸易的展开相联系的。上海开埠后,成为对外贸易第一大港,这就意味着众多远洋、近海和内河中外船只的频繁进出。它们的维修、保养,便是一个很现实的问题。最初,进港的外国船只多数是木帆船,其维修保养由上海原有的船作揽下。后随着往来船只日多,船舶构造日趋先进,19世纪50年代初已有外国资本在沪经营船舶修造业。

1850年(道光三十年),美商伯维公司开业。次年其广告称:"本公司在上海经营修船与造船业务将近一年,深得上海商人及各船长的信任与各顾客的满意。"② 1852年(咸丰二年)又有美商杜那普在虹口江岸设立船坞,是为日后耶松船厂的一部分。1856年(咸丰六年),虽然"很少人能相信在那个时候黄浦江上居然能修造汽船,然而这种工程竟完成了"。汽船设计者和拥有者,是在上海港已任职七年的美籍引水员贝立斯。他在吴淞雇用中国工匠造出二艘长68英尺、配有12匹马力发动机、载重400吨的木汽船。同年,另一名美籍引水员包德在下海浦设立船厂,"从事经营船坞、修理船舶"。③

19世纪60年代后,随着长江及沿海通商口岸的增辟和中外贸易的扩大,进入上海港的大吨位远洋轮不断增多,上海的船舶修造业因此趋盛。1864年1月9日(同治二年十二月一日)《北华捷报》报道:"由于本埠的贸易日益增长,故对到埠船只提供并扩大各种必需的设备,就成为迫不及待的要求。我们看到新的船坞已经建造起来,旧的船坞也在扩建中,这就为修船和造船提供一切要件。"它预言"继船坞的兴建,必然出现很多铸造厂",并不无夸张地认为:"因此可以说我们不仅是住在一个巨大的商埠内,也是住在一个巨大的工业城市中。像在英国一样,许多种类的制造工程差不多都可以在上海迅速进行。"

1860年(咸丰十年)至1864年(同治三年)的短短五年间,上海共新设9家外资船舶修造厂,分别位于外轮集中停泊的虹口和浦东沿岸。其中耶松、祥生在19世纪70年代后相继兼并其他一些船厂,成为实力雄厚的两大船厂。1879年(光绪五年),祥生船厂已能建造1000吨级轮船;次年又建成长450英尺、宽80英尺、涨潮时水深21英尺的新船坞,可以容纳和修理上海港内最大的轮船。1880年11月18日(光绪六年十月十六日)《北华捷报》评价此举时称:

---

① 吴承明:《帝国主义在旧中国的投资》,人民出版社,1955年,第35页。
② 《北华捷报》1851年8月9日。
③ 孙毓棠编:《中国近代工业史资料》第1辑,科学出版社,1957年,第14、15页。

如果在航运与仓库业的投资证明商人们已相信本埠贸易具有永久性,在造船业中的投资益发证明造船业者的同样信心。投资于此种企业里的钱是不容易随便拿回来的,所幸英美商人都认为此种投资安全并能获利。最近建造的新船坞可以清楚地证明人们认为上海将来会多年维持为一个繁荣的海港,因此他们在这企业中投进了大量的资本。

与此相比较,耶松船厂也不逊色。其位于外虹桥稍北,"厂地约三十余亩,东为仁泰码头,西则招商局,中栈前临马路,后倚黄浦",岸边设有专用码头,设备一应俱全。1884年(光绪十年)它为怡和洋行建造的"源和"轮,船长280英尺,载重2000吨,被《北华捷报》称为"是在远东所建造的最大的一艘商船"。①

1843年(道光二十三年)至1894年(光绪二十年),外国资本先后在上海设有27家船舶修造厂,后经兼并改组,至1894年(光绪二十年)继续开工的有8家,资本总额达323.3万元,占同期外国在沪资本总额的三分之一,企业数目也在各工业门类中名列第一。②祥生、耶松两厂的规模和实力,尤其引人注目。1894年(光绪二十年)上海实际开工的45家外资工厂平均资本额为21.7万元,而祥生、耶松则分别已达112万元和105万元,高踞其他企业之上。1900年(光绪二十六年)两厂合组为耶松船厂公司,资本总额777.8万元,属下有"祥生厂、新船坞、老船坞、引翔港船坞、和丰厂船坞、董家渡船坞等",成为远东屈指可数的大型船厂,被当时在沪的外国人称为"无论在哪一方面都无愧于中国的这个主要港口的"。③

自上海成为江南乃至中国第一港城,从各地汇聚来的茶、丝等大量出口农副产品经由此地输往海外。因长途运输的需要和迎合国际市场对产品的要求等考虑,它们在离港前都有一个初加工和再包装的工序。在源源不断的大宗出口贸易的推动下,一批出口加工业很快发展起来,与船舶修造业一起,成为上海早期工业的两大支柱产业。

上海原无出口茶市,自内外贸易繁盛,"茶市亦随时势之所趋,渐由粤移沪。初尚不过由店主兼营洋庄,并未在沪设厂制造,以外人嗜好特别之关系,所需茶叶,形状色泽均与内销者不同。茶商为迎合外人心理起见,不能不就其所需要之式样设法改制"。于是便有一批商人将采购来的茶叶在沪加工后再出口,"所谓土庄茶栈者应运而生",成为专门行业。19世纪50年代已有三四十家,"营业颇为发达,而尤以巨商姚以舟、王乐等为最著"。最初尚是手工加工,"应用旧式铁锅为烤茶着色之工具"。19世纪70年代中叶渐有改用机器者,加工技术和生产能力有所提高。浙江等地所产茶叶,"皆以毛茶出口,运由上海加工焙作出售"。④

---

① 孙毓棠编:《中国近代工业史资料》第1辑,科学出版社,1957年,第32、29页。
② 张仲礼主编:《近代上海城市研究》,上海人民出版社,1990年,第333页。
③ 汪敬虞编:《中国近代工业史资料》第2辑,科学出版社,1957年,第237页;张仲礼主编:《近代上海城市研究》,上海人民出版社,1990年,第334页。
④ 彭泽益编:《中国近代手工业史资料》,中华书局,1962年,第1册,第488页;第2册,第352页。

出口茶叶加工业虽然起步较早,但因其加工技术简单,资金投入少,浙、赣、皖等地产区不久便有人效仿就地加工,因此上海的茶叶加工业发展不快,虽有部分采用机械,但主要仍靠手工操作。更能体现上海崛起对出口加工业推动作用的,应数机器缫丝业的兴起和发展。

　　紧邻上海的江南尤其是太湖沿岸和杭嘉湖平原,向为中国最大的蚕丝产区。上海开埠不久,缘其地理优势,"立刻取得了作为中国丝市场的合适的地位,并且不久便几乎供应了西方各国需求的全部"。这些出口蚕丝当时都由产地小农手工缫制,难免色泽不净,条纹不匀,拉力不合欧美国家机器织机的要求。因此生丝在运抵欧美上机前还得用机器再缫一次,在法国里昂"普通白丝每公斤价值47法郎,而再缫丝则值63法郎"。中国劳动力价格低廉,对外商来说,"在生丝离开上海就地再缫一次更为合算"。①

　　1859年(咸丰九年),已有沪上最大的生丝出口商英国怡和洋行在上海筹设机器缫丝厂。1861年(咸丰十一年)建成,称上海纺丝局,有丝车一百部,"用中国蚕茧所缫成的丝品质优良,其售价在英国竟高过欧洲的产品"。但原料茧的供应发生困难,遭到从事土丝缫制、输出的小农和丝商的抵制,延至1870年(同治九年)遂告关闭。既然生丝仍从上海港源源输出,有增无减,若改土丝输出为厂丝输出则获利更多,所以19世纪80年代初又有美商旗昌缫丝局、英商怡和丝厂、公平丝厂相继设立。②

　　同一时期,在沪外资缫丝厂同样也有发展。截止1894年(光绪二十年),上海有1882年(光绪八年)设于新闸的英商怡和丝厂、1891年(光绪十七年)设于垃圾桥的法商宝昌丝厂、1894年(光绪二十年)设于虹口的德商瑞纶丝厂共4家外资丝厂,合计拥有丝车1500部,雇工3750人,年产丝总量1620担,资本120万两。在同期上海外资工业的总资本额中,该行业约占20%,加上船舶修造业所占的约33%,它们的资本总额超过了上海外资工业总资本额的一半。③

　　上海港大宗出口货物品种的增多,也带动了轧花、制革等工业部门的发展,壮大了出口加工业的行列。19世纪80年代后,经由上海港输出的原棉,成为日本关西地区新兴棉纺织工业的主要原料来源,"1889年在上海输往外国的503 456担棉花中,有489 669担是运往日本的,供应着那里近几年来建立起来的很多的纺织工厂"。日商大阪纺织会社遂提出在上海建立轧花厂,"其目的在将中国棉花轧去壳核,以便利输出"。④

　　基于刚成立的上海机器织布局的"十年专利权",这项计划遭到李鸿章等人的

---

① (美)马士:《中华帝国对外关系史》第1卷,第403页;姚贤镐编:《中国近代对外贸易史资料》,中华书局,1962年,第1481页。
② 孙毓棠:《中国近代工业史资料》第1辑,科学出版社,1957年,第67、68页。
③ 徐新吾等:《中国近代缫丝工业史》,上海人民出版社,1990年,第135页;张仲礼主编:《近代上海城市研究》,上海人民出版社,1990年,第333页。
④ 上海市机电一局等编:《上海民族机器工业》(中国资本主义工商业史料丛刊),中华书局,1966年,第100页;孙毓棠编:《中国近代工业史资料》第1辑,科学出版社,1957年,第88页。

拒绝,但该厂仍于1888年(光绪十四年)开工,取名上海机器轧花局。资本7 500两,拥有轧花机32台,日产90担,"比本地的轧花作坊强得多"。次年从上海港出口的原棉,"由上海机器轧花局轧过不少,运往美国者计有一万担之数",其余多输往日本。① 紧随其后,另有华商分别在新闸、杨树浦设立棉利公司和源记公司。前者资本15 000担,拥有40台机器,每天轧花约56担。后者规模更大,资本约20万两,"有120台机器在运转,每天的生产能力约为清花170担"。1893年(光绪十九年)又有礼和永轧花厂设立,资本5万两,轧花机42台。②

与机器缫丝业不同的是,棉花初加工的技术要求更为简单,上海附近棉花产区这时已多使用上海机器船舶修造厂等仿造的日式脚踏轧花机,后又推及其他棉产区,这种小轧花机加工的棉花总产量,已占上海港出口原棉的大部分,甲午战争后外商的投资重点又移向棉纺织业,③因此机器轧花业在上海出口加工业中没有发展成为如机器缫丝业那样实力雄厚的产业部门。

其他如制革业,19世纪70年代始内地生皮不断运抵上海出口,德、英等国商人合资的上海熟皮公司已能大量收购生皮进行加工,"一部分制成的皮革正在运往伦敦的途中"。由于原料来源充沛,1882年(光绪八年)"董事会认为需要建造一座仓库,用于储存已在手边的大量的硝皮材料,并监制皮革",月产量约五百担。④

出口加工业的兴起,也给上海港对外贸易新的拓展提供了助力,可谓相得益彰。"打包工厂的建立,推动了皮革、羽毛、猪鬃、毛皮和棉花等货物的交易,因为它能使包装完善,载运便利,使货物出口减少损害"。⑤

在洋务派官僚举办上海机器织布局等民用工业的前后,另有一些民间资本独立创办了一批近代民族资本主义企业。据现有的资料,最早的是上海发昌机器厂。它原是1866年(同治五年)开设的一家手工锻铁作坊,设在虹口美商杜那普所办船厂近侧,并专为其打制船用零部件。1869年(同治八年)开始使用机床,并能自己制造小轮船。1890年(光绪十六年)拥有车床10余台、牛头刨床2台、钻床3台、龙门刨床1台等多种机械设备,最多时工人300余名。

继起者,有1875年(光绪元年)的建昌铜铁机器厂、1880年(光绪六年)的远昌机器厂、1881年(光绪七年)的合昌机器厂、1882年(光绪八年)的永昌机器厂、1885年(光绪十一年)的广德昌机器造船厂和通裕铁厂等。它们多数设在虹口,限于资

---

① 徐雪筠等译编:《上海近代社会经济发展概况(1882—1931):〈海关十年报告〉译编》,上海社会科学院出版社,1985年,第33页;孙毓棠:《中国近代工业史资料》第1辑,科学出版社,1957年,第97页。
② 徐雪筠等译编:《上海近代社会经济发展概况(1882—1931):〈海关十年报告〉译编》,上海社会科学院出版社,1985年,第33页;孙毓棠:《中国近代工业史资料》第1辑,科学出版社,1957年,第97页。
③ 1896年3月,署南洋通商大臣张之洞奏称:"查沪关税饷所入,取之于土货者十之二三,洋货居十之七八,此项洋货制之外洋,工料昂贵,迨造成后,装船运华,水脚、保险又复不赀,现既明知日本在通商口岸制造货物,各国有利均沾,不独改造土货,凡洋货可以在华制办者,亦将购机造屋,纷纷开办。"(《总署收署南洋大臣张之洞文》(1896年3月23日),台北中研院近代史研究所编:《清季中日韩关系史料》,台北中研院近代史研究所,1972年,第7卷,第4729页。)
④ 《领事达文波1876、1878年度上海贸易报告》,李必樟译编:《上海近代贸易经济发展概况:英国驻沪领事贸易报告汇编》,上海社会科学院出版社,1993年,第419、499页;孙毓棠:《中国近代工业史资料》第1辑,科学出版社,1957年,第86、87页。
⑤ 孙毓棠编:《中国近代工业史资料》第1辑,科学出版社,1957年,第102页。

金和技术,业务大多依附于外资船厂,承揽一些零星加工业务。建昌的经营颇具代表性,自1875年(光绪元年)至1895年(光绪二十一年),建昌的规模、设备、资金和人员已有较大扩展,但是业务对象始终是外商的船厂及航运公司,生产工艺一直停留在修理和加工零部件,"实际上仅是外商船厂的辅助工场"。①

轮船制造修配业涉及金属冶炼锻造和切削加工,它的技术进步和发展实际也是机器制造业的发展和进步,意义颇为深远。求新制造机器轮船厂的发展可作为代表,1904年(光绪三十年)该厂设于南码头黄浦江畔,占地80余亩,下设冶铁、熔铸、金工、组装等工场,先是制造载重数百吨的内河轮船,"都是木壳,机器引擎锅炉都是厂内自造"。后在造船的同时,开始制造大型蒸气引擎,并试制小型内燃机和制造钢桥、码头等构件,成为上海著名的机器制造厂。1909年(宣统元年)该厂承接上海南市自来水公司大型水泵,"日夜赶造,不阅四月大功告竣。当此机试验时,有许多西国工程师接踵来厂,视其所事,察其所行,皆叹赏不置"。②

追溯历史发展的源头,可以理解为什么当中国近代民族工业在总体上呈现机器制造业发展明显滞后时,上海的民族工业却能以船舶修造业为先驱,一枝独秀,独步一时,并在机械设备、技术人才、产品制造等方面,初步奠定了上海的全国工业中心的地位,其历史的底蕴,正是上海作为江南乃至中国第一港城的有力推动。据统计,1866年(同治五年)至1894年(光绪二十年)的近30年间,上海民族机器工业先后设立12家厂,其中1866年(同治五年)至1885年(光绪十一年)设立的9家都是船舶机器修造厂,后设立的3家才开始兼造缫丝机、轧花机等。

1895年(光绪二十一年)至1913年,藉内河小轮业勃兴的推动,民族资本船舶修造业得以从完全依附于外资船厂的修理业务,转而部分地自主发展。在这期间,上海民族机器工业共新设86家厂,加上前期的12家,除去7家停业关厂外,迄1913年尚有91家厂,其中船舶修造厂19家,轧花机制造厂16家,缫丝机制造厂8家,纺机厂8家,公用事业修配厂5家,印刷及其他35家,船舶修造厂仍居各专业厂的首位。

而在那些轧花、缫丝、纺机厂中,有的原本也是船舶修造厂,后随市场需求而转产,如大隆机器厂1902年(光绪二十八年)开办时,主要是为进出上海港的外轮修配机件,为此还置备了两艘小拖轮,往来运载零部件,后才转业纺机修理。此外还有永昌、大昌转产缫丝机,建昌转业公用事业修配等。③ 可见因近代上海港城崛起而兴起的船舶修造业,是上海民族工业的源头,这样的认识是毫不为过的。即便如清朝政府主办的江南制造局,也是在收购地处虹口的美商旗记船厂(又称"旗记铁工厂")的基础上发展起来的。

近代工业的兴办,带动新的街区逐渐形成。黄浦江畔江南制造局所在地原名

---

① 上海市机电一局等编:《上海民族机器工业》(中国资本主义工商业史料丛刊),中华书局,1966年,第84、89页。
② 上海市机电一局等编:《上海民族机器工业》(中国资本主义工商业史料丛刊),中华书局,1966年,第141、144、157页。
③ 上海市机电一局等编:《上海民族机器工业》(中国资本主义工商业史料丛刊),中华书局,1966年,第111、72、120页。

高昌庙,据在那儿长大的曹汝霖回忆:

> 高昌庙又名高昌乡,沿黄浦一片荒地,农田亦少,居民无多。自设制造局后,始造石子马路,东达南门,西至斜桥,渐成市县,住家增多。交通工具只有独轮人力推车或骑驴,自修马路后,始有人力车称为东洋车。我祖若父皆供职斯局,故于黄浦江近边购地亩许,建屋数椽。①

毗邻上海内河港区的曹家渡,先前"地甚荒僻,绝少行人",自内河轮运开通,得助于便捷的水路运输,"面临吴淞江,帆樯云集,富商巨贾莫不挟重资设厂经商,除蚕丝、面粉两厂外,若洋纱厂、织布厂、鸡毛厂、牛皮厂、榨油厂、电灯厂,不数年间相继成立,市面大为发达,东西长二里,鳞次栉比,烟火万家"。②俨然是一个新兴的工业区,并成为上海城区的一部分。潭子湾,"在彭浦镇西南方四里许,地濒吴淞江,又为彭越浦出口处,从前只有村店数家,今则厂栈林立,商铺日增,居屋多系新建,帆樯往来,运输便利,商业之进步,远逾本镇而上之矣"。③

20世纪二三十年代,在上海黄浦江和苏州河沿岸已基本形成5个工厂区,即沪东工业区、沪西工业区、浦江西岸南市工业区、浦东工业区和闸北工业区。其中,沪东工业区和沪西工业区的规模最大。

沪东工业区位于黄浦江畔杨树浦路西至华德路(今长阳路),南至提篮桥的狭长地带。上海开埠前,这里还是一片农田,开埠后,成为美租界,后并入公共租界。由于临江,杨树浦路的黄浦江畔逐渐建立起船厂、码头、仓栈,因发电厂需要消耗大量的煤,依靠北方煤炭的电厂便在江边矗立起来。随着码头、自来水厂、发电厂的相继建成,沪东的道路、水电市政设施逐渐配套,也为近代工业的成长创造了条件。沪东逐渐以工厂众多闻名遐迩。

棉纺织业,是沪东最主要的工业部门。1890年(光绪十六年),洋务企业上海机器织布局建成投产。这是中国最早的机器棉纺织厂。由于交通便利,又是租界,外资工厂纷纷设立。日商七大纺织财团均在沪东开办纺织厂,英商开办了怡和等6家纺织厂,华商设立的棉纺织企业有荣氏申新集团的第五、六、七纺织厂和郭氏永安纺织集团的第一纺织厂。至1937年8月,沪东棉纺织企业总计有204家,其中有外资纺织厂14家,纱锭121万余枚,占全市纱锭总数的45%。沪东其他重要工业部门,有卷烟、轮船修造厂等。沪东是上海卷烟业的重镇,近代上海最具规模的卷烟厂如英美烟厂、南洋兄弟烟草公司都设在沪东。至1937年,沪东有各类工厂301家,职工人数近10万。

沪西工业区,位于苏州河南岸,沪杭铁路以东,以曹家渡为中心,沿劳勃生路(今

---

① 曹汝霖:《曹汝霖一生之回忆》,中国大百科全书出版社,2009年,第2—3页。
② 民国《法华乡志》卷一,沿革。
③ 民国《宝山县续志》卷一,市镇。

长寿路)、康托路(今康定路)向东南两个方向延伸,包括梵皇渡路(今万航渡路)两侧的狭长地带。19世纪末,这一带大部分划入公共租界,加之水陆交通便利,吸引许多中外企业设立。20世纪二三十年代,沪西已是上海民族工业最集中的地区。1937年,沪西有民族工业企业750家,职工5.5万余人;外商企业26家,职工2.6万人。

沪西工业区以棉纺、面粉、化学三大行业为主干。其中,日资棉纺企业有22家,日本内外棉纺织公司在上海设立的8家棉纺织厂和1家纺织机械厂都分布在沪西。上海民族资本的棉纺织企业坐落于沪西的有20多家,申新纺织公司有4家工厂设在沪西。沪西工业区的棉纺织厂总计有纱锭104.26万枚,占全市纱锭总数的42.8%,织机1.08万台,占全市织机总数的40.9%。

民族资本机器面粉厂,是沪西的又一个重要行业。1898年(光绪二十四年),安徽富商孙多森、孙多鑫弟兄率先在莫干山路苏州河畔开办面粉厂,此后苏州河畔成了上海民族资本面粉工业的聚集点。至1913年,苏州河两岸的民族资本机器面粉厂有11家,1920年增至18家。当时上海的面粉工业分为孙氏阜丰和荣氏福新两大系,其中阜丰系面粉厂有4家、福新系有6家,两者合计占全市机器面粉工业资本总额的95%。

沪西第三个重要行业是化学工业,集中分布在苏州河上游北新泾地区。1876年(光绪二年),英商美查兄弟在小沙渡苏州河畔设立江苏造酸厂,成为沪西第一家化学原料工厂。此后,同类工厂陆续设立,其中有1916年开办的振华造漆厂第一制造厂、1928年开办的天原电化厂、1935年开办的天利氮化厂等,产能占全市的80%。

闸北位于苏州河北岸,部分地区属租界,部分地区属华界。其市政基础设施不如沪东和沪西,外资企业不多,以华资工厂居多。1881年(光绪七年),闸北诞生第一家华商公和永机器缫丝厂。1907年(光绪三十三年),商务印书馆新址设于宝山路。1911年(宣统三年),闸北水电公司建于叉袋角。此后,闸北陆续出现一批华商开办的缫丝、制茶、日用化学品、玻璃、搪瓷制品、印刷和机器制造厂。至1925年,闸北近代工业企业有300余家,1932年有800余家。1937年8月,日本侵略军在上海挑起战火,闸北华界地区工厂基本被毁。

自上海开埠后,外资便在黄浦江两岸抢占岸线,修建码头、仓栈和船舶修造厂等。其中在浦东较为著名的则有1914年开办的英联船厂(上海船厂的前身)、1925年英商开办的马勒船厂(沪东船厂的前身)等。较著名的华资企业,有1899年(光绪二十五年)开办的华章造纸股份有限公司、1914年开办的兴化铁厂、1929年投产的章华毛纺织厂、1935年开办的浦东水厂、1938年创办的安达纺织厂等。此外,还有一些小型轻工和纺织企业。

南市北与租界毗邻,以原上海老城厢为中心。19世纪末,民族资本的近代工业陆续在沿黄浦江地带兴办。其中有1885年(光绪十一年)设立的德广德昌机器厂、1897年(光绪二十三年)设立的南市电灯厂和内地自来水厂。20世纪30年代,华资先后开办求新制造机器轮船厂、新祥铁店、同昌纱厂、恒大纱厂、中法印染厂、裕华毛绒纺织厂、久新珐琅厂、飞达铅印厂、中国酒精厂等。①

三、占全国的比重

上海近代工业,总体上自19世纪末开始较快增长,以外资企业为例,1895年(光绪二十一年)至1911年(宣统三年)间,其开办资本在10万元以上者有41家;至宣统三年(1911年)仅棉纺、缫丝、面粉、卷烟、火柴、制药、机器和电力等8个生产行业的外资产值,已达3 543.9万元,比1895年(光绪二十一年)的322.1万元增加10倍以上。②另据统计,1895年(光绪二十一年)至1911年(宣统三年)上海工业产值的年增均增长率为9.36%,1911年(宣统三年)至1925年上升为12.05%;1925年至1936年,在世界经济危机和国内政治经济的影响下,增速有所减缓,但年均增长率仍有6.53%。③据1930年的统计,上海仍是各国在华投资的首选地。

表4-1 1930年各国在沪投资及占对华投资的比重

国 别	在沪投资额(万美元)	占在华投资总额%
英国	73 740.80	76.0
美国	9 749.59	64.9
法国	3 890.00	40.9
日本	21 506.20	66.1(东北除外)

(资料来源:张忠民主编:《近代上海城市发展与城市综合竞争力》,上海社会科学院出版社,2005年,第381页。)

作为工业中心,20世纪上半叶上海在全国所占的比重,可见下表:

表4-2 20世纪上半叶上海30人以上工厂数占全国的比重

| 年份 | 全国工厂数 | | 上海工厂数 | | 上海占全国% |
	家数	指数	家数	指数	
1911	171	100	48	100	28.1
1927	1 374	780	449	930	32.7
1933	2 435	1 420	1 186	2 470	48.7
1947	12 812	7 480	7 738	11 950	60.4

(资料来源:张忠民主编:《近代上海城市发展与城市综合竞争力》,第359页。)

再从工业产出考察,据估计,1936年上海中外资本工业的总产值达11.82亿

---

① 宋钻友等:《上海工人生活研究(1843—1949)》,上海辞书出版社,2011年,第3—6页。
② 徐新吾等主编:《上海近代工业史》,上海社会科学院出版社,1998年,第69页。
③ 徐新吾等:《上海近代工业主要行业的概况与统计》,《上海研究论丛》第10辑,上海社会科学院出版社,1995年。

元,比1895年(光绪二十一年)增加40余倍,约占全国工业总产值的50%。① 其中很多是棉纺织厂,据1936年底的统计:"上海纺织业分别由日商、华商、英商经营,共有61家工厂,12万职工。稍旧的统计如下:日本30厂,42 435人;中国28厂,65 639人;英国3厂,13 000人,计61厂,121 074人。日资工厂占了约一半,职工占了三分之一强。"②

中国近代工业在这一时期向内地扩散的主要特征,是移向和接近原料产地和消费区,从工业的地域分布的角度考察,这是一种合理现象,但是半殖民地半封建的社会条件,决定了这种现象是微弱的,并不能改变近代工业的地域分布依然偏重于东南沿海和长江沿岸通商口岸的总体格局。

以棉纺织业为例,1930年上海一地即占全国纱厂总数的48%,加上青岛、天津、武汉、无锡和通州等地,其棉纺织厂厂数约占全国总数的74%,资本总额占全国的82.8%,纱锭数占82.5%,线锭数几乎占到100%,布机数亦占93%。另据1933年南京国民政府经济部对不包括东北地区在内的22个省市工业企业所作的调查,当时这些省市共有雇佣工人在30人以上的各类工厂2 435家,其中有一半以上共1 229家集中在上海。又据1935年对江苏、浙江、安徽、山东、江西、河北、湖南、山西、陕西等省及北平、天津、威海卫、青岛、南京、上海、汉口等城市的工业调查,上述地区共有工业企业6 344家、工人52万余人,而其中上海一地就有工厂5 418家,工人近30万人,分别占总数的85.4%和57.5%。③

这说明,历经近百年的风云变幻,上海仍是中国工业最集中的地区。原因之一是,虽然上海并非工业原料产地,但较之当时战乱频仍、军阀横行的内地省份,企业的经营环境明显要好些,因而许多企业主宁可远离原料产地和消费区而将工厂设在上海。如《1922—1931年海关十年报告》所言:"与过去十年的工业发展密切相关的因素是内地动乱不宁,那里的工厂经常遭到骚扰。这就形成了工业集中于上海的趋势。许多本应迁出或开设在原料产地的工厂也都在沪设厂。虽然运费成本有所增加,但在上海特别是在租界内,可在一定程度上免受干扰。"④据统计,20世纪30年代中期,上海公共租界内有各类工厂3 400多家,占上海工厂总数的三分之二。⑤

近代工业投资者之所以青睐上海,还因为以其为中心的沿海地区首先形成了一个相对广阔的工业品消费市场,上海又居于商品集散中心,一如南洋兄弟烟草公司创办人简照南所说:"上海一埠,于全国商务为总汇,以货物流行为先驱,凡一新

---

① 黄汉民等:《近代上海工业企业发展史论》,上海财经大学出版社,2000年,第219页。
② 《上海日资纺织厂罢工资料选译》,《近代史资料》总114号,中国社会科学出版社,2006年,第117页。按:其原文据1937年1月8日日本外务省情报部《国际事情》503号。
③ 潘君祥等主编:《近代中国国情透视》,上海社会科学院出版社,1992年,第319页。
④ 徐雪筠等译编:《上海近代社会经济发展概况(1882—1931):〈海关十年报告〉译编》,上海社会科学院出版社,1985年,第277—278页。
⑤ 史梅定主编:《上海租界志》,上海社会科学院出版社,2001年,第15页。

出品,勿论外货或国货,未有沪市不销而能通销于各地者。"①刘鸿生亦称:"上海为万商云集之地,水陆交通之区,设厂于是,良有以也。"他强调:"工厂之创立与发展,须适应经济环境之条件。上海工厂之所以较能发展者,因有其经济环境之条件在焉。"这些条件包括:

> 航轮、铁道二者兼备,且水陆交通之便利,外来货料既易进口,内轮行销又极灵便,此其一。金融流畅,划汇简易,内外国银行林立,集资与借资迅捷,此其二。当地市场广大,本埠行销畅旺,人口密集,仰给自多,供需适合,营业自盛,此其三。工厂与工厂间以及工厂与他业间,多有相扶相依情形,如食物与制罐、制瓶厂,书业、印刷业与造纸厂,上海各业较内地发达,工厂亦多,此其四。外侨商业茂盛,吸收外资较易,因之行销外国亦较畅便,此其五。②

而刘鸿生概括的上述有利条件,是当时上海以外的中国其他城市所难以提供的。

1937年日本帝国主义悍然发动全面侵华战争,1941年又爆发了太平洋战争,日军进占租界,上海全面沦陷。在日伪政权的统制、征购物资,限减电力供应等政策措施下,上海工业严重萎缩,除日商工厂及接受日本军用品订货的工厂外,民用品工厂已大部分停工。至抗日战争胜利前夕,上海工业基本上陷于瘫痪。抗战胜利初期,上海工业行业中的橡胶、搪瓷、火柴、制笔等一些日用品制造业,由于民众战时消耗亟待补充,市场需要增加,一度出现生产增长。但随着内战扩大,通货膨胀加剧,民众购买力锐减,它们先后陷入困境。自1947年下半年起,上海工业总体呈现颓势,1948年更趋恶化,1949年已处于全面破产状态。③

作为中国工业中心的上海,直至1949年,其工业结构仍不合理,生产消费资料的轻纺工业与制造生产资料的重工业之间的比重明显失衡。据统计,1949年前者产值占全市工业总产值的88.2%,其中纺织、面粉、卷烟、造纸、橡胶、制革、制皂、火柴8个行业的产值,即占全市工业总产值的76%;而重工业产值却仅占全市工业总产值的11.8%,重要生产资料基本上依赖进口。冶金工业已形成的年生产能力,仅为钢3万吨、钢材7万吨、电解铜400吨、有色金属材料8 000吨。1949年,实际钢产量只有5 000吨。化工原料厂,只能生产少量酸、碱及低级硫化染料。许多重要工业部门几乎空白或完全空白。全市工业企业,绝大多数为小厂,1947年在上海市社会局正式登记的工厂有3 045家,其中雇工500人以上的只有62家,100至500人的有460家,其余2 523家都不足100人。另据同年经济部全国经济调查委

---

① 上海社会科学院经济研究所:《南洋兄弟烟草公司史料》,上海人民出版社,1958年,第126页。
② 上海社会科学院经济研究所:《刘鸿生企业史料》,上海人民出版社,1981年,上册,第159页;下册,第3、4页。
③ 徐新吾等主编:《上海近代工业史》,上海社会科学出版社,1998年,第259、294、296页。

员会对上海 7 738 家工厂的调查,其中拥有动力设备、雇工 30 人以上的只有 1 945 家,仅占调查总数的 25%。[①]

第二节　江浙的近代工矿业

江浙的近代工业,主要起步于 19 世纪 90 年代,同时较为集中地分布于沪宁铁路沿线和近海的浙东地区。

一、以沪宁铁路为轴心的江苏工业

邻近上海的苏州,资本主义近代企业的出现,是在辟为通商口岸的 1896 年(光绪二十二年)以后。是年 3 月,署两江总督张之洞奏称:"苏州开埠通商,所有筹办缫丝、纺纱各厂及内河行驶小轮各事宜,除江宁、苏州、上海各设商务总局,派员督饬办理外,并照会在籍绅士分别经理。"[②]同年 7 月,上海的《北华捷报》有一条标题为"苏州在进步"的报道,称"这个新开口岸的前景,是一个建筑宽敞的新丝厂最近已经完工,同时一个大型纱厂也已经接近完工";而"使用外国机器的碾米厂、砖瓦厂等等的准备工作,都已经在开始进行"。苏州出现的第一批近代工厂,是 1896 年(光绪二十二年)苏州开埠后同时筹办的苏经丝厂和苏纶纱厂。其创办人,是来自和对外贸易有密切联系的商人,而且是和外国洋行有交往的商人。[③]

1901 年(光绪二十七年),苏州共有 3 家缫丝厂和 1 家纱厂,其中"延昌永缫丝厂由外商经营,吴兴缫丝厂由中国人开办与管理,苏经缫丝厂为商务局所有,租给中国人经营。三家缫丝厂总计有 700 个丝盆,雇用工人 2 000 名。苏纶纱厂也属于商务局,由苏经缫丝厂的同一承租人承租,有 18 200 枚纱锭运转,雇工人数约与三家缫丝厂相等"。[④]但时至清末,苏州的近代工业一直未有大的起色。据统计,1896 年(光绪二十二年)至 1911 年(宣统三年),当地约有工厂 16 家,资本总额不超过 100 万元;而同一时期,苏州的旧式手工工场和作坊则有 255 家。[⑤]

此前的 1897 年(光绪二十三年),在无锡也有 1 家纱厂开办,"有 10 000 枚纱锭和 1 100 名工人"。[⑥] 20 世纪初年,随着附近农村蚕桑种植的兴盛和与上海联系的更趋紧密,无锡的缫丝工业起步,并逐步发展成为江南仅次于上海的缫丝工业重镇。无锡的缫丝工业发端于 1904 年(光绪三十年),创办人是当地商人周舜卿。他原先供职于上海的一家外商洋行,稍积资力后自设行号,代销洋行商品,并镇江、常州、苏州、无锡和汉口等地,先后设立分号。大约在 1895 年(光绪二十一年)前后,

---

[①] 徐新吾等主编:《上海近代工业史》,上海社会科学院出版社,1998 年,第 309、310 页。
[②] 《清德宗实录》卷三八五,中华书局,1986 年影印本,第 57 册,第 22 页。
[③] 汪敬虞:《中国资本主义的发展和不发展》,中国财政经济出版社,2002 年,第 10—11 页。
[④] 陆允昌:《苏州洋关史料》,南京大学出版社,1991 年,第 78 页。
[⑤] 苏州市档案馆藏:《苏州总商会同业录》,转引自张海林:《苏州早期城市现代化研究》,南京大学出版社,1999 年,第 363 页。
[⑥] 陆允昌:《苏州洋关史料》,南京大学出版社,1991 年,第 78 页。

他在家乡开设裕昌祥茧行,专为英商怡和洋行收购原茧。为减少损耗,他向上海华纶丝厂购买旧丝车96部,安装在裕昌祥茧行楼上,自缫自销。开工后恰逢丝价上涨,获利丰厚。后因茧行失火,丝车全被焚毁,但缫丝业的丰厚利润推动周舜卿又筹资5万两(又有说8万两),重购丝车98部,修造厂房,取名裕昌缫丝厂,开无锡缫丝工业的先河。

  此后,渐有效仿者。1909年(宣统元年),商人顾敬斋在无锡黄埠墩开办源康丝厂,投资77 000两(又有说45 000两),置备丝车320部。1910年(宣统二年),当地商人孙鹤卿筹建乾生丝厂,置备丝车208部,于1911年(宣统三年)投产。与孙鹤卿筹建丝厂的同一年,曾在上海公和永丝厂任账房的许稻荪,集资10万两,也在无锡开办振艺机器缫丝厂,购备坐缫丝车520部,是当时无锡规模最大的一家缫丝厂。①

  在镇江、无锡等苏南新起的出口蚕丝产地,近代缫丝业也相继创办。1896年(光绪二十二年)底,扬州严氏集资在镇江开办缫丝厂,从上海雇佣300名熟练女工,又在当地招募女工150余名,产品全部经上海外销。次年1月8日,《北华捷报》称:"此为镇江的一项新事业,而为关心缫丝业者所注视。"1902年(光绪二十八年)镇江有缫丝厂2家,工人近800名,"遇有蚕茧运到,无论昼夜,工作不辍"。② 1904年(光绪三十年),曾在上海合办永泰丝厂的富商周舜卿在无锡创办裕昌丝厂,加工生丝运往上海出口。初有丝车96台,后增至330台,工人也从300多人增至850人。生丝出口贸易的扩大及近代缫丝技术的传入,促使无锡发展成为长江三角洲又一个机器缫丝集中产地,与上海的经济联系也更加密切,无锡作为苏南地区新兴的工业城市,已初露端倪。

  此后,无锡缫丝工业的发展增速。无锡靠近太湖,太湖沿岸的苏州、宜兴、江阴、吴江、常州、金坛等县盛产蚕茧,生丝原料充足。太湖水质良好,适合缫丝需要,附近农村又有富于手工缫丝经验的农民,一经训练,便可成为机械缫丝的工人,工资又较上海低。此外,在税捐方面,如把缫制100斤生丝所用蚕茧运往上海,共需交税约55.39两,而把该批蚕茧在无锡缫成生丝运往上海,只需交税约38.46两。无锡丝厂又接近茧区,能比上海丝厂早15至30天收茧缫丝。把蚕丝缫成生丝运沪出口,比把原料茧直接运沪缫丝出口费用要低。据估计,无锡每担厂丝的成本比上海的厂丝便宜30两。因此到了20世纪20年代与30年代之交,无锡地区整个蚕丝业已发展到10多个行业:栽桑业、蚕种制造业、购茧干燥业(茧行)、生丝制造业(丝厂)、桑苗买卖业、蚕种买卖业、茧丝保管业、屑茧丝加工业、屑茧丝买卖业、蚕丝金融业等。③ 时人记述:

---

① 汪敬虞主编:《中国近代经济史(1895—1927)》,人民出版社,2000年,第1639、1640页。
② 汪敬虞编:《中国近代工业史资料》第2辑,科学出版社,1957年,第1196页。
③ 徐新吾等:《中国近代缫丝工业史》,上海人民出版社,1990年,第196页。

无锡缫丝业是雄冠江苏省的轻工业之一,差不多占苏、浙、皖边界产丝区所有缫丝厂的十分之五强,它的原料的采集占了上述地区全部生产量的十分之六强,原料采集机构——茧行,像神经似的伸展到苏、浙、皖边界的穷乡僻壤,为它服务的劳力单位,也差不多占无锡全盛时代十万产业工人的十分之七。①

在苏南城市近代工业的发展进程中,上海先进工业技术和企业管理制度的扩散效应,并不仅见于缫丝业。常州厚生机器厂的工部领班蔡世生、翻砂部领班周梅卿、木模部邬姓领班,都来自上海求新机器厂。② 1924年,曾在上海外商纱厂就职或实习的楼秋泉、余钟祥,去无锡申新三厂出任技术员,从事管理和技术改革,他们从设备运转到保养,从管理到技术,作了多方面的改革,收到良好成效;1925年,在原上海大中华纱厂技师汪孚礼的主持下,无锡申新三厂的企业管理制度又有新的改进。③

近代上海的崛起,对苏南地区的影响是双重的。一方面,它具有强烈的吸附功能,将传统商业城市中的商业资本、转运贸易、货币积累直至商业城市的优势吸引到自己这方面来,从而使传统商业城市的工业难以振兴,它对苏州、镇江的影响就主要体现了这方面的作用;另一方面,它具有强烈的辐射功能,把发达的产业、先进的科技和技术人才扩散到周边地区,推动相对不发达地区的工业发展,无锡和常州主要体现了上海在这方面的影响。无锡较大的资本集团如荣宗敬、荣德生兄弟的面粉、棉纺集团,薛南溟、薛寿萱父子的缫丝集团,杨宗瀚家族的棉纺集团,周舜卿的缫丝集团等资本集团的创始人以及其他著名企业的创办人,如振新纱厂的荣瑞馨、豫康纱厂的薛宝润、振艺丝厂的许稻荪、源康丝厂的祝大椿、惠元粉厂的贝润生等人,都先是在上海发迹,开阔了眼界,然后才回到无锡创办新式工业。

无锡的棉纺厂、面粉厂大部分为无锡籍上海资本家创办,1896年(光绪二十二年)至1930年,由上海资本家在无锡创办的丝厂达17家。据1950年的调查:"(无锡工业)与上海工业有密切关系,如纺织业中申新三厂、庆丰、丽新等总公司都是在上海,这些中小型的工厂在上海也设有办事处,在无锡的工厂主要是加工生产。"常州最有影响的企业大成纱厂的前身大纶,其最大的股东是长期在沪经商的刘伯青,其他股东多为上海工商业主。1925年大纶改组,设总公司于上海,采用董事制,推顾吉生为常务董事,"驻上海主持大计"。1929年刘国钧接盘大纶改为大成,同样在上海设立办事处,由刘靖基常驻上海负责,"每周回来一次,交流常州、上海两地情况"。其他重要企业,如厚生机器厂的创办、发展,得益于上海求新机器厂的技术

---

① 高景岳等编:《近代无锡蚕丝业资料选辑》,江苏古籍出版社,1984年,第90页。
② 上海市机电一局等编:《上海民族机器工业》(中国资本主义工商业史料丛刊),中华书局,1966年,第227页。
③ 上海社会科学院经济研究所编:《荣家企业史料》,上海人民出版社,1982年,上册,第158、159页。

支持;戚墅堰震华电气机械制造厂的创办资本,则主要来自上海。①

近代苏、锡、常等城市的近代工业是以轻纺工业为主体,主要发展缫丝、面粉和棉纺工业,这三大行业是中国近代工业的支柱行业,而地处江南、丝织业曾经十分发达的南京除了少量的棉织业和面粉业外,棉纺业和机器缫丝业则没有发展起来,为城市服务的产业占较大比重。②

在南京的现代企业中,无论是政府投资还是民间投资的产业主要都是为城市本身服务的地方产业,特别是城市公用事业。如在1927年前新设的资本万元以上的工业企业只有12家,资本总额225万元(见表4-3)。这不多的新式工业主要是为城市本身服务的地方产业,包括水电、燃料、砖瓦、面粉、机器等,其中,仅水电工业就有4家,占1/3,资本总额111.4万元,占1/2。

表4-3 南京机器工业一览表(1898—1927)

成立年份	工厂名称	资本(千元)	经营方式
1898	青龙山幕府山煤矿	181	官办招商集股
1906	金陵机器火砖厂	20	商办
1906	亨耀电灯厂	280	商办
1907	金陵自来水厂	420	商办
1907	南洋印刷局	84	官办
1910	金陵电灯厂	400	官办
1912	省立第一工厂(丝织)	50	官办
1918	朝阳煤矿无限公司	130	商办
1921	大同面粉厂	500	商办
1922	建业机器厂	10	商办
1926	上新河新明电灯厂	14	商办
1927	国民党中央党部印刷所	160	官办

(资料来源:隗瀛涛主编:《中国近代不同类型城市综合研究》,四川大学出版社,1998年,第623页。)

1927年后,南京的新式工业为政府与城市居民服务的性质仍然没有改变。食品、砖瓦、建筑业发展最为迅速,城市公用工业如电厂、水厂仍然占有较大的资本额。以1934年为例,在全市的847家工厂中,面粉厂、碾米厂、砖瓦厂、营造厂、水厂、电厂共计493家,占全市工厂总数的62.8%,资本额占全市工厂总资本额的92.8%,营业额占全市营业额的80.5%。其中,仅水厂、电厂3家工厂的资本额就占全市工厂资本总额的37%。

---

① 马俊亚:《规模经济与区域发展——近代江南地区企业经营现代化研究》,南京大学出版社,1999年,第242—244页。
② 以下其中有关南京的数据和史实,主要源自侯风云:《南京现代工业化的进程及其特点(1865—1937)》,《民国研究》总第15辑,社会科学文献出版社,2009年。

其工业化程度也相对较低。虽然截至1937年,南京的现代工业体系初步形成,但是各种资料显示,南京的工业化程度相对而言还是比较低的。据《国民政府工商部全国工人生活及工业生产调查统计总报告》统计,1930年南京在沿江及江南11个城市中工厂数居第6位。工人数居第9位,生产总值居第8位。

表4-4 南京等9城市工厂概况(1930年)

地名	工厂数	工人总数	资本额(元)	每年出品总值
上海	837	211 265	222 411 452	100 415 273
无锡	153	40 635	12 177 436	74 365 278
杭州	50	15 131	7 943 250	15 174 620
南通	15	10 499	4 961 700	17 890 300
武进	39	6 120	4 452 000	9 372 280
镇江	11	1 847	2 693 111	2 253 360
南京	28	2 035	2 247 100	5 620 000
苏州	27	6 420	1 500 543*	3 872 400
宁波	23	4 124	1 868 200	7 493 818

* 此项内容中另外还有资金25 000日元。
(资料来源:中国第二历史档案馆:《中华民国史档案资料汇编》第5辑第1编,财政经济(5),江苏古籍出版社,1994年,第215、216、223页。)

通过对上表的分析可知,在上述9个城市中,无论是工厂、工人数、资本额还是生产总值,南京的排位都是比较落后的。将南京与排位第一的上海和第二的无锡进行比较,其落后程度就更加明显:上海的工厂数是南京的近30倍,无锡是它的5倍多;上海的工人数是南京的103倍,无锡是它的近20倍;上海的资本额是南京的近100倍,无锡是它的5倍多;上海的年出品总值是南京的近18倍,无锡是它的13倍。

这些情况表明,南京工业企业规模小、水平低,资本在50万元以上的大厂,除了电厂、自来水厂等公用事业外,只有大同面粉厂一家。其余绝大多数是雇用少量工人、使用小型动力设备的"工厂",以及雇用工人、用人力操作改良工具的手工工场。如《中国经济志(南京市)》载,1933年全市23家"机器厂",共有"柴油引擎8只,共马力47匹;电流马达13只,共马力28匹;车床39只,钻床18只,铣床2只,铁模具150只,熔铁炉4只,翻砂炉1只"。

由于生产技术水平低下,使南京工业产品品种少,数量有限,质量也差。以1934年为例,南京的主要工业品只有面粉、酒、布、绸缎、毛巾、蜡烛、肥皂、碱、铁、锡等。机械厂虽有20家之多,不过是制造饭锅、火炉、面机、铁床(价值数元之铁床)之类。这些产品不仅品种少,产量也有限。据《中国经济志(南京市)》载,如按1933年南京人口计算,南京非农业人口人均只有布匹0.13尺,酒类0.9斤,肥皂1.2块。质量也较差,如生产的棉布,"货色粗劣,市面不甚畅销"。

与此同时,某些传统手工业的转型则遭遇挫折。如南京丝织业的转型就未能取得成功,从而走向衰落,其主要原因是丝织业主的素质问题。正当江南其他城镇的丝织业主大胆采用机器和动力进行生产,从旧式的手工业主转变为现代企业家时,南京的账房老板却仍然保守落后,不求进取,固守着传统落后的经营方式,南京的丝织业也就不可能大规模地更新生产设备与改进工艺,也不可能在产品上推陈出新,更不可能走向现代发展道路,他们本身也不可能从旧式商人变成近代资本家。这样,南京丝织业势必陷入困境。而这些传统工业转型的失败,亦对南京工业化的发展产生了不利的影响。截至1948年的统计,南京有888家工厂,但其中适合于当时工厂法的(即使用动力、工人数在30名以上的工厂)仅36家,只占总数的4.5%。[1]

近代中国著名实业家张謇,自19世纪末决意致力于实业救国后,就对自己的实业建设有一个通盘的考虑,一方面他并不因为南通当时相对的落后而气馁,而是在周密调查的基础上,全面规划和投资开发苏北沿海沉寂已久的大片滩涂地,积极倡导和着力推动植棉业,包括在中国开风气之先,创办了第一家新式农垦企业——通海垦牧公司,与此相联系,又筹资创办了以大生纱厂为主干的一批近代企业,构成了自成体系和颇具规模的大生集团上下游产业链,形成有鲜明中国特色的对家乡近代化进程有大贡献的南通发展模式;另一方面,张謇立足南通,但不拘泥于南通,而是充分注意并利用同处长江三角洲、隔江相望的近代上海。自1843年(道光二十三年)开埠后的迅速崛起,对建设新南通所带来的诸多有利因素,有力地促进了大生集团及南通的发展。

张謇的实业建设对南通与上海关系的处理,可以概括为"前店后工场"的基本架构。要言之,张謇充分注意到上海作为近代中国首位型城市,在资金集聚、技术传播、人才荟萃、内外贸易渠道等方面所拥有的无可替代的优势,十分重视利用和发挥这些优势,用以催生和推动他在南通诸多近代企业的创办和经营,取得显著成效。1897年(光绪二十三年)冬,尚在筹建中的大生纱厂就在上海福州路广丰银行内附设账房。1898年(光绪二十四年)迁至小东门,1901年(光绪二十六年)迁天主堂街外马路。1907年(光绪三十三年)改称大生上海事务所。1913年以前,大生沪所的主要业务是采办物料,购运原料。1913年以后,大生各纺织厂连年盈余,大生沪所又承担了置办布机,开盘批售布匹,收款付货等业务,业务项目不断增加。当时上海银钱业纷纷向沪所提供信贷,送往来折给沪所的钱庄达105家。大生系统

---

[1] 张鸿雁等:《1949中国城市》,东南大学出版社,2009年,第40页。

各企业凭借银钱业的信贷,遂在原有基础上全面扩张,所属企业单位大小有数十家之多。沪所营业范围随之扩展到国内外通都大邑,南通绣织局的绣织品和发网远销美国纽约,复兴面厂的二号面粉运销日本。这些产品的运销、报关、结汇以及银根调度等,都由沪所办理。

1899年(光绪二十五年)开业的大生纱厂,建厂初期的劳动力绝大部分来自附近的农村,而技术骨干则主要招自上海。据当地老人回忆,大生纱厂开车前夕,由于当时农村妇女还不知道进厂做工是怎么一回事,同时还有"工厂要用童男童女祭烟囱"的谣言,"因此尽管当时农村劳动力相当过剩,但进厂的童工和女工并不多。纱厂开车时劳动力不足,不得不招了些男工和上海的熟手女工。不久谣言逐渐消除,本地童工和女工进厂的才逐渐多了起来。但一些机工和工头,大部分还是从上海招来的"。① 张謇亦称:

> 我国之有纺织业也,缘欧人之设厂于上海始。欧人之始设厂,辄募我十数不识字之工人,供其指挥;久之此十数工人者,不能明其所以然,而粗知其所受指挥之当然。由是我之继营纺织厂者,即募是十数工人者为耳目,而为之监视其工作者,都不习于机械之学,强半从是十数工人而窃其绪余。②

大生纱厂开办后,无论是原材料的购买还是成品的销售,一直都与上海有着密切的关联。时至20世纪40年代末,大生一厂档案资料载:"本年全年用棉二十七万二千余石,陆续收花总数仍占用量百分之九十四,其中通购百分之五十六,沪购百分之十八,花纱交换百分之二十六,至全年纱布产量不但未受影响,且较上年增加。而销货数量,则仅占产量百分之九十四,纱销通居百分之四十九,沪居百分之五十一,布销通百分之十八,沪居百分之八十二。"③ 1948年,该厂全年实销棉纱上海占73%,南通占27%;实销棉布上海占93%,南通占7%。④ 大生企业所产棉布主要销往上海,原因之一是"大生棉布一向以16磅粗布为主,其销售由上海大生事务所开盘,经捐客运销天津、江西、福建等地,四川和烟台也有销路,但在通海一带销路却不畅,这是因为通海农民习惯穿着手织土布的缘故"。⑤

继大生纱厂创立后,又有广生机器榨油股份有限公司等企业开办。它们的设立和经营同样与上海有着密切的关联,张謇印行的《南通地方自治十九年之成绩》载:

---

① 本书编写组:《大生系统企业史》,江苏古籍出版社,1990年,第122、123、124页。
② 张謇:《南通纺织专门学校旨趣书》(1914年),张謇研究中心、南通市图书馆:《张謇全集》,江苏古籍出版社,1994年,第4卷,第130页。
③ 南通市档案馆、张謇研究中心编:《大生集团档案资料选编》,纺织编(二),方志出版社,2003年,第263页。
④ 南通市档案馆、张謇研究中心编:《大生集团档案资料选编》,纺织编(二),方志出版社,2003年,第282页。
⑤ 本书编写组:《大生系统企业史》,江苏古籍出版社,1990年,第116、117页。

通自有大生纱厂以来,四乡棉产旺,棉核出数因亦日增而流于外。土法榨制不良,油既混浊,饼亦粗杂。张謇念大生纱厂所轧棉核数亦匪细,与其以生货卖出,不如自制熟货,因倡议就通创榨油厂,专榨棉油以利用之。择地唐家闸大生厂之北,禀案纠股购机建屋,自光绪二十七年夏议办,二十九年春告成。集股、办事各章程另有单行印本。其制法参仿美国名厂,其资本初仅集股银五万两,嗣以机器系廉价转售上海华盛纱厂前代山西办而未用之件,式样旧而榨床少,出货不多。二十九年秋,续招股银十万两,添建新厂,购置美国机器,周岁竣事。自此每日夜可榨棉核八百石,出货增多,销路日畅。油销于本地者仅十之二,余皆运销常州、江宁、上海等处,有时由沪上各洋商购销欧美。饼除通海两境尽销外,余数尽由沪上日商购运东洋各埠行销。①

立足南通,依托上海,谋求企业发展的广阔空间和加快南通的近代化进程,可以说是张謇实业建设的基本方略。其成效显著,1899年(光绪二十五年),大生纱厂纱锭数居全国民间资本纱厂纱锭总数的6.06%。至1913年,包括大生二厂在内,上述比例增至13.80%。直至1923年,与无锡相比,大生纺织系统在纱厂规模、资本额及全系统总资本方面,仍高于申、茂、福系统。②

二、以沿海地区为重心的浙江工矿业

与上海相比,浙江近代工业的起步稍晚。直到1885年(光绪十一年)前后,宁波才出现一家机器轧花厂,购置日本制造的40台铁制轧花机加工棉花。此后,又有严信厚等人集资白银5万两,于1887年(光绪十三年)在宁波创办通久源机器轧花厂。宁波海关资料载:"在工业方面,最重要的是1887年用中国资本建立了一家由外国机器进行生产的轧棉公司。公司名称是通久源,开始营运时资产为白银50 000两。那些机器包括蒸汽机和锅炉,及40台日本大阪产的轧棉机。"整个厂区沿甬江的北岸共有200英尺长,"工厂整年日夜不停地开工,雇用了三四百人,还雇佣了日本工程师和机械师。1891年轧出净棉的销售量是30 000担,籽棉由附近的棉产区收购并船运至厂内"。1896年(光绪二十二年),又有一家投资300 000银两的纱厂开业,"系由宁波和上海的有钱的中国人所集股";1901年(光绪二十七年)时,有工人750人,月产纱2 500担。③ 此前的光绪十五年(1889年),一些宁波商人曾集资在慈溪开办火柴厂。④

杭州开埠后,英国怡和洋行于1897年5月(光绪二十三年四月)在海关附近建

---

① 张謇印行:《南通地方自治十九年之成绩》,张謇研究中心、南通博物苑2003年重印本,第6—7页。
② 严学熙:《近代中国第一个民族资本企业系统》,《中国社会经济史研究》1987年第3期。
③ 陈梅龙等译编:《近代浙江对外贸易及社会变迁——宁波、温州、杭州海关贸易报告译编》,宁波出版社,2003年,第45、80页。
④ 陈国灿:《浙江城市经济近代演变论述》,邹振环等主编《明清以来江南城市发展与文化交流》,复旦大学出版社,2011年。

立了1家丝织厂。同年,有1家华资棉纺厂设立,拥有纱锭15 000枚,时至1911年(宣统三年),"棉纱平均年产量为2 000 000磅"。① 据不完全统计,1895年(光绪二十一年)至1900年(光绪二十六年),浙江全省先后出现的近代工业企业有20多家,分布于宁波、杭州、温州等口岸城市和嘉兴、绍兴、慈溪、萧山、嘉善、平湖、桐乡、海盐、余杭、富阳、瑞安等沿海中小城市。其中以棉纺织业和缫丝业居多,如宁波的通久源纱厂、杭州的通益公纱厂、萧山的通惠公纱厂和绍兴的开源永缫丝厂、杭州的世经缫丝厂、萧山的合义和缫丝厂等。

1901年(光绪二十七年)清末新政启动,浙江工业发展的脚步加快。据不完全统计,清末十余年间,浙江各地新办的工业企业有90多家,分布于26个城市。在地理分布上,由原先局限于宁波、杭州、温州等通商口岸城市及东部沿海城市,扩大至金华、衢州、丽水、湖州、兰溪、义乌、诸暨、孝丰等一些内陆城市。在行业方面,涉及棉纺织、丝业和丝织、粮油食品加工、日用品、造纸、印刷、建材、照明等门类。②

杭州的近代工业,要到民国初年才有较明显的起色,1917年从美国留学归来的蒋梦麟在杭州目睹:"杭州是蚕丝工业的中心,若干工厂已经采用纺织机器,但是许多小规模的工厂仍旧使用手织机。一所工业专科学校已经成立,里面就有纺织的课程。受过化学工程教育的毕业生在城市开办了几家小工厂,装了电动的机器。杭州已经有电灯、电话,它似乎已经到了工业化的前夕了。"③1914年至1926年,浙江全省创办的工业企业仅丝织、棉纺织、五金机械、电力行业就有200多家,远远超过此前全省各类工业企业的总数。1920年至1927年,全省新办的工厂有225家,其中工人在百人以上者有38家。工业门类也从原先以棉纺织和丝织业为主,扩大至针织、印染、造纸、碾米、食品加工、卷烟、制药、五金机械、电力、通讯器材、皮革、日用化工等行业。

工业企业的生产规模明显扩大。1912年创办的杭州纬成公司,最初有缫丝和织机110台,至1923年已增至848台,经营资本240万元。1915年创办的杭州天章绸厂,采用电力织机,至1920年已有雇佣工人1 700多人。由杭州通益公纱厂重组扩建而成的鼎新纺织公司,至1920年已拥有纱锭20 360枚,织布机320台,雇佣工人1 800多人。创办于1905年的宁波和丰纱厂,至1917年其纱锭由原先的11 700多枚增至23 000多枚,资本额增至90万元,1919年获净利140余万元,1920年为150余万元。1911年(宣统三年)创办的杭州光华火柴厂,数年间经营资本由5万元增至50万元,厂区面积扩大至70多亩,雇佣工人增至1 200多人。1914年开办的杭州武林铁工厂,由最初主要制造机器零配件发展为制造提花机、柴油机、

---

① 陈梅龙等译编:《近代浙江对外贸易及社会变迁——宁波、温州、杭州海关贸易报告译编》,宁波出版社,2003年,第218、238、252页。
② 陈国灿:《浙江城市经济近代演变述论》,邹振环等主编:《明清以来江南城市发展与文化交流》,复旦大学出版社,2011年。
③ 蒋梦麟:《西潮与新潮——蒋梦麟回忆录》,东方出版社,2006年,第129页。

织绸机等整机,成为浙江规模最大的机器制造厂。

浙江工业企业的地理分布进一步向内陆伸展,湖州、德清、金华、东阳、义乌、衢州、丽水、遂昌等地发展较显著。浙江早期工业大多开设于大中城市,而此时县级城市的工业企业纷纷开办。1914年至1926年新设企业中,约30家棉织企业有近10家在县城,15家缫丝企业有6家在县城,20家五金机械企业有4家在县城,70多家电厂有33家在县城。1914年至1924年,新设的15家针织企业有7家在县城;新开办的火柴厂则都在县城。1920年至1926年新设的9家罐头食品厂,有6家在县城。与此同时,杭州、宁波等沿海口岸城市的工业特色渐趋形成,其中杭州的丝织工业发达,1912年至1926年先后开办的缫丝和织绸类企业有25家;宁波则以棉织等轻工业为主。①

1912年至1921年间,宁波城区新建近代工厂24家。到1921年,整个宁波地区已有近代工厂企业50多家,1932年增至158家,成为全省近代企业最为集中的地区。作为支柱产业的纺织业,1916年通久源纱厂拥有纱锭1.7万多枚,织机226台,资本90多万元。食品工业也颇具规模,建于1922年的鄞县乾大机器面粉厂是浙江创立最早的面粉企业,1931年建立的立丰面粉厂则是浙江当时规模最大的面粉制造企业。鄞县泰康、傅泰记两家碾米厂于1912年在全省首先采用机器碾米,其后宁波地区的碾米厂相继涌现,至1932年,鄞县、余姚、慈溪、奉化4县就有碾米厂115家,占全省碾米厂总数的25%。从1918年鄞县凤岙笋厂创办和1920年如生笋厂建立,到1928年宁波地区已有罐头厂20家,年需鲜笋原料1 000多万斤。1933年,宁波的纺织、织染、面粉、榨油、碾米、翻砂、造船、玻璃制造、电力、电灯、自来水、罐头、火柴、烟草等15个行业,共有工厂103家,投资总额261.97万元,雇用工人5 527名。其中,绝大多数为轻工业,造船、翻砂等机器制造业不仅数量少,投资规模也都很小。②

浙江近代采矿业比较落后。第一次世界大战前,虽然也有一些矿产开采,但都是土法。浙北长兴煤炭的开采,始于明嘉靖年间。清乾隆年间,被封禁。时至1913年7月5日,上海《申报》第一版刊载《浙江长兴煤矿股份公司招股广告》,称钟仰贻等人"在长兴县合溪乡西山界内,共集资本购买山田,禀准立案,试勘煤矿,业已见煤。煤层甚厚,煤质极佳,现拟实行开采",先招股4万元。同年底,由刘长荫接办,他与刘万青共同筹建长兴煤矿公司。

最初仍用土法开采,1915年聘请德国矿师毕象贤对全矿进行策划设计,聘德国矿师库赊驻矿指导开采。第一次世界大战爆发后,中国宣布参战,德国公民被遣回国。于是又聘请法国人龚达明为矿师,指导开采。1918年改组为长兴煤矿有限

---

① 陈国灿:《浙江城市经济近代演变述论》,邹振环等主编《明清以来江南城市发展与文化交流》,复旦大学出版社,2011年。
② 傅璇琮主编:《宁波通史·民国卷》,宁波出版社,2009年,导论,第6—7页。

公司,资本增加到 220 万元,在矿井内装设汽绞车吊卸采掘的煤炭,开始采用机器采煤。这是浙江商办机器采矿业的开始。公司推举朱葆三、刘长荫、朱志尧、刘万清、虞洽卿、刘汉宾、易楠桢、沈先立、黎秉经、胡英初、袁促符为董事,推刘长荫为总理,刘万清为协理。1922 年,建成煤矿至码头的运煤小铁路。1924 年上半年,日采煤炭已达六七百吨。①

浙江平阳矾矿闻名于世。第一次世界大战以前,平阳生产的明矾,销路限于国内。大战爆发后,意、美、澳等国明矾来源断绝,国产明矾销路大畅,价格由原先每担 2—3 元涨至 7—8 元,平阳矾窑由原来的 20 余处增加到 40 多处,产品还远销国外。1921 年,浙省出口明矾比第一次世界大战前的 1912 年增加 32 902 担。金华、义乌、武义、永康等地有氟石矿,1917 年开始采掘,最初年产量 500 吨左右,1921 年以后产量迅速增加。当时浙江氟石矿的产量,占全国总产量的 90% 以上。②

三、民间资本的工矿业投资

在江浙沪近代工业产生的初期,买办和买办商人资本的投入占了相当大的比重,"对兴办近代企业起过决定性作用。估计在 1862 年至 1873 年,他们为上海 6 家航运公司提供了 30% 的资金;1863 年至 1886 年,为开办煤矿提供了所需资金的 62.7%;1890 年至 1910 年,为中国 27 家大棉纺织厂提供了 23.23% 的资金,同一时期还为中国机器制造业提供了所需资本的 30%"。③

整个 19 世纪,有华商附股的外国在华企业资本累计在 4 000 万两以上。在不少外资企业里,华股约占公司资本的 40%;琼记洋行、旗昌、东海轮船公司和金利源仓栈等,华股都占一半以上;怡和丝厂和华兴玻璃厂,华股占 60% 以上;大东惠通银行和中国玻璃公司,华股甚至达到 80%,其中大部分是买办资本的投入。另据统计,19 世纪末到 20 世纪初,中国本国资本的近代棉纺、面粉、轮船航运、毛纺、缫丝、榨油、卷烟、水电等企业的投资人中,买办的投资约占总人数的 20% 至 25%。④ 1890 年(光绪十六年)至 1913 年,上海、南通、无锡 38 家民族资本近代棉纺织、面粉、榨油、金属加工、火柴、缫丝企业中,已知其身份的创办人或投资人共 42 人,其中买办和买办商人 26 人,官僚 10 人,钱庄和一般商人 6 人,从买办转化而来的占大多数。⑤

浙江南浔著名的号称"四象八牛"丝商的 12 个家族,在经营生丝出口致富后,大多有向近代经济部门涉足的经历,投资工业和金融等业。其中"四象"之首的刘

---

① 朱健安等:《辛亥革命前后的湖州工业》,《湖州师专学报》1991 年第 3 期;金普森等主编:《浙江通史》,浙江人民出版社,2005 年,第 11 卷,第 106 页。
② 金普森等主编:《浙江通史》,浙江人民出版社,2005 年,第 11 卷,第 106 页。
③ (美)费正清编,中国社会科学院历史研究所编译室译:《剑桥中国晚清史》,中国社会科学出版社,1985 年,下卷,第 614 页。
④ 王水,《清代买办收入的估计及其使用方向》,《中国社会科学院经济研究所集刊》第 5 辑,中国社会科学出版社,1983 年。
⑤ 丛翰香:《关于中国民族资本的原始积累问题》,《历史研究》1962 年第 2 期。

镛除了在上海、杭州等地置买房地产,还在南通投资通海垦牧公司。其子刘锦藻继而投资沪杭铁路,任董事兼协理,在杭州还投资浙江兴业银行,在上海设立大达轮埠,在南浔与人合资创办浔震电灯公司。"四象"之二的张颂贤经营过通运公司,并投资于浙江兴业银行和上海中国银行。"四象"之三的庞云增的儿子庞莱臣在上海投资中国银行,收买外商正广和汽水公司的大量股票,又开办龙章造纸厂,自任总理,在杭州投资于浙江兴业银行、沪杭铁路公司,在浙江德清县创办大纶缫丝厂,在苏州与人合资创办纱厂和印染厂。"四象"之四的顾福昌在上海买下美商外洋轮船货运码头——金利源码头,并建造堆栈,业务兴旺。

"八牛"中的邢赓星、周昌大、邱仙槎、陈煦元等及其后人也都曾向新式企业投资,其中如周昌大其子周庆云曾投资于苏杭铁路和浙江兴业银行,并在杭州开设天章丝织厂,投资于虎林丝织公司,又在湖州开办模范丝厂,在嘉兴设立秀纶和厚生丝织厂,在南浔投资于浔震电灯公司,还发起开采浙江长兴煤矿。①

与南浔籍人有所不同,明清以来苏州洞庭商帮就颇具实力,但在上海开埠前,源于以苏州为中心的江南城镇体系和以大运河为基干的南北交通网络,他们的活动区域主要分布在镇江以西长江沿岸和大运河沿线。自上海崛起,洞庭商人审时度势,将经营重点及时转向上海,在依附外商从事进出口贸易的过程中发展很快,在钱庄、银行业的实力尤强,并不乏投资近代工业者。②

此外,如宁波籍商人叶澄衷在上海推销进口五金器材致富,陆续开设了多家五金商行。后又投资近代工业,1890年(光绪十六年)出资20万元在上海独资开办燮昌火柴公司,1893年(光绪十九年)又投资开办伦华缫丝厂,1897年(光绪二十三年)合资开办汉口燮昌火柴厂,资本42万元。其他各个商业行业中,有的进口商积累起相当资本后就投资仿造自己向来经销的同类进口货,例如做进口西药生意的药房投资生产西药,上海的民族资本西药工业企业,大部分是从药房发展来的。③

据考察,在1872年(同治十一年)至1894年(光绪二十年)开设的74家民族资本工厂中,确属上海、广州、福州、宁波等地商人投资的约有17家。④ 甲午战后,这类由商人投资的近代企业屡见不鲜。上海1896年(光绪二十二年)至1911年(宣统三年)间,"据不完全统计,棉纺织、火柴、肥皂、轧花、染织、缫丝、面粉、榨油、卷烟、造纸等行业总共新设的50多家工业企业,除少数几家是属于官督商办或官商合办外,其余全系民办,投资人虽有少数买办和退职官僚,但大部分却是商人"。⑤ 如上海就有不少棉布商、呢绒商纷纷投资开设染织厂、纱厂、毛绒厂等。在镇江、无

---

① 丁日初等:《对外贸易同中国经济近代化的关系》,《近代史研究》1987年第6期。
② 中国人民银行上海市分行编:《上海钱庄史料》,上海人民出版社,1960年,第750—752页;张海鹏等:《中国十大商帮》,黄山书社,1993年,第348页。
③ 丁日初等:《对外贸易同中国经济近代化的关系》,《近代史研究》1987年第6期。
④ 孙毓棠编:《中国近代工业史资料》第1辑,科学出版社,1957年,第1166—1169页。
⑤ 上海社会科学院经济研究所:《上海资本主义工商业的社会主义改造》,上海人民出版社,1980年,第6页。

锡等苏南新起的出口蚕丝产地,近代缫丝业也相继创办。1896年(光绪二十二年)底,扬州严氏集资在镇江开办缫丝厂,从上海雇佣300名熟练女工,又在当地招募女工150余名,产品全经上海外销。次年1月8日,《北华捷报》称:"此为镇江的一项新事业,而为关心缫丝业者所注视。"1902年(光绪二十八年)镇江有缫丝厂2家,工人近800名,"遇有蚕茧运到,无论昼夜,工作不辍"。[①]

1904年(光绪三十年),曾在上海合办永泰丝厂的富商周舜卿在无锡创办裕昌丝厂,加工生丝运往上海出口。初有丝车96台,后增至330台,工人也从300多人增至850人。生丝出口贸易的扩大及近代缫丝技术的传入,促使无锡发展成为长江三角洲又一个机器缫丝集中产地,与上海的经济联系也更加密切,无锡作为苏南地区新兴的工业城市,已初露端倪。可见,近代中国商业资本的发展,除了进一步促进城乡各地间商品流通,亦有为民族资本主义工业的发生发展积聚资本的积极作用。而且随着民族工业的发展,它们经销民族工业产品的比重也在逐步增加。

民间资本的矿业投资,也引人注目。江苏徐州利国驿煤铁矿,开始筹划于1882年(光绪八年),由一个候选知府胡恩燮主持,最初计划集资10万两,同时开发煤、铁两矿,希望在见到成效以后逐渐扩大。矿局主持人和上海瑞生洋行商洽订购开采煤炭、炼铁的各种机器,其中包括"熔化生铁大洋炉1副,配用熟铁炉20余座,并拉铁全副机器,以及采煤项下开井、戽水、提煤、通风各项机器",共约需白银30余万两。主持者热情很高,反对因循观望,主张一气呵成,决定集资50万两,准备大举,并声言"不请官本,一律由商集股办理"。

19世纪80年代初,社会游资对矿业很有热情。利国驿煤铁矿刊登招股启事后,上海、南京一带要求认购股份的官、商,十分踊跃,登记入股的达七八千股之多(每股银100两)。等到订购机器、修建厂房、请领官山、洽购民地等工作略见眉目,正要兴工开井时,恰遇上中法战争以及随之而来的上海金融风潮,上海、南京各地金融混乱,以致原来争相认购的官僚和商人都以时局紧张、金融动荡为借口,拒绝缴纳股金。因此,矿局实际上收到的股款还不及认购额的三分之一。这时,据说两江总督左宗棠对该矿表示"关注",曾饬江宁藩司酌提官款若干接济。即使如此,原来设计的煤铁并举的计划仍因资本短绌,无法实现,矿务局遂决定暂停炼铁,先行开发煤矿。

1884年(光绪二十年),利国驿矿务局在钻探过程中发现了良好煤层,其厚度达1.2丈,而且煤质优良,蕴藏量估计还胜过开平煤矿。但矿务局限于资本力量,只能部分地使用机器进行生产,即"用土法取煤,以机器提水",产量的提高自然受到影响。同时,矿山的运输条件也非常落后。从矿山运煤到徐州或萧县,只能利用畜力转运;水路方面虽有运河可供利用,但从韩庄到清江,沿途多"浅滩悬流","船

[①] 汪敬虞编:《中国近代工业史资料》第2辑,科学出版社,1957年,第1196页。

运艰阻",生产和运销严重脱节,以致矿局"存煤山积,坐亏成本"。

1885年(光绪二十一年),矿局曾动员旧股东中的大户,"添本扩充",而这些"大户"多数是苏、扬一带的商人,夙负盛名的盐商李培松就是其中之一。但所增集到的资本仍然为数有限,不足以支付原来订购机器的全部价款。因之,机器仍"不能取回",生产状况长期不见起色。

1887年(光绪十三年),利国驿煤矿经过多种努力之后,仍不见转机。主持人胡碧澄亲自到天津去要求李鸿章收受全矿,改由海军衙门办理。李鸿章鉴于利国驿煤矿产量丰富,煤质优良,很想接手。他特电上海轮船招商局总办马建忠,询问能否立即派矿师到徐州勘查;稍后又交给亲信盛宣怀办理。盛则派上海电报局主持人经元善亲到徐州调查估价。经过实地考察和研究后,经元善在1890年(光绪十六年)提出了一份比较详细的开采利国驿煤铁矿的建议书,就建炉厂、验煤层、修水道、建铁路、造船只、浚运河、通电报、免税厘、开钱庄、买客煤等10个方面提出具体的意见。但海军衙门始终不曾接手,利国驿煤矿也只得在亏蚀中拖延岁月。直到1898年(光绪二十四年)后,才改由一个与张之洞有联系的官僚周冕从"粤东集股",正式接办。[①]

辛亥革命后,又由袁世凯的族弟袁世传于1912年接办,将其改名为贾汪煤矿公司,并修建了贾汪到津浦铁路柳泉站的铁路支线,改变了此前煤炭运输主要靠人运、马拉的方式。1915年,陇海铁路徐州至开封段建成通车,与已建成的津浦铁路形成网络,徐州成为中国东部铁路枢纽之一,更便利了煤炭的外运。1922年,徐州又成为"自开商埠"的城市,次年煤炭产量达18万吨,为历年来的最高年产量。此后因战乱,无法正常生产。1929年,由上海实业家刘鸿生接办,并于1931年2月将贾汪煤矿公司更名为华东煤矿股份公司,煤矿生产渐有起色。1934年,煤炭年产量达34万多吨。煤炭工业的发展,带动了其他工商业。除了煤矿和机车车辆修理厂,徐州相继有利国铁矿、宝兴面粉厂、江北火柴厂、耀华电灯厂、铁工厂、蛋品厂、印刷厂等工矿企业兴办。1930年代前后,榨油、酿造、面粉、火柴、皮毛、纺织等轻工业和手工业在徐州较为兴盛。1936年,徐州城市人口超过13万,成为江苏、山东、河南、安徽四省交界地区规模最大的城市和商品集散中心。1938年5月,日本侵略军占领徐州,当地工商业遭受重创。抗日战争胜利后,国民政府经济部接收由日军把持的徐州煤矿,将其改为民营"华东煤矿股份有限公司",由刘鸿生负责经营,企业始渐有生机。[②]

四、江浙沪工业的空间特征

口岸开放带动了中国沿海沿江地区的外向化经济增长,口岸城市不仅是中国

---

① 严中平主编:《中国近代经济史(1840—1894)》,经济管理出版社,2007年,第1075、1076页。
② 薛毅:《试论煤炭工业对徐州城市发展的历史作用和影响》,《江苏师范大学学报》2013年第1期。

商业和交通最发达的地带,也是近代工业最集中的地带。① 口岸城市贸易中心地位的确立,也诱导了资本与企业的集中,一些外国资本和本国资本开始在口岸城市建立近代工业,利用当地原料与劳动力生产工业制成品,就近销往内地。长江三角洲地区与世界经济体系发生了前所未有的联系,推动了近代工业的产生和发展,加速了区域经济结构的变迁。

1895年(光绪二十一年)之前,上海是中国最大的贸易口岸和商业贸易中心。20世纪后,上海迅速成长为中国以至远东的工业、商贸、金融和经济中心。1900年(光绪二十六年)前后,上海开始从贸易中心向工业中心转变,尤其是轻工业中心。20世纪二三十年代,上海已经成为中国的工业中心。1933年,上海的制造业产出占全国总产出的50%,上海的纱锭占全国的50%—60%,发电量占全国的50%。1931年,上海吸收了外国在华投资的34%,制造业外国直接投资的67%集中在上海,1896年(光绪二十二年)至1936年,全国外贸的50%经过上海,1936年,上海占有全国金融资产的47.8%。② 徐新吾、黄汉民辑录的1933年价格——上海历年工业总产值,证实了上海工业的快速增长,1896年(光绪二十二年)至1936年间,工业部门的年均增长率为8.7%,1912年至1936年的年均增长为9.6%。③

马德斌采用刘大中、叶孔嘉、巫宝三等人的数据,估算了1933年江苏、浙江两省(包括上海)13个部门的国内净生产值,以及在全国的比重,发现江、浙两省现代工业占全国总产值的6.44%(全国的平均水平为2%),1933年江、浙两省现代工业与制造业(包括传统形式的手工业)的净生产值比率为0.34%(全国的平均水平为0.24%)。确实,江苏南部、浙江北部的经济结构,已经明显有别于传统的农业经济。如果更进一步揭示工业生产的空间分布,就可以推进马德斌的工作,并能给予解释。图4-1显示了1933年江、浙两省长三角地区各市县工业企业状况。

此图所标示的工业规模并不局限于使用动力的现代工厂,有些市县如绍兴、吴兴县等工业企业虽然很多,但大部分工厂为丝绸业小作坊,资本额较低,平均人数较少。大机器工业主要集中在上海市、无锡县、杭县、南通县、南京市,这五个地区的工厂资本额占长三角工厂资本总额的85.61%,工人数的75.98%。如图所示,资本总额较多的市、县大多分布在沿江——沪宁——沪杭——杭甬沿线,而以沿江与沪宁沿线更为集中。

20世纪30年代,上海工业生产中的一些低附加值产业开始逐步向外围尤其是江苏迁移。江苏的近代工业主要集中在南京至上海的长江沿岸地区,主要分布在以沪宁铁路为中轴的长江南岸至太湖流域东北部的狭长地带,尤其是苏州(吴县)、

---

① 本目以下内容由方书生撰稿。
② 熊月之主编:《上海通史》,上海人民出版社,1999年,第4卷,第19、21页;张仲礼主编:《中国现代城市:企业·社会·空间》,上海社会科学院出版社,1998年,第313页。
③ 徐新吾、黄汉民:《上海近代工业史》,上海社会科学院出版社,1998年,第311—342页。

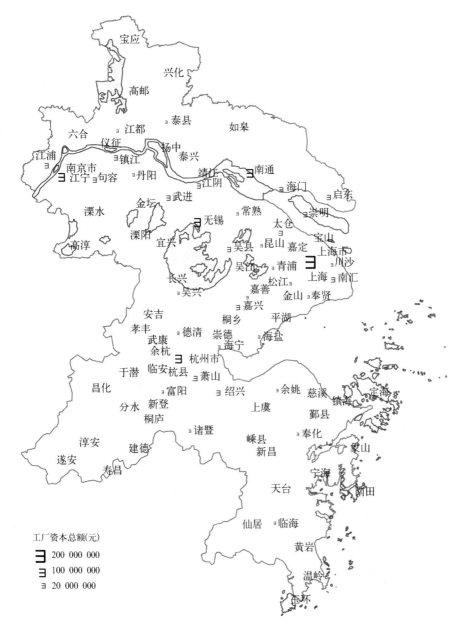

图 4-1 1933 年长江三角洲地区工业规模分布

无锡、常州（武进）、镇江、南京。这一地带是江苏也是全国棉纺织业、丝绸业、粮食加工业及机器制造业最发达的地区之一，它集中了全省工业投资额的 75%，全省工业总产值的 79%，其中包括全省轻工业三大行业中棉纺业总产值的 64%、缫丝业总产值的 100%、面粉业总产值的 71.5%。江苏近代工业较为集中的另一地区，是以南通为中心，北自扬州，南至启东、海门、崇明一带的长江北岸区域。主要以棉纺

第四章 近代工业 **131**

织工业为主,占江苏全省棉纺织工业总产值的36%,面粉工业总产值的8.9%。江苏近代工业分布不均衡,除了以上两个地区外,全省其他地区的工业极为薄弱,投资额只占全省的2%,产值只占全省的3%。① 相对于江苏省,近代浙江省的工业相对不发达,仅杭县、鄞县等少数市、县近代工业较为集中,大部分地区近代工业较弱。

  如上所述,近代企业绝大部分建立在通商口岸或靠近通商口岸的地方,其中以上海为最多。外资企业除了矿场外,规模较大的工厂(如机器造船厂与纺纱厂,水、电、煤气工业和烟草工业),都集中在上海与几个通商口岸。由于租界享有各项特权,尤其是产权保护,为经济增长奠定了良好的制度基础。此外,上海等通商口岸提供了举办大工业所必需的现代金融、交通、动力等方面的有利条件,形成集聚效应,外资企业自然集中于此。同理,中国本国资本的近代企业,绝大部分也集中在通商口岸地区,便于机器和技术的输入,便于水、电、煤气工业和烟草工业等加工出口企业,便于在产业的上下游联系中获得增长机会,例如附属于口岸的航运业需求的船舶修造与机器修理厂。总之,现代工业尤其是规模较大的工业,通过在口岸城市的集中,获得聚集经济所带来的报酬递增效应。与此同时,上海因其工业中心的地位,从其他地区吸引了大批劳动力进入;上海的一些企业家为了追求更多的利润,反过来流向原材料供应和劳动力成本更低的上海邻近地区,最显著的例子是无锡成为"小上海",在20世纪30年代成为中国第五大工业城市。近代无锡的企业资本很大程度上来自上海,南通的情况也比较类似。

  随着区域分工的深化,各区域经济发展的专业化倾向强化,同时区域间竞争的加剧也促成了区域之间相互依赖的加深。按照产业经济学的原理,区域经济发展到一定的程度,必然要带来产业的"梯度转移",实现经济发展的重心逐渐从沿海向内陆辐射,形成区域经济发展合作。通过合作可以冲破要素区际流动的障碍,促进要素向最优区位流动,使得区域资源配置优化。在上海、青岛、武汉、天津、无锡和南通六大纺织工业城市中,1913年上海的纱锭数名列第一,南通第三,无锡第四(1936年无锡上升为第三,南通第四),② 从工业生产上述空间的变化,也可显示近代长江三角洲区域经济增长进程中中心与边缘的集聚扩散效应。

---

① 林刚、唐文起:《1927—1937年江苏机器工业的特征及其运行概况》,《中国经济史研究》1990年第1期。
② 严中平等编:《中国近代经济史统计资料选辑》,科学出版社,1957年,第128页。

第五章　农业和手工业

江浙沪地区的农业和手工业,鸦片战争后,受以上海为代表的口岸经济的促动,发生相应变化和重组。

第一节　农产品的商品化

上海等近代通商口岸城市的崛起,对相关农村经济的直接触动,是受口岸经济推动的农产品商品化进程。

一、口岸经济的带动

鸦片战争前,中国农产品的商品化已经有了一定程度的发展。茶叶、烟草、蚕桑等基本上已是商品性生产。棉花和大豆主要还是用于自给,但在某些集中产区也有商品性生产。粮食是自给性生产,有余才出售,但因产量大,商品粮的绝对量也大,在市场的流通量中位居第一。其结构性的变化,是在鸦片战争以后。

与自然经济的分解相类似,鸦片战争后农产品商品化的发展,是和外国资本主义入侵相关的,是与资本主义列强的需求,即对中国农副产品的大量收购联系在一起的。以茶叶为例,鸦片战争前,茶叶一直是主要的出口商品,当时自广州输出国外的货物以茶叶为最大宗,其次才是生丝、土布、陶瓷等。五口通商后,茶叶出口大幅度上升。

1847年(道光二十七年),在浙江产茶区游历的英国人福钧记述说:"当茶叶准备出售时,大茶商或他们的帮手从产茶区的主要城镇出现,在所有小客栈或饭店里找到他们的住处……茶农带上他们的产品供检验和出售。现在也许可以看见这些小户农家或他们的雇工沿着不同的道路来去匆匆,每人跨肩的竹扁担上挑着两只篮子或箱子。他们来到商人的住处,当面打开篮子,商人验看了茶叶的质量,如果价格为双方接受,便一拍成交。"[1]在当时最大的商埠上海,自19世纪50年代始,茶叶出口数量大多保持在5 000万磅以上,较之1845年(道光二十五年)增长了10余倍,其中1855年高达20余倍。[2] 第二次鸦片战争后,通商口岸增辟,茶叶出口有增无减。1867年(同治六年),中国供给了欧美国家茶叶消费总量1.9亿磅的约90%。[3]

伴随茶叶出口大量增加而来的,是各地新辟茶园增多,茶叶种植面积在原有基础上迅速扩大。如当时人所指出的,这主要是受出口需求增多的刺激,同时也与植

---

[1] (美)郝延平著,陈潮等译:《中国近代商业革命》,上海人民出版社,1991年,第195页。
[2] 姚贤镐编:《中国近代对外贸易史资料》,中华书局,1962年,第582页。
[3] (美)里默著,卿汝楫译:《中国对外贸易》,三联书店,1958年,第15页。

茶较之播种粮食作物获利稍多有关。① 在浙江宁波地区,茶园主要分布于鄞县、慈溪、奉化、镇海、余姚等地,茶树种植面积约为21 503亩。鄞县的茶园,主要在西乡,东乡次之,南乡最少;慈溪的茶园,主要在陆家埠山中;奉化的茶园,主要在溪口、亭下等处;镇海的茶园,主要在塔寺岙、慈岙等地;余姚的茶园面积最大,主要在大岚山一带。余姚、慈溪、奉化、镇海四地年产绿茶16 154担,主要销往上海。②

在棉花、蚕桑等其他几种经济作物方面也有反映,种植面积不断扩大。鸦片战争前和战后初期,曾有不少洋棉进口,以供中国手工棉纺织业之需。19世纪60年代后,随着自然经济的分解,再加英国棉纺织工业受美国南北战争影响,原料供应受阻,转而求诸印度和中国,接着又有日本机器棉纺织业的兴起,需要大量的棉花供应。出口需求的激增,大大刺激了棉花种植面积的扩大。上海周围农村,"均栽种棉花,禾稻仅十中之一"。江苏如皋、通州(今南通——引者)、海门一带,"一望皆种棉花,并无杂树"。一些原来并不产棉的地区,也开始大量种植棉花,"江西、浙江、湖北等处向只专事蚕桑者,今皆兼植棉花"。③ 自1888年(光绪十四年)后,在进出口方面,棉花由原先的入超,变为出超。1894年(光绪二十年),进口棉花为43 103担,而出口则达747 231担,是前者的16倍余。④ 美国《纽约时报》1909年6月4日载:1908年,中国棉花丰收并"首次输往美国,因此贸易量较小,总价仅为66 900美元,中国90%的(出口)原棉销往日本"。⑤

鸦片战争前,生丝平均出口量约9 000担,按每担350元计,约值315万元,折合202.17万海关两。五口通商后,生丝出口增长甚快,到1894年(光绪二十年),出口达83 204担,值2 728万海关两。⑥ 1909年6月4日美国《纽约时报》以"1908年的上海:对美贸易出口1 055万美元"为题,引述时任美国驻沪领事田夏礼发表的统计数字称:"邻近上海的乡农们大约在6月1日收集蚕茧,生丝会以最快的速度运到港口,出口到其他国家。下半年的工作量最大。1908年从上海出口到美国的生丝总价达到5 250 216美元,其中86%是下半年运出的。"⑦

生丝出口的持续增长,促使国内桑树种植面积和蚕的饲养也在不断扩大。太平天国失败后,江浙等地在战乱抛荒的许多土地上改种了桑树,有些地区原来蚕桑业并不发达,这时有了显著的发展。江苏昆山县,"旧时邑鲜务蚕桑,妇女间有蓄之。自国朝同治中,巴江廖纶摄新阳县事,教民蚕桑,设公桑局,贷民工本,四五年后,邑民植桑饲蚕,不妨农事,成为恒业"。丹阳县原来蚕桑业也不发达,"兵燹(指太平天国战争——引者)后,闲田既多,大吏采湖桑教民栽种,不十年,桑阴遍野,丝亦渐纯,

---

① 李文治编:《中国近代农业史资料》第1辑,三联书店,1957年,第449页。
② 傅璇琮主编:《宁波通史·民国卷》,宁波出版社,2009年,第266页。
③ 李文治编:《中国近代农业史资料》第1辑,三联书店,1957年,第418—422页。
④ 姚贤镐编:《中国近代对外贸易史资料》,中华书局,1962年,第1249页。
⑤ 郑曦原编:《帝国的回忆:〈纽约时报〉晚清观察记(1854—1911)》,当代中国出版社,2011年,第99页。
⑥ 许涤新等主编:《中国资本主义发展史》第2卷,人民出版社,1990年,第286页。
⑦ 郑曦原编:《帝国的回忆:〈纽约时报〉晚清观察记(1854—1911)》,当代中国出版社,2011年,第99页。

岁获利以十数万计"。①

邻近的无锡、镇江等县,都有类似情形。1880年5月4日(光绪六年三月二十六日)《申报》载:"自兵燹以来,该处(指无锡——引者)荒亩隙地尽栽桑树,由是饲蚕者日多一日,而出丝亦年盛一年。近年来苏地(指吴县、吴江县——引者)新丝转不如金、锡(指金匮县、无锡县,1912年后金匮县并入无锡县——引者)之多,而丝之销场亦不为金、锡之旺。"据统计,光绪四年(1878年)苏州、常州、镇江三府生丝的总产量为355 335斤,其中苏州府为82 800斤,而无锡(属常州府)为138 000斤,超过苏州全府生丝产量的66.67%;1879年(光绪五年),上述三府生丝产量为392 840斤,其中苏州府为89 200斤,而无锡就有153 640斤,超过苏州全府生丝总产量的71.28%。19世纪70年代末80年代初,无锡一县的生丝产量就超过了江苏传统产区的苏州府,成为江苏最大的产丝县。当地所产生丝由丝行收购,贩运至上海卖给洋行输往欧美,或供盛泽、南京等地的丝织业作纬丝。

19世纪末20世纪初,无锡城乡有三大丝市:北门外北圹、南门外黄泥塄和东乡鸿山西侧的唐家桥。这三处共有丝行约30余家。《锡金乡土地理》载:"丝市至五六月间盛行于北门外北圹及南门外黄泥塄等处,乡民未售茧而自抽丝者,莫不捆载来城,以售其丝焉。东南乡之丝售于南门者多,西北乡之丝售于北门者多。盖北圹和南圹其地为商务云集之处,又为乡人来城之孔道。故丝市之盛每岁有数十百金之货。"而且"历来以春蚕丝为大熟,夏茧丝叫二蚕丝,秋期更少。当春丝上市时,在乡村通往县城的大路上,售丝农民肩背手提,络绎不绝,道为之塞"。另外,"西仓之东二里有鸿山,鸿山西阳有唐家桥,户口约数十户,无市街,惟每年四月间丝市甚盛。苏州丝商及邑人在此开设丝行七所,乡人售丝者甚多,每年收丝约值三十余万元。吾邑丝市除城南、北两处为丝市之中心点外,惟唐家桥之丝曰鸿山丝,为苏、沪驰名"。②

综合性的研究显示,民国初年后江苏省的蚕丝产区,是以沪宁铁路为中心向南北展开:向南自吴县至吴江,沿太湖以连接浙江之湖州、嘉兴,又自武进向西南至宜兴、金坛、溧阳;向北自无锡至江阴、常熟,更越长江而及海门、南通、靖江。其中以无锡、武进、吴江、吴县、江阴、宜兴等县最为发达。据1918年的估计,江苏全省产茧量共约30余万担,各区分配如下:无锡、江阴、常州,240 000担,占79.2%;溧阳、金坛、宜兴,21 000担,占6.9%;洞庭东西山,9 000担,占3%;镇江、南京、南通,33 000担,占10.9%,共计303 000担。1926年,江苏省的蚕茧产量估计为545 000担,上述各区所占比例大致不变。③据1936年的记载,"丝茧主要产地亦在江南之太湖流域,尤以湖之西北两岸为盛,全国产茧一千五百万担,而本省约占三

---

① 姚贤镐编:《中国近代对外贸易史资料》,中华书局,1962年,第1484、1488页。
② 严学熙:《蚕桑生产与无锡近代农村经济》,《近代史研究》1986年第4期。
③ 徐新吾等:《中国近代缫丝工业史》,上海人民出版社,1990年,第176、177页。

分之一",其中无锡"桑田约占全县田亩十分之三,农家皆以养蚕为收入大宗之一"①。有研究表明,从19世纪60年代一直到20世纪20年代,无锡蚕桑业的单位劳动收益基本上都高于稻麦耕作,而且在部分年份里远远高于稻麦耕作;当地农民之所以转向蚕桑业,是因为在国外市场对中国生丝需求的增加下,蚕桑业收益迅速上升。②

同一时期浙江省的蚕丝产区,大体可分为三区:曹娥江流域、钱塘江流域和太湖附近。浙江全省75个县中,产蚕丝者有58个县,20世纪20年代其鲜茧年产量约及全国年产量的31%,生丝(包括厂丝和土丝)年产量约及全国年产量的35.33%。1928年前,中国出口商品中,生丝居第一位,浙江一省输出的生丝(包括厂丝和土丝)占全国生丝出口额的30%强。总体而言,1914年至1926年间,浙江省的蚕丝业可称黄金时代;1927年起,渐趋衰落,但仍具一定规模。③ 据1936年的记载,"全省产蚕丝者达五十八县,全以种桑养蚕为专业者亦不下三十余县,全省养蚕户数八十余万户,产蚕一百零八万余担"。④

江浙两省蚕丝业的推进,是与以上海为中心的缫丝工业密切相关的,上海缫丝厂所用原料茧,大都采自江浙两省,尤以浙江省为最多,江苏次之,采自湖北、安徽省的为数很少。每年新茧上市,各丝厂及茧号纷赴各省收茧,浙江茧汛较早,故多先往杭州、嘉兴、湖州、海宁、萧山、平湖、诸暨各地收买。待浙江茧事结束,再往江苏省的无锡、常州、江阴、溧阳、金坛等处采购;同时亦往皖、鄂等省。⑤

经济作物种植业的发展,增加了对商品粮的需求,因而促进了粮食商品化的发展。特别是在农产品商品化较发展的江浙一带,经济作物的大量种植,使得粮田面积相对缩减,食粮不足部分需依赖内地产粮省份供给。于是便出现湖南、湖北等省的粮食,源源销往长江中下游地区的局面。据统计,1840年(道光二十年)中国国内市场的粮食流通量(包括运到通商口岸供出口的部分)为233亿斤,至1894年(光绪二十年)则达372.5亿斤,增长约60%。⑥ 1869年(同治八年),经上海、天津两地周转的国内米谷运销量分别是37 327担和16 037担,1890年(光绪十六年)则为4 770 226担和1 238 477担,增长幅度高达百余倍。⑦ 无锡米市也小有名气,1930年的《无锡年鉴》称:"碾米一业,在无锡实业上占重要地位。厂址俱在西门外一隅,而在江尖者更占半数。该业始创于废清宣统元年,迄民国十八年止,计有十四家之多。……所碾原料,系稻与糙米,来源大多属于安徽及本省,将其轧成白米,分售各处以充民食。"⑧

---

① 殷惟和:《江苏六十一县志》上卷,1936年铅印本,江苏省总说,物产。
② 张丽:《非平衡化与不平衡——从无锡近代农村经济发展看中国近代农村经济的转型(1840—1949)》,中华书局,2010年,彭慕兰序,第4页,万志英序,第4页。
③ 徐新吾等:《中国近代缫丝工业史》,上海人民出版社,1990年,第206,207页。
④ 余绍宋等:《重修浙江通志稿》,民国年间稿本,浙江图书馆1983年誊录本,第21册,物产,特产上,蚕丝。
⑤ 徐新吾等:《中国近代缫丝工业史》,上海人民出版社,1990年,第186页。
⑥ 吴承明:《中国资本主义的发展述略》,《中华学术论文集》,中华书局,1981年,第313页。
⑦ 李文治编:《中国近代农业史资料》第1辑,三联书店,1957年,第473页。
⑧ 王立人主编:《无锡文库(第二辑)·无锡年鉴(第二册)》,凤凰出版社,2011年,第34页。

近代中国农村自然经济逐步分解,农产品商品化日益提高。这种演变,在甲午战争后更趋剧烈。列强不断推进的经济扩张,通商口岸尤其是内地通商口岸的增辟,联结城市和农村的铁路、轮运里程的伸展,将中国农村越来越多地卷入世界资本主义市场体系,促使中国的自然经济加速分解,农产品商品化进程明显加快。与此相联系,中国农产品出口额大幅度增长。据统计,1893年(光绪十九年)中国农产品出口总值为2 842.3万元,占全部出口贸易总值的15.6%;到1903年(光绪二十九年)分别增至8 949.6万元和26.8%;宣统二年(1910年)又达23 195.7万元和39.1%。同一时期,外国商品对华输入有增无已。进口贸易净值指数,如以1871年(同治十年)至1873年(同治十二年)为100,则1891年(光绪十七年)至1893年(光绪十九年)为206.6,1909年(宣统元年)至1911年(宣统三年)为662.3。① 外国商品经由通商口岸源源销往中国农村,使广大农民与市场的联系加深,从而促进了农产品的商品化和农村商品经济的发展。

二、经济作物相对集中产区

经济作物的发展,排挤了粮食的生产,同时也促进了各地区间的粮食流通,推动了粮食的商品化。在此基础上,随着铁路、轮运的发展,交通条件的改善,结合市场需求和各地区气候、土壤等条件,甲午战争后,在中国农村开始形成一些经济作物相对集中产区。这在通商口岸附近的农村,表现得尤为明显。毗邻上海的苏南浙北农村,可为代表。

地处上海周边的苏南浙北农村,包容镇江府、常州府、苏州府、松江府、杭州府、嘉兴府、湖州府和太仓州,与上海之间经由蛛网般的内河水道直接沟通,是江浙两省经济重心之所在,自然环境、地理条件亦很相近,"苏、松邻壤,东接嘉、湖,西连常、镇,相去不出三四百里,其间年岁丰欠、雨旸旱溢、地方物产、人工情惰皆相等也";同时也是全国范围内经济相对发达地区,"以苏、松、常、镇、杭、嘉、湖、太仓推之,约其土地无有一省之多,而计其赋税实当天下之半,是以七郡一州之赋税,为国家之根本也"。② 上海作为中国最大近代崛起的城市,既得力于这一雄厚的物质基础,也给这些地区农村经济变迁带来多方面的巨大影响。

上海开埠后,经由上海港的繁盛的对外贸易和国内埠际贸易进出,直接刺激了苏南浙北农副业的发展,棉花、蚕桑、蔬菜等经济作物种植面积明显扩展,由于地理位置、土壤特性及原有基础等的差异,这种发展又带有较鲜明的地域分布特征。

明清以来,长江口两岸的高亢、沙土地带,因土壤的特性,棉花种植已很普遍,"松江府、太仓州、海门厅、通州并所属之各县逼近海滨,率以沙涨之地宜种棉花,是

---

① 严中平等编:《中国近代经济史统计资料选辑》,科学出版社,1957年,第72、73页。
② 梁章钜:《浪迹丛谈》卷五,均赋;钱泳:《履园丛话》卷四,水学。

以种花者多而种稻者少,每年口食全赖客商贩运,以致粮价常贵,无所底止"。① 上海开埠后,受原棉出口需求的刺激,这一地区的棉花种植在原有基础上又有明显扩大。《上海乡土志》载:"吾邑棉花一项,售与外洋,为数甚巨。"19 世纪 70 年代中叶(光绪初年),"上(海)、南(汇)两邑以及浦东西均栽种棉花,禾稻仅十中之二"。松江县,"改禾种(棉)花者比比焉"。② 这一时期经由上海港周转的国内米谷运销量的持续增长,无疑也有利于植棉业的扩展。这种扩展,在长江口两岸原先相对荒僻的近海地带尤为显著。1890 年,上海实业家经元善称:"查木棉出产以海门、崇(明)通(州)、上海、余姚为著名,而长江数千里沙洲尤为大宗,每年所出何止数千万。"③

地处东海边的南汇县,原有不少江海泥沙冲积而成的浅滩荒地,这时已都栽种了棉花,"产数约三十三万包有奇,每包计七十斤,四乡踏户皆挑运至沪,为数甚巨"。由于这里系由"海滩垦熟,地质腴松,棉花朵大衣厚",销路畅旺,该县的棉花交易中心市场,因此也从周浦向东推移到了近海的大团。④ 附近所产用于装运棉花的蒲包也需求旺盛,"蒲包编蒲为之,以盛棉花,产陈行乡间者,工坚料实,异于他地,岁七八月间,远近争购"。⑤

在长江口北岸的通州地区,植棉业的发展同样引人注目。地方史料载:"棉花为通属出产一大宗,大布之名尤驰四远,自昔商旅联樯,南北奔凑,岁售银百数十万。咸同以来增开五口互市通利,西人又购我华棉,与美棉、印棉掺用,出布甚佳,而吾通之花市日益盛,岁会棉值增至数百万。"⑥据 1919 年《中华棉产》统计,南通、海门两县共有棉田 1 018 万余亩,棉花产量 170 余万担;而江南的江阴、常熟和松太地区则有棉田 224.8 万亩,棉花产量 70 多万担。通、海两县的棉花产量几乎比后者多出近 100 万担,棉田面积几乎是后者的 4 倍多。⑦

传统产区的棉花生产更是有增无减,1863 年(同治二年)受国际市场供求关系影响,出口原棉价格陡涨,"松江、太仓一府一州各县各乡大小花行来申抛盘货三四十万包",连同其他府县的供货,"统计不下百万包"。这种受出口需求推动呈现的发展势头一直持续到 20 世纪初年,且地域特征鲜明,"其地脉东西自浦东起,西北及常熟,更越长江亘通州,其面积之大,实不愧为大国物产领域"。在这一区域里,"到处产出棉花,此等产出棉花地之名,常著闻于当业者之间"。⑧《1902 年至 1911 年海关十年报告》称"目前专用于棉花耕作的面积大为增加,从而使这一作物近年来的重要性愈来愈大了"。截至 1912 年的统计,"上海棉田约占全部可耕田的百分

---

① 高晋:《请海疆禾棉兼种疏》,《皇朝经世文续编》卷三七,第 2 页。
② 《申报》1876 年 9 月 15 日;光绪《重修华亭县志》卷二三,风俗。
③ 经元善著,虞和平编:《经元善集》,华中师范大学出版社,2011 年,第 90 页。
④ 章开沅等主编:《苏州商会档案丛编》第 1 辑,华中师范大学出版社,1991 年,第 884 页;民国《南汇县续志》卷一八,风俗。
⑤ 民国《陈行乡土志》(上海乡镇旧志丛书),上海社会科学院出版社,2006 年,第 26 课,特产二。
⑥ 李文治编:《中国近代农业史资料》第 1 辑,三联书店,1957 年,第 397 页。
⑦ 张丽:《江苏近代植棉业概述》,《中国社会经济史研究》1991 年第 3 期。
⑧ 李文治编:《中国近代农业史资料》第 1 辑,三联书店,1957 年,第 396、517 页。

之六十,目前江苏东南地区年产原棉估计约为二十万吨,对世界市场来说也是一个重要的产地"。① 据1936年的记载,江苏省"棉花之主要产地在江北之东南部及江南之东部,棉田面积广至一万一千余万亩,全国产棉八百万担,而本省约占十分之六,品质之佳,产量之巨,均冠全国"。②

同一时期,浙江省的棉花种植也颇具规模,据1936年的记载:

> 本省土产之能大宗销行外省者,丝、茶外,则为棉花。沿海各地如镇海、定海、鄞县、慈溪、余姚、上虞、绍兴、萧山、杭县、海宁、海盐、平湖、富阳、新登等县,土质砂性,洵为产棉区域。南部沿海一带,如象山、南田、临海、宁海、黄岩、玉环、永嘉、瑞安、乐清、温岭等县,亦有相当数量之棉田。③

其中宁波地区有很多适宜种植棉花的沙质土壤,因此定海、镇海、鄞县、慈溪、余姚、象山等地随之成为重要的棉花产区。尤其是余姚,民国年间棉花常年种植面积在70万亩以上,几乎占全省棉花种植总面积的50%,每年农历八月棉花开始采摘,由棉商收购经宁波或杭州销往上海。当时宁波有专门从事棉花购销的"花庄"20余家,每年买卖的棉花达数十万乃至百余万担。④

太湖沿岸和杭嘉湖平原,素来是著名的蚕桑产区。但受对外通商限制的阻碍,只能以内销为主,外销比重甚微,嘉道年间每年出口约一万担,"蚕业终不大兴"。原因之一,受广州一口通商禁令的束缚,江浙生丝出口须长途搬运至广州,行程约三千五百华里,历时近百天。"由产区运粤之路程,较之运沪遥至十倍,而运费之增益及利息之损失等",据估计约增成本35%至40%之多。⑤

上海开埠后,江浙地区所产生丝纷纷就近转由上海港输出,蚕桑业的发展因此得到有力的推动。在浙江湖州,"湖丝出洋,其始运至广东,其继运至上海销售"。当地著名的辑里丝,"在海通以前,销路限于国内,仅供织绸之用,即今日所谓之用户丝,其行销范围既小,营业不盛"。自上海开埠,"辑里丝乃运沪直接销与洋行,实开正式与外商交易之端"。⑥ 声名因此远播,产销趋于鼎盛,蚕事乍毕丝事起,乡农卖丝争赴市,"小贾收买交大贾,大贾载入申江界。申江鬼国正通商,繁华富丽压苏杭。番舶来银百万计,中国商人皆若狂。今年买经更陆续,农人纺经十之六。遂使家家置纺车,无复有心种菽粟"。⑦

这种产销两旺的情景,在太湖沿岸和杭嘉湖平原相当普遍。经由上海港的生丝出口通达顺畅,蚕农获利相应增加,"每年蚕忙不过四十天,而亦可抵农田一岁所

---

① 徐雪筠等译编:《上海近代社会经济发展概况(1881—1931):〈海关十年报告〉译编》,上海社会科学院出版社,1985年,第158、204页。
② 殷惟和:《江苏六十一县志》上卷,江苏省总说,物产。
③ 余绍宋等:《重修浙江通志稿》,第21册,物产,特产上,蚕丝。
④ 傅璇琮主编:《宁波通史·民国卷》,宁波出版社,2009年,第262、265、314页。
⑤ 何良栋:《论丝厂》,《皇朝经世文四编》卷三六;姚贤镐编:《中国近代对外贸易史资料》,中华书局,1962年,第535页。
⑥ 民国《南浔志》卷三三,风俗;刘大钧:《吴兴农村经济》,中国经济研究所,1939年,第121页。
⑦ 温丰:《南浔丝市行》,《南浔志》卷三一,第2页。

入之数",植桑饲蚕者因而更多。江苏吴县,"初仅吴县属香山、光福等处有之,通商以来丝、茶为出口大宗,人人皆知其利,长洲县所辖之西北境凡与无锡、金匮接壤者,遍地植桑治蚕"。①浙江长兴县,乾嘉之际蚕业不旺,上海开埠后,出口销路辟通,蚕业遂盛,成为当地主要的经济来源,"岁入百万计"。作为生丝出口初级市场的交易活动十分兴旺,南浔镇"其丝行有招接广东商人及载往上海与夷商交易者,曰广行,亦曰客行。专买乡丝者曰乡丝行,买丝选经者曰经行,另有小行买之以饷大行曰划庄,更有招乡丝代为之售,稍抽微利,曰小领头,俗呼曰白拉主人,镇人大半衣食于此"。②菱湖镇,"小满后新丝市最盛,列肆喧阗,衢路拥塞"。乌青镇,"各乡所产细丝一名运丝均由震泽经行向本镇丝行抄取,发车户成经,转售上海洋庄,名曰辑里经"。③

19世纪80年代中叶太平天国战事平息,面对残破的农村经济,受上海港生丝大量出口的吸引,蚕桑产区又有新的扩展。湖州府,"向时山乡多野桑,近亦多栽家桑矣"。安吉县,"迩来山乡亦皆栽桑"。平湖县,"向时邑人治丝者尚少,今则栽桑遍野,比户育蚕,其利甚大"。④

在苏南地区,蚕桑产区则由太湖沿岸向西和向北伸展。昆山县,"旧时邑鲜务蚕桑,妇女间有蓄之";这时"邑民植桑饲蚕,不妨农事,成为恒业"。常熟,"近年西乡讲求蚕业,桑田顿盛,所栽桑秧均购之浙江"。⑤无锡、金匮两县,以往"饲蚕之家不多",此时"荒田隙地尽栽桑树,由是饲蚕者日多一日,而出丝者亦年盛一年"。这些地区的生丝产量,逐渐超过苏南地区原有的蚕桑产区。1880年6月21日(光绪六年五月十四日)《申报》载:"近来苏地新丝转不如金、锡之多,而丝之销场亦不如金、锡之旺,故日来苏地丝价虽互有涨落,而价目尚无定准。"常州和宜兴,"过去产丝几乎等于零,而今年(指1880年——引者)生丝的总产量估计为六十万两,价值九万海关两"。溧阳县,以往最多时年产生丝约260余万两,1880年(光绪六年)已增至500万两,约值75万海关两,其中约80%经上海港输出国外。⑥

苏南地区蚕丝生产规模的扩大引人注目,1882年6月8日(光绪八年四月二十三日)《申报》以"锡山近况"为题报道:"本届蚕丝丰稔,各路收茧之庄鳞次栉比,较往年多至数倍。每家均设大灶烘焙蚕茧,兼有洋人设庄经收。各乡出数甚多,每日竟有三百担之谱,价亦增昂。"1896年(光绪二十二年)张之洞奏称:"苏、常蚕桑之利近十年来日渐加多,渐可与浙相埒。"次年去实地游历的外国人目击"自上海至苏

---

① 《农学报》1897年5月上;民国《吴县志》卷五二,风俗。
② 同治《长兴县志》卷八,蚕桑;同治《南浔镇志》卷二四,物产。
③ 光绪《菱湖镇志》卷一一,物产;民国《乌青镇志》卷二一,工商。
④ 同治《湖州府志》卷三二,物产;同治《安吉县志》卷八,物产;光绪《平湖县志》卷八,物产。
⑤ 光绪《昆新两县续修合志》卷八,物产;光绪《常昭合志稿》卷四六,物产。
⑥ 《申报》1880年6月21日;彭泽益编:《中国近代手工业史资料》,中华书局,1962年,第1卷,第579页。

州有江,江岸多有桑园点缀,自苏州至无锡亦江行,江之两岸一望无际皆桑也"。所到之处及附近村落,"每村或三十户至五十户,家家育蚕,不问男女皆从此业"。①

苏南地区蚕桑业的发展,在上海郊区也有体现。与棉花相比,上海周围农村蚕桑业受水土条件、耕种习惯等影响,长期以来发展迟缓。自上海开埠,受丝出口贸易及缫丝加工业设立的推动,上海地区的蚕桑业也有长足发展,在近郊农村还颇有规模。嘉定县"素不习蚕事,故出茧绝鲜。近年上海丝厂盛开,广收蚕茧,乡人始渐讲求,城西一地市茧者年可得数百担"。上海县四乡因"近来丝厂盛开,收买蚕茧,而育蚕者更盛",仅法华乡一地,"鲜茧出售动以数万计"。即便在稍远的青浦县,1909 年(宣统元年)也有人创设了蚕桑研究社,并在重固乡间栽种桑树二千余株,以求推广。② 金山枫泾镇,"道光时,始有树桑饲蚕者,今(约 1891 年,光绪十七年——引者)善界(指嘉善——引者)日盛,而娄界(指松江——引者)亦有焉"。③ 宣统年间,该镇"亦有设丝行茧厂,收买丝茧者"④。

民国年间仍有所发展,20 世纪 20 年代始,海外化学纤维俗称"人造丝"涌入,渐趋衰落。民国宝山县《杨行乡志》载:"本乡栽桑育蚕,自清季稍有兴办,如胡荣秋、张静年、陈冕卿、杨谱仁、胡师石等数家试验。嗣以欠于讲求,殊难获利,至蚕桑消灭无闻矣。1920 年春,陈家雁由省立蚕校毕业后,选购良种试育,鲜茧洁白坚厚,直接售与上海丝厂。据厂中执事云,此等高货在上宝区内堪称独优,故价亦提高百分之二十以上。惟预未栽桑,需叶远至嘉定陈行、广福购买,致难获利,翌年遂停办。1922 年,马君武在裘四十九图宅前后栽桑数千株,并请农校蚕科毕业生周廷桢担任指导,成绩颇佳。只以售价低落,致受亏折,遂即停止进行矣。"⑤ 1930 年出版的《无锡年鉴》载:

> 自无锡辟为商埠,邑民趋重工商,丝茧为主要出产。农民竞将高田改艺桑柘,从事育茧,产谷之田近年减少。近五年内,茧价低落,而桑价亦降,桑田改作稻田,为各村普遍之倾向。⑥

除了正常的经济作物种植,上海开埠后,受猖獗的鸦片贸易的刺激,江浙地区的罂粟种植也有扩展。鸦片战争前夕,在中国边远省份已有罂粟种植,在沿海地区的一些山地亦间有罂粟种植。浙江"台州府属以及毗连之温州等处,田少山多,不肖棍徒往往于山僻处所,开辟成畦,偷栽罂粟"。⑦ 鸦片战争后,与外贸重心由广州向上海转移的同时,鸦片贸易的重心也由华南移至上海,经上海港输出入的货物

---

① 张之洞:《筹设商务局片》,《张文襄公全集》卷四三,第 15 页;李文治:《中国近代农业史资料》第 1 辑,三联书店,1957 年,第 570 页。
② 民国《嘉定县续志》卷五,物产,民国《上海县续志》卷八,物产;民国《法华乡志》卷三,土产;民国《青浦县志》卷二,土产。
③ 光绪《重辑枫泾小志》卷一,区域,食货。
④ 宣统《续修枫泾小志》卷一,区域,食货。
⑤ 民国《杨行乡志》卷九,实业志,农业。
⑥ 王立人主编:《无锡文库(第二辑)·无锡年鉴(第二册)》,凤凰出版社,2011 年,第 1 页。
⑦ 中国第一历史档案馆编:《鸦片战争档案史料》,天津古籍出版社,1992 年,第 1 册,第 599 页。

中,鸦片占有很大比重,并逐年递增,鸦片贸易和鸦片流毒日益猖獗。这种态势,刺激了周围地区的罂粟种植。据统计,1906年(光绪三十二年)江浙两省的鸦片产量分别达16 000担和14 000担。① 在江苏的徐州和浙江的温州一带还颇具规模,据1892年(光绪十八年)至1901年(光绪二十七年)的海关十年报告:

> 以江苏鸦片的名义运入上海的所有鸦片,产于江苏省西北部的徐州府。这一地区几乎全部已种植罂粟,据说每年的收获量可达2 000—10 000担。江苏省其他地区的鸦片产量较少,仅敷当地消费,而其余的十分之三则从镇江或上海运出。当地消费的土产鸦片须纳税30关平两,约等于29海关两。据说该省首次种植罂粟的年代约在1889年或1890年。自那时以来,徐州鸦片的累计产量估计已达57 500担左右。②

据1906年(光绪三十二年)在温州的英国传教士苏慧廉描述:

> 温州二十五年前鸦片烟馆还很少,它们羞答答地藏在狭窄的弄堂和小巷里。而今天一切都变了,没有哪条街没有烟馆。十四年前,有人要我调查烟馆的数目,我发现在城内共有七八百家烟馆。两年前得到的数字是拥有执照的烟馆超过1 200家,包括妇女儿童在内的每百人中就有一个鸦片吸食者;换句话说,每三十个成年男子中就有一个。然而,鸦片问题最糟糕的一面是温州当地人的种植。二十年前,罂粟在附近一带还不怎么常见,现在只要是自然条件允许它生长的地方,都可看见罂粟花迎风摇曳。

他指出:"这个国家的法律禁止种植鸦片,但早就变成了一纸空文。结果适合种植鸦片的土地,产值提高了三倍。一亩良田种小麦作为春季作物的收益仅为三美元,而同样一亩地种植鸦片作为春季作物,产值则达十美元甚至二十美元。"③

第二节 城郊农副业

鸦片战争后,在上海等通商口岸城市的近郊,逐渐出现专业化的农副业经营。

一、上海城郊农副业的多种经营

上海开埠后,随着中外贸易的扩大和相关行业的发展,城市人口增长迅速,1843年(道光二十三年)约为27万,至1910年(宣统二年)已达128万余人,跃居全

---

① 李文治编:《中国近代农业史资料》第1辑,三联书店,1957年,第457页。
② 徐雪筠等译编:《上海近代社会经济发展概况(1882—1931):〈海关十年报告〉译编》,上海社会科学院出版社,1985年,第66页。
③ (英)苏慧廉著,张永苏等译注:《晚清温州纪事》,宁波出版社,2011年,第127页。

国首位。① 为适应这种变化,一批蔬菜产地在上海近郊陆续形成。嘉定县真如乡,"自上海辟为租借地后,中外互市,人口日繁,需要巨量之蔬菜。农民以应供求起见,有舍棉、稻而改艺者,功虽倍,应时更替,年约六七熟,获利倍蓰,本乡之东南部大都如是"。宝山县江湾里,"自商埠日辟,向以农业为生者,辄种植蔬菜,杂莳花卉,至沪销售,获利颇不薄"。②《1922年至1931年的海关十年报告》称:

> 江苏一省,显然可划分为若干农业产区。江北地区自然形成三个产区,即徐州、邳州、海州三地生产杂粮;泰兴、阜宁以东地区几乎全部产棉;淮安、兴化、高邮、扬州各县产米。在江南地区,南京、苏皖边境、常熟、崇明以及青浦、松江至金山一带是产米区;太仓、嘉定、上海、南汇及枫泾是产棉区;蚕丝是江苏南部中心地区的主要行业,产区西起丹阳、金坛,东至昆山,北以长江为界,南达太湖及浙江省边境。以上如米、棉、蚕丝仅是这一富饶省份的主要农产品,其他较次要的农产品还很多。如全省种芝麻的土地约有50余万亩,每亩年产100多斤。另一获利较多的农产品是菜园生产的蔬菜,各种蔬菜在人口稠密的上海市场十分畅销,近年来曾采用多种外国菜种,生产的蔬菜质量很好。③

这类纯商业性的生产活动,无论作物品种的选择、播种茬口的多寡、经营时间的长短,都受市场供求规律的制约。宝山县农村,"菜圃之成熟岁可七八次,灌溉施肥工力虽倍,而潜滋易长,获利颇丰。凡垦熟之菜圃,地价视农田几倍之。邑城内外业此者甚多,各市乡近镇之四周亦属不少"。"其出产较多者,如城市之塌菜、青菜,罗店之瓜茄,杨行、月浦之红白萝卜,刘行、广福之韭菜、韭芽,江湾之马铃薯,真如之洋葱头,彭浦之卷心菜以及洋种菜蔬,均甚著名者"。上海县,"洋葱外国种,近因销售甚广,民多种之";土豆"每亩收获少者三四十担,多者七八十担。吴淞江、蒲汇塘两岸间种植甚富,近十余年来为出口物之大宗"。④

这方面的发展势头是醒目的,大片土地已用于蔬菜种植业,"蔬菜中的卷心菜、花菜、洋葱之类,过去仅为外国人所食用,现在已大部分由中国人消费,并且还输往香港和中国的其他口岸"。1912年海关报告载:"一个颇有规模的,以供应市场为目的的菜园行业已经兴起,这种形式正在广泛地被采用,特别在上海近郊。"⑤

市场需求的扩大,势必提出规模经营的要求。1903年(光绪二十九年),"有粤人在江湾芦泾浦旁创设畜植公司,集股万余元,圈地三十余亩,专养鸡鸭,兼种棉

---

① (美)墨菲著,章克生等译:《上海:现代中国的钥匙》,上海人民出版社,1986年,第82页;邹依仁:《旧上海人口变迁的研究》,上海人民出版社,1980年,第90页。
② 民国《真如志》卷三,农业;民国《江湾里志》卷五,农业。
③ 徐雪筠等译编:《上海近代社会经济发展概况(1882—1931):〈海关十年报告〉译编》,上海社会科学院出版社,1985年,第269—270页。
④ 民国《宝山县续志》卷六,农业;民国《上海县续志》卷八,物产。
⑤ 徐雪筠等译编:《上海近代社会经济发展概况(1882—1931):〈海关十年报告〉译编》,上海社会科学院出版社,1985年,第44、158页。

花、菜蔬"。之后在大场、吴淞、彭浦、真如等地,又相继有类似规模的四五家农场创立。上海近郊的畜牧业也从无到有,发展壮大。《宝山县续志》载:"邑境农家副产,以牛羊豕鸡鸭为多,大抵养牛以耕田戽水为目的,养鸡鸭以产卵佐餐为目的,但得谓之家畜,非真从事于畜牧也。畜牧者以山场荒地为宜,以牲畜之产为营业,邑中虽乏相当地段,而风气所开,亦渐有设立场厂专营畜牧之利者。"最早开业者是在1884年(光绪十年),"有陈森记者在殷行开设牧场,畜牧牛约二十头,专取牛乳,销售于(吴)淞口各国兵舰,每日出乳二十余磅。四五年后,以兵舰停泊不常,销数渐减,几致歇业。自铁路告成,运输便利,江湾南境多侨居外人,日必需此,销售不仅在兵舰一方,营业渐见发达矣"。①

二、城郊型农副业生产的变迁

民国以后,随着上海城市经济的发展,城郊型农副业生产的变迁也加速。②

所谓城郊型农业生产,在这里指的是专门为了满足城市发展需要而兴起的、不同于传统农业的那部分农业生产,它具有专业性、商品性和消费性等性质,例如花卉业,纯粹是为了满足城市居民的一种礼节性消费,它是随着城市的不断发展而逐渐发展的,而不像传统农业一样是饮食性消耗。上海开埠以前虽有诸如花卉业之类城郊型农业生产,但发展速度与规模都很小。开埠后城郊型农业发展很快并形成规模,在种植业方面,专业性、商品性的菜田不断增多,上市的有65个种类、300多个品种;畜牧业方面除猪、羊、禽增多外,农民开始饲养奶牛;龙华、梅陇、彭浦、花木等地有了专门的花卉种植;瓜果、农村土特产和手工艺品等也不断发展。③ 这里就作物结构变迁方面作一梳理。

(一)种植业结构的变迁

上海及其周边地区向以生产棉稻为大宗,但上海开埠以后,随着城市社会经济的发展,城郊诸如上海、宝山、川沙等县的农作物种植发生了改变,特别是靠近市区的地方很少能保持原有传统特色。"近市区域,因地价昂贵,栽培普通作物,获利较微,经济上颇不合算。故大都从事集约的园艺作物之经营,以增收入;或兼营畜产事业,以补不足。距市较远之区,颇多旷野,惟因交通不便,园艺作物产品之运送市场,颇属困难,故多从事棉、稻、麦等作物之栽培"。④ 宝山"夙以产棉著称,稻麦已少逊矣,其他副产更不甚讲求,近始稍稍提倡";但情况很快发生了变化,"菜圃之成熟,岁可七八次。灌溉施肥,功虽倍而滋易长,获利颇丰。凡垦熟之菜圃,地价视农田几倍之。邑城内外业此者甚多,各市乡近镇之四周亦属不少。乡间则于宅旁余

---

① 民国《宝山县续志》卷六,农业;民国《宝山县再续志》卷六,农业。
② 本目内容由张剑撰稿。
③ 张鳌主编:《上海科学技术志》,上海社会科学院出版社,1997年,第565页。
④ 上海市社会局:《上海之农业》,中华书局,1933年,"绪言"第1页。

地,略辟数弓,所种亦足供自食。其出产较多者如城市之塌菜、青菜(俗称白菜,四时不断,冬令味最佳),罗店之瓜茄,杨行、月浦之红白萝卜,刘行、广福之韭菜韭芽,江湾之马铃薯,真如之洋葱头(每亩收获多至二十余担,销售申地,为西餐主要物,但价格视来源多寡为转移,贵时每斤一二角,贱时多半倾弃河边),彭浦之卷心菜以及洋种菜蔬,均甚著名者"。①

20世纪30年代初期,上海近郊各地种植结构更是发生了巨大变化,当时仅有吴淞、高桥、陆行、高行等少数几个区还保持着原来的以棉稻为主要农作物的状态,其他各区或多或少都有或蔬菜或花卉或瓜果等城郊型农业形成,并且大致形成了一个以市区为中心的种植结构变化圈层,离市区越近变化越大,随着距离的变大,结构变化逐渐变大。紧靠市区的沪南、闸北、法华等区变化最大,沪南区农民从前大多种稻麦棉花等,近因市场兴盛,改种蔬菜等,因此"主要作物为蔬菜,花卉次之。至于果树,则有水蜜桃,且品质甚佳。其产地以小木桥为中心,东至日晖港,南至黄浦江,西至洋塘港,北至漕家港"。可惜自从铁路通后,受煤气污染,桃"黑色味涩",于是农民改为菜圃,种植蔬菜花卉。贩卖蔬菜地点有20余处,"每处有行,行主领有牙帖,并按时向市财政局纳捐"。蔬菜每亩收入60元以上,花卉50至100元不等。闸北区"经营农业者,大都为蔬菜、园艺"。② 同时可以发现新的种植业的出现及其规模大小即农作物结构变化,与当时上海城市的地价具有相当密切的关系。华界在环绕租界形成的一个地价级差圈层中,沪南、闸北和法华区分列华界地价的前三位,而陆行、高行、杨思、高桥为地价最后四位。③

种植业结构的这种转变除与离开市区远近而外,还与交通方便与否有极大关系。蒲淞区虽离市较远,农作物以棉稻为主,但"沿苏州河之农家,皆以种蔬菜为业";洋泾区"种植蔬菜者,多在西北沿江一带,品名繁多,不胜枚举,要之无非供上海市场之所需"。④

(二) 蔬菜水果业的兴起与发展

上海被辟为通商口岸后,随着城市的不断发展,对蔬菜需求与日俱增。黄浦江、吴淞江、蒲汇塘沿岸靠近城市的大片粮田、棉田,首先成为供应城市蔬菜的"园地"。1902年(光绪二十八年)至1911年(宣统三年)的海关十年报告说:"中国人很快对外国水果和蔬菜有了爱好。一个颇有规模的、以供应市场为目的的菜园行业已经兴起。这种形式正在广泛地被采用,特别在上海近郊。"在1922年至1931年的海关十年报告中说,蔬菜是获利较多的农产品,"各种蔬菜在人口稠密的上海市

---

① 民国《宝山县续志》卷六,农业。
② 上海市社会局:《上海之农业》,中华书局,1933年,第1—2页。
③ 张辉:《上海市地价研究》(中央政治学校地政学院毕业论文第二种),正中书局,1935年,第7—10页;熊月之主编:《上海通史·民国经济卷》,上海人民出版社,1999年,第288—289页。
④ 上海市社会局:《上海之农业》,中华书局,1933年,第3—4页。

场十分畅销。近年来曾采用多种外国菜种,生产的蔬菜质量很好"。①

到20世纪20年代后期,虹桥、新泾、龙华、三林地区也开始大面积种植蔬菜,成为上海市重要的菜区。1935年《上海市年鉴》说:漕泾区"近因交通便利,经营蔬菜者渐多,龙华镇及漕河泾镇附近栽种尤盛",蒲淞区"沿吴淞江畔之农家,皆以种植蔬菜为业,种类亦多"。上海县以三林塘沿岸薛家宅、孙家桥一带蔬菜种植最广。1937年虹桥地区菜田约占耕地的二成,抗战后期已超过半数,新泾港两岸的粮田也改种蔬菜。②

20世纪30年代初期上海市总计蔬菜种植面积占全市面积的4.4%左右,"年来上海人口骤增,需要亦多,蔬菜事业正有无穷之希望也",各区种植蔬菜区域分布如下:③

沪南区:以小木桥为中心,东至日晖港,南至黄浦江,西至洋塘港,面积颇广,贩菜地点有24处。

闸北区:北之章家角,西之陆家宅、杨家宅等处,大都栽培蔬菜。

蒲淞区:沿苏州河一带之农家,种植蔬菜为多。

洋泾区:多在西北沿江一带。

法华区:栽培面积广,且设有温床、温室。

引翔区:在八图内栽培者最多。

漕泾区:近因交通便利,农民相率经营蔬菜,渐趋集约,而居近市镇者,栽培尤多。

塘桥区:在沿浦一带。

陆行、高行二区:离市场稍远,栽培者较少。

杨思区:多在沿浦及荡里一带,各种蔬菜运上海销售者不下十余家。镇西东大农场有先进设备,"专植适宜上海气候之中外蔬菜,用人工加温方法,以求早生之产品,销售沪上各大菜馆,及外国人住家。年来颇有余利,所有产品,亦得市上赞赏"。

吴淞及殷行二区:近镇乡村,栽种亦复不少,大都销吴淞镇。

江湾区:多在市镇附近,每亩获利七八十元,且有蔬菜公会之组织。

彭浦区:以彭浦镇南栽种最多,号称蔬菜区域,面积过半。

真如区:东南经营蔬菜者颇多,贩卖由镇上菜行转售上海。

高桥区:多在沿浦一带,销售沪上为多。

可见蔬菜种植已经成为上海市每个区的重要种植作物,仅陆行、高行二区因离

---

① 徐雪筠等译编:《上海近代社会经济发展概况(1882—1931):〈海关十年报告〉译编》,上海社会科学院出版社,1985年,第158、270页。
② 《(当代)《上海县志》,中华书局,1933年,第532页。
③ 上海市社会局:《上海之农业》,中华书局,1933年,第1—14页、40—41页。

开市场较远,而栽培者较少。而像真如这样远离市区的区域已经有专门经销蔬菜的菜行,菜农们的产品由他们销往上海;江湾并有蔬菜公会这样的组织出现,说明菜农在经营销售过程中已经发现有成立规范市场的同业组织的需要了。

宝山县农户历来有"宅旁余地,略辟数弓,种菜自食"的习惯,也有少量在集镇上出售。开埠后,种植蔬菜者越来越多,分布在今五角场的长白、凤城,彭浦的庙头、龙潭、花园、宝兴、万荣,大场的场中、场南,江湾的奎照、胜利、镇南,庙行的前进、康家宅、新一、周巷,月浦的乐业、先锋,杨行的东街、西街,罗店的罗溪,吴淞的城中、张家弄等村。1930年前后,专业生产蔬菜的农户有的已经用汽车运销于上海市场。①

而真如镇"自上海辟为租借地后,中外互市,人口日繁,需要巨量之蔬菜。农民以应供求起见,有舍棉稻而改艺者,工力虽倍,应时更替,年约六七熟,获利倍蓰。本乡之东南部大都如是,而西北部农民以交通上之关系,不能享此权利,然有改植洋葱头者,为西餐之主要食物,销售洋庄获利亦溥"。②

清末民初,马铃薯在"吴淞江、汇浦塘两岸间,种植甚富",每亩收获少则三四十担,多则七八十但,到20世纪30年代已经成为"出口物之大宗"。1928年前后,上海县三林乡,称辣椒为辣茄,"色青时可作蔬,及色转红,捣作酱辣,逾川椒,销行甚广。产数旺时,三林一乡每日肩挑以去者辄数十担,为贩蔬大宗之一"。③

菜农们在长期的生产过程中也不断地改进其生产工艺技术,育苗除传统露天地而外,还用柴草覆盖苗地。20世纪20年代,土山湾、漕河泾等地已大面积用油膜覆盖育苗;20世纪30年代漕河泾、龙华和山林地区已假借育花卉的温室培育蔬菜秧苗。④

菜农们一般在下午三四点钟收菜,然后整理,次日清晨送到上海市区宁海路菜市街、徐家汇、静安寺、老西门、十六铺等地将菜直接销售给居民。田地较多的菜农多把马铃薯、冬瓜、甘蓝等粗品种蔬菜卖到北新泾、虹桥、山林等镇地货行,芋艿、南瓜等耐藏蔬菜常常储存起来以等待好价钱。菜农们还根据居民的不同消费需求上市不同的蔬菜品种,北方人多的地方,多售蒜、葱、姜和韭菜等,宁波人群居地方则推销米苋、冬瓜,而且还有专供外侨消费的专业菜场。⑤

水果生产随着城市发展而形成气候。宝山县农村宅基和城镇庭院向来有栽种果树的习惯,但基本上是自产自吃,很少进入市场,更没有专营水果的农户。到20世纪20年代,城厢的花红、杏梅,杨行的梅子,罗店的柿子在上海市场已经是声名

---

① 朱保和主编:(新编)《宝山县志》,上海人民出版社,1992年,第178页。(按:由于上海市区域与宝山县政区的不断变化,这里的数据统计有的包括前面所提到的上海市区内面积。)
② 民国《真如志》卷三,农业。
③ 王孝俭主编:(新编)《上海县志》,上海人民出版社,1993年,第539—541页。
④ 王孝俭主编:(新编)《上海县志》,上海人民出版社,1993年,第544页。
⑤ 王孝俭主编:(新编)《上海县志》,上海人民出版社,1993年,第550—551页。

鹊起。城厢、罗店和广福等地有私人果园,而一些农场已经形成专门的经营项目,如彭浦的寿星农场、吴淞的殷氏农场都以种桃为主,而宝山城周围的张家弄、南门外、张家浜一带有桃园400亩,品种有白桃、蟠桃、水蜜桃,宝山水蜜桃更是蜚声上海市场。1928年广东人赵寿鹏从美国引种草莓,在今吴淞张家浜村谭家宅后购地30亩,雇工栽培。1936年前后,扩大种植到高石桥附近的苏家宅、曹家宅一带。①

可见无论是蔬菜种植业的兴起与发展还是水果生产的发展,几乎都经历了一个自产自销——农业副业收入——专门经营三个阶段,这是农民们面对市场发展的自我发现,是市场经济的直接作用结果。

(三) 花卉种植业的形成与扩张

上海花卉业自开埠以来发展非常迅速,特别是为了满足租界外国侨民和市民的需要。19世纪70年代,陆永茂花园于龙华镇创办,拥有资金万元,面积15亩,栽种兰、菊、梅、桃等花木。后来今虹桥、长春、新光村、龙华漕溪村等地农民种植花卉,以切花赚钱,逐渐形成了花卉种植业,并发展到梅陇、新龙华、张塘、北杨、南效等地。花农在种植过程中充分发挥他们的创造积极性,不断从外国和其他地方引进培植新品种。1894年,今梅陇牌楼花农张阿五引种康乃馨、大丽、文竹成功,于是这几种花成了当时花农们种植的重点。西漕河泾、牌楼花农们竞相种植,康乃馨遂成为切花大宗。后来继续引进了菖兰、郁金香、波斯菊、日本杜鹃、香豌豆、一串红和三色堇等。于是龙华、漕河泾的花圃逐渐开设。到20世纪龙华、漕河泾、三林地区成为上海花卉业的重镇,1931年该三地共有花圃26家。②这些花圃大多数是20世纪20年代以后创建的,20世纪20年代前仅有7家,20年代后的有9家是1928年及其以后创建的,这表明花卉种植业的发展是上海城市发展的需要。

另据上海市政府社会局调查,20世纪30年代初期上海市有花圃183家,统计其中有具体创办时间的175家,57家为1912年前创建,1913年无,1914年至1919年仅19家,也就是说1913年至1919年的7年间仅9家,而1920年至1927年的8年间67家,平均每年新创8家以上;而1928年至1930年的3年间32家,平均每年在10家以上。由此也可以同样看到上海市区内花卉业发展的脉络。③这些花圃资本总数除60家未详外,共有213 230余元,种植面积1 400余亩。"栽培最盛之地,当以真如区之真如站、彭浦区之童家浜、赵家花园附近,以及漕河泾、龙华路、新龙华、小木桥、大木桥、江湾、闸北、浦东龙王庙、法华镇等为最盛。年来乡农每感作物之获利微薄,经营花卉事业者渐众。……小规模之花圃,日增月盛,大有一日千里之势"。杨思区栽种玫瑰花的面积千亩有余,每亩可获利40—50元,总计全区收

---

① 朱保和主编:(新编)《宝山县志》,上海人民出版社,1992年,第211—213页。
② 王孝俭主编:(新编)《上海县志》,上海人民出版社,1993年,第514页。
③ 上海市社会局:《上海之农业》,中华书局,1933年,第196,207页。

入,不下 5—6 万元。①

上海花卉业的发展不仅仅表现在种植面积的不断扩展、种植品种的不断更新,花农还在积极改进种植条件上做文章。1925 年梅陇俞家宅俞金福等 3 户花农,建造 200 平方米温室,专育花卉,开拓了花卉的种植市场,满足了广大市民的需要。后来龙华、漕河泾一带农民普遍采用温室种花,而温室技术并逐渐向其他方面扩散,后来菜农们也采用了温室。生产设施进一步提高,甚至有温室面积达 3 500 余平方米。俞家宅 14 家花农,半数人家搭建花棚,一大户建有 4×6 米花棚 14 间。随着上海花卉业的不断发展,花卉业从业者还成立了自己的同业组织"上海花木业同业公会",并积极参加同业活动,在市社会局主持下,1930 年代前后汇集上海公私花圃中的菊花被先后举行几届菊花展览会,以"促进花卉培养艺术化,都市娱乐自然化"。②

显然,近代上海的崛起,推动了长江三角洲农副业的发展,促使棉花、蚕桑、蔬菜等经济作物种植面积明显扩大,农产品商品化程度提高,并相应形成几个生产相对集中的产区。个体小农越来越多地脱离自然经济的范畴,自觉或不自觉地将自己的生产和经营纳入资本主义市场经济的运作,它有助于改变个体小农闭塞守旧的生产、生活状况,加强他们与市场的联系,也为上海的内外贸易和城市经济的进一步发展,提供条件和助力。

民国以后,上海郊区农村经济与市场的联系更为紧密。20 世纪 30 年代的调查资料载,宝山县江湾乡,原本"产物以棉、稻为大宗,豆、麦副之,自马路开辟以来,实业家纷纷在南境建厂,近则迤至走马塘南,一般年轻男女咸入厂工作而弃其农生活,即操故业者亦舍棉、稻而植本洋蔬菜,盖获利较丰焉";彭浦乡,"农产物向以禾棉菽麦为大宗,今则南部各地为适应社会之需要,都植菜蔬,至禾棉菽麦,乡僻处间或栽植,亦绝无仅有矣。其从事树艺花卉者,大率讲求栽移秀接,按时销售,以营业为主体"。③

江浙其他城市郊区农产品商品化的进程虽不及上海,但近代城市经济促动城郊农村商品经济发展的趋势是相似的。有学者指出,在南京的中央大学、金陵大学都有专门的农林院系,致力于推广农副业的先进技术,南京郊县农村得此之助,受益明显。据 20 世纪 30 年代中叶的调查载,南京近郊农户多根据市场需要,种植蔬菜、瓜果、花卉。太平门外 70% 农家土地一半以上种植果树;中华门外花神庙一带 70% 农家经营花卉;孝陵卫一带 60% 农家种植蔬菜、瓜果。④ 据 1950 年对上海,江苏南京、无锡、镇江、苏州、常州、南通、扬州、泰州、徐州,浙江杭州、宁波、温州等城市郊区的调查,这里"土地商品化与农产品商品化程度比一般农村为高"。各城郊农村都普遍种植蔬菜和园艺作物,以供给城市日益增长的需要。其他农产物也"主

---

① 上海市社会局:《上海之农业》,中华书局,1933 年,第 41—42 页。
② 上海市社会局:《上海之农业》,中华书局,1933 年,第 178—189 页。
③ 《上海市各区概况(市政演讲录三集)》(1930 年 8 月),上海市政府刊行,第 145、165 页。
④ 经盛鸿:《日伪时期的南京郊县农业》,《中国农史》2009 年第 4 期。

要是为供给城市需要"。①

第三节 城乡手工业

近代中国虽有机器工业的发生发展,但城乡手工业仍在国计民生中占有重要地位,据截至1933年的统计,在中国工业总产值中,工厂占25%,手工业占75%。②即使在工业中心的上海,19世纪末在沪考察的英国人目睹:

> 上海土产种类之多,不胜枚举。作坊都是临街开着的,工匠们各在其本业作坊工作,过路人可以一览无余。制成的货品,就在作坊或在作坊隔壁零售。这里我们见到有银匠、铁匠、白铜匠、黄铜匠和木匠;织缥带的、织窄带的、织宽带的、织普通小摆设饰物的、织锦缎的、织花缎的,以及织细纱罗的织匠;绣绸缎的绣工;弹棉花的以及用单锭手车纺纱的,事实上手工艺的种类是如此之多。③

截至1937年,上海有工厂5 525家,作坊16 851家,即手工作坊占全市工业总户数的75.3%。在上海的棉纺织业,20世纪二三十年代手工棉织工场仍有1 500余家,"沪西一带工场林立,其中以小规模棉织业工厂占最多数,大都织造毛巾、棉布、线毯之类,所用机件均系木制"④。

与此同时,受外国机制工业品大量输入的冲击,江浙沪的城乡手工业,也发生一系列相应变化。

一、棉纺织业和轧花业

中国近代民族工业自19世纪六七十年代兴起后,至19世纪末20世纪初,有了较大的发展。据统计,中日甲午战争以前,中国民族资本近代企业共100多家,1895年(光绪二十一年)至1913年间,共新设厂矿549家,资本总额12 000多万元。⑤ 其中,棉纺织工业发展显著。1895年(光绪二十一年)民族资本企业共有纺机174 564锭,1913年则达484 192锭,增长150%以上。⑥ 另据估算,"在1912—1936年间,中国(包括东北)工厂工业的实际产出,约以年均8.1%的速度增长"。⑦

成长中的中国民族工业的原料需求,给农村经济以很大的促动,两者间的互动关系明显。1899年(光绪二十五年)南通大生纱厂开业后,刺激了附近地区的棉花生产:

---

① 华东军政委员会土地改革委员会:《华东各大中城市郊区农村调查》(1951年5月),第107、166、170、171页。
② 巫宝三等:《抗日战争前中国的工业生产和就业》,《巫宝三集》,中国社会科学出版社,2003年,第41页。
③ 彭泽益编:《中国近代手工业史资料》,中华书局,1962年,第2卷,第59页。
④ 彭泽益编:《中国近代手工业史资料》,中华书局,1962年,第4卷,第107页;第3卷,第96、536页。
⑤ 孙毓棠编:《中国近代工业史资料》第1辑,科学出版社,1957年,第1166—1173页;汪敬虞:《中国近代工业史资料》第2辑,科学出版社,1957年,第654页。
⑥ 严中平:《中国棉纺织史稿》,科学出版社,1955年,第114、140页。
⑦ (美)托马斯·罗斯基著,唐巧天等译校:《战前中国经济的增长》,浙江大学出版社,2009年,第348页。

从通州一区而论,该区植产之地,占全州地亩总数十分之六七,包括南通、崇明、海门等区,合计东西三百里,南北一百五十里,幅员极广,故该区不但为江苏一省出棉之要地,即综全中国产棉之区域计之,亦当首屈一指矣。该区平均产棉之额,约有一百五十万担之多,就中产额之大部,皆为崇明与南通之大生纱厂所吸收,其余则概运至上海销售焉。①

大生纱厂的机纱,推动了农民家庭手工棉纺织业的衍变和发展;而通海地区农民扩大土布生产而产生的对机纱的大量需求,又在大生纱厂濒临破产之际挽救了工厂,并推动它走上迅速扩展之路。②

20世纪30年代的统计载:"全国产棉重要区域,大体可分为长江流域与黄河流域诸省。长江流域以苏、鄂为主,而上海、汉口为棉市重心,黄河流域以冀、鲁为最,而天津、济南为棉市重心(近年豫省亦在猛晋中,惟仍不足与冀、鲁并论)。抑冀、鲁以得天时地利之厚,尤宜于美棉之蕃殖,解决细纱原料缺乏之问题,农家植棉亦比别种农作物为有利。"其背景是,"自欧战以后,国内棉纺织业勃兴,棉花需求激增,价格步涨,民八(指民国八年,即1919年——引者)起棉花始见入超,农民鉴于植棉之有利,始纷纷改种。加以近年国人之提倡,良种之蕃殖,产额日增"。其中会聚"济(南)市棉花之买方,主要为本地各纱厂、青岛上海无锡各地华商纱厂之办花员、花号及日商洋行。本地纱厂有鲁丰、成通及仁丰三家,均华人自办,年用花约十余万担。青岛华商纱厂,只华新一家常直接向产地采办,如临清、滨县田镇等地均设有办花厂,其在济南亦随市购买。沪地纱厂派员来济购花者,有申新、永安、大成、民丰等厂,无锡有广勤纱厂。在棉市初起,各厂纷派驻济办花员分驻花行或旅馆内,听厂方之需要随时购花,或向花行批买,或委棉商或花贩代办,数亦不少。此外,尚有上海之花号数家设于济南,亦系购花南运者"。③

有学者的研究表明,中国早期民族工业的主体——棉纺织业,在很大程度上正是依赖于农民家庭纺织业对生产原料机纱的需求而获得生命力的。正是这种需求为近代纱厂提供了产品市场,从而为纱厂的创立和发展建立了基本前提。在纱厂集中的苏南地区,这种互补互动的关系有清晰的展现。无锡不产棉花,但其东、北部紧靠常熟、江阴等棉产区,因此早在明代,无锡东北乡一带的农户,便依赖于购自棉区的棉花,自纺自织,发展起农村土布纺织业。

洋(机)纱何时传入无锡,未见明确记载。但估计不迟于19世纪90年代初。至19世纪90年代中期,无锡、常州、江阴等地的农户,已开始用机纱织布了,因此当1896年(光绪二十二年)无锡第一家近代纱厂——业勤纱厂开工后,已可以找到一个较大市场,这对它的成立是很有利的。业勤机纱"供销常州、江阴、镇江及本县其他

---

① 章有义:《中国近代农业史资料》第2辑,三联书店,1957年,第221页。
② 详可参见林刚:《试论大生纱厂的市场基础》,《历史研究》1985年第1期。
③ 吴知:《山东省棉花之生产与运销》,原载《政治经济学报》第5卷第1期(1936年10月),转引自李文海主编:《民国时期社会调查丛编(二编)·乡村经济卷》,福建教育出版社,2009年,第660、662、681页。

市镇。该厂虽然昼夜开工,对于常州府和苏州府的各个乡镇对该厂需要,尚无法全部供应"。1897年9月(光绪二十三年八月),经过短期不景气后,业勤机纱的销路大开,产品"随出随销",都是供给附近农村织户用的,纱价还较上海机纱略高一些。大约在20世纪初年,无锡农村已基本完成由土纱向机纱织布的过渡。据土布业老人回忆,1904年(光绪三十年)前,土布还以土经土纬为主,以后则主要是洋经洋纬了。

盛产棉花的江阴,历史上农村土布的生产要比无锡久远,规模、范围也都超过无锡。这和当地具有丰富的棉花原料有很大关系。在明清两代,江阴土布的生产、销售,已对农村经济有举足轻重的影响。乾隆时,"木棉布土织为多,坚致细密向推雷沟、大桥、周庄、华墅诸镇,四方著名;近则长寿、顾山诸镇倍盛,他客采买者云集"。19世纪90年代左右,洋纱开始对江阴土布生产发生重大影响。由于洋纱匀细洁白远胜土纱,价格又低,在农村织户中很快传播开来。到了清末,江阴土布基本上已采用洋纱,成为洋经洋纬,只有个别品种如"乡丈大布"因客商需要,仍然维持着洋经土纬的规格。

洋纱在江苏重点织布区江阴的流行,为近代机器纱厂提供了一块重要的商品市场。苏州、无锡、上海及本地的许多纱厂,都以江阴织布区为容纳产品的重要地盘。江阴土布的兴衰,对这些工厂的崛起和发展均有重要的影响。1891年(光绪十七年)以后,上海各纱厂已向江阴大量推销机纱,当时已可看到双龙、铁锚、云龙、龙门、红团龙等牌子的机纱。1897年(光绪二十三年)苏州苏纶纱厂开工后,其生产的"天官"牌机纱以江阴为盛销区。无锡业勤纱厂的"升平"牌机纱,也向江阴推销。江阴本地的利用纱厂,其产品"九狮"机纱,更与本地的织布业息息相关。直至抗日战争前,江阴一直是苏、锡、沪及当地纱厂的重要市场。地方史料载:"江阴风俗淳朴,妇女同工纺织,以故手工土布为本县物产大宗,而布业尤为商市之重心,城乡行庄栉比,商贩云集,市面赖以振兴,金融藉资周转。"1787年(乾隆五十二年),当地布商就创办了土布业公所。后屡有更名,1929年改组为江阴县土布业同业公会。至1934年7月,同业会员共有88家和150名代表。① 1937年,江阴棉织业中的手拉机、铁木机总计有43 000多台,其中为布厂所有者仅几千台,绝大部分散布在农民家里。②

苏南上述几个主要织布区的情况表明,在洋纱流入后,由于其既利于土布生产提高产量、质量,又能降低成本,因此很受农民欢迎。于是在苏南地区形成了年产数千万匹土布所需的庞大的机纱市场,这对苏、锡、常一带近代纱厂的兴起和发展,起了至关重要的作用。而近代纱厂,也把供农村土布为原料的粗支纱作为基本产品,把为农村土布生产原料作为基本经营方针,从而形成了一种农民家庭手工织布依靠近代纱厂提供原料,近代纱厂依靠农村土布生产为主要市场的相互依存、相互

---

① 王春瑜编:《中国稀见史料》第1辑,厦门大学出版社,2007年,第37册,第127页。
② 徐新吾:《江南土布史》,上海社会科学院出版社,1992年,第474页。

补充的新型经济关系。①

在上海郊区,自外国廉价工业品大批量输入和机器棉纺织厂纷纷设立,周围农村一部分手工棉纺织业逐渐由原先依赖土纺棉纱转而采用廉价的机制棉纱。上海县农村,"机器纱盛行,手纺纱出数渐减,机器纱俗称洋纱,用机器纺成,较土法所纺洁白而细"。该县西南乡用它织成的土布,每年约有百万匹,民国初年仍有四五十万匹,销往东北、华北和山东等地。②

经由上海输入的洋纱大幅度增长,"推销于上海附近及江南一带,最初每年仅数千件,不久就达到二十余万件",更推进了周边地区农村手工棉纺织业生产结构的衍变。地处长江口北岸的通、海地区,"沿江各口岸已有太古、怡和、招商等轮船往来停泊",运抵的洋纱"因其条干均匀,不易断头,渐为机户所乐用,作为经纱,从此就出现了洋经土纬的土布"。一度曾使当地土纱滞销,后以土布经上海北运的销路打开,纬纱仍须土纱,产量才趋上升。③

经上海集散的土布成分相应发生明显变化。起初,"上海有些土布庄拒收洋经土纬的土布,门口贴着一张牌纸,上书'掺和洋纱,概不收买'。但洋纱条杆均匀,织出来的布比土经土纬的平整,外地客帮欢迎,农民买洋纱织布比自己纺纱织布方便,于是洋经土纬的土布越来越多,土布庄也只好收买"。1895 年(光绪二十一年),"门市收进的土布约有百分之六十已是洋经洋纬,百分之四十是洋经土纬"。以后,洋经洋纬的土布所占比重更大。浦东三林塘所产土布,1910 年(宣统二年)前后已全是洋经洋纬。④ 清末,该镇三里长街布庄、手工织布作坊毗连,著名的布庄有汤义兴号、陆万丰号、亿大号等,上海县城的名号如祥泰、启成玉、恒乾仁等也在镇上设座庄就地收购土布,最多时一年有 200 多万匹销往各地。⑤ 20 世纪 30 年代,对上海市百四十户农家的调查结果是:

> 农家妇女,料理家务及保育食事以外,农忙时则从事田园工作,暇则鲜有不从事纺织者,故纺车与布机,几无不备具。140 家中,共有布机 94 架,平均每家 0.7 架。纺车 68 具,平均每家 0.5 具。纺车之数,所以不及布机之多者,以上海纱厂林立,所出之纱价廉而质美,自家纺纱远不如买纱织布之为得也。⑥

在苏南地区,"民间半植木棉,太仓属地为尤多,妇女终岁纺织,以资生活。洋纱初来之时,民间并不喜用。间有掺用者,布庄收买后,致销路濡滞。于是庄家必

---

① 林刚:《再论中国现代化道路的民族性特征》,《近代中国》第 7 辑,立信会计出版社,1997 年,第 203—206 页。
② 民国《上海县续志》卷八,物产。
③ 林举百编:《通海关土庄布史料》,1962 年油印本,第 12、13 页。
④ 徐新吾等:《江南土布史》,上海社会科学院出版社,1992 年,第 133 页。
⑤ 上海市档案馆编:《上海古镇记忆》,东方出版中心,2009 年,第 231 页。
⑥ 《上海市百四十户农家调查》,原载《社会月刊》第 2 卷第 2—5 号(1930 年 8—11 月),转引自李文海主编:《民国时期社会调查丛编(二编)·乡村社会卷》,福建教育出版社,2009 年,第 505 页。

格外挑剔,不收洋纱之布,民间亦遂不敢以洋纱掺用。上海自设纱厂后,民间自轧自弹,反不如买机器纱之便宜,于是遂不顾布庄之挑剔,而群焉买之,群焉织之,庄家亦剔无可剔,一概收买。现在(指光绪后期,20 世纪初——引者)非但不剔,而且以机器纱为细洁,而乡间几无自轧自弹自纺之纱矣"。①

苏北地区虽不及苏南,但得助于机纱的采用,土布业仍有一定规模,"自纱厂在通商口岸设立后,农民纷纷采用洋纱,而农村织布业遂亦有变迁。在交通便利、纱厂发达地区,如上海与无锡,两地农民之以织布为副业者固多,他如苏州、武进、镇江、丹阳、嘉定、太仓、松江、南汇、青浦、金山、宜兴、溧阳、高淳、句容、崇明等县,农民亦得采购厂纱织造土布。即淮阴、涟水、宿迁方面,亦以运河交通,得采沪锡棉纱机织土布;南通、海门、靖江、启东四县,则以南通有纱厂,棉纱供应便利,亦有土布之出产;其余泗阳、睢宁、萧县、邳县、砀山等处,其有织布副业存在,皆仰赖徐州为纱布之进出门户"。②

在浙江省嘉善县,20 世纪 30 年代的实地调查载:"农家织布,各乡均有,惟多为'自织布',即农家购得洋纱后,自织自用,完全是一种家长式的家庭手工业,并且颇不重用。但另有一种所谓'织庄布'者,是商业资本支配之下的家庭工业,有些地方的农民把它当成一种主要的副业,从而获取工资。例如五区云南乡,织花布的农民就很多;其次卿云乡、镇东乡、王店镇等处也不少。所谓织花布者,即由农民向布庄领取洋纱,织成后仍交还布庄,而获得工资。上述各乡织布庄农民的雇主,有些远在海宁县的硖石镇,大部分则在本区的王店镇。"这些雇主"发纱由农民织布,则其利益颇大,盖同量棉纱与白布价格之差异,远较付给农民之工资为多"。其成品布的销路,"远及宁波、绍兴、上海、苏州、常州、镇江、扬州等地"。③

表 5-1　20 世纪二三十年代江浙两省几个地区的土布产量　　单位:万匹

省治	县治	土布年产量
江苏	江阴	1 200—1 300
	常熟	1 200—1 500
	常州	800
	南通	924
浙江	海宁	250
	平湖	160—200
合　计		4 804

(资料来源:周飞舟:《制度变迁和农村工业化》,中国社会科学出版社,2006 年,第 88 页。)

---

① 李文治编:《中国近代农业史资料》第 1 辑,三联书店,1957 年,第 509 页。
② 实业部国际贸易局:《中国实业志(江苏省)》,上海民光印刷公司,1932 年,第 2 编,第 68 页。
③ 冯紫岗编:《嘉兴县农村调查》(国立浙江大学、嘉兴县政府 1936 年 6 月印行),转引自李文海主编:《民国时期社会调查丛编(二编)·乡村经济卷》,福建教育出版社,2009 年,第 353、354 页。

上海开埠后,原棉出口的增加,不仅促使周边地区棉花产区的扩展,同时也带动了与原棉出口直接联结在一起的手工轧花业的兴起。在棉花主要产区的南汇县,"同治以来,上海花商收买花衣,于是轧花场地遍地皆是。始用小轧车,妇女手摇足踏,日可出衣十数斤。光绪中,洋轧车出,日可得衣数百斤,小轧车天然淘汰矣"。嘉定县,"棉花以车绞去其子,盛以布包,运售他处,昔用土车,自日本车行,今皆改用日车";"轧棉工作,至为普遍"。与嘉定、上海县接壤的青浦县东北部,"洋轧车光绪十年间自上海传入,先行于东北乡一带,日出花衣一担有余"。①

这些所谓的洋轧车,实际多是由上海民族资本机器船舶修造厂仿造而成。原因是,"棉花出口增加,原来的土法轧花不能胜任,日本轧花机乘机输入,不久民族机器厂即开始仿制"。其需求之大,令制造厂应接不暇,"轧花机销售于上海附近农村,松江、莘庄销路最大,常常供不应求,营业非常发达",以至一些船舶修造厂由兼制转为专门生产。截至1913年,已形成拥有16家专业厂的轧花机制造行业。是年,上海国产轧花机的年销量达2 000余部,除上海郊区外,还行销崇明、南通、泰兴等棉花产区,义兴盛铁工厂"最多一天的产量达二十台,主要销往苏北一带"。②

铁制轧花机的生产效率,远非旧式轧车所及。"浦东原有的木制轧花车,每天只出花衣3—5斤,脚踏轧花车每天可出花衣60斤左右",是前者的一二十倍。它的行市,一方面反映了农村手工轧花业的兴盛,同时也更推进了轧花业的发展和技术更新:

> 最早购买新式脚踏轧花车的是浦东及上海郊区的富裕农户。购买数量逐年增加,一般在第一年购一台,以后再购一台,亦有一户购置四五台者。在收花时,雇工轧花,除自轧外,兼营代客轧花,各按重量计算工资及加工费。后花行、花厂设立,行销益广,原有木制轧花机遂逐渐被淘汰。③

一些地区出现了向机器加工业过渡的趋向,在嘉定真如,"清光绪季年,乡人杨荣遄倡设合义兴花厂,轧售花衣",初用人力,后改为机械,设有12匹马力引擎1台,轧花机15台。上述手工轧花业的发展,令在沪外国人印象深刻。美国驻沪领事佑尼称,在机器轧花厂出现的同时,"华人之在家中按设轧车辆以人力为之者亦复不少,内地轧花仍多用旧法,目睹情形者莫不讶上海变态之速,凡此皆足以勉励栽种棉花之业也"。④

19世纪80年代后,经由上海港输出的原棉,成为日本关西地区新兴棉纺织工业的主要原料来源,"1889年在上海输往外国的503 456担棉花中,有489 669担是

---

① 民国《南汇县续志》卷一八,风俗;民国《嘉定县续志》卷五,物产;民国《真如志》卷三,实业;民国《青浦县续志》卷二,土产。
② 上海市机电一局等编:《上海民族机器工业》(中国资本主义工商业史料丛刊),中华书局,1966年,上册,第100—102、173—178页。
③ 上海市机电一局等编:《上海民族机器工业》(中国资本主义工商业史料丛刊),中华书局,1966年,上册,第175页。
④ 民国《真如志》卷三,实业;彭泽益编:《中国近代手工业史资料》,中华书局,1962年,第2卷,第236页。

运往日本的,供应着那里近几年来建立起来的很多的纺织工厂"。日商大阪纺织会社遂提出在上海建立轧花厂,"其目的在将中国棉花轧去壳核,以便利输出"。① 基于刚成立的上海机器织布局的"十年专利权",这项计划遭到李鸿章等人的拒绝,但该厂仍于1888年(光绪十四年)开工,取名上海机器轧花局。资本7500两,拥有轧花机32台,日产90担,"比本地的轧花作坊强得多"。次年从上海港出口的原棉,"由上海机器轧花局轧过不少,运往美国者计有一万担之数",其余多输往日本。②

紧随其后,另有华商分别在新闸、杨树浦设立棉利公司和源记公司。前者资本15 000两,拥有40台机器,每天轧花约56担。后者规模更大,资本约20万两,"有120台机器在运转,每天的生产能力约为清花170担"。1893年(光绪十九年)又有礼和永轧花厂设立,资本5万两,轧花机42台。③

与机器缫丝业不同的是,棉花初加工的技术要求更为简单,上海附近棉花产区这时已多使用上海机器船舶修造厂等仿造的日式脚踏轧花机,后又推及其他棉产区,这种小轧花机加工的棉花总产量,已占上海港出口原棉的大部分。

上海机器棉纺织业兴起后,郊县的轧花业发展又添助力。规模较大的有1916年创办的奉贤县青村镇的"程恒昌"轧花厂,时至20世纪30年代已在上海闹市区的中汇大楼设立了"申庄",专门负责与上海各纺织厂的业务联系,并拥有厂房机器、码头和运输船等,被称为"花界巨擘"。④

二、缫丝业和丝织业

自大量生丝经由上海港源源外销,苏南浙北产区的蚕丝手工加工业无论规模还是技术,都有显著发展。蚕户将蚕茧抽丝后,为改善生丝的质地,尚可进行再加工,即把已缫过之丝再摇制。生丝出口畅旺,南浔、震泽等地的丝商为迎合国外丝织业的技术要求,将买进的土丝按等级分发给农户或小作坊再缫制成经丝,因专供出口人称洋经丝。在欧洲市场如法国里昂,未经再加工的丝每公斤售价47法郎,而再缫丝则值63法郎。⑤

江浙蚕丝产区手工缫丝业因此业务繁忙,南浔一带尤负盛名,"法兰西、美利坚各洋行咸来购求,嗣又增出方经、大经、花车经等名称"。加工技术也不断改进,"迩来洋商购经居其半,浔地业丝兼经行者为多。经之名有大经、有绞经、有花车经等名,凡做经之丝,必条纹光洁,价亦胜常,故乡人缫丝之法日渐讲究"。前去实地察

---

① 上海市机电一局等:《上海民族机器工业》(中国资本主义工商业史料丛刊),中华书局,1966年,第100页;孙毓棠编:《中国近代工业史资料》第1辑,科学出版社,1957年,第88页。
② 徐雪筠等译编:《上海近代社会经济发展概况(1881—1931):〈海关十年报告〉译编》,第33页;孙毓棠编:《中国近代工业史资料》第1辑,科学出版社,1957年,第97页。
③ 徐雪筠等译编:《上海近代社会经济发展概况(1881—1931):〈海关十年报告〉译编》,第33页;孙毓棠编:《中国近代工业史资料》第1辑,科学出版社,1957年,第97页。
④ 上海市档案馆编:《上海古镇记忆》,东方出版中心,2009年,第309页。
⑤ 姚贤镐编:《中国近代对外贸易史资料》,中华书局,1962年,第1481页。

看的外国商人记载：

> 南浔的主要生产为一种上等生丝，该地亦为附近所产再缫丝之市场，这种专为出口的再缫丝，产量年有增加，光绪四年(1878年)约产4 200公斤。从事该业的手工劳动者每两工资十文，熟手每日可缫三两至五两，每日可获工资五十文。①

南浔一带这种手工缫丝业的发展势头很猛。此前当地以出口辑里丝著称，"嗣后因南浔、震泽辑里大经盛行，洋庄丝(指未再缫制丝——引者)无形淘汰。向之代洋庄收丝之客行，亦纷纷改为乡丝行，收买白丝售与浔、震之经丝行，摇为辑里大经。嗣后又有做成格子称为花经，专销美国者。斯时南浔附近各乡居民及震泽、黎里一带，约有车户二三千户，每家平均约有车四部，每部小车每日出经十两。每百两为一经，每十五经成为一包"。乡土调查资料载，"当辑里大经蜚声欧美之时，大约以一百零六七两之白丝摇为纯经百两，故其时货品均高，外洋甚有信仰，每年出口达一千余万元之谱"。②

1880年代上海机器缫丝业兴起后，无锡等新起蚕桑产区的农户多为专业养蚕收茧出售。1886年6月8日(光绪十二年五月七日)《申报》"锡山近况"载，当地"育蚕之家颇乐于售茧，谓较缫丝出售可省烦劳"，不再兼事缫制；南浔、震泽一带传统产区手工缫丝业的发展势头虽有所减缓，但仍有相当规模，故《南浔志》曾自诩"无锡、绍兴率皆售茧，我浔则无不售丝者"。缫丝业的发展，还曾带动相关手工业的生产。生丝再加工时，约有10%—15%的乱丝产生，于是手工捻制丝线业应运而起，产品"亦销洋庄，每一担值四五十元至八九十元"。湖州还有人利用这种乱丝织成外表似棉布的绸料，取名棉绸，1880年(光绪六年)前后年产约3 000匹，足见周围地区当时手工缫丝业之盛。③

鸦片战争后，在一些手工行业趋于衰落或生产结构重组的同时，也有一些手工业由于没有同类外国商品可以与之竞销，且又受到出口需求的刺激，非但没有萧条，反而呈现产销两旺的景象。丝织业是其中之一，它是具有鲜明民族特色的传统手工业。如江苏盛泽镇，早在明末清初，就是著名的丝织品产地。当时，"凡邑中所产，皆聚于盛泽镇，天下衣被多赖之。富商大贾数千里辇万金来买者，摩肩连袂，为一都会焉"。④时至19世纪下半叶，其盛况不减当年：

> 镇之丰歉，不仅视田亩之荒熟，而视绸业之盛衰。倘商贩稀少，机户利薄，则凋敝立形，生计萧索，市肆亦为减色矣。近镇四五十里间，居民尽

---

① 彭泽益编：《中国近代手工业史资料》，中华书局，1962年，第2卷，第80—82页。
② 刘大钧：《吴兴农村经济》，中国经济研究所，1939年，第11—12页。
③ 《申报》，1882年6月8日；彭泽益编：《中国近代手工业史资料》，中华书局，1962年，第2卷，第81、82、76页。
④ 乾隆《吴江县志》卷五。

逐绸绫之利,有力者雇人织挽,贫者皆自织,而令其童稚挽花,女红不事纺绩,日夕治丝,故女儿自十岁以外,皆蚤暮拮据以糊其口。①

20世纪初,南京的织缎业也很发达,其产品远销全国,"舟车四达,悉贸迁之所及耳",当地的染坊连带兴盛。② 同一时期,浙江嘉兴濮院镇,"机户自镇及乡","所谓日出万绸,盖不止也"。③ 一些地方,手工丝织业还有新的兴起和发展。江苏丹阳,"光绪初,乡民习机织于湖州,归而仿制",称之为"丹阳绸"。以后"逐渐改良,推销日广,清季产数已达三万匹"。④

据1912年的统计,"丝绸主要是由产丝地区的农民织户用手工织成的,每一织户从许多种类不同的蚕丝中采用一种特出的蚕丝,江苏和浙江为出产上等丝绸的省区,这两省以江苏的苏州、无锡、南京和浙江的绍兴、杭州为主要产绸中心,所织丝绸达二百至三百种"。⑤ 1931年,包括手工业在内的杭州全市工业企业中,手工丝织业有3 479家,职工26 010人,资本5 650 640元,分别占全市总数的61.3%、30.3%和49.6%。⑥

丝织业的兴旺,从外贸出口数额亦得到反映。据统计,1880年(光绪六年)中国绸缎出口总值为542万海关两,1894年(光绪二十年)增至798万,1914年又达1 087万,呈现逐年递增的态势。⑦ 江浙地区与其相关的农户也从中获益,除了农作外,又多一生计。在盛泽,"其地并无丝厂及丝织工人","皆系零星机户,散处乡间";在吴兴,丝绸"大都为乡人所织,每年产额约有40余万匹……遇农忙时期,则绸机相率停织,以事耕耘";在嘉兴,"农民很多以丝绸为副业",如梅湖全乡2 401户,以丝绸为副业者约1 700户,占总户数的70%以上;在杭州,"生货机户散处乡间,素来兼营农业,如机织业有利可图,则以所产之丝多分其力以赴之;势一不顺,则售其丝茧,退而专营农业"。⑧

三、新兴的手工业

自上海开埠通商和崛起,周边地区的农村手工业依托上海的贸易和工业中心的地位,在面临洋货竞销时,得以通过调整生产结构、流通渠道和市场取向等重要环节,较快地转向附丽于直接与世界资本主义市场沟通的进出口贸易,避免了在国内其他地区常见的一旦手工棉纺织业衰败,农家生计便陷于困境的窘况,农村经济

---

① 光绪《盛湖志》卷三,风俗。
② 宣统《上元江宁乡土合志》卷六,机业。
③ 民国《濮院志》卷一四,工业。
④ 民国《丹阳县续志》卷一九,物产。
⑤ 章有义编:《中国近代农业史资料》第2辑,三联书店,1957年,第243页。
⑥ 陶士和:《民国时期杭州民间资本发展的几个特征》,杭州文史研究会编印:《民国杭州研究学术论坛论文集》(2009年12月,杭州)。
⑦ 许涤新等主编:《中国资本主义发展史》第2卷,人民出版社,1990年,第912页。
⑧ 彭泽益编:《中国近代手工业史资料》,中华书局,1962年,第3卷,第221、222、85、650、391页。

也没有因此发生大的动荡。这些变化所体现的发展趋向无疑是积极的,而且随着上海内外贸易规模的不断扩大,这种衍变表现得也更加充分。

清末民初,上海周围农村相继出现一批新兴的手工业,嘉定的黄草编织业,南汇的织袜业,嘉定、川沙的毛巾织造业,川沙、上海、宝山等县的花边编织业都颇具规模,名闻遐迩。它们的发生发展,同样与上海内外贸易繁盛的有力推动紧密关联。1909年6月4日美国《纽约时报》以"1908年的上海:对美贸易出口1 055万美元"为题,引述时任美国驻沪领事田夏礼发表的统计数字称:"草编织物是中国最大的加工工业,尽管只有少量货船经营这项产品,但数据表明,去年仍有价值407 000美元的这类货物运往美国,这项货物也可整年交易。"①20世纪二三十年代,在浦东三林镇以刺绣闻名的杨林宝与上海的洋行达成协议,从事刺绣业务,有近千贫苦农妇借此谋生,补贴家用。其后,三林刺绣销路更广,在上海、香港、南洋等地开设了多家"专卖店"。②

上海郊区的嘉定县,原先作为农家主要副业的纺纱织布业,于清末渐被黄草编织等取代。此后,"洋布盛行,黄草事业日见发达,徐行附近多改织黄草品"。黄草为嘉定特产,编织历史久远,但其较快发展是在光绪年间,"初种于澄桥,渐及于徐行"。及至清末,澄桥一带村民多种黄草,织成凉鞋,行销远近。民国初年,徐行镇成为黄草编织业中心,产品"每年运往上海,转输至宁波、福建、广东及南洋群岛等处,为数甚多"。③在望仙桥乡,"黄草春种夏获,高逾于禾,性喜湿,茎析为缕,以编织鞋篓等。箬亦有用,多产于东乡、徐行、澄桥等地,其地之人因取以编织之,近则吾乡亦有种植之者矣"。④据统计,1930年该县从事此项生产者有3 000余人,1935年增至2万余人。⑤

在川沙县,代之而起的是毛巾业。毛巾又称手巾,亦是川沙农村的传统手工业,据俞樾编于1879年(光绪五年)的《川沙厅志》称:"毛巾,以双股棉纱为经纬,蓝纬线界两头,长二尺许,多双纱毛巾。"上海开埠后,土布日趋衰落,毛巾业逐渐兴起,工艺亦有改进。民国《川沙县志》载:

> 本境向以女工纺织土布为大宗,自洋纱盛行,纺工被夺,贫民所恃以为生计者,惟织工耳。嗣以手织之布尺度既不甚适用,而其产量更不能与机器厂家大量生产者为敌。清光绪二十六年,邑人张艺新、沈毓庆等,鉴于土布之滞销,先后提倡仿制毛巾。毓庆就城中本宅创设经纪毛巾工厂,招收女工,一时风气大开。其后经纪停闭,而一般女工皆能自力经营,成为家庭主要工业。二十年来,八团等乡机户林立,常年产额不少,于妇女

---

① 郑曦原编:《帝国的回忆:〈纽约时报〉晚清观察记(1854—1911)》,当代中国出版社,2011年,第99、100页。
② 上海市档案馆编:《上海古镇记忆》,东方出版中心,2009年,第229页。
③ 民国《嘉定疁东志》卷三,物产;民国《嘉定县续志》卷五,物产。
④ 民国《望仙桥乡志续稿》(上海乡镇旧志丛书),风土志,物产,上海社会科学院出版社,2004年。
⑤ 民国《江苏六十一县志》,商务印书馆,1936年,第196页。

生计前途裨益非浅。①

如上引方志所说,1900年沈毓庆等人在川沙镇开设了一家织造毛巾的工厂,规模不大,但开当地手工业转向的先锋。短短三四年间,川沙镇及四周村镇相继有10余家毛巾厂开办。到1920年,川沙县已有大大小小毛巾厂75家,织机2 500台,从业人员3 750人。1937年,川沙县有毛巾厂202家,织机5 371台,从业人员8 600多人,年产毛巾260万打。②

着眼于离土不离村的廉价的劳动力和更大的利润空间,上海的一些工厂即使有能力机器生产,也一直沿用手工制造或发料加工的经营方式。从事毛巾织造的三友实业社自手工作坊起家,至20世纪20年代已颇具实力,也从日本购置电力织巾样机2台,但仍在上海郊区农村大量发展手工织巾场和向农民发料加工,未再添置电力织巾机。因电力织巾机的售价为300元,而购置木质手工织巾机仅需10元,尽管两者劳动生产率之比为3∶1,但其投资比例却为30∶1。1928年,三友实业社除原有大型织巾工厂外,在上海郊区还设有总计1 800台手工织巾机的12家工厂,以及向农民发料加工的手织机四五百台。③ 其中在川沙设有7家,生产的"三角牌"等毛巾已经能与日本的"铁锚牌"毛巾竞争,并远销东南亚各国。④

嘉定县,"邑中女工向以纱布为生计大宗,光绪季年,土布之利被洋布所夺,于是毛巾代兴。毛巾为仿造日本货之一种,以十六支及二十支二种洋纱为原料,分轻纱二重,上重薄加浆粉,下重浆粉甚厚。织巾时,隔三梭或四梭用力一碰,经纬交错,上重因而起毛,略似珠形。组织简单,织造甚便,每机一乘,织工一人,摇纱半之,经纱工、漂白工又若干。工苦而利微,唯洋纱贱、毛巾贵时,每人每日可获六七角之利,然不多见也。在清季,邑中无正式之厂,统计其业约分两类,一简陋之厂,置机十余乘至五十乘不等,招集邻近女工,以友谊管理,出货直运上海庄,庄给四十日之庄票,回嘉可购洋纱,此类以城镇内外及东乡为多,约有三十家,共机五百乘左右;一不成厂之散户,置机一二乘,妇女得暇则织,全属家庭工业,出品销本城曹氏、大全、仁庄,多数掉换洋纱,彼则远销上海及杭、嘉、湖,此类散户约共机三百余乘"。⑤ 其发展势头不减,"民国后,近城妇女争织毛巾,西南隅除在家置机自织外,间有设厂经营者。徐行、澄桥、东门外且有大规模之工厂,如恒泰、华成、达丰等"。⑥

川沙县的花边编织业也颇具规模,民国《川沙县志》称:"毛巾而外,厥惟花边,俗称做花。最盛时,全境一年间,工资几及百万元。女工每人每日二三角、四五角

---

① 光绪《川沙厅志》卷四,物产;民国《川沙县志》卷五,工业。
② 上海市档案馆编:《上海古镇记忆》,东方出版中心,2009年,第208、209页。
③ 许涤新等主编:《中国资本主义发展史》第2卷,人民出版社,1990年,第937页。
④ 上海市档案馆编:《上海古镇记忆》,东方出版中心,2009年,第208页。
⑤ 民国《嘉定县续志》卷五,物产。
⑥ 民国《嘉定疁东志》卷三,物产。

不等。"①其经由上海与海外市场联结,产销两旺:

> 花边一物,西国妇女服装大都喜用,如窗帘、几毯等装饰品亦多需此,于美国为尤盛。民国二年间,邑人顾少也发起仿制穿网花边,设美艺花边公司于上海,并在高昌乡各路口镇设传习所,教授女工,不收学费,一时本境女习此业者不下千数百人。其所出物品,因货美价廉,销路颇畅,除批发于同业各号外,余均行销欧美诸邦。三年十二月,赴菲律宾嘉年华会比赛,得最优等奖凭。四年十月,北京农商部开国货展览会,前往陈列,得一等奖凭⋯⋯自此以后,顾镇、高行南北镇、新港、合庆等处,相继设立公司,传授女工。地方妇女年在四十岁以下、十岁以上者,咸弃纺织业而习之。合邑出品价值,每年骤增至五六十万元以上,妇女所得工资达二十万元以上,贫苦之户赖此宽裕者数千家。②

宝山县,原先"境内工业向恃织布,运往各口销售,近(指民国初年——引者)则男女多入工厂,女工或习结绒线,而花边尤盛行,其法纯恃手工业,以洋线结成各式花边,美国上流社会衣服恒以此为缘饰,航海销售,获利颇厚,甚至有创设花边公司者"。③亦有织造毛巾者,民国《杨行乡志》载:"本乡地处僻壤,交通濡滞,除普通工艺外,又无工厂设立,乡村女工恒以农作暇时纺织为生者。自洋纱盛行,土布衰败,女工实无副业可恃。民国四年,里人陈克襄、苏允文等在成善堂西偏创设国华毛巾厂,聘请专门技师王秋云悉心教授。旋以房屋不敷应用,遂迁苏家宅。"④同县的月浦,1921年"里人张鉴衡在北弄本宅创办裕民棉织厂,设机三十余乘,专织毛巾,运销上海"。⑤

南汇县的手工织袜业,也与上海直接有关,据记载,其始于捷足洋行手摇织袜机的推销。⑥此前,人们穿的多是布袜,清末有进口棉纱袜输入,又有手摇织袜机的推销,便有人引进织造。1912年,惠南镇维新袜厂从日本购买织袜机和辅助设备,用手工操作机器织袜。继而,效仿者众,织袜业成为惠南镇的主要手工业。1937年,全镇共有23家袜厂,产品远销海内外,包括日本和南洋。⑦其经营形式,主要是来料加工:

> 南汇的大多数袜厂并不自备资本,而是向上海各商号领取原料,遵循商号的要求织造,制成品仍交给商号销售。南汇袜厂与上海批发商号的这种产销合作关系,为南汇织袜业节省了大量资金,使南汇袜厂在资本额极低的情况下,也能顺利开工生产,这对于资本积累不足的南汇农村来说

---

① 民国《川沙县志》卷一四,方俗。
② 民国《川沙县志》卷五,工业。
③ 民国《江湾里志》卷五,工业。
④ 民国《杨行乡志》(上海乡镇旧志丛书)卷九,实业志,工业,上海社会科学院出版社,2006年。
⑤ 民国《月浦里志》卷五,工业。
⑥ 徐新吾等主编:《上海近代工业史》,上海社会科学院出版社,1998年,第119页。
⑦ 上海市档案馆编:《上海古镇记忆》,东方出版中心,2009年,第84页。

至关重要。而上海的商号则利用南汇手工工场近沪之便利、劳动力之低廉,增强市场竞争能力。①

而农户因能兼顾农作,也乐于接受这种生产方式,当地袜厂的女工,"大都来自农家,农忙时要去田间工作,织袜是副业"。②

凭借这种联营关系,南汇织袜业发展很快,"南汇地处浦东,与上海隔江相望,县境毗连,轮渡往返日必数次,益以铁道筑成,自周家渡至周浦瞬间可达,境内航轮联贯各区重要市镇,海上风气所向,南汇必紧承其后,故针织袜业得日兴月盛"。1919年至1926年,"此七年中,南汇袜业大有欣欣向荣之象,城厢四郊袜厂林立,机声相应,盛极一时"。③ 并得以延续,据统计,1933年全国有机器袜厂110家,产袜542万打;同年南汇县手工袜厂产袜266万打,是前者总产量的近一半。④ 至抗日战争前夕,全县有袜机5万台,从业者6万人,所产袜子经由上海销往国内各地及南洋。⑤

上海开埠后,城市建设迅速,建筑市场需求很大,各路建筑业者纷至沓来,其中来自浦东川沙农村的那些工匠引人注目,人称近代上海建筑业远近闻名的"川沙帮",其代表性人物是来自川沙青墩(今蔡路乡)的杨斯盛。1880年,已在上海历练多年、小有积蓄的他创办了沪上首家由中国人开设的营造厂——杨瑞泰营造厂。这类营造厂,按照西方建筑公司的办法,进行工商注册登记,采取包工不包料或包工包料的形式,接受业主工程承发包。此后,由川沙人在上海开办的营造厂相继设立。截至1933年,上海较具规模的由川沙人创办的营造厂有19家,详见下表:

表5-2　上海著名的川沙籍营造厂一览表(1880—1933年)

厂　名	创办人	开办年份	承包的代表性建筑
杨瑞泰营造厂	杨斯盛	1880	江海关大楼二期、公平丝厂厂房
顾兰记营造厂	顾兰洲	1892	英国领事馆、先施公司大楼
赵新泰营造厂	赵增涛	1894	农业银行大楼
周瑞记营造厂	周瑞庭院	1895	苏联领事馆、礼查饭店、扬子保险公司大厦、新闻报馆
姚新记营造厂	姚锡舟	1900	法国总会、中央造币厂、中央银行、华洋德律风(电话)公司、中山陵一期工程
杨瑞记营造厂	杨瑞生	1903	上海证券交易所大厦、巴黎戏院、新光大戏院
王发记营造厂	王松云	1903	哈同花园(爱俪园)、汇中饭店

---

① 李学昌主编:《20世纪南汇农村社会变迁》,华东师范大学出版社,2001年,第14—15页。
② 彭泽益编:《中国近代手工业史资料》,中华书局,1962年,第3卷,第770页。
③ 《南汇织袜业现状》,《工商半月刊》第5卷第11号。
④ 吴承明:《市场·近代化·经济史论》,云南大学出版社,1996年,第184页。
⑤ 李学昌主编:《20世纪南汇农村社会变迁》,华东师范大学出版社,2001年,第9页。

续 表

厂　名	创办人	开办年份	承包的代表性建筑
裕昌泰营造厂	谢秉衡（合伙）	1910	上海市工部局、怡和洋行、天祥洋行（有利大楼）
赵茂记营造厂	赵茂勋	1913	国泰大戏院、国际电影院、建国西路克来门公寓
利源建筑公司	姚雨耕	1917	毕卡地公寓（今衡山饭店）、广州白云山飞机场、金陵大学
安记营造厂	姚长安	1919	浦东光华火油公司厂房、码头、油池等全部工程，上海虹桥疗养院，圣保罗公寓，道斐南公寓，泰山公寓
创新营造厂	谢秉衡	1920	杨树浦煤气厂、自来水厂、正广和汽水厂、南洋兄弟烟草公司、黄金大戏院、伍廷芳住宅、杜月笙祠堂、南京邮政局、青岛纱厂
陶桂记营造厂	陶桂松	1920	永安公司新厦、中国银行、沪光电影剧院、美琪电影院、龙华飞机场
公记营造厂	赵景如、张振生	1928	大陆商场、圣三一堂、仁济医院
昌升营造厂	孙维明、姜锡年	1928	大中华火柴厂、中华码头公司码头、堆栈
陆福顺营造厂	陆秉玑	1929	蒋介石、宋子文、孔祥熙住宅
朱森记营造厂	朱月亭	1930	上海特别市政府大厦、陈英士纪念馆、大世界游乐场
利源合记营造厂	朱顺生、叶宝星等5人	1930	交大铁木工场、向明中学、国际饭店基础
陶记营造厂	陶伯育	1933	上海迦陵大楼、康绥公寓

（资料来源：高红霞、贾玲：《近代上海营造业中的"川沙帮"》，《上海档案史料研究》第八辑，上海三联书店，2010年，第18、19页。）

依托与上海毗邻的地缘优势和经济联系，苏南和浙东北的城乡手工业也适时地调整生产结构和经营方向。至20世纪二三十年代，相关行业产销两旺。苏南的织席业，虽有公司、工厂等名目，实际则是接受外商订货，转而"向各农家定做"①。在镇江，"木机织布业城内外约有三十余家，织袜业约有四十余家"，此外还有农妇的草编业等。② 南京的针织厂坊，"每家雇佣三四人至十人，资本自400元至2 000

---

① 彭泽益编：《中国近代手工业史资料》，中华书局，1962年，第3卷，第118页。
② 彭泽益编：《中国近代手工业史资料》，中华书局，1962年，第4卷，第118页。

元不等"。① 无锡的手工针织从业者有3 000余人,"泰半为散处工人,论件计资";② 当地的袜厂,"袜机大多由工人自备,即非自备亦必由工人交出押金,向厂主租用,待织成即可交厂取值","盖所谓厂者,大都仅司收发而已……十之八九,皆属如是"。③ 常熟的织布工场,大者有布机400余台,小者四五十台,但"均系手拉式,并不借机器之力"。④

浙江平湖的针织业,1925年有袜机约1万台,大多是放机放料给四乡农户加工,收货后由厂雇工缝袜头、袜底并熨平。放机给织户时,收押金6元及小租2元,以后每月租金2元在工资中扣除。以每机日产1打计,织户扣除押金,月收入约六七元。当时由上海制造的织袜机,每台售价约20元,有些织户虽有能力自备,但凡自置织机者袜厂往往拒绝再放料,以促其维持原先的约定。⑤ 海宁的针织厂,也是自备织机和沙线,散发给城乡家庭织造,论件计资。⑥ 在宁波,"家庭纺织破产以后,吾甬最普遍之妇女家庭工业,厥为编帽与织席"。⑦

在晚清江南城镇,一些富有地方特色的传统手工业产销仍旺。1911年(宣统三年),苏州约有350种行业,其中最引人注目的是丝绸和刺绣业,"大约有100种花缎和200种丝绸和薄纱、7 000部织机,有20 000名妇女从事于刺绣"。此外则有金属器皿、玉石器、地毯和制陶等业。⑧ 同年,关于宁波的海关报告称,"纯粹的地方企业几乎没有或很少拥有机器,但却维持了下来",其中主要的有草帽编织业,"它们都是用长在宁波周围地区的灯心草做的,这一行当由妇女和儿童从事,但如果下雨天不能干农活时,男人也会利用空余时间做一些。宁波人以他们在这一特殊生产邻域的手巧而闻名遐迩。出口的帽子一年年的增加,其中大多数运往巴黎"。⑨

温州和处州的手工业品,主要有绸缎、草席、锡器、纸伞、皮具、石雕等,其中青田石刻尤其出名。1901年(光绪二十七年)的海关报告称,走在温州大街上,"可以看到织造丝绸的,钉鞋钉的,做锡器、家具和银器的,装烟袋的,把空煤油罐改造成锅盆的",其中"丝绸业雇佣了大量的人手,织出来的丝绸相当好,坚实耐洗,零售价是每英尺2角,彩色和白色都是如此。一般一匹有100英尺长、17英寸宽,居住在这里的洋人都很喜欢这种丝绸"。制伞业也"雇佣了大量工人,产品几乎都被船运到北方"。⑩

---

① 彭泽益编:《中国近代手工业史资料》,中华书局,1962年,第3卷,第153页。
② 彭泽益编:《中国近代手工业史资料》,中华书局,1962年,第3卷,第153页。
③ 彭泽益编:《中国近代手工业史资料》,中华书局,1962年,第4卷,第99页。
④ 彭泽益编:《中国近代手工业史资料》,中华书局,1962年,第3卷,第240页。
⑤ 许涤新等主编:《中国资本主义发展史》第3卷,人民出版社,1993年,第204页。
⑥ 彭泽益编:《中国近代手工业史资料》,中华书局,1962年,第3卷,第153页。
⑦ 彭泽益编:《中国近代手工业史资料》,中华书局,1962年,第3卷,第539页。
⑧ 陆允昌:《苏州洋关史料》,南京大学出版社,1991年,第102页。
⑨ 陈梅龙等译编:《近代浙江对外贸易及社会变迁——宁波、温州、杭州海关贸易报告译编》,宁波出版社,2003年,第92页。
⑩ 陈梅龙等译编:《近代浙江对外贸易及社会变迁——宁波、温州、杭州海关贸易报告译编》,宁波出版社,2003年,第159、170页。

杭州仍以丝绸业扬名,市场需求量很大,1911年(宣统三年)从业者仍有约2万人;当地的油纸伞畅销不衰,年销量约有300万把。湖州则出产质量优异的毛笔,习称"湖笔",名重南北。"嘉兴在铜器制造业上颇有声望,产品包括炭炉子、茶壶、烛台等,是用进口的铸铜手工制作的。平湖、石门、嘉善大量生产菜籽油和菜饼,仍然用碾磨压榨的老办法。全部菜油都供给当地市场,菜饼大量出口主要是日本。嘉兴和硖石织袜厂用洋纱、土纱编织袜子,使用洋式手摇机的全是那些妇女"。[①]

第四节 农垦企业和农产品加工及农机具的应用

鸦片战争后,在农业生产技术改进的同时,新的农业经营方式也在江浙沪地区逐渐兴起。20世纪初年,这里相继出现一批采取集股商办形式开办的农牧垦殖企业,史称"新式农垦企业"。它们的设立,是中国农业发展史上的重要一页,也反映了资本主义经济关系在江浙沪农村的渗透和延伸。

一、苏北盐垦区和浙江的农垦企业

历史上,江苏沿海地区曾经是两淮盐场的所在地,为了确保盐业生产正常进行和盐税的稳定收入,历代统治者在此均禁止开垦种植,当地居民只能从事放垦蓄草、刈草煮盐,主导产业以传统的盐业为主。随着沿海滩涂的不断淤积、区域地貌的逐步改变和民间私垦的日益扩大,1900年(光绪二十六年),清朝政府放开了新兴、伍祐两场的禁垦令。1901年(光绪二十七年),张謇在通州吕四场开办了通海垦牧公司,[②]这是已知的中国第一家新式农垦企业。在这以后,各地都有开办。截至1912年的统计,全国共有新式农垦企业171家,资本总额6 351 672元,详见下表。

表5-3 1912年各省农牧垦殖公司统计

地区	数目	资金(元)	地区	数目	资金(元)
北京	1	1 000 000	安徽	9	20 500
直隶	2	100 750	江西	4	13 221
山东	4	118 700	湖北	4	760
河南	2	2 000	湖南	15	369 130
山西	3	155 573	四川	3	44 500
奉天	12	324 375	广东	43	1 349 415
吉林	8	630 995	广西	23	250 055
江苏	27	1 818 505	福建	2	2 118
浙江	6	112 975	云南	5	38 100

(资料来源:李文治:《中国近代农业史资料》第1辑,三联书店,1957年,第697页。)

---

① 陈梅龙等编译:《近代浙江对外贸易及社会变迁——宁波、温州、杭州海关贸易报告译编》,宁波出版社,2003年,第252页。
② 郝宏桂:《"棉铁主义"与清末民初江苏沿海地区的产业转型》,《民国档案》2010年第2期。

这些企业的相继设立,有其深刻的历史背景,尤其是和20世纪初年中国社会经济、政治的一些显著变化联系在一起。它们主要表现在以下几个方面。

(一) 中国民族工业的发展,带动了新式农垦企业的创办

中国资本主义自19世纪六七十年代兴起后,至19世纪末、20世纪初,有了较大的发展,其中棉纺织业的增长尤为显著。民族工业的发展,提出了保障和扩大原料来源的问题。外国资本主义的倾轧,使这方面的要求更为迫切。一些民族资产阶级开始了将资本主义经营范围扩大到农业领域的尝试。实业家张謇首开先例,1900年(光绪二十六年)他为了扩大企业的生产规模,保证原料供给,认为"因念纱厂,工商之事也,不兼事农,本末不备",决定仿照资本主义股份公司的形式,集资创办农垦公司。次年,就在江苏南通办起了通海垦牧公司,"广植棉产,以厚纱厂自助之力"。[1] 该企业明文规定:"本公司开办宗旨,原为纱厂谋纺织之根据地,各堤经理须本此意通告各佃,俾佃人知公司与纱厂有甚重关系,所产之棉应归公司收买以充厂用,不得外溢。至花价自以厂收当时市价为衡,不得令佃人吃亏。"[2]

(二) 抵制美货、收回利权等爱国运动的兴起和华侨投资国内企业的热潮,促进了新式农垦企业的设立

20世纪初年,民族危机深重。为了拯救祖国,中国人民先后掀起拒俄、抵制美货和收回利权等爱国运动。广大爱国华侨也以各种方式参加斗争,其中有不少人回国投资,创办近代企业,发展实业。这些都有力地促进了新式农垦企业的设立。1909年(宣统元年)张謇组建阜海开垦股份公司时,强调为了抗衡外国棉纺织品倾销,中国亟须通过开办农垦企业,扩大棉田面积。[3]

与此同时,出现了华侨投资国内企业的热潮。据统计,同治元年(1862年)至1895年(光绪二十一年),华侨投资国内企业共67家,资金总额4 471 100元,平均每年投资135 000余元,而在1895年(光绪二十一年)至1911年(宣统三年)间,则有较大幅度增长。这一时期,华侨投资开办的国内企业共284家,资金总额达5 000余万元,平均每年投资2 981 000余元,较之前一阶段,企业数目增长3倍多,投资总额增长10余倍。[4] 其中就有不少是投资兴办新式农垦企业的。[5]

(三) 清末"新政"的推行,刺激了一批官绅投资兴办新式农垦企业,并在客观上为新式农垦企业的兴起,提供了一些有利条件

清末"新政"的内容之一,是奖励实业。为此还在1903年(光绪二十九年)设立了商部。随后颁发了一些奖励实业章程,如《奖励公司章程》、《公司注册试办章程》

---

[1] 张謇:《张季子九录》,实业录,卷四,第30—31页;《通海垦牧公司开办十年之历史》,1911年刊本,第95—96页。
[2]《通海垦牧公司章制事例·己酉事例(1909年)》,南通市档案馆等编:《大生集团档案资料选编·盐垦编(二)》,南通市档案馆2009年刊印本,第27页。
[3] 张謇:《张季子九录》,政闻录,卷三,第21—23页。
[4] 林金枝:《近代华侨投资国内企业史研究》,福建人民出版社,1983年,第4页。
[5] 李文治编:《中国近代农业史资料》第1辑,三联书店,1957年,第215、227—228页。

等。同时又设立路矿农务工艺公司等机构,通饬各级官员"一律认真恤商持平,力除留难延搁各项积弊,以顺商情而维财政",称"商之本在工,工之本在农,非先振兴农务,则始基不立,工商亦无以为资"。①

新政期间,曾"叠谕各省开垦荒地,振兴农业",并准许放垦官荒,将大片原先属于封建国家所有的生、熟荒地,贱价出售给私人垦殖。② 这项措施涉及许多省份,包括东北三省、西北、内蒙地区和江苏、安徽、广西等省。在这种背景下,除了一些民族资本家、华侨和商人外,还有为数不少的官绅纷纷筹款,从政府手中购得土地,用集股的方式办起了一批农垦企业。③

正因为近代中国第一批新式农垦企业是在上述社会历史条件下兴起的,因而它们具有以下几个特点。首先,地区东西分布差异大。这171家新式农垦企业虽然散布10多个省份,但各地差距很大。它们主要分布于沿海口岸城市所在的省份,如人称侨乡的广东和近代工商业较发达的江苏,以及新近放垦的东北地区。其中广东最多,有43家;江苏次之,有27家,两者合计,约占总数的40%。其次,创办人以官绅和华侨居多。如在1905年(光绪三十一年)至1909年(宣统元年)间开办的已知创办人身份的17家新式农垦企业中,官僚6家,华侨5家,绅士4家,商人2家。再次,经营范围以农牧为主,兼及桑、茶、园艺等商品化农业生产。这171家新式农垦企业,有60%以上共104家从事垦牧种植,其余是桑、茶、园艺44家,林业9家,蚕业8家,乳业1家,其他5家。④

新式农垦企业在民国建立后,进入了一个新的发展阶段。据统计,1912年江苏、浙江、安徽、山东、河南、山西、吉林、察哈尔八省,共有新式农垦企业59家,资本总额2 859 000余元;到1919年则增为100家和12 445 000余元,企业数目和资本总额都保持了逐年增长的势头,资本总额的增长幅度尤为突出。这一时期,新办企业总数增加41%,而资本总额则增长了3倍,反映新办农垦企业的规模明显扩大。这些企业大多仍开设在沿海近代经济相对发展的省份和放垦不久的东北地区,其中江苏最多,1919年在上述八省100家新式农垦企业中,江苏一省就占了41家。⑤ 1935年,苏北沿海地区有各类垦殖公司73家,占地面积超过410万亩,实际垦殖169万亩。⑥ 其呈狭长地带,东滨黄海,西界范公堤,南起吕四,北至陈家港,涵盖今滨海、射阳、大丰、如东四县,以及阜宁、盐城、东台、海安、南通、海门、启东等市县的一部分。⑦

---

① 《清德宗实录》,卷五二八,第1页,卷五二一,第1页;《光绪朝东华录》,中华书局,1958年,第5103页;张謇:《张季子九录》,实业录,卷四,第30—31页。
② 《清德宗实录》,卷五二八,第1页,卷五二一,第1页;《光绪朝东华录》,中华书局,1958年,第5103页;张謇:《张季子九录》,实业录,卷四,第30—31页。
③ 李文治编:《中国近代农业史资料》第1辑,三联书店,1957年,第229页。
④ 李文治编:《中国近代农业史资料》第1辑,三联书店,1957年,第697、695—696、698页。
⑤ 章有义编:《中国近代农业史资料》第2辑,三联书店,1957年,第340—341页。
⑥ 郝宏桂:《"棉铁主义"与清末民初江苏沿海地区的产业转型》,《民国档案》20 第2期。
⑦ 孙家山:《苏北盐垦史初稿》,农业出版社,1984年,前言,第1页。

与前一阶段相比,这一时期新式农垦企业创办人的身份有了较大变化,在原先官僚、绅士、华侨和商人的行列里,又挤进了一批军阀。这种变化是和当时北洋军阀的统治直接相连的,他们利用手中的权力,在各地强占或贱价强买了大片土地,其中有些军阀仿效他人,也搞起了新式农垦企业。截至1926年的统计资料表明,这一时期新设的农垦企业,大半是由军阀、官僚开办的。在1912年至1926年间设立的已知创办人身份的31家农垦企业中,由军阀、官僚开办的各有9家,约占总数的60%,其中有孙传芳、吴佩孚、张勋、岑春煊和殷汝耕等人;其余13家中,商人7家,地主、资本家各2家,侨商、买办各1家。① 一批军阀、官僚跻身新式农垦企业的开办,既使这些企业的数目有了明显增长,又给这些企业的经营活动带来浓厚的封建色彩。

总的说来,近代中国新式农垦企业的经营方式多样,举其大要,有以下几类。一是以公司名义,招佃开垦,收取地租。那些由军阀、官僚开办的农垦企业,都实行这种经营方式,即将他们占有的土地,在公司的名号下,分租给农民,招佃开垦,然后像地主那样收取地租,对佃农进行封建剥削。如1922年由官僚陈仪在江苏东台设立的裕华垦殖公司,明文规定将土地租佃给农民耕种,分春、秋两熟收取实物地租。缴纳春熟时,公司、佃户四六分成,秋熟对半分成。这类农垦企业虽名为公司,实质并无多少新的内容,"不过为一集资购地,征收田租之机关而已";"其职能不过代表集团田主(股份)管理佃农,收取租金"。有的则如同封建庄园,张謇开办的大丰盐垦公司,对佃农"奴隶视之,牛马畜之……至其平时仗有军队之威力,私擅逮锢或私刑拷打者,更视为习惯"。其封建剥削沉重,"待遇苛虐,租额极重,佃人以是而流离失所者极众"。②

二是借公司旗号,贱买贵卖,从事土地投机活动。当时有一批人,打着公司的幌子,开办农垦企业,实际并不经营农业,而是通过土地贱买贵卖的投机活动,牟取厚利。苏北地区有一些农垦企业,"组织就绪后,多以购买土地为一种投机事业,其目的在以低价购得土地后,待地价上涨时,以高价转售与各大公司"。它们大多规模不大,"其资本有只达数千元者,最多亦不过数万元。所有之土地,有少至一千余亩者,亦有达数万亩者"。其共同之处是,"彼等无不自称为某某盐垦公司,但鲜有从事于开垦土地者"。据1925年的记载,当时苏北地区这类"小公司约有四十余家"。③

三是集资购地,合股设立公司,雇佣劳动力,进行商品生产。这部分新式农垦企业,多数是由华侨、商人和工业资本家创办的,大多开设在商品经济较发达的口岸城市附近。如1919年由商人陈子兰发起,筹资3万元在南京设立天宝树木公

---

① 章有义编:《中国近代农业史资料》第2辑,三联书店,1957年,第14,342页。
② 章有义编:《中国近代农业史资料》第2辑,三联书店,1957年,第369—377页。
③ 章有义编:《中国近代农业史资料》第2辑,三联书店,1957年,第369页。

司,"每年开垦时,雇佣短工七十余人,每人每日工价二百文"。以后雇用常年工人10名,"管理全山树木"。1922年,实业家穆湘瑶在上海郊区集股2万元,创办了杨思蔬菜种植场,共有土地180余亩,雇佣农业工人40余人,职员3人,专门种植蔬菜、花卉,供应上海市场。①

上述情况表明,虽然近代中国新式农垦企业都标有公司之类的名称,但实际上绝大部分并不具备资本主义性质,它们或沿用旧的剥削手段,推行封建租佃制;或借公司名义,从事土地投机活动。只有一部分主要是由华侨、商人和工业资本家创办的农垦企业,才实行雇佣劳动力和商品生产,成为资本主义性质的经济实体。但这类企业为数甚少,而且在它们中间,后来由于各种原因,也有一些企业退而采用封建经营方式的。如位于江苏南通、如皋、东台、盐城和阜宁等地的一些农垦企业,原先曾由"公司自己经营植棉、畜牧等事业,采用工资劳动。旋以不利,乃停止自耕,分割出租"。还有一些企业的经营活动新旧并存,如张謇创办的通海垦牧公司,80%以上的土地采用租佃给农民、收取地租的经营方式。②

可见,近代中国新式农垦企业的资本主义性质是十分微弱的,它们的出现,并没有能触动封建土地所有制和剥削方式在中国农村长期占据的统治地位。尽管如此,一批具有资本主义性质的新式农垦企业的出现,即那些实行雇佣劳动力和商品生产的农垦企业的创办,在古老的中国大地上,毕竟是一个新生事物,它具体反映了20世纪初年资本主义经济关系和生产方式从工商业向农业领域的渗透和延伸,如张謇所自述的:"下走以欲致力教育而投身实业,实业在农工商,在大农大工大商。初苦农无大地,商无大资,则先就土产良棉营纺织工厂,继有纱布则及于商,继有海滩则及于农。"③在他的倡导下,苏北沿海这些新起的垦殖公司,投资数千万元,吸收了数十万移民,在大片荒漠盐滩上筑堤围圩,挖沟排盐,开荒种棉。至20世纪20年代时,这些公司已拥有南起南通,经如皋、东台、盐城、阜宁,北至灌云的沿海土地2 000余万亩,植棉400余万亩,年产棉花60余万担。这些棉花质量优良,在上海和国际市场上都是著名的棉纺织原料。④

清末十年间,浙江省有40多家农垦企业开办。其中杭州有14家,如杭州农桑会1905年(光绪三十一年)集资5万元,在艮山门至钱塘江边拥有土地1 000亩,利用荒滩地种植桑麻,养蚕兼业畜牧;杭州畜牧公司,1905年(光绪三十一年)创办,资本5万元,采用日本饲养新法,繁殖牛羊鸡鸭,栽种果树。杭州还建有西城树艺园、柞蚕厂、花圃植物园,规模不大,各有所专。此外,绍兴有7家,宁波5家,温州、

---

① 章有义编:《中国近代农业史资料》第2辑,三联书店,1957年,第342—346页。
② 章有义编:《中国近代农业史资料》第2辑,三联书店,1957年,第371、第3卷,第843页。
③ 张謇:《再致省长函》,南通市档案馆等编:《大生集团档案资料选编·盐垦编(一)》,南通市档案馆2009年刊印,第101页。
④ 南通市档案馆等编:《大生集团档案资料选编·盐垦编(二)》,南通市档案馆2009年刊印,陈争平序,第8页。

严州各 3 家,湖州、台州各 2 家,衢州、处州 4 家。投资较多者,是旅日华侨吴锦堂在杭州开办的浙西农业股份公司,资金 30 万元。上虞绅商陈春澜、王佐等创办的春泽垦牧股份有限公司,总部设在丰惠,资金 20 万元。①

二、苏北盐垦区的开发模式

苏北沿海一带,是历史上有名的两淮盐场所在地。由于江河泥沙的淤积,千百年来,苏北疆域一直在不断变化,特别是 15 世纪末,黄河全流南下以后,滨海淤积面积增加更快。至清末民初,海岸线离宋代所修防御海潮的"范公堤"已有数十里乃至一二百里远。这些新涨的土地,初为不毛斥卤,但经雨水长期冲刷,土地碱性逐渐减退,野草滋生。同时,随着海岸东移,原有的盐场离海日远,产量日减。在这种情况下,煎盐灶民和附近贫苦农民开始私垦。至清朝末年,基于财政困难等原因,开始了苏北沿海盐区的放垦,1901 年(光绪二十七年)张謇创办的通海垦牧公司是其嚆矢。苏北盐垦区,其范围西起范公堤,东迄海滨;南自南通吕四镇,北至涟水县灌河,总面积约 1 900 万亩,占江苏全省面积三分之一强。据不完全统计,在上述区域内,再加上灌河以北赣海地区,1901 年(光绪二十七年)至 1927 年间,先后成立的大小农垦和盐垦企业约 66 家,有资本可查的 44 家,原定资本 2 376 万余银元,实收 2 092 万余元;有土地面积可查的 61 家,占地面积合计 429 万亩,已垦约 169 万亩。②

苏北盐垦区形成的过程,也是垦区社会经济开始近代化的过程。为便利生产和管理,许多公司都在驻地建立市镇,建造仓库、学校、修筑道路、桥梁,设立邮政,架设电话线等。张謇原计划在垦牧公司建立 25 所小学,至 1923 年已建初级小学 8 所、高等小学 1 所。③

张謇的"大农大工大商"的构想和实践,有其鲜明的中国特色。有学者认为:"张謇在创办大生前就有个黄海垦殖计划,这种思想更是立足于本土的。既得大生的资助,乃创办盐垦区,得到各方响应,一个 2 000 万亩、30 万人口的通海垦区终于形成。垦区由晒盐而植棉,土地利用效益大增;所产棉花,供应大生原料。而其意义,在于由工业与手工业的协调发展,进而与农业协调发展;用张謇的话说,'不兼农业,本末不备'。棉纺是具有联进效应的工业,以大生为中心,陆续办起炼铁、机器、油脂等多种工业,以至轮船、商务、银行、汇兑,成为'南通实业'体系。张謇说:'实业者,西人赅农、工、商之名'。这是个完整的 industry 定义,包括第一、第二、第三产业,也是工业化的完整的内容。"并指出:"张謇的以大工业为中心发展实业和

---

① 胡国枢:《光复会与浙江辛亥革命》,杭州出版社,2002 年,第 35 页。
② 汪敬虞主编:《中国近代经济史(1895—1927)》,人民出版社,2000 年,第 1122、1123 页。
③ 姚谦调查整理:《张謇农垦事业调查》,江苏人民出版社,2000 年,严学熙序,第 17 页。

地区经济的道路,可称之为一种中国式的工业化道路。"①

应该指出,在农业生产中采用西方式的经营方式和实行机械操作的想法,在近代中国并非始于20世纪初叶。还在1896年(光绪二十二年),早期资产阶级改良派陈炽就在其代表作《续富国策》中,依据他对西方世界的了解,针对当时祖国贫弱挨打的状况,提出了改变中国传统的农业生产方式,转而采用西方农业经营方式和生产技术的主张。他具体介绍了英、法等国的农业生产情况,认为"中国于此诚宜兼收并采,择善而从"。指出"如南北各省,乡里之富人有拥田数千亩、数万亩",可效法英国举办大农场,"考求培壅收获新法,购买机器,俾用力少而见功多";"只有数亩、数十亩之田"者,"则宜仿法国之法,因地制宜,令各种有利之树或畜牧之类,而又为之广开水道,多辟利源",实行集约化的经营方法,精耕细作,获取最大经济效益。②

在他之前,还曾有过在中国使用农业机械和筹组新式农垦企业的尝试。据1880年9月11日(光绪六年八月七日)《益闻录》记载,是年"天津有客民在距津一百五十里地方,批租荒地五万亩,概从西法,以机器从事,行见翻犁锄耒,事半功倍"。但由于当时还缺乏必要的社会历史条件,这些主张和尝试未能引起广泛注意和积极响应,并很快归于沉寂。直到20世纪初年,随着口岸城市民族工业的发展,反帝爱国运动的兴起,以及清末新政的推行,各地尤其是在沿海地区新式农垦企业相继创办,并取得一定成效。这主要表现在以下几个方面。

其一,引进了西方资本主义农场经营方式。新式农垦企业兴起以前,曾有一些地主、富农在农业生产中采用了雇工经营方式,但与资本主义农场的经营方式相去甚远。而新式农垦企业的创办,则直接仿效西方企业,采取集股商办形式,农场的生产规模和资本主义经济成分,都是早先那些经营地主、富农所无法相比的。

其二,一定的经济实力和生产规模,对采用和传播先进农业生产技术十分有利。新式农垦企业在这方面的成就颇为显著,上海杨思蔬菜种植场,在蔬菜生产中施用人工氮肥,"深合西人改良之法"。通海垦牧公司引进美棉良种,取得成功,曾送往国外展览,获"优等奖牌"。③

其三,促进了商品化农业生产。新式农垦企业的商品生产,曾对周围农村的商品化农业生产发生一定的促进作用。如江苏丹徒县,"虽以织造镇江绸及缫丝著名,然在前清时,所用之丝实赖他处贩至之供给,本邑之桑树既少,育蚕亦欠讲求。自民国初年,镇邑(镇江)始有垦牧公司森牲园成立,镇邑之旱田始渐种桑"。该公司"共有地一千亩"。继而又有一家新的农垦公司"育苗圃"成立,"该公司对于劝导

---

① 吴承明:《市场·近代化·经济史论》,云南大学出版社,1996年,第158、159页。
② 陈炽:《讲求农学说》,《续富国策》卷一,第13页。
③ 章有义编:《中国近代农业史资料》第2辑,三联书店,1957年,第344页。

植桑尤特用力,故各乡渐皆种桑"。①

这些都有助于社会经济的发展,但资本主义性质的农场,在贫穷落后的中国农村一直寥若晨星。近代农业机械和生产技术,始终没有在近代中国得到广泛应用。经营尚可的通海垦牧公司,起初曾有过"派人前往美国考察大农开垦之法,采购机器模型,归为仿造"的打算,终因资金不足而作罢,依旧使用人工耕作。② 即使那些已经开办的农垦企业,20世纪二三十年代后,也很快趋于衰败。以苏北地区为例,1901年(光绪二十七年)至1920年先后有20家盐垦公司创办,平均每年1家;而在1921年至1933年的13年间,总共才成立了3家。原有企业,大多"负债累累,清偿无术,周转不灵,因以停顿者比比皆是"。③

出现这种状况,除了企业本身经营方面的问题和名目繁多的苛捐杂税的重负外,④还因为在当时战乱频仍、农村首当其冲的中国,企业缺乏正常经营、发展所必需的社会环境。1920年初,旅居加拿大的华侨刘礼堂等人,拟在长江沿岸购地兴办垦牧公司,特向在上海的孙中山请教。孙中山坦率地指出:"苟政治良,则极佳。……若买田些少,耕兼住家或无妨;如欲大作置,多买牛、羊、猪、鸡等,即有兵劫。欲知耕业如何,祈问朱卓文君便白。盖朱君乃由美农科大学毕业,集资十万,回国业农,曾在南京实地,今则全然抛弃,赶回上海做工矣。"⑤建议他们慎重考虑后再做决定。

1937年,苏北地区39家盐垦公司共有资本2 080万元;土地476.5万亩,其中已垦地166.6万亩,占35%;有垦民50 723户。垦区原有灶民不多,各公司招垦的佃户主要是外来移民,其中江苏海门人占60%,南通、崇明、启东人占30%,本地人只占10%。此外,尚有流动的短工、商贩、饮食和服务业者,全部人口号称30万人。⑥ 抗日战争时期,垦区沦入敌手,日寇组织"江北棉花收买组合"和"江北兴业公司"统制垦区棉产。农民逃亡,棉田荒芜,各公司入不敷出。1940年,新四军一度进入垦区,1943年在东台建立抗日民主政府,大丰、裕丰等生产得以维持。通海等在敌伪统治下勉强应付,其中亦不免有投靠敌伪者。战时垦区农民偏重杂粮生产,以维持生存。抗日战争胜利后,各公司恢复生产。1947年苏北地区实行土改,各公司结束经营。⑦

三、农产品加工及农机具的应用

上海民族机器工业制造动力机器,从水汀引擎(蒸汽机)开始。早期,水汀引擎

---

① 章有义编:《中国近代农业史资料》第2辑,三联书店,1957年,第345页。
② 张謇:《张季子九录》,实业录,卷二,第29—30页。
③ 章有义编:《中国近代农业史资料》第3辑,三联书店,1957年,第851页;李积新:《江苏盐垦事业概况》,《东方杂志》21卷11号,1924年6月。
④ 章有义编:《中国近代农业史资料》第3辑,三联书店,1957年,第853、857页。
⑤ 孙中山:《与马立成等的谈话》(1920年1月14日),《孙中山全集》第5卷,中华书局,1985年,第204页。
⑥ 许涤新等主编:《中国资本主义发展史》第3卷,人民出版社,1993年,第357、359页。
⑦ 许涤新等主编:《中国资本主义发展史》第3卷,人民出版社,1993年,第359页。

主要是用于内河小轮船的制造。19世纪90年代,上海机器缫丝工业兴起,永昌机器厂制造的小马力水汀引擎,开始应用于拖动缫丝机。20世纪初,求新机器厂仿制成功内燃机火油引擎。[①] 它标志着民族机器工业在动力机器制造方面的重大进步,并为民族机器工业开拓农村市场创造了条件。

内燃机的制造成功,对于农产品加工机器的制造,起了推动作用。水汀引擎体积大、搬运使用不便、价格昂贵,限制了农产品加工机器和农机具在农村的使用。内燃机仿制成功后,其体积小,搬运使用均较水汀引擎灵活,价格便宜得多,更适销于农村市场,而其销量的增长,又促进了民族工业的内燃机制造业。第一次世界大战前,民族机器工业内燃机与农产品加工机器和农机具的制造已有起步。上海郊县的米行米厂,已开始采用国产火油引擎拖动碾米机器,以代替落后的人力和牛力碾米,少数地方的轧花业及农田排灌也开始使用国产火油引擎,但数量尚极少。

第一次世界大战期间,民族工业发展较明显,内燃机与农产品加工机器和农机具的制造也有所发展,市场有所扩大。此后,引擎的燃料改用薄质柴油以代替原先的火油,费用减少一半,迨柴油引擎仿制成功,以柴油为燃料,费用更省,更有利于拓展市场。1931年前的三四年间,是产销的鼎盛期。估计最高年产量750台,马力约6 000匹。其中以3匹马力火油引擎为最多,占总产量的一半以上;其次,6匹至25匹马力引擎,亦有相当数量;25匹马力以上则极少,最大马力不超过90匹。[②]

表5-4　上海民族机器工业内燃机产量估计(至1931年累计数)

厂　　名	产量(匹马力)	备　　注
新祥机器厂	5 500	1914—1931年产量逐步有所上升。
吴长泰机器厂	5 000	1914—1924年产量上升,1924年以后下降。
吴祥泰机器厂	7 000	1920—1925年产量最高,后即平平。
勤昌机器厂	3 500	1925—1927年产量最高,后渐下降。
中华铁工厂	1 000	1927—1931年制造,时期不长。
新中工程公司	3 640	1926年开始制造,1929—1930年产量最高。
大隆机器厂	4 000	1928—1931年大量成批制造3匹马力引擎。
上海机器厂	600	1930—1931年,设厂时期晚,产量不大。
其他各厂	10 000	1910—1931年,各厂产量分散。
共　　计	40 240	

(资料来源:上海市第一机电工业局机器工业史料组等编:《上海民族机器工业》,中华书局,1966年,第356页。)

---

① 以下统称的内燃机,包括火油引擎、柴油引擎、煤油引擎。
② 上海市机电一局等编:《上海民族机器工业》(中国资本主义工商业史料丛刊),中华书局,1966年,第354、355页。

其中,1930年设立的上海机器厂,创办人是一些从上海同济大学毕业后,原先任职于其他机器厂的工程技术人员。其办厂目的,是鉴于当时进口农用火油引擎价格昂贵,马力大,维修也难,不适合推广,而国内制造的多数为8匹马力的火油引擎,缺乏小马力引擎;又时值"火油暴涨,昂过柴油四倍,极不经济",于是决定合伙办厂,制造农用小马力即4匹马力柴油引擎的抽水机、磨粉机等。其产品,"机体坚牢,取置极便,马力充足,可抵二十余人之工作,用费减省,每日仅需五六角之谱,效率足与外货相埒,而售价之廉实为各国所无",所以销售额连年增长。①

当时上海民族机器工业所产内燃机的用途,主要有碾米、灌溉、榨油、轧花、电灯厂及锯木、磨粉等,其比例估计如下:

表5-5 上海民族机器工业所产内燃机用途百分率估计(1931年止)

用途	马力分配(匹马力)	百分率%	备注
碾米	23 540	58.5	
灌溉	7 700	19.1	大都兼营碾米
榨油	4 500	11.2	同上
轧花	1 500	3.7	同上
电灯	2 000	5.0	部分兼营碾米
其他	1 000	2.5	小布厂、磨粉厂等应用
共计	40 240	100	

(资料来源:上海市第一机电工业局机器工业史料组等编:《上海民族机器工业》,中华书局,1966年,第356页。同页注:上列用途分类的百分率不是绝对的,经营灌溉的大都兼营碾米。即使榨油、轧花,甚至电灯厂,也有购置米机,以碾米为附带业务。有些小电灯厂,则是从碾米基础上发展起来的。所以引擎用于碾米的百分率,实际上还超过上列数字。)

20世纪初,上海城市人口的剧增,催生了上海郊县的机器碾米厂。较著名的有1908年由上海名人马相伯在近郊松江县泗泾镇开办的汇源米厂,其厂房聘请外国专家设计,厂区内敷设手推车铁轨道,蒸汽发动机从国外进口,年加工能力可达85万石(6 375万公斤)。随着国产内燃机的产销,这类碾米厂有较快发展。1937年,泗泾镇沿河下塘有米行37家,碾米厂12家,米市交易量最高日达2 000余石(约158吨),销往上海及棉花产区的南汇和川沙等地。②

内燃机的产销,直接推动了诸如机器抽水机等新型农机具的应用,在地处水网地带的上海及长江三角洲尤为明显。据1928年的记载:"今者太湖流域,机械灌溉已甚流行。考其由来,则当五六年前,上海之机器行商沿沪宁线各处,推销引擎抽水机用于农事,问津者极鲜,旋在常州、无锡等处售去数具,试用之下,功效甚著。"具体而言:

---

① 黄汉民等:《近代上海工业企业发展史论》,上海财经大学出版社,2000年,第150页。
② 上海市档案馆编:《上海古镇记忆》,东方出版中心,2009年,第282页。

常州一带之田，皆赖运河以资灌溉，通例自运河起水，注于漕河，再由漕河分灌各田，运河低于漕河可二三丈，漕河低于稻田者数尺至十余尺不等。每年插秧之期，每亩灌水须用人力一工半至二工，计工资四角至六角。待插秧后以至成熟，尚须加水四五次以至十余次不等，随雨水之多寡而异。但每次所加，不如前次之多，约二、三寸即足，每亩每次约须人力半工。综上计算，一亩之田，昔由人力灌溉者，其费用即在雨旸时若之年，亦须在二元以上，一遇亢旱，费用增至四五元，而犹难期全获焉。无锡情形，与常州相似。稻田需水，仰给于漕河，漕河干涸，仰给于运河，各漕河狭小而短，资以灌溉之田，自一、二百亩以至千余亩不等。雨后漕河积水，农人踏车，便能取水。迫漕河告罄，须先设车，自运河起水，暂贮漕河，然后车灌田中，费用与常境不甚悬殊。①

费用省、效率又高的引擎抽水机在当地一经试用，很快就打开销路，"自新式机械流行后，自运河起水多改用帮浦，满贮漕河，由各农户任意车取。机械为公司或农社所置备，取费按每亩计算，每年每亩约二元"。因为有市场，农户也有需求，且单靠他们个体的力量难以置办机械，当地便有人集资并预收农民灌水定金"组成公司，专以包灌稻田为业"。这类专业的灌溉公司：

> 凡著手之始，即向农户分头接洽，取得溉田定洋。然后采办机械，从事灌溉。此项公司，大率事简利厚，例如包灌稻田一千余亩，即可收入定洋千余元，以之置备小引擎离心抽水机管子零件等等，不敷无几矣。嗣后一面灌水，一面陆续向农户收款，其进出相抵，不敷者无几。至于第二年，除开销外，偿清购机余数，尚有余利，而机械之成本，则已完全赚得矣。

针对江南水网地带的地理特点，其运营方式贴近小农的需求，灵活便捷，"引擎帮浦大都装于河旁岸上，然亦可装于船中，如所灌之田聚在一处，自将机械装设岸上为佳，如田散处各地而有水道可通，则将机械设在船上游行灌溉，甚属便利"。②如"无锡地方经营灌溉的商人、富农等，都将引擎帮浦装在木船上，以便流动，乡间称谓'机船'。每只机船一般备有12匹马力柴油机连帮浦米车一套，约需1 200元，木船约需400元。这些经营'机船'的大都只凑集很少资金，或根本没有资金，资金来源系先向农民预收部分打水费，再向上海购买帮浦，先付少数货款，余款拖拖欠欠，待下半年才能结清"。1931年左右，无锡一带装置柴油引擎抽水机经营灌溉业务的"机船"，约有二三百艘。其承包农户的灌溉，为期约5个月，至一季稻熟时止。每艘船大都装有12匹或20匹马力引擎及8英寸帮浦各一具，可承包六七百亩，每

---

① 上海市机电一局等编：《上海民族机器工业》(中国资本主义工商业史料丛刊)，中华书局，1966年，第358、359页。
② 上海市机电一局等编：《上海民族机器工业》(中国资本主义工商业史料丛刊)，中华书局，1966年，第359、360页。

亩每年收灌溉费一元多。① 当地的农业生产亦有改进,1930年的《无锡年鉴》载:"近来利用机器戽水,一熟之田可以种麦,而蒲田亦可种稻。"②

因其市场需求大,上海制造的抽水机在苏南的销路逐渐受到当地制造业的有力竞争,有的工厂只得相应调整产品结构,"1930年以后,无锡的机器厂自造帮浦有很大发展,上海制造的引擎帮浦销路大受打击,新中厂仿造慎昌洋行及怡和洋行进口货式样,制造的城市自流井及矿山用空压机及高压多级抽水机数量逐步增长,销往无锡的引擎帮浦数量日渐减少";③有的工厂为降低产销成本,还因此从上海迁往苏南。据行业史料载,1930年以后:

> 无锡、常州的机器工业亦纷纷仿制内燃机和农产品加工机械,如无锡工艺、合众机器厂,常州万盛、厚生机器厂,皆以制造内燃机引擎及帮浦著名。因此在太湖及苏北等地狭小的机械市场上,竞争加剧,内燃机制造重心亦转往无锡,上海制造的内燃机反而日少,制造内燃机较早的俞宝昌机器厂亦于是时从上海迁往无锡。④

这种态势更助推当地农村的机灌业,有当时人忆述其亲友曾集资1 000元,"向无锡民生机器厂购得20匹马力柴油引擎一台,10英寸对径抽水机一台,双连碾米机一台,共计价值1 000余元,当时仅付400余元,其余价款言明使用以后陆续拔还;另置木船一艘,约五六百元,然后开始营业,承包打水"。他强调:"无锡的'机船'组织经营,大率如此。迄抗战前夕,无锡城乡一带,共有机船800多艘。"⑤在少数有电力供应的乡村,则有改用电力马达拖动抽水机者,据1928年的记载,在常州城外,"益以常州戚墅堰震华电气公司之提倡,设立杆线,通电力于四乡,以转动抽水机,农民得此便利,更乐于采用",但这类乡村为数极少,无电力处全赖内燃机引擎拖动抽水机灌溉农田。⑥

在上海郊区农村,亦有这类"机船"的运营。有当时的浦东人忆述:"火油引擎问世后,许多地主富农购备一套,主要用于灌溉,每台3匹引擎拖动5英寸进口4英寸出水的帮浦,每小时约可灌溉六七亩,一天一夜可解决百余亩土地的用水问题。我家中在浦东川沙种田四十余亩,稻棉各半,曾购用中华厂引擎帮浦灌溉。当时连年干旱,采购引擎帮浦者增多,中华厂经常日夜赶制,常感供不应求。我在这时曾备中华厂出品3匹(马力)引擎帮浦3套,分装在3只小船上,一度在浦东经营代客打水。一般情况下,每亩收费五角,天旱时取费达每亩一元多,利润极高。因此浦东一带拥有数十亩以上土地的地主富农,都纷纷购买引擎帮浦,以代替人力牛

---

① 上海市机电一局等编:《上海民族机器工业》(中国资本主义工商业史料丛刊),中华书局,1966年,第364页。
② 王立人主编:《无锡文库(第二辑)·无锡年鉴(二)》,凤凰出版社,2011年,第1页。
③ 上海市机电一局等编:《上海民族机器工业》(中国资本主义工商业史料丛刊),中华书局,1966年,第364页。
④ 上海市机电一局等编:《上海民族机器工业》(中国资本主义工商业史料丛刊),中华书局,1966年,第357、358页。
⑤ 上海市机电一局等编:《上海民族机器工业》(中国资本主义工商业史料丛刊),中华书局,1966年,第365页。
⑥ 上海市机电一局等编:《上海民族机器工业》(中国资本主义工商业史料丛刊),中华书局,1966年,第358页。

力,也有些富裕中农合伙购买的。"①一位机修工回忆:

> 我 25—26 岁时(1930—1931 年),使用引擎始较普遍。在浦东大团东西二面,我修理过的引擎就有上海冯瑞泰、陆顺兴、黄德泰、明昌等机器厂的出品,每家有三、五部,俱系老式冲灯 6 匹马力,亦有大隆、上海等厂出品的 3 匹马力小引擎踪迹。周浦祝家桥则专销中华厂出品的 3 匹马力小引擎;奉贤方面,大隆、中华出品的小引擎较多,俱用于灌溉棉田及稻田。棉田灌溉的作用亦大,大团的棉田每亩收籽花一百四十五斤,如在农历五六月间天旱无雨,能及时灌溉二三次,可多收获籽花一二十斤,因此浦东地区使用小引擎帮浦较多。②

在沪杭铁路沿线的嘉善等地,也有抽水机的应用。据当事人记载:"沪杭铁路上的嘉善地方,富农地主雇工耕种较多,采用引擎的也不少。如中华铁工厂的客户之一嘉善沈起超,系退职官僚地主,雇工耕种二百多亩稻田,购用引擎、帮浦、碾米机器,以供灌溉轧米之用。一般购置 3 匹马力引擎的以自用为主,专门以灌溉为营业的则以购置较大的 6 匹、9 匹马力引擎为多。"而中华铁工厂的引擎,"仿照日本进口式样制造,主要零件'麦尼朵'(发火器)尚未能制造,一般都购用美国进口的惠可牌,每只需数十元。3 匹马力引擎每台售价 300 元左右。销售地区以上海近郊及江、浙二省的沪宁、沪杭铁路沿线为多"。③

总的说来,受小农经济拮据和农民实际经济承受能力的制约,抽水机在上海郊区和长江三角洲农村的应用并不普遍,地域范围有限,主要是在那些地势较高亢、人力取水成本较贵的地区,反之即使在上海郊区仍多沿用传统的人力、畜力或风力取水方式。有当年亲身参与抽水机制造和推销的人追述:

> 如邻近上海的松江、昆山一带,由于田低水平,田与水距离一般仅一、二英寸,农民大都使用范风力或牛力戽水,一台风车仅数十元,费用省,使用柴油机帮浦不合算,因此极少购用。在常州以上地区又因田高水低,田与水距离往往达二三丈,需要较大马力的柴油机帮浦,成本较大,农民无力负担,因此又无法推广。苏北有些地区则水高田低,帮浦大都用于排灌,而小规模的排灌大部用风车代替,大规模的则无力举办,因此购用者亦有限。至于浙江宁波等山地,又因水源不大,田地分散,加上运输不便,无法将引擎帮浦装在船上移动。

他们感叹:"除非有较大的灾害发生,否则帮浦是很少销路的。"并指出:"帮浦在无锡略有销路,主要由于无锡有充足的水源,有取之不竭的太湖水。其次,无锡

---

① 上海市机电一局等编:《上海民族机器工业》(中国资本主义工商业史料丛刊),中华书局,1966 年,第 378、379 页。
② 上海市机电一局等编:《上海民族机器工业》(中国资本主义工商业史料丛刊),中华书局,1966 年,第 379 页。
③ 上海市机电一局等编:《上海民族机器工业》(中国资本主义工商业史料丛刊),中华书局,1966 年,第 378、379 页。

的耕田与水源高低差距一般在一丈以上,当地耕牛很少,一向雇用人力戽水。无锡是发展较早的工业城市,产业工人有一定的数量,农村人力较缺,雇工工资较高,特别在农忙时,戽水日夜不息,雇工更为困难。因此,柴油机帮浦出现后,即为农民所乐于接受,帮浦尚有一定限度的市场。"[①]

在作为新型农机具的抽水机应用和推广方面的上述史实,较为生动具体地反映,近代机器工业引领中国农村传统生产方式的改革和进步,而自身的发展亦从中受益,同时在其过程中所遭遇的种种阻力和单凭其自身之力难以突破的窘境。

---

① 上海市机电一局等编:《上海民族机器工业》(中国资本主义工商业史料丛刊),中华书局,1966年,第368、369页。

第六章 商业和金融业

鸦片战争后,随着自然经济的分解,商品经济的发展和近代工业、交通业的举办,国内市场商品种类和流通数量不断增加,各级市场交易活动频繁,与外界的联系逐渐扩大,近代金融业也应运而生。

第一节 城乡商品流通

1843年上海开埠后,在江浙沪地区很快形成以其为中心的城乡商品流通格局。

一、上海的商贸中心地位

1840年(道光二十年)前,受自然经济占主导地位的社会经济结构的制约以及清朝政府闭关政策的限制,国内市场的商业活动以各地区间粮、棉产品交换为主要特征。以经济较发达的苏南地区为例,由于桑、棉种植面积的扩大和丝、棉手工织纺业的发展,当地有相当一部分食粮须从外地输入补给,而四川、湖南、江西及东北等产粮省份则需要通过输出粮食,换回一部分所需的手工业品,于是便形成该地区粮食输入,丝、棉等手工业产品外运这样一种商品流通结构。它集中反映了在封建社会,国内市场上主要是小生产者之间的交换,以农产品为主。据估计,鸦片战争前国内市场商品流通额中,粮食居第一位,占39.71%;棉布居第二位,占27.04%;以下依次为盐15.31%、茶7.75%、丝织品4.16%、棉花3.11%、丝2.92%等。[①]

鸦片战争后,情况逐渐发生变化。随着通商口岸不断增辟,大批外国商人纷至沓来,在华洋行的数目持续增长。19世纪50年代初,在华洋行约有209家,70年代初增至550家,90年代末达933家。为尽快打开和控制中国市场,外国资本家雇佣一批中国人充当买办,为其承担进出口贸易中的媒介、经纪、代理、经销及承销、包购与包销等职能,买办则从中分沾一些利润。据估计,到19世纪末,这类买办的总数已达1万余人。[②] 这些买办为取悦洋行老板,也为了分沾更多的利润,千方百计扩大业务范围,网罗、利用各地华商,以扩大商品销售和原料收购渠道。而一些华商为了躲避厘金等内地关卡税收的盘剥,也为了通过经销洋货、推销土货赚取高额利润,也愿意与买办建立广泛的联系。这样,各地众多华商就从资金、货源、货运等各个方面,被纳入买办的业务活动范围之内,外国资本主义在华经济活动的触

[①] 吴承明:《中国的现代化:市场与社会》,三联书店,2001年,第150页。
[②] 汪熙:《关于买办和买办制度》,《近代史研究》1980年第2期。

角,因此也从通商口岸一直延伸到内地城乡,逐渐形成了一个以沿海通商口岸为起点,各内地商埠为中介,向全国辐射的商品流通网络。

随着这一商品流通网络的逐渐形成和自然经济的不断分解,各地商品流通结构的主要特征,也开始相应地由原先面向国内市场的粮、棉产品之间的交换,逐步转变为外国机制工业品输入,当地农副产品外销这样一种基本格局。通过各级市场集散、流通的主要商品种类和数量不断增加,交易规模明显扩大。大量的农副产品,经由作为初级市场的遍布各地农村的贸易集镇汇聚起来,然后运往通商口岸,而外国工业品也多经其销往内地乡村。如同当时人所说:"中国现在虽然以大量原料运往外国市场,但是,中国的输出品仍然要在初级市场上以铜钱收购,从个别人买来的微小数量,当其运到口岸来时,便像滚雪球一样,积成巨大的数量。"[1]

20世纪初,沪杭铁路开通后,上海的商业贸易圈大为扩展,杭州更多地从属于这个商贸圈。1921年的浙江社会经济调查报告载:

> 随着交通的发展,买卖土特产时,上海和原产地之间也开始有了直接的联系。上海商人会直接到原产地的小市场采购土特产,而地方上原产地的商人在购买商品时,也会直接到上海与卖主交涉,这样杭州商人作为两者中间商的历史就逐渐结束。在钱塘江及江南运河上运输的货物,以及在拱宸桥、南星桥车站卸载的商品,其进货、出货、运入、运出的权利,原本是属于杭州商人的,但现在都归属上海商人了。原先杭州的一些货物批发商,现在随着大多成了零售商。另外,在土特产方面,原先在惰性的驱使下,各地商人往往只是从附近的原产者那里收购土特产,商业圈很小,现在随着交通的发展,商业范围已逐渐扩大到其他县城、市镇以及钱塘江上游地区,其贸易额出现了逐年增加的趋势。

调查报告的作者感叹:"杭州的消费能力不如上海,杭州在商业上的价值,无论从外商在杭州居住的数量上,还是从仓储业的发展水平上,都不如辖区范围外相邻的上海,因此上海理所当然成为商业中心。"[2]

与此同时,以上海为中心的商业网络也更加清晰,"对一些不经由上海,而是通过钱塘江流域向其他省份发送,或者对由其他地方进入上海的商品进行分配,或在原产地进行收集和销售辖区内所生产的各类商品的小规模的地方性市场,各地都有一些,在它们中间形成的批发商大多称之为'行'";在产地方面,"比较大的贸易地往往会出现批发商,他们批发商品或从小生产者那里收购商品,并将大量货物输出到上海"。[3]

---

[1] 章有义编:《中国近代农业史资料》第2辑,三联书店,1957年,第276页。
[2] 丁贤勇等译编:《1921年浙江社会经济调查》,北京图书馆出版社,2008年,第72页。
[3] 丁贤勇等译编:《1921年浙江社会经济调查》,北京图书馆出版社,2008年,第73页。

宁波的情景,与杭州相似,"与上海的发展相比,作为贸易港口和工业基地的宁波,尤其是与上海仅十二三小时行程距离,显得不太景气,作为当地商人真有难以想象的感觉。究其原因,主要是因地理位置上过于邻近上海,自然成为上海的一个附属港。除金融市场之外,其他全都附属于上海"。宁波商贸圈的具体范围,"包括了绍兴平原的一部分,和从宁波余姚到三门湾台州的沿海,即会稽道的东半部地区"。因为"除了宁波平原以外,其他为多山的地区,交通极为不便,使得宁波市场的势力范围受到局限"。①

20世纪30年代,江浙沪地区的货物流通已经完全形成唯上海马首是瞻的局面。

表6-1 1936年江浙各埠输出、输入上海货值占该地百分比

	南京	镇江	苏州	杭州	宁波	温州
输出	53.3	44.5	10.0	92.3	93.1	60.0
输入	59.5	30.1	97.0	99.8	84.9	89.7

(资料来源:韩启桐:《中国埠际贸易(1936—1940)》,中国科学院社会研究所,1951年,第14、15、24、25页。)

二、城乡商品经销网

明清以来,随着社会生产力的提高,商品经济有了较快发展,各地经济交流逐渐增多,各级市场的商业活动日趋活跃,散布在各地县级以下农村集镇的贸易集市,作为初级市场,在沟通农民与市场的联系和促进城乡商品交换等方面,发挥着重要作用。鸦片战争后,自然经济逐渐分解,商品经济进一步发展,特别是随着一批通商口岸城市的崛起,以及口岸城市与各地乡村之间逐渐形成的商品购销网络,各地农村集市贸易又有新的兴替。

综观近代中国农村特别是东部地区的集市贸易,可以发现,虽然各地情况存在差异,但仍有一些共同之处。

首先,这些农村集市贸易的出现,是和当地社会经济的发展、演变联系在一起的。其物质基础,是农村商品经济的发展和农产品商品化程度的提高。在一些经济作物种植较多的地区,这一点表现得尤为明显。如光绪年间,浙江桐乡县濮院镇四乡盛产西瓜,每到西瓜采摘时节,当地"瓜市极盛,苏、杭数百里间估客来贩者,瓜时舣舟麋集"。② 浙江吴兴县双林镇,随农产品上市季节的不同,出现各种专门集市,"冬季糙米市,五、六月冬春米市,四月菜子市,六、七月囊饼市"。③ 一些远近闻

---

① 丁贤勇等译编:《1921年浙江社会经济调查》,北京图书馆出版社,2008年,第371、372页。
② 《光绪桐乡县志》卷七,物产。
③ 民国《双林镇志》卷一六,物产。

名的土特产品,成为这些农村集市贸易主要商品来源之一。光绪初年,江苏江阴县农家编织的土布,"坚致细密,淮、扬各郡商贩麇至,秋庄尤盛"。[①] 该县焦垫地方生产蒲包,"蒲包为用不一,邑西焦垫有市,远近往购"[②]。江苏盛泽是丝织品产地,向来"凡邑中所产,皆聚于盛泽镇,天下衣被多赖之,富商大贾辇万金来买者,摩肩连袂,如一都会焉"。[③] 江苏《木渎小志》载:"渎镇向有麻布极盛,四乡多织夏布,村妇以绩为业者,朝市每集虹桥。"[④]

其次,这些农村集市贸易以互通有无为基本特征,商品流通主要表现为农民将自己生产的农副产品投入市场,换回其他日用必需品或家庭手工业所需的原料,其中尤以生活资料为主。在一些城乡商品流通较活跃,农民家庭手工业较发达地区,农村集市贸易还在原料供应方面提供了方便。如光绪初年,浙江石门县农村家庭手工棉纺织业颇盛,当地出产的棉花不能满足其需求,于是便通过农村集市贸易,解决了原料来源问题。据《石门县志》载,"石邑东西诸乡皆可种棉,迩来纺织者众,本地所产殊不足以应本地之需,商贾从旁郡贩花列肆吾土,小民以纺织所成或纱或布,侵晨入市易花以归,仍治而纺织之,明旦复持以易,无顷刻间,纺者日可得纱四五两,织者日可得布一匹余,田家除农、蚕外,一岁衣食之资赖此最久,燃脂夜作,成纱布,侵晨入市,易棉花以归",继续下一轮生产。[⑤]

再次,这些农村集市,除了少数集中在一些县级以下的农村集镇进行,有固定的交易场所和店铺外,多数则是定期而聚,无固定街坊和店铺,主要是邻近乡村农民定期聚会,交换生产和生活用品的场所,其与外界的经济联系,主要是通过一些外地商贩沟通。前者可以江苏宝山县罗店镇为例:"罗店,市镇最巨,为全邑冠……其地东贯练祁,输运灵便,百货骈阗,综计大小商铺六七百家,有典当、花行、米行、衣庄、酱园等业,尤以锡箔庄两家为巨擘。市街凡东西三里,南北二里,以亭前街、塘西街最为热闹,次则塘东街、横街等。乡民上市,每日三次,物产以棉花、布匹为大宗。"[⑥]前面提到的浙江双林镇、江苏盛泽镇,都属这类农村集镇。后者则如江苏阜宁县农村集市:"邑俗,每五日为集期,名曰逢集。有十日三集或四集者,亦有不逢集为常市者。每逢集之日,由辰至午,肆摊栉比,行人水流,是日赶集过此,则人迹渐稀,谓之末集,日中为市,存古风焉。其市之小者,皆农村为之,贾人无大资本,末集以后,仍返其农村生活,远人或经其处,不知为市集也。"[⑦]

此外,这些农村集市贸易,立足当地农村社会经济的发展,适应当地人民日常生活需求,因而在社会经济生活和沟通农民与市场的联系,以及促进城乡物资交流

---

① 光绪《江阴县志》卷一,物产。
② 光绪《江阴县志》卷一,物产。
③ 民国《盛湖志》卷三,物产。
④ 民国《木渎小志》卷一,区域。
⑤ 光绪《平湖县志》卷二,风俗。
⑥ 民国《宝山县续志》卷一,市镇。
⑦ 民国《阜宁县志》卷一四,市集。

方面,发挥了积极作用。作为初级市场,农村集市贸易担负着聚散各地农副产品,沟通城乡经济联系,促进商品流通的重要作用。在农村集市贸易发展的基础上,各地陆续兴起一批新的集镇。江苏宝山县"桂家桥,即瑞芝桥,桥跨蕴藻河。比年秋收后,客商恒于此设肆收棉,故渐成市集,花行而外,并有茶、酒、药料、杂货等店"。① 江苏川沙县"文兴镇,清光绪二十年(1884年)间,横沙商家无几,只有小本经营,向西滩、白龙港、合庆等处贩运者五六家。旋有张炳华、曹翔青等开设南北杂货、花、米行,渐见发达,于是各商闻风咸集,至光绪三十年(1894年)间,异常兴盛,文兴镇成为全沙各镇之冠"。②

上海开埠通商后,城郊嘉定县娄塘镇上的地货行和洋货经销店也应运而生。前者专门收购周边乡村的农副产品贩运到上海,其中的一部分再转销至海内外,后者则从上海购进俗称的洋货即机制工业品向乡民推销。以大井塘为中心,大北街、小北街、小东街、宣家后门等几条街上店铺相连,窑湾里、瞿家弄等处则有一些地货行排开。每逢镇上的赶集日,四乡村民纷至沓来,娄塘镇因此以"乡脚远"而成为小有名气的农副产品与工业品的集散地。所谓"乡脚远",即指前来赶集的乡民地域覆盖面较广,具体而言,东至徐行、罗店,北到陆渡桥、太仓,西至朱家桥、外冈,南至嘉定城外都有人来这里赶集买卖。③

民国年间,在与上海有定期班轮通航的青浦县朱家角镇,米市繁盛,当地所产青角薄稻米闻名遐迩,沿漕港两岸的米厂、米行、米店有百余家。每年新谷登场,河港几为米船所壅塞。镇上商贸各业兴盛,其中小有名气者,南货业有恒大祥、宏大、涌源来等,茶食业有雪香斋、涌顺昌等,绸布业有永泰元、恒大、高义源等,百货业有广生祥、全丰洽等,国药业有童天和、张广德等,酿造业有鼎义顺、涵大隆、义成泰等,腌腊业有顾义隆、大盛等,地货业有东来升、恒茂等。此外,镇上还有上海、苏州、杭州等地商店的分号,其经营的日用工业品均直接来自上海等地的总店,且批发零售兼营,成为上海西南郊连接周围乡村的一个商贸集散地。④

位于长江以北的江苏扬州、淮安、徐州、海州及毗邻的河南开封、山东济宁等府州,明清以来依傍大运河,北与京津、南与苏杭的经济联系较为密切。上海开埠后海运交通拓展,包括漕粮在内的原先经由运河输送的物资多改走海路,进口商品则从上海港输入后经镇江中转,销往扬州、淮安等上述各府州。通过这一途径,苏北平原、豫东南和鲁西南融入上海港间接腹地范围。在华外商评述说:

> 镇江位于许多流贯南北的河道的交叉处,其位置对于发展子口贸易很合理想。河南省在历史上是中国的一个最著名、最古老的省份,土地非

---

① 民国《宝山县续志》卷一,市镇。
② 民国《川沙县志》卷七,街巷。
③ 上海市档案馆编:《上海古镇记忆》,东方出版中心,2009年,第49、54页。
④ 上海市档案馆编:《上海古镇记忆》,东方出版中心,2009年,第147、148页。

常肥沃,有许多人口众多的大城市,全省的许多洋货完全由镇江供应。(河南)实际上可以在上海购买洋货,不过没有(镇江)这一条约口岸,洋货就无法大量深入。①

正是通过镇江的中介,经由上海港输入的"布匹被运往最遥远的地方,而且数量很大,尤其是运往河南各大城市和商业中心,距离此地(镇江)约有四百英里或五百英里。这些城市的洋货几乎完全由此地发出,上海毋宁说只供应江苏南部各城镇"。1887年(光绪十三年),销往开封的洋布达13万余匹,济宁、徐州、海州也各进口10万匹。②

1896年(光绪二十二年)英国驻沪领事指出,经由镇江转运的进口货销售区域,是地处长江和黄河之间的广大地区。镇江的海关统计资料亦显示,"鲁南起码黄河北道(1855年后)和运河相交接的地方,处于镇江集货区之内",即黄河南岸属上海港经镇江中介的贸易集散圈,以北的货流则归向天津港。③ 市场网络的大幅度延伸,推动了贸易的发展,经由镇江转运江北的洋纱持续增长,1885年(光绪十一年)约数担,以后连年攀升,"1886年进口179担,1887年321担,1888年558担,1889年1 463担,1890年13 582担,1891年27 035担,使用洋纱的织布机大多数集中在徐州"。④

与宁波相似,镇江开埠后,商贸亦呈活跃,其特点则是因其地处长江与京杭大运河交汇点,作为上海的江河转运港而集散内外贸易货物。光绪十六年(1890年)镇江海关贸易报告显示,这里进口的洋货"并非由外洋径行来镇,均由上海转运而来",而出口的土货,"亦非由本口径行运往外洋,如金针菜、药材、丝、鸡毛、鸭毛等类,由上海转运者居多"。⑤ 据镇江海关资料统计,从1865年(同治四年)至1894年(光绪二十年),镇江进出口贸易总值共37 485万两关平银;1895年(光绪二十一年)至1911年(宣统三年)为镇江对外贸易鼎盛时期,进出口贸易总值共49 573万两关平银;最高年份为1906年(光绪三十二年),进出口贸易总值达3 594.8万两关平银。清末民初,因沪宁、津浦铁路相继通车,镇江港口逐年淤浅,外地出口商品大多改道或直运上海,镇江对外贸易遂渐渐衰落。⑥

自近代上海崛起,京杭大运河沟通南北经济联系的作用减弱。1855年(咸丰五年)黄河在河南兰阳铜瓦厢决口,从山东张秋穿运河东去,改道山东利津入海,一时黄水泛滥,运河阻滞,航运功能更为削弱。但以为大运河从此无足轻重是不确切

---

① 姚贤镐编:《中国近代对外贸易史资料》,中华书局,1962年,第824页。
② 姚贤镐编:《中国近代对外贸易史资料》,中华书局,1962年,第825页。
③ 《总领事韩能1896年度上海贸易报告》,李必樟译编:《上海近代贸易经济发展概况:英国驻上海领事贸易报告汇编(1854—1898)》,上海社会科学院出版社,1993年,第916页;(美)周锡瑞著,张俊义译:《义和团运动的起源》,江苏人民出版社,1994年,第6页。
④ 陈梅龙等译编:《近代浙江对外贸易及社会变迁——宁波、温州、杭州海关贸易报告》,宁波出版社,2003年,第295页。
⑤ 茅家琦等编:《中国旧海关史料》,京华出版社,2001年,第85页。
⑥ 《清末民初镇江海关华洋贸易情形》,《近代史资料》第103号,中国社会科学出版社,2002年,第11页。

的,运河受黄河改道影响最大的是张秋以北区段,"自河决兰仪,黄水穿连挟汶东趋,其张秋北之运河,仅恃黄河旁溢之水为来源,入运之处各南坝所口日形淤垫,从前秋冬尚能过水,近则水落辄至断流"。① 19世纪60年代初,张秋至东昌段运河"河身淤狭,已为平地,实不及丈五之沟、渐车之水"。②

而张秋以南河段,则有沿河诸湖的挹注仍能通航,只是因张秋以北河段淤浅及南漕北运改走海路,先前那种南北船只穿梭的景象不复再现。沿河城镇的商业活动因之减色。但张秋以南河段尚能行船,因此在经镇江中介,沟通上海与苏北、鲁西南、豫东南、皖北等地区的经济联系方面,镇江至张秋运河区段仍发挥着主干道的作用。"凡由镇江购运洋货之处,以江北及山东、河南、安徽等省水路近便者居多,镇江为该水路之总口,水路指运河而言,可通江北、山东等处,若往安徽、河南两省,则清江浦过洪泽湖及淮河一带均属一水可达"。另一方面,"凡土货出产之地,皆为本口(镇江)运销洋货之处"。其货物流向、品种及产地,统计如下:

表 6-2　1899 年长江以北段运河货运统计

经镇江入运河进口商品地区分销比重		经运河抵镇江转运的农副产品产地比重		经镇江入运河北销进口商品品种构成			
地区	百分比	地区	百分比	品种	百分比	品种	百分比
苏北	45	苏北	48	棉纱	40	煤油	8
河南	25	河南	28	棉布	22	五金	2
山东	20	安徽	20	糖	16	火柴	2
安徽	10	山东	4	杂货	10		

(资料来源:《光绪二十五年镇江贸易情形论略》,《江南商务报》第21期[光绪二十六年八月二十一日],列说。)

统计表明,津浦铁路通车前,在沟通上海与上述各地区经济联系方面,运河仍是主要的货运通道。如镇江海关报告所称:"查本口之位置,天然利便,为支配江北一带商务之中枢,是故本省之北段、安徽省以及山东、河南之南段,所有膏腴之区出产货物,向皆经由运河运输本口。"③洪泽湖北的江苏桃源县,"洋货有石油、火柴、洋布各种,均由上海辗转运入,每岁输入数亦巨万"。④ 位于原黄河运河交会处的清江浦,商业活动依旧活跃。"查清江浦地属清河县,在淮水之北,距淮安府城三十里,为南北水陆要冲,从前海道未兴,商务为南省诸省之冠"。这时则因仍有山东、河南等处的贸易往来,"百货屯集,

---

① 《张之万等奏》(同治四年十二月初四日),中国第一历史档案馆藏:《军机处录副奏折·财政类》。
② 《李鸿章复尹耕云书》,《太平天国史料丛编简辑》,中华书局,1962年,第6册,第358页。
③ 《清末民初镇江海关华洋贸易情形》,《近代史资料》第103号,第32页。
④ 民国《泗阳县志》卷一九,实业。

争先售卖",人称"为内地商业总汇之区,道南北水陆商货,商业不减镇江"。①

光绪年间乡土文献载,江苏常熟县梅李镇,"出产花米大宗,近年洋纱盛行,小布出数愈多。浒浦流通,江海之沙船远集;盐铁塘浚,沪渎之洋货纷来,商贾辐辏,贸易颇盛"。② 1909年5月30日(宣统元年四月十二日),浙江地方小报《绍兴公报》所载《俞源兴新到各货广告》云:

  汽油纱罩自来火灯,能比十盏灯光。手摇脚踏缝衣新机,家用极其快便。男女飞轮脚踏快车,一时能行百里,尺贰戏片大号机器,声音比前清爽。天字号头等照相镜头,远近快慢能照。大中小号照相机器,传教照相方法。新到头等金银各表,坚固走准勿修。异样新式大小钟表,绍河初次运到。修整机器家伙作料,购买自己能修。脚踏车机器戏出货,价照上海公道。套花胜家缝衣机器,照公司式出租。花色甚多,如蒙光顾,货真价实保用。③

经由上海等口岸城市销往江南城镇的货品之多,由此可见一斑。

近代在华外国商人主要活动地区,是在当时中国最具规模的经济中心城市——上海。早期在沪开设的外国商行,其业务经营,除鸦片外,主要是棉纺织品,其次则是各种日用百货。而在日用百货的经营方面,又各有侧重。如德商礼和洋行以礼和洋针、链条牌木纱团、花边等杂货较多;英商洋行则着重于高档呢绒、布匹、棉毛织品;法商洋行则以香水、香粉、香皂等化妆品为多;而美商洋行则以洋胰(肥皂)、洋油、洋烛等日常生活用品居多。④ 总的说来,各国洋行是根据本国工业品生产特长,争相来华推销商品,扩大市场占有。

美孚石油公司,就是一个典型的例子。它在1870年由洛克菲勒等发起创办于美国俄亥俄州克利夫兰,至1880年已成为垄断美国石油市场的最大企业。⑤ 1894年美孚首次把印尼石油运来中国。1900年美孚公司在上海设立分公司——三达公司,自营石油进口和销售。后来,总部设在纽约的美孚石油公司又将三达公司改组为华南公司和华北公司。华南公司设于香港,负责广东、广西、福建、云南、贵州五省以及越南、老挝、泰国等地的市场。

华北公司设于上海,负责长江流域、华北、东北及西北各省市场。华北公司属下最早成立分公司的是汉口、天津、沈阳和上海(上海分公司管辖上海市区及附近各县城镇),后来逐步在长沙、郑州、镇江、苏州、温州、海门、济南、哈尔滨、石家庄、烟台等地设立了分公司,其经理行和代理处则星罗棋布,遍及各乡镇。⑥ 美孚公司

---

① 《清江浦商董请设立商务公所举绅董禀》,《江南商务报》第14期(光绪二十六年六月十一日),公牍。
② 光绪《新续梅李小志》(抄本),转引自沈秋农等主编:《常熟乡镇旧志集成》,广陵书社,2007年,第149页。
③ 转引自《章开沅学术论著选》,华中师范大学出版社,2000年,第475页。
④ 上海百货公司等编著:《上海近代百货商业史》,上海社会科学院出版社,1988年,第4页。
⑤ 上海市历史博物馆编:《都会遗踪》第5辑,学林出版社,2012年,第10页。
⑥ 苗利华:《美孚石油公司》,上海市政协文史资料工作委员会编:《上海文史资料选辑》第56辑,上海人民出版社,1987年,第44—46页。

把从石油进口到市场营销的各个环节都掌握在自己手中,很快打开了中国市场,其广告宣传更是独树一帜,收效显著。

美孚经销的产品主要有精炼油(俗称火油、洋油,有寿星老人牌、老虎牌、鹰牌等)、汽油(美孚牌)、轻质和董质柴油、润滑油(莫比油、红车油、黄白凡士林等)、家庭用油(包括地板蜡、白蜡、医药用卡路尔、消毒用臭药水)、白矿蜡、蜡烛(有鹰牌、虎牌、扯铃牌等),共七大类产品。但最早打开中国市场的是照明用的火油和蜡烛。为使火油取代中国几千年来民间沿用的植物油和土制蜡烛,美孚不惜工本大做广告,廉价推销,辅以赠送火油灯和灯罩。初期每箱两听,售价1.5元,每听30斤,不到8角钱,比民间习用的植物油都便宜,亮度则在植物油之上,整听购买还可得到价值一二角的铁皮听子。这样,美孚就在中国特别是农村站住了脚,销量也不断上升。① 其他外商也布点推销,民国年间在上海近郊嘉定县南翔镇的"大顺公南北货店"就设有美孚行火油经理处,在"永发百货店"设有僧帽牌火油代理处,在"五昌箔号"设有亚细亚火油经理处等。②

美商经销的洋胰(肥皂)、洋油、洋烛等日常生活用品的源源输入,给中国特别是农村社会生活的冲击是明显的。多少年来,中国农家沿用的一直是皂荚和植物油等,洋货的涌入,使前者相形见绌,又加上其附送赠品等在内的广告宣传,新旧更替的进程是显而易见的。"上海番舶所聚,洋货充斥,民易炫惑。洋货率始贵而后贱,市商易于财利,喜为贩运,大而服食器用,小而戏耍玩物,渐推渐广,莫之能遏"。③ 诸如,"洗衣去垢,曩日皆用本地所产之皂荚,自欧美肥皂行销中国后,遂无有用皂荚者"。④ 上海郊区的南汇县据载:

> 光绪以前,人燃灯,注豆油或菜油于盏,引以草心,光荧荧如豆。未几,有火油灯,明亮远胜油灯,然煤炭飞扬,用者厌之,未几加玻璃罩,光益盛而无烟,且十光五色,或悬于空中,或置于几上,或垂于壁间,使光反射,其色各各不同,而又各各合用。于是,上而缙绅之家,下至蓬牖,莫不乐用洋灯,而旧式之油盏灯淘汰尽矣。⑤

这种兴替,同样见之于江浙其他地区。在浙江宁波,"即使是最不细心的观察家也知道煤油已被广泛采用了。有经验的中国人已经克服了从前对煤油的恐惧心理……不仅富室和商店采用煤油,本地的街灯也使用煤油了。便宜而粗糙的煤油灯并没有发生更多的火灾,阻碍煤油的行销似乎是一个奇迹。植物油和蜡烛已遭到被煤油所代替的厄运"。⑥ 浙江桐庐人叶浅予忆述:

---

① 苗利华:《美孚石油公司》,《上海文史资料选辑》第56辑,上海人民出版社,1987年,第45页。
② 上海市档案馆编:《上海古镇记忆》,东方出版中心,2009年,第38页。
③ 光绪《松江府续志》,卷五,风俗。
④ 民国《嘉定县续志》,卷五,风俗。
⑤ 民国《南汇县续志》,卷一八,风俗。
⑥ 《宁波海关贸易报告》,姚贤镐编:《中国近代对外贸易史资料》,中华书局,1962年,第1391页。

1907年我出生前后,到1924年我十七岁,这期间社会变动较大,洋货进口日新月异,由菜油灯到煤油灯,由旱烟筒到纸烟卷,由纸灯笼到手电筒,生活习惯变化大,社会关系变动也大,促成了商业竞争重大变化,市场周转速度加快。①

　　美孚石油公司自进入中国后,因地制宜,有针对性地借助广告宣传,扩大影响。这种拓展业务的方式,在美商在华开办的工业企业中,也有体现。

　　千百年来,中国人一直习用水烟、旱烟等,并无卷烟行世。② 五口通商后,卷烟随着各种洋货进入中国,最初仅供来华西人吸用,或作为馈赠亲友的礼品。直到19世纪后期,与外国人接触较多的人员中,开始有人吸用卷烟,上海始有少量的外国卷烟在市场上零星出现。19世纪80年代,美国"烟草大王"杜克在美国建立烟草托拉斯,1885年创办杜克父子烟草公司于纽约,宣布每年生产卷烟1万亿支的计划,开始与英国卷烟商争夺世界市场。是年,就向中国输入美国小美女牌卷烟,委托上海美商茂生洋行试销,这是外国卷烟正式输入中国的开始。稍后,又有美国的品海(后来被称为"老牌")、老车(脚踏车)、火鸡等牌号的卷烟输入中国。

　　1889年,随着美国烟草托拉斯实力的扩张,在华推销业务归上海美商老晋隆洋行独家经理。为了扩大美国卷烟的社会影响,其大力加强广告宣传,并别出心裁,手法多样,诸如斥巨资在报刊上接连刊登大幅广告,印赠精美的月份牌、画片,以装饰华丽的宣传马车赠发试吸烟,以及专雇舟楫前往江湖沿岸各地推销等,使知晓美国卷烟的人数迅猛增加,卷烟销路不断扩展。③ 20世纪初,英美烟草公司在上海青浦县的商业大镇朱家角,以启新烟站为代理商,销售洋烟。至抗日战争前夕,镇上有信孚裕、支万茂、夏瑞记等数家英美烟草公司代理行。它们除经销洋烟外,还为洋商推销火油、火柴、肥皂等"五洋"杂货。④

　　清末江苏常熟县唐市镇人龚文洵感叹:"我镇地近申江(指上海——引者),自1841年(道光二十一年)各国通商之后,管见洋物穷工奇巧,难以枚举。传来异物,从所未见,始得尝新。一切寓目世事迁变,非曩日可比。"他还举例说:

　　　　洋油(指煤油——引者),据云系煤气水,于光绪六、七年间民家始多购用,取其价廉光明,以致售此油者,遍处皆有。燃点之器,用洋铁皮拷成。惟燃用宜格外当心,每闻失慎,多由此油而发。⑤

　　1907年生于浙江桐庐的叶浅予忆述:"吸香烟之风,先在茶馆里流行起来,原

---

① 叶浅予:《细叙沧桑记流年》,江苏文艺出版社,2012年,第8页。
② 直到1913年以后,英美烟公司等从美国运来烟叶种子到安徽、河南、山东等省播种后,中国始有卷烟用的烟叶出产。见方宪堂主编:《上海近代民族卷烟工业》,上海社会科学院出版社,1989年,第80页。
③ 方宪堂主编:《上海近代民族卷烟工业》,上海社会科学院出版社,1989年,第6、7页。
④ 上海市档案馆编:《上海古镇记忆》,东方出版中心,2009年,第148页。
⑤ 龚文洵纂:《唐市志补遗》(抄本),转引自沈秋农等主编:《常熟乡镇旧志集成》,广陵书社,2007年,第397、396页。

来的旱烟筒逐渐被淘汰,茶客嘴上叼起了大英牌或强盗牌香烟。"其父亲"开始时仅在纸烟专卖公司做小批量买卖,后来生意做大了,直接从省城整箱进货。上海的烟草公司颇有心眼,在大木箱里附送一种时装美女月份牌,一式数份,既做广告,又当礼品",更推卷烟销路。[1]

前近代长江三角洲地区的经济中心在苏州,1843 年(道光二十三年)上海开埠后,逐渐形成以上海为中心的有序的港口分工体系,宁波、镇江、南京、苏州、杭州等其他港口的国内外贸易,大多要通过上海的转口来进行。[2] 晚清长江三角洲地区各口岸城市的货物中转率,[3]基本上比较清晰地反映了这一流通大格局,据下表选取的 1900 年(光绪二十六年)至 1905 年(光绪三十一年)的数据,上海的中转率大约 60% 左右,其他口岸都比较低,仅宁波、南京部分年份保持 1%—2%。

表 6-3　江浙沪口岸商品中转境内外比例(%)(1900—1905 年)

中转	1900 外洋或香港	1900 国内口岸	1901 外洋或香港	1901 国内口岸	1902 外洋或香港	1902 国内口岸	1903 外洋或香港	1903 国内口岸	1904 外洋或香港	1904 国内口岸	1905 外洋或香港	1905 国内口岸
南京	0.00	0.43	0.00	0.22	0.00	0.24	0.00	0.22	0.00	1.31	0.00	0.24
镇江	0.24	0.70	0.14	0.39	0.10	0.43	0.03	0.53	0.05	0.51	0.01	0.31
上海	21.12	38.76	16.47	43.85	17.98	41.92	19.69	46.48	21.70	42.39	17.87	42.27
苏州	0.00	0.23	0.00	0.43	0.00	0.67	0.00	0.58	0.00	0.51	0.00	0.15
杭州	0.00	0.31	0.00	0.16	0.00	0.11	0.00	0.09	0.00	0.07	0.00	0.12
宁波	0.00	1.21	0.00	0.99	0.00	0.99	0.00	1.23	0.00	1.18	0.00	1.54

(数据来源:茅家琦等:《旧中国海关史料》,京华出版社,2001 年。)

直至民国时期,虽然绝对口岸之间中转的绝对数量增加较多,但整体格局与晚清相比,变化并不显著,上海的货物中转率略有下降,大约仍在 60% 左右,其他上述城市都有所上升,其中以镇江、南京较为明显,由 1% 以下增至 2%—5%。1936 年的埠际贸易数量统计,显示了晚清到民国期间,长江三角洲口岸城市间的物流量有所增长。就空间的联系通道而言,虽然主要的物流通道并没有显著的变化,但民国时期各口岸之间的回路联系增强,出现网络化联系的趋向,中心城市的经济要素集聚增强。这与近代上海从贸易中心演进为经济中心,在时间轨迹上是一致的。

第二节　新式商人群体

与市场交易不断扩大相联系,江浙沪各地商人及商业资本的力量有了较大的

---

[1] 叶浅予:《细叙沧桑记流年》,江苏文艺出版社,2012 年,第 63 页。
[2] 本目以下内容由方书生撰稿。
[3] 货物中转率的计算方式为:中转率=(洋货复往外洋及香港+洋货复往通商口岸+土货复往外洋及香港+土货复往通商口岸)/进出口总值×100%

发展,一批有别于中国传统社会商贾的新式商人很快成长壮大。

一、新式商人的崛起

鸦片战争前,出现于各地市场的除了众多的小商小贩以外,主要就是行商和坐商。行商是指没有固定的营业场所,往返于产、销两地之间,长途贩卖商品的商人。坐商则是指那些介绍商货成交,代客买卖货物的经纪人,是一种中介性质的商人。近代以后,随着国内市场主要商品流通结构的变化,一批经营进出口货物的新式商人迅速崛起,这在最大的商埠表现得最为充分。

上海开埠前,城内店铺经营的商品,主要是各地生产的手工业品和农副产品。1843年(道光二十三年)开埠后,这里很快成为中外贸易的主要口岸,迅速增长的内外贸易量多面广,远非开埠前所可比及。如此规模的贸易进出,自然不是旧上海县城内那些旧式商家店铺所能承当的,它直接触发了上海商业门类及其经营形式等一系列新的变化和发展,带来了上海的商业繁盛,一批新式商人应运而生。其主要来源有二:一是买办脱离洋行的羁绊,以自己的名义投资设立商业机构,独立从事收购土产,推销洋货的活动;二是旧式商人或改变原有商号的经营方向,或开设新的商业机构,涉足新式商业活动。

1850年(道光三十年),上海出现第一家专营进口棉布的商店,时称"清洋布店"。到1858年(咸丰八年),这类清洋布店已有十五六家,同年还成立了行业组织——洋布公所。这些店家初设时,以门市零售为主。以后洋布进口增多,上海邻近城镇陆续开设洋布店,并有若干商店兼营洋布,都需到上海进货,上海的洋布店遂开始批发业务。19世纪60年代后,随着长江开放,洋布推销地域大为扩展,内地商人纷纷到上海采购。上海的洋布店便逐渐以批发为主,甚至有专营原件批发及零匹拆货批发等专业分工,实力大增。1884年(光绪十年)已从初期的十五六家增至62家,1900年(光绪二十六年)达一百三四十家,1913年又达二三百家,在各大商业行业中名列前茅。[①] 经由上海港输入的大批机制棉纺织品,正是通过他们辗转贩运到邻近地区和内地城乡。1888年2月9日(光绪十三年十二月二十八日)《申报》评述上海商业时称:"本埠生意第一获利者为洋货,而洋货之中则以洋布为最,而杂货次之。"

依托通商口岸外贸和商业的发展,一批参与其间的新式商人迅速崛起,其中买办和买办商人引人注目。鸦片战争后,通商口岸扩增,洋行大量涌现。据统计,19世纪50年代初在华洋行约209家,70年代初约550家,19世纪末叶增至933家,20世纪20年代初有9511家。受其雇用的买办数量自然也相应增加,据估计,到19世纪末买办总数已达1万余人。随着洋行业务的开展,买办职能的一个显著变化

---

① 上海市工商行政管理局编:《上海市棉布商业》(中国资本主义工商业史料丛刊),中华书局,1979年,第1—15页。

是向着专业化方面发展,诸如职能的专业化,如账务、保管、采购、销售等;行业的专业化,如轮船、码头、银行、保险等;商品的专业化,如鸦片、丝、茶、匹头等。值得注意的是出现了一批既是买办,又从事独立经营的商人,以及虽非买办但以经销外国商品为主的商人,习称买办商人。①

买办通过介绍对外贸易,收取佣金、薪金等各种收益,迅速积聚了巨额货币积累,到19世纪末,已成为一个富有的社会阶层。据估算,1840年(道光二十年)至1894年(光绪二十年)买办的全部收入共约4.9亿两。换言之,到甲午战争前,买办50多年的收入总额,差不多已相当于19世纪40至60年代将近10年的全国财政收入总和。② 买办商人亦很快致富,与中国传统商人或曰旧式商人所不同的是,他们除了直接参与和进出口贸易相关的商业经营,很多人还投资于近代企业。在中国近代工业产生的初期,买办和买办商人资本的投入占了相当大的比重,"对兴办近代企业起过决定性作用。估计在1862至1873年,他们为上海6家航运公司提供了30%的资金;1863至1886年,为开办煤矿提供了所需资金的62.7%;1890至1910年,为中国27家大棉纺织厂提供了23.23%的资金,同一时期还为中国机器制造业提供了所需资本的30%"。③

整个19世纪,有华商附股的外国在华企业资本累计在4 000万两以上。在不少外资企业里,华股约占公司资本的40%;琼记洋行、旗昌、东海轮船公司和金利源仓栈等,华股都占一半以上;怡和丝厂和华兴玻璃厂,华股占60%以上;大东惠通银行和中国玻璃公司,华股甚至达到80%,其中大部分是买办资本的投入。另据统计,19世纪末到20世纪初,中国近代棉纺、面粉、轮船航运、毛纺、缫丝、榨油、卷烟、水电等企业的投资人中,买办的投资约占总人数的20%至25%。④ 1890年(光绪十六年)至1913年,上海、南通、无锡38家民族资本近代棉纺织、面粉、榨油、金属加工、火柴、缫丝企业中,已知其身份的创办人或投资人共42人,其中买办和买办商人26人,官僚10人,钱庄和一般商人6人,从买办转化而来的占大多数。⑤

在江浙地区,浙江南浔丝商的演化颇为生动。南浔地处著名的湖丝产地,上海开埠后,是湖丝出口主要的转运点。"湖丝销售洋庄,南浔实开风气之先,当时湖州六属丝行几皆为南浔人所包办,由湖州出口亦以南浔为中心"。据《南浔志》载,"自泰西诸国互市上海,湖丝出口益伙,颇岁可十万包",当时"经营上海者乃日众,与洋商交易通语言者谓之通事,在洋行服务者谓之买办,镇之人业此因而起家者亦正不少"。在与外国商人的交往中,他们熟悉了资本主义经济特别是贸易往来的交易方

---

① 汪熙:《关于买办和买办制度》,《近代史研究》1980年第2期。
② 关于买办的收入总额,中外学者有各种估算,此处取王水:《清代买办收入的估计及其使用方向》,《中国社会科学院经济研究所集刊》第5辑,中国社会科学出版社,1983年。
③ (美)费正清编,中国社会科学院历史研究所编译室译:《剑桥中国晚清史》,中国社会科学出版社,1985年,下卷,第614页。
④ 王水:《清代买办收入的估计及其使用方向》,《中国社会科学院经济研究所集刊》第5辑,中国社会科学出版社,1983年。
⑤ 从翰香:《关于中国民族资本的原始积累问题》,《历史研究》1962年第2期。

式,并通过居间中介或直接参与生丝出口积聚了丰厚的资产,"南浔镇上略有资产者皆由是起家,家财垒聚自数万乃至数百万者指不胜屈"。

应该看到,这批富商的出现并非单靠贱买贵卖,更多的是因为他们通过居间中介或直接参与,积累了从事近代进出口贸易所必需的知识和技能。"考经营丝业者必须具备之条件有二,资本与人力是也。二者以人力为重,资本为轻。盖资本原需无几,规模小者只数百金已足,无资者且可告贷。惟当时风气甫开,通外国语言者人才极感缺乏,收买蚕丝销售洋庄者必须经中间人之手方能成交,此中间人即当时所谓之通事。丝通事名任翻译,实则通晓国内外行情……当时任丝通事者皆为湖州之南浔人,此南浔所以包办丝业之又一因"。对外贸易的实践,打开了他们的眼界,磨炼了他们的才干,无论是知识结构还是经营活动,他们都迥异于旧式商人。他们手中积聚的资财,很多被用作投资近代工商业,以致家乡有人抱怨"上海因国际贸易关系日益发展,沪浔交通便利,吴兴大户多久居申江,故其余资虽有一部用以购置田产,然究不甚多"。①

二、华侨商人的投资

在东部沿海地区,华侨商人和商业资本也相当活跃。他们在近代上海商业方面的投资,主要侧重于百货业和进出口贸易商行。

表 6-4　华侨投资上海商业分类情况统计(1900—1949 年)

单位:折合成人民币元

类　　别	投资户数	投资数额	占总投资额的%
进出口商	63	7 598 700	23.46
百货棉布商	44	23 690 500	73.13
其他	6	1 105 000	3.41
合计	113	32 394 200	100

(资料来源:林金枝:《近代华侨投资国内企业史研究》,福建人民出版社,1983 年,第 108 页。)

上表显示,在投资户数中,进出口贸易商行位居第一;投资额中,百货棉布业占整个投资额的 73.13%。其中,永安、先施、新新、大新等大型百货公司的巨额投资举足轻重,1936 年这四大公司连同丽华,资本总额约 1 350 万元,是 1937 年陕西西安全城百货业资本总额 41 万元的 30 余倍。② 这些侨资百货公司,不同于中国旧式的商业店铺,它们采用了股份有限公司的组织形式,引进了西方商业经营方式,以经销环球商品和附带推销国内的土特产品为主要业务,同时兼营旅馆、酒楼、游艺

---

① 《筹办夷务始末》(道光朝),中华书局,1964 年,第 3155 页;彭泽益编:《中国近代手工业史资料》,中华书局,1962 年,第 2 卷,第 82—85 页。
② 许涤新等主编:《中国资本主义发展史》第 2 卷,人民出版社,1990 年,第 251—252 页。

场等附属设施,令商界耳目一新。它们又都集中在南京路两侧,随着其业务的发展,它们所在的地段也就逐渐成为上海最繁华的购物中心。

这四大百货公司基本沿用英国百货公司的管理方法,诸如设立董事会、经理部、商品部等专门机构,各司其职;上架货物明码标价,不得随意变更售价;重视广告宣传,促进商品销售;公开招收营业员,并实行练习生的实习制度,培养职业道德,尽快熟悉业务;聘用女性雇员,有助于进一步打破守旧的社会风气;推行工资制和6天工作制,较注意尊重员工的权益;建立严格的奖惩条例,把每位员工的工作实绩作为考核的主要依据,并与薪金直接挂钩。这一系列管理方法,对改进中国传统的家庭式的商业经营方式提供了范例,并直接推动了上海商业经营方式的变革。[1]

第三节　银行、钱庄、票号、保险业和传统借贷

上海等近代城市工商业的崛起,城乡间近代交通的拓展和商品流通规模的扩大,带动了江浙沪地区金融业的发展。

一、银　　行

上海开埠不久,着眼于前景良好的口岸贸易,一些外资银行分行相继设立。最早的是1850年(道光三十年)的英商丽如银行,至1860年(咸丰十年)已增至英商呵加剌、有利、汇隆、麦加利和法商法兰西等六家外资银行。其初期业务全是围绕着进出口贸易进行,"银行始初仅通洋商,外洋往来以先令汇票为宗,存银概不放息"。[2] 主要是经营外商在贸易往来中的汇兑业务,并不着意招揽存款,也不经营票据贴现和抵押放款,重点首先是迎合不断增长的中外贸易所提出的金融辅助需求。

甲午战争后,中国社会经济发生的一系列深刻变化,为本国新式银行的设立提供了一些条件。当时,帝国主义在向中国大量输出资本的同时,并未放松商品输出,从而促使商品货币流通范围不断扩大,中国金融市场也随之更加扩大,而且内地的资金通过商品购销网络日益集中到沿海沿江通商口岸和各大城市,这就要求有新式的金融机构——银行来满足金融市场的需要。另外,随着民族资本主义在甲午战争后的明显发展和收回利权运动的高涨,人们要求自办本国银行的愿望更加强烈。同时,清朝政府基于财政需要,也需要兴办银行。因为无论是筹集巨额战争赔款,还是维持庞大的官办企业,都需要大量的周转资金,而它们又都是旧式钱庄、票号所难以提供的。在上述条件下,中国新式金融业即近代银行开始崛起。

江南及中国第一家近代银行是1897年5月(光绪二十三年四月)设立的中国

---

[1] 袁采主编:《上海侨志》,上海社会科学院出版社,2001年,第148页;上海市档案馆等编:《近代中国百货业先驱——上海四大公司档案汇编》,上海书店出版社,2010年。

[2] 《申报》1884年1月12日。

通商银行,具体筹办人是洋务派官僚盛宣怀。该行的组织制度和经营管理办法,均模仿英国汇丰银行。总行设在上海,同年即在北京、天津、汉口、广州、汕头、烟台、镇江等地设立分行。不久,各大行省及香港也都设立了分行。开业资本原定招商股500万银两,先收半数现银250万两,其中多数是盛宣怀、李鸿章、王文韶等官僚的股资,并商借清朝政府户部库银100万两。

该行成立之初,除经营存放款业务外,还被清朝政府准予发行钞票,俨然享有国家银行的权利。该行总行和北京及通商口岸大城市的分行,除了华人经理外,还设置了一名由外国人担任的"洋经理"执掌业务和行政权。此外,按照该行章程,还要聘请2名熟悉中国商情的外国商人为"参议",遇有大事,要请他们参加商议。该行发行的钞票正面印有英文,且必须有"洋经理"签名方才生效。

中国私营银行即由民间资本独立创办、经营的银行,崛起于20世纪初年。1906年(光绪三十二年)在上海开业的信成银行,是已知的中国第一家私营银行。创办人是无锡富商周廷弼,其1904年(光绪三十年)曾在家乡创办裕昌丝厂,有志于发展新式金融业,为此曾赴日本考察,写成银行则例。该行资本110万元,在北京、天津、南京、无锡设有分行。业务系仿照日本银行法规,以商业银行兼营储蓄,为发展业务,经营灵活,规定凡满1元以上就可办理储蓄。信成银行开业不久,又有私营信义银行设立。创办人为镇江尹寿人,总行设镇江,并在上海等地设有分行10处。后因发行银行券过多,于1909年(宣统元年)发生挤兑而告倒闭。

1907年5月27日(光绪三十三年四月十六日)开业的浙江兴业银行,是晚清私营银行中较突出的一家。该行是在收回利权运动高潮中,由浙江全省铁路有限公司为筹集股款、自办铁路而设立的。其宗旨是合理保管和利用铁路股款,并发展本国金融业。该行资本为100万元,分成1万股,其中约45%的股权属于浙江省铁路公司,其余由各界人士认购。总行先设于杭州,后迁往上海,在宁波、南京、汉口等地设有分行。该行开业后,每年吸收存款约200万元,1910年达300万元,其中大部分是浙省铁路公司的往来存款和代募铁路股款。该行还发行银行券,1910年(宣统二年)末发行额达128万元,颇具实力和信用。

1908年(光绪三十四年)由浙江人李云书在上海集资创办的四明银行,也是晚清一家较为成功的私营银行。该行资本150万元,先收半数,在宁波、汉口设有分行。主要业务是将资金投放于商业和航运业,并发行银行券,其钞票通行于宁波、定海、温州等地,享有信誉。[①] 总的说来,这一阶段尚是中国私营银行初创时期,成功者不多。江浙沪私营银行业的勃兴,是在辛亥革命以后。

清末在浙江出现的银行,数量少,规模小,影响有限。进入民国后,银行业陆续在浙江各大中城市兴起,进而向县级城市扩展。有的属于地方官办性质,其中有

---

① 许涤新等主编:《中国资本主义发展史》第2卷,人民出版社,1990年,第713—715页。

1915年开办的浙江地方实业银行,1923年改组为浙江地方银行,属省立银行,总行设在杭州,分行分布于温州、绍兴、吴兴、宁波等地。有的属于国家银行性质,中国银行自1913年起,陆续在杭州、永嘉、绍兴、宁波、嘉兴、湖州、兰溪、余姚、金华、衢州、定海、建德、桐庐等地设立分行。更多的属于商办性质,其中有杭州的华孚商业银行(1917年开办)、浙江储丰银行(1918年开办)、杭州道一银行(1918年开办)、杭州惠迪银行(1921年开办)、浙江商业储蓄银行(1921年开办)、浙江典业银行(1922年开办)、杭州商业银行(1922年开办)、浙江工商银行(1922年开办)、浙江实业银行杭州分行(1923年开办),镇海的渔业银行(1913年开办),绍兴的绍兴县农工银行(1921年开办)、绍兴丝绸银行(1923年开办),嘉兴的商业储蓄银行(1922年开办),湖州的丝绸银行(1922年开办),永嘉的瓯海实业银行(1923年开办),嵊县的农工银行(1924年开办),海盐的农工银行(1925年开办)等。[①] 此后,银行业发展加快,如20世纪30年代初,已有中国银行、交通银行、通商银行、实业银行、垦业银行等13家银行,在浙江宁波地区设立分行或办事处,其实力开始时较钱庄为弱,但1935年后便超过钱庄。[②]

据统计,1932年有67家银行的总行设在上海,占全部银行资本的63.8%(不包括东北和香港)。按资产计,26家上海银行公会会员约占中国所有银行总资产的3/4以上。[③] 中外金融机构汇聚上海,据1936年的调查统计,外商在华银行"约有十余处,共计八十余单位。其中以设立在上海者为最多,计有二十余家;天津次之,计十余家;汉口、北平各有八家;广州有六家;余如青岛、厦门、烟台、福州、汕头、大连、哈尔滨、长春、沈阳、牛庄、旅顺、昆明等地,有一家至四家不等"。详见下表。

表6-5 外商银行在华地区分布(1936年)

地名	家数	行名及国别
上海	24	美国运通银行、朝鲜银行(日)、台湾银行(日)、华比银行(比)、中法工商银行(法)、东方汇理银行(法)、麦加利银行(英)、大通银行(美)、义品放款银行(比)、德华银行(德)、汇丰银行(英)、华义银行(意)、有利银行(英)、三菱银行(日)、三井银行(日)、莫斯科国民银行(俄)、花旗银行(美)、安达银行(荷)、荷兰银行(荷)、大英银行(英)、沙逊银行(英)、住友银行(日)、友邦银行(美)、正金银行(日)
天津	14	运通银行、朝鲜银行、天津银行(日)、华比银行、中法工商银行、东方汇理银行、麦加利银行、大通银行、义品放款银行、德华银行、汇丰银行、华义银行、花旗银行、正金银行
北平	8	运通银行、中法工商银行、东方汇理银行、麦加利银行、德华银行、汇丰银行、花旗银行、正金银行

---

① 陈国灿:《浙江城市经济近代演变述论》,邹振环等主编《明清以来江南城市发展与文化交流》,复旦大学出版社,2011年。
② 傅璇琮主编:《宁波通史·民国卷》,宁波出版社,2009年,导论,第7页。
③ 杜恂诚:《民族资本主义与旧中国政府(1840—1937)》,上海社会科学院出版社,1991年,第253页。

续表

地名	家数	行名及国别
汉口	8	台湾银行、华比银行、东方汇理银行、麦加利银行、德华银行、汇丰银行、花旗银行、正金银行
广州	6	台湾银行、东方汇理银行、德华银行、汇丰银行、花旗银行、正金银行
青岛	5	朝鲜银行、麦加利银行、德华银行、汇丰银行、正金银行
大连	5	朝鲜银行、麦加利银行、德华银行、汇丰银行、正金银行
厦门	3	台湾银行、汇丰银行、安达银行
福州	3	台湾银行、麦加利银行、汇丰银行
哈尔滨	3	麦加利银行、汇丰银行、正金银行
烟台	1	汇丰银行
汕头	1	台湾银行
长春	1	正金银行
牛庄	1	正金银行
旅顺	1	朝鲜银行
昆明	1	东方汇理银行
合计	85	

（资料来源：上海市档案馆馆藏：《旧中国外商银行调查资料》，《档案与史学》2003年第6期。）

上表显示，外商在华银行主要分布在沿海各口岸城市。1936年，中国资本的银行总行共有164家，各地分支行共有1332处。其中上海一地就有总行58家，约占总行总数的35%；分支行124处，约占分支行总数的9%。如以沿海地区及长江沿岸的上海、武汉、北平、天津、南京、杭州、重庆、广州、青岛九城市而论，则总行有99家，约占总数的60%；分支行386处，约占总数的29%。就所在省份而言，以江浙两省为最多，总行共有30家，约占总数的18%；分支行285处，约占总数的21%。[①]

二、钱庄、票号和典当

鸦片战争前，钱庄和票号是民间经营货币信用业务的主要金融机构。钱庄起源于银钱兑换业，最早是银两与铜钱的兑换，后来则主要是银元与银两的兑换，活动范围一般限于当地。票号主要经营地区间汇兑，业务范围遍及全国，以山西人经营者居多。钱庄多见于长江流域和东南各省，票号则以黄河流域和华北各省为其主要的活动区域。

五口通商后，列强不断扩大对华商品输出，着意利用钱庄、票号等中国旧式金

---

① 杨荫溥等编著：《本国金融概论》，邮政储金汇业局1943年印行，第42页。

融业的业务渠道,而一些钱庄为谋厚利,也愿意和洋行发生联系。太平天国战争爆发后,票号锐意经营汇解饷需、协款和丁银,和清朝政府关系密切,商业上资金周转的业务几乎完全由钱庄承担。随着洋行数目的增多和业务的扩大,通商口岸越来越多的钱庄卷入了服务于进出口贸易的活动。

19世纪60年代以后的30年中,促进通商口岸进出口贸易不断发展的因素之一,是钱庄、票号对于贸易在资金周转上提供很大便利。钱庄资本一般并不雄厚,贸易量日渐扩大后,钱庄为应付商业资金周转的需求,除了设法从外国在华银行获取短期信贷外,还求助于票号的支持。于是,通过钱庄资本的运作,相当数量的票号生息资本开始以商业金融资本的形式在国内市场流转。具体说来,钱庄和票号相结合,利用以庄票、汇票为手段的信用制度,支持商业贸易的开展,加速了通商口岸和内地商品的流通,起到了扩大国内市场的作用。这在上海尤有充分的表现,港口物流的繁盛,刺激了商业的兴旺。商业的发展特别是埠际贸易的开展,则离不开金融机构在资金融通方面提供的便利。清中叶上海港沙船货运贸易的活跃,便是和上海钱庄业的发展相辅相成的,"上海自有沙船业,而后有豆米业……因豆米业之发展,北货业随之而开张,款项之进出浩大,金融之调度频繁,钱庄业顺其自然,得有成功之机会"。[1]

上海开埠后,受不断扩大的内外贸易的驱动,钱庄的经营业务渐被纳入进出口及埠际贸易资金融通渠道,"租界既辟,商贾云集,贸迁有无,咸恃钱业为灌输"。[2]钱庄的信用手段,在通商口岸用的是庄票,在通商口岸和内地之间用的是汇票。它所签发的庄票,可以代替现金在市面流通并负有全责,到期照付。庄票有即期和远期两种,前者见票即付,后者则在到期时付现。

上海各商号在交易中大多使用远期庄票,在开埠初期常以10—20天为限,进入19世纪60年代后普遍缩短为5—10天。庄票的这种信用手段,大大加速了资金周转,广受各方青睐。"钱庄接受长期、短期和各种不同利率的存款,并进行贷款和票据贴现等业务。他们使各级商人,从最大的商号到最小的零售店主,都能得到并利用这些便利。所有在上海出售的进口商品的货款都是用五到十天期的钱庄票据支付的,这种方式既使钱庄可在票据流通期间使用这笔钱,又使进口商品的买主能够与内地一些地方或开放口岸做汇兑买卖的钱庄完成其筹措资金的安排。无论哪一年,这些票据的数额都是很大的"。[3]

庄票之外,另有汇票。上海开埠后,进出货物的绝大部分商品是国内其他通商口岸的中转商品。据19世纪70年代初叶的统计,上海港进口商品只有约20%是

---

[1] 中国人民银行上海市分行编:《上海钱庄史料》,上海人民出版社,1960年,第6,9页。
[2] 姚贤镐编:《中国近代对外贸易史资料》,中华书局,1962年,第1564页。
[3] 《领事麦华陀1875年度贸易报告》,李必樟译编:《上海近代贸易经济发展概况:英国驻上海领事贸易报告汇编(1854—1898)》,上海社会科学院出版社,1993年,第383,384页。

由当地消费的,其余 80% 均输往内地。① 伴随如此大量中转贸易的,是金融机构的中介和资金融通。上海在长江流域金融市场已趋主导地位,钱庄汇票的功能便是一个缩影。1870 年(同治九年)英国领事称,在镇江支付进口洋货的主要办法是开出由上海钱庄付款的汇票,而商人则把铜钱或银锭运入苏州,从那里收购土产到上海去变价付款。②

19 世纪后半叶,输往重庆的洋货仍靠木船运输,费时较长,汉口的钱庄实力较弱,难以支持四川商人所需要的大量长期信用,这些商人遂转而直接从上海进货。19 世纪 60 年代中叶,四川所销售的进口货,购自汉口的不到 20%,到 1869 年(同治八年)又降至 10% 左右。关键就在于支持这项贸易所必需的长期汇票,是由"上海殷实钱庄承兑的",因为相比之下,上海钱庄"更集中和更富有"。③ 其步骤是,"一个重庆商人如果要在上海采办洋货,他可以到一个钱庄那里说明来意,并在该钱庄押借一笔款项,其数目由他自己与钱庄商议协定。然后这位商人就可以将订货单寄与他在上海的代理人,钱庄经理也通知与他有关系的上海钱庄或其分庄,由后者向洋行或其中国的代理人处付予这笔款项"。上海港与重庆之间日益增长的转口贸易,正是与这种信用支持相辅相成的。1881 年(光绪七年),输往重庆去的洋货约占当年上海港进口货总值的九分之一。④

中国农副产品的大量输出,同样推动了金融业的发展。当时凡从事生丝贸易的丝行,"有资本一万断不肯仅作万金之贸易,往往挪移庄款,甘认拆息","有借至数倍者,有借之十倍者,全赖市面流通,支持贸易"。⑤ 每到春季,钱庄就向丝行贷出巨款,到新丝开盘成交后再收回款项。茶栈的经营,也通常取决于钱庄放贷的多少,彼此间的关系十分密切,"每庄往来动辄一二万或三四万,少亦数千元"。⑥ 钱庄业则通过贷放款获致厚利,长足发展:

> 钱庄最初创设,资本极薄,规模极简,其主要营业仅兑换货币一项。直到道光二十三年(1843 年)上海开埠以后,进出口交易渐繁,金融流通的需要日增,于是钱庄营业逐渐发达,存款放款事项亦较前繁多。如是年复一年,营业遂蒸蒸日上,大有一日千里之势。⑦

1873 年(同治十二年)上海共有汇划钱庄 123 家,其中设在北市即租界的有 73 家,超过半数。⑧

---

① 《领事麦华陀 1875 年度贸易报告》,李必樟译编:《上海近代贸易经济发展概况:英国驻上海领事贸易报告汇编(1854—1898)》,上海社会科学院出版社,1993 年,第 383、384 页。
② Great Britain Foreign office, Commercial Reports from Her Majesty's Consals in China, 1869-1870, Zhenjiang, p. 117.
③ Great Britain Foreign office, Commercial Reports from Her Majesty's Consals in China, 1869, Hankou, p. 78.
④ Great Britain Foreign office, Commercial Reports from Her Majesty's Consals in China, 1881-1882, Chongqing, p. 9、p. 15、p. 216.
⑤ 商霖:《整顿丝茶策》,《皇朝经济文编》卷四九,第 1 页。
⑥ 《申报》1889 年 3 月 13 日。
⑦ 郭孝先:《上海的钱庄》,《上海市通志馆期刊》第 1 卷第 3 期,第 804 页。
⑧ 《申报》1874 年 2 月 26 日。

19世纪60年代后,上海港内外贸易的大幅度增长,迫切要求与其相适应的资金融通加速,单就钱庄而言,显得力不从心,外资银行则存款日多,需要寻找合适的贷款对象,而钱庄经营多年的业务网络则是它们所不及的,于是通过买办的媒介,外资银行开始接受钱庄庄票作为抵押,向钱庄提供信用贷款,时称"拆票"。

1869年(同治八年)英资汇丰银行首先通过其买办王槐山,放款给钱庄。其他银行相继效仿,"当时钱庄流动资本大部取给于外商银行之拆票,外商银行之剩余资金亦常以此为尾闾,且可由此推动国内贸易,以利洋货之畅销,并由此以操纵金融市场,使钱庄为其附庸,钱庄则赖此而周转灵活,营业可以推广,自属乐于接受"。[①]

19世纪70年代后,这种"拆票"方式已很普遍。如郑观应所描述的:"银行为各钱庄枢纽,钱庄靠银行调动,故日中拆票,各庄皆赖银行买办招呼。"[②]受不断增长的内外贸易的推动,钱庄与外资银行出于各自利益考虑的这种携手经营,大大推进了上海金融业的发展。至19世纪70年代末,江浙两省的银洋市价都依据上海丝茶贸易的进出款项上下波动,各地钱庄"皆探上海之行情"决定业务进止。[③]

表6-6 上海钱庄家数(1781—1937年)

年份	新开	歇业	实存	年份	新开	歇业	实存
1781			18	1916	10	3	49
1796			106	1917			49
1858			120	1918	19	6	62
1866			116	1919	7	2	67
1873			183	1920	4		71
1876			105	1921	4	6	69
1883			58	1922	10	5	74
1886			56	1923	15	5	84
1888			62	1924	7	2	89
1903			82	1925	5	11	83
1904	11	5	88	1926	6	2	87
1905	18	4	102	1927	2	4	85
1906	20	9	113	1928		5	80
1907	14	16	111	1929	1	3	78
1908	13	9	115	1930	3	4	77

① 中国人民银行上海市分行编:《上海钱庄史料》,上海人民出版社,1960年,第29、30页。
② 陈旭麓等主编,谢俊美编:《轮船招商局》(盛宣怀档案资料选辑之八),上海人民出版社,2002年,第703页。
③ 《申报》1879年4月27日、1880年1月3日。

续 表

年份	新开	歇业	实存	年份	新开	歇业	实存
1909	12	27	100	1931	4	5	76
1910	7	16	91	1932	1	5	72
1911	2	42	51	1933	3	7	68
1912	4	27	28	1934	2	5	65
1913	3		31	1935		10	55
1914	9		40	1936		7	48
1915	2		42	1937		2	46

(资料来源：许涤新等主编：《中国资本主义发展史》第2卷，人民出版社，1990年，第698页。)

明清以来，浙江各地的钱庄业一直较为活跃。晚清以后，随着工商业的发展，钱庄业依旧兴盛。据统计，1912年浙江全省有245家钱庄。其运作方式也与时俱进，一方面逐渐与近代工商业建立起密切的联系，除了为商品流通和对外贸易提供资金调剂和融通，近代工业企业所需的资金，也有相当部分由钱庄提供，一些钱庄还直接参与企业投资。另一方面，宁波等地的部分钱庄已相继采用"过账"制度，即在日常商业交易活动中的款项支付，不用现钱或票据进行结算，而是凭簿折划转。这种"过账"制度，已具有近代金融业票据交换制度的特点，表明传统钱庄业已有所变革，以适应新的社会环境和需求。因此钱庄业并没有因银行业的兴起而明显衰落。宁波的钱庄在民国年间仍很活跃，20世纪30年代初有225家，拥有资本428万元，分别占全省的35.6%和45%，均居全省首位。[①] 杭州城区的钱庄在1920年前有40多家，1932年增至60多家。1931年，浙江全省有889家钱庄。[②] 另据截至1932年的统计，南京、苏州、宁波、温州分别有钱庄13、23、69、47家。[③]

票号起源于道光初年，主要经营地区间汇兑，由山西人创办者居多，以黄河流域和华北各省为主要活动区域，江南则以苏州为中心，"昔年票号皆荟萃苏垣，分号于沪者只有数家"。[④] 与钱庄业相比，票号与官府的关系较为密切，它们参与商业资金的融通，主要通过钱庄进行。前已述及，钱庄资本一般并不雄厚，贸易量大幅度增长后，钱庄为调度足够的流动资金，除了设法从外资银行获取信贷，还求助票号的支持。这时票号在江南的经营重心已从苏州移至上海，通过钱庄资本的运作，相当数量的票号生息资本开始以商业资本的形式在国内市场流转，"迨东南底定（指太平天国被镇压——引者），上海商埠日盛，票号聚集于斯者二十四家，其放银于钱

---

① 傅璇琮主编：《宁波通史·民国卷》，宁波出版社，2009年，导论，第7页。
② 陈国灿：《浙江城市经济近代演变述论》，邹振环等主编《明清以来江南城市发展与文化交流》，复旦大学出版社，2011年。
③ 中国第二历史档案馆：《中华民国史档案资料汇编》第5辑第1编"财政经济"(四)，江苏古籍出版社，1994年，第598页。
④ 佚名：《答暨阳居士采访沪市公司情形书(1884年1月12日)》，经元善著，虞和平编：《经元善集》，华中师范大学出版社，2011年，第47页。

庄多至二三百万"。钱庄得此助力,发展更快,"上海钱庄之盛,盛于票号、银行放银于庄"。①

钱庄的业务网络主要分布在长江流域,而票号的覆盖面则遍及除边远地区的大半个中国,在全国各城市,凡设有票号分号的都可以直接通汇,上海"与内地各省的汇兑业务,以及中国人与通商口岸做交易开出的票据全部通过山西票号,这些票号多数在上海设有机构,他们还宣称可购入或售出国内任何地方的汇票"。20世纪初年,"他们每年的业务进出总额约为八千万两"。②

应该指出,在上海以外的江浙地区,钱庄仍是金融业的主干。镇江和宁波,是上海南北两翼进出口商品主要的转运点,洋货和土货在这两个地方的扩散和汇聚,都依赖钱庄周转资金。据海关的统计,19世纪60年代进入镇江的洋货净值在300万两至500万两之间;70年代上升至600万关两至900万关两之间;同一时期,土货的出口也由40余万两,增至100余万关两。经由镇江的洋货,大多经运河销往北方,包括在山东销售的洋布和其他各种洋货,以及在河南出售的洋货。镇江的钱庄,是用汇票为这些洋货的内销周转资金的。19世纪60年代,镇江有27家钱庄,信誉好的大钱庄能够吸收存款约10万两。至70年代初,镇江的8家主要钱庄在苏州都设有分支机构,两地间的金融往来密切。1867年的英国在华领事商务报告记载,在镇江支付进口洋货的主要方法是开出由上海钱庄付款的汇票,而商人则把铜钱或银锭运入苏州,从那里收购土产到上海去变价付款。③

上海开埠后,沪甬两地间的金融联系密切。19世纪70年代初,浙江富商胡光墉名下的阜康银号,在宁波、上海、杭州、镇江等地都设有分号,经营宁波与各地间的金融往来。80年代后,在宁波开设的22家钱庄,与上海、杭州、绍兴等地都有直接的金融联系。洋货进入宁波后,利用钱庄汇票的便利,循着绍兴、金华、衢州水路销往内地,渐及整个浙西市场,并再向西延伸,进入赣东和皖南。④

1891年(光绪十七年),"宁波有22家钱庄,它们与上海、杭州和绍兴都有联系,其中两家还与温州有联系。它们的业务包括按固定利率存款、对可靠的担保贷款、办理汇票等。几家主要钱庄联合组成同业公会,其中的成员都维护彼此的信誉"。当时,"宁波并未与外国有直接的货币兑换,与英国货币兑换是在上海进行"。⑤ 1901年(光绪二十七年),"温州有4家钱庄,都与宁波、上海和杭州有生意来往,经营活期存款、定期存款、发放贷款、出具汇票等。另外还有30家小钱庄,可以开具

---

① 《申报》1884年1月12日;《论钱市之衰》,《字林沪报》1884年2月9日。
② 《领事麦华陀1875年度上海贸易报告》,李必樟译编:《上海近代贸易经济发展概况:英国驻上海领事贸易报告汇编(1854—1898)》,上海社会科学院出版社,1993年,第384,385页;《海关报告(1892—1901)》,徐雪筠等译编:《上海近代社会经济发展概况(1882—1831):〈海关十年报告〉译编》,上海社会科学院出版社,1993年,第96,97页。
③ 严中平主编:《中国近代经济史(1840—1894)》,经济管理出版社,2007年,第870页。
④ 严中平主编:《中国近代经济史(1840—1894)》,经济管理出版社,2007年,第871页。
⑤ 陈梅龙等译编:《近代浙江对外贸易及社会变迁——宁波、温州、杭州海关贸易报告译编》,宁波出版社,2003年,第42、43、29页。

期票、兑换铜币,抵押货款每年收取 15%—30% 的利息"。①

1901 年(光绪二十七年),"苏州有 9 家票号,不论用直接的汇票或者由苏州分出在上海的支号开出的汇票,通过它们可向全国任何大城市与开放口岸汇款。按照常例,这些票号仅受理大笔汇款,有 4 家票号经营与北方的汇款并管理官方汇款,只有 2 家票号发汇票到云南和贵州。"当时苏州"除了这些票号之外,还有大的钱庄,主要经营地方上的金融业务。钱庄发行当地流通的银票和纸币,也向像靖江、常州、无锡、杭州和上海这样的附近地区发一点小额汇票"。②

同年,"在杭州有 20 家钱庄,包括 5 家能熔铸银锭模块。它们仅在本省范围内营业,也包括上海和苏州。主要业务为贷款给信誉好的丝厂或米行,在贷款时需立字据,每年利率为 4—7 分,与其他省相比较,这一利率超出了平均水平。在钱庄贷款时可以用丝绸作抵押,其他的货物则没有这一特权。除了上面提到的钱庄外,还有日升昌、源丰润钱庄,这两家是本省最大的钱庄,他们开展各种业务,并在全国各地设有分行"。当时"杭州不直接进行外国货币的兑换,而是完全依靠上海方面"。③如《浙江新志》所称,晚清浙江金融几乎"全赖钱庄业以为周转"。④

在浙江省,据 1921 年的调查,温州金融机构中最多最普遍的是钱庄,其中厚康、美源规模最大,厚康的资本额有 10 万元,其他 30 多家钱庄的资本均在 1 万元至 5 万元间。"一般温州上海间贸易的汇兑结算,均通过两地的钱庄来进行。对长年从事进出口贸易的商店来说,首先要选择实力雄厚、信用良好的钱庄。商店一般邀同担保人,在交易之初依据贸易额的大小,确定借款金额的多少。对较小的从事进出口贸易的商店来说,融资额度一般在 1 万元至 2 万元之间。每年上半年贸易空闲时期,借款利息一般日利为 4 钱 5 厘,下半年贸易繁忙时期,借款利息一般日利为 5 分"。⑤在商品经济活跃的小城镇,也有钱庄开设。江苏《吴江丝绸志》载:"盛泽丝绸业与金融业之间关系至为密切,以丝绸为依托的金融业的形成也比较早,《盛川稗乘》曾记述太平天国军队进驻期间即设有'公估钱庄',其后苏州、嘉兴钱庄均来分设。"⑥青浦县朱家角镇,光绪十八年(1892 年)设有霞泰钱庄。⑦

在江南中小城镇,更常见的是典当习称"当铺"。⑧如 1874 年(同治十三年)和 1908 年(光绪三十四年),南浔富商刘仁如先后在朱家角镇开设同和、和济当铺。⑨浙江省嘉兴府乌青镇,太平天国战争前曾有 7 家典当,战时星散,战后又陆续开业,

---

① 陈梅龙等译编:《近代浙江对外贸易及社会变迁——宁波、温州、杭州海关贸易报告译编》,宁波出版社,2003 年,第 160 页。
② 陆允昌编:《苏州洋关史料》,南京大学出版社,1991 年,第 86 页。
③ 陈梅龙等译编:《近代浙江对外贸易及社会变迁——宁波、温州、杭州海关贸易报告译编》,宁波出版社,2003 年,第 236、225 页。
④ 民国《浙江新志》上卷,第八章,浙江省之经济,金融。
⑤ 丁贤勇等译编:《1921 年浙江社会经济调查》,北京图书馆出版社,2008 年,第 380 页。
⑥ 周德华:《吴江丝绸志》,江苏古籍出版社,1992 年,第 411 页。
⑦ 新编《青浦县志》,上海人民出版社,1990 年,第 426 页。
⑧ 详可参见戴鞍钢、黄苇主编:《中国地方志经济资料汇编》,货币金融篇,典当、高利贷,汉语大词典出版社,1999 年。
⑨ 新编《青浦县志》,上海人民出版社,1990 年,第 425 页。

"在商业极盛之时,相传有十三家之多"。① 民国《宝山县续志》载:"业当铺者率系邑中富室,同治光绪之际,罗店最盛,且有投资外埠者"。② 据统计,20 世纪 30 年代浙江共有典当 300 余家,在宁波地区的有 64 家,约占全省的 20%,其中鄞县有 25 家、资本额 644 000 元,慈溪 5 家、资本额 146 000 元,奉化 4 家、资本额 89 000 元,镇海 9 家、资本额 274 000 元,定海 2 家、资本额不详,象山 1 家、资本额 60 000 元,余姚 16 家、资本额 245 000 元,宁海 2 家、资本额 200 000 元,总计资本额 1 658 000 元,平均每家典当的资本额不到 3 万元。由于其资本规模小,资金周转常发生困难,因此宁波地区乃至整个浙江省内的典当业,在资金上主要依赖银行或钱庄周转,宁波的典当行甚至通过经营存款业务来吸引资金。③

三、保险业和传统借贷

上海的繁盛,还催进了保险业在上海的问世。自 19 世纪 50 年代初上海成为中国进出口贸易最大口岸,"由于要求西方船只为商品提供安全保证的中国人日渐增多,为了迎合需要,怡和洋行于 1857 年(咸丰七年)在上海和香港开设了谏当保险公司的中国分行。分行的业务十分兴旺,在几个月之内接纳的客户数目表明,在中国商人当中售出保险单的数量比在西方商人中售出的数量要多得多"。这种令人鼓舞的发展前景,刺激新的保险公司相继开张,"以致在十年之内又开设了六家保险公司"。④

它们的经营重点,都是水上航运安全保险。"为了适应从 60 年代初开始出现的中国人的较大规模商号日渐发展的总趋势,怡和洋行认为保险业、银行业如同航运业一样,已发展成为这家洋行的至关重要的职能部门"。同治元年(1862 年)成立的扬子保险公司,是由美商旗昌洋行集资开办的,"这家公司由旗昌轮船公司承运货物中就得到大笔买卖",光绪十九年(1883 年)公司业务已扩大至伦敦等地,资本也从开业时的 40 万两增至 80 万两。

轮船招商局成立后,为适应航运业务的发展及"不为外人掣肘",也在 1875 年(光绪元年)和 1876 年(光绪二年)先后集资设立了仁和、济和两家保险公司,"保客货兼保船险,推及于中国各埠暨外洋星加坡、吕宋等埠凡二十一处"。1886 年(光绪十二年)合并更名为仁济和保险公司,股本为一百万两。

保险公司的相继设立,是受上海港繁盛的航运业务推动所致,它们的业务开展,也给上海内外贸易的进一步发展带来新的助力,"'你能保险吗'? 几乎是所有中国商人必然要问的一个问题"。因此,"轮船与保险事属两歧,而实则归于一本,

---

① 民国《乌青镇志》卷二一,工商。
② 民国《宝山县续志》卷六,实业志,商业。
③ 傅璇琮主编:《宁波通史·民国卷》,宁波出版社,2009 年,第 329、330 页。
④ 聂宝璋编:《中国近代航运史资料》第 1 辑,上海人民出版社,1983 年,第 607 页;《领事麦华陀 1875 年度上海贸易报告》,李必樟译编:《上海近代贸易经济发展概况:英国驻上海领事贸易报告汇编》,第 384 页。

有如许保险生意则必有如许轮船生意"。①

要言之,上海港繁盛的内外贸易所提出的大量的资金融通需求,促使上海的金融业呈现大发展的局面,形成外资银行和中国钱庄、票号互为援手、鼎足而立的基本格局,"洋商之事,外国银行任之;本埠之事,钱庄任之;埠与埠间之事,票号任之"。② 同时,又有保险业的辅助。19世纪80年代,上海已成为占全国对外贸易"货物成交"和"款项调拨"总量80%的贸易金融中心。③ 时人称:

> 上海为商务总汇之地。商贾辐辏,货物充盈,一日出入,值银钱数千百万。各省督抚开办商务,委员采办机器,必至沪上焉。钦使出洋,大官过境,一切应须购置之物,沪上无所不有,亦必遇道至沪,为驻节之所焉。故凡银钱往来,各省之汇至上海,与上海之汇往各省者,亦日必千数百万。商务之盛,商埠之繁,庶可谓至矣。④

上海工商业的发展,亦得这种金融网络之助。民国初年,荣家企业福新面粉一厂开办后,所需小麦多在无锡采购,而且利用行、庄借款,基本上不需要动用本企业的资金。"小麦购进之后,即向无锡钱庄卖出申汇,得款后还麦价。无锡钱庄将汇票寄到上海,向茂新、福新办事处收款。上海见票承兑之后,照例还有几天期才付款。而这时小麦已装船,从无锡到上海只需一夜天的时间,小麦入仓,即可磨粉,再有一夜天产品便可出产。而货未出厂时,批发部已经抛出,用收入的货款,偿付承兑的申汇,时间上还绰有余裕"。这种金融支持,无疑帮助了荣家企业的发展。⑤

浙江在清末也陆续出现一些具有近代金融企业特点的保险公司。1906年(光绪三十二年),寓居上海的一些浙商集资100万银两,在杭州、嘉兴、湖州等地设立"华洋人寿保险公司",经营人寿保险业务。同年,衢州商人集资成立"衢州水险公司"。上海的《东方杂志》曾刊文介绍说:"衢州各商以水程装运货物,每致损失,且蹈危险,特集资万元,创设公司,依照西洋法保险,经县通详立案,名曰衢州水险公司。"1909年(宣统元年),台州"允康人寿保险公司"设立,资本50万元,开办后业务顺畅。⑥

航运业相对发达的宁波,保险业同步发展。1914年,扬子保险公司和先施保险公司在宁波设立了分公司和代理处。1916年,长利保险公司在宁波成立。据统计,1921年至1926年,宁波地区成立的保险公司有6家,1927年至1933年成立的有4家,未知成立时间的有4家。到1933年,宁波已有保险公司54家,营业额达

---

① 聂宝璋:《中国近代航运史资料》第1辑,上海人民出版社,1983年,第607、614、1085、1086、1087、602、1086页。
② 《上海市通志金融编》(上海市通志馆未刊稿),中国人民银行上海分行编:《上海钱庄史料》,上海人民出版社,1960年,第56页。
③ 详见汪敬虞:《十九世纪外国在华银行势力的扩充及对中国通商口岸金融市场的控制》,《历史研究》1963年第5期。
④ 《论本埠票号禀请立案事》,《中外日报》1898年9月14日。
⑤ 上海市粮食局等编:《中国近代面粉工业史》,中华书局,1987年,第124、125页。
⑥ 陈国灿:《浙江城市经济近代演变述论》,邹振环等主编《明清以来江南城市发展与文化交流》,复旦大学出版社,2011年。

544 000元,主要从事水火保险和人寿保险。①

总体而言,包括江浙沪在内的近代中国农村的借贷关系尚处于转型之中,近代金融形式被引入一些乡村,但传统借贷方式仍发挥着主要作用。金山县,"农人每当青黄不接之时,有射利者乘其急而贷以米,谓之放黄米,俟收新谷,按月计利清偿,至有数石之谷不足偿一石之米者"。② 1929年编纂的《南汇县续志》载,该县"向无金融机关,贫者借贷无方,唯以物质于典;商家转运不灵,亦以物质于典;富者财积而患壅滞,又乐典之取偿易也,因相率而设典,故吾邑典当之多,甲于江苏全省"。③ 1930年的《无锡年鉴》载,贫苦农民"终年勤劳,尚不足以温饱,大都寅吃卯粮,其借贷赊欠,均以茧市为约期,故农村金融均以茧市结束。其金融之流通方法,大别之为聚会、借贷、典当、预约赊欠及抵卖"。④ 1907年生于浙江桐庐县的叶浅予忆述:

> 桐庐县放高利贷的主儿,欢迎你向他借钱,起码三分利,十元钞每年要付三元利,三元不还,翻一番,变成二十元,这还算一般的放债法。有的黑心人,发现你急需钱,便来个对本利,年利百分之百,一年之后翻一番,十元变成二十元,这就够厉害的了。为了躲避借高利贷,老百姓之间流行一种"钱会",是以钱财互相支援的互助组织。如某人因为某种正当的用途,个人财力不够,如娶媳妇、办丧事、造新屋、开店铺,和亲朋好友商量,发起一个"钱会",邀集八人入会,主人办一桌酒席,吃一顿,每人交出一定份额的钱,供组会人使用。正式名称叫"兜会"或"扶会",比如一百元的会,兜会者第一年使用这一百元,第二年轮到按份额为二十元的第二会使用,第三会递减为十八元,依次再递减,第七会为末会,只交六元。这一百元,由头会每年办一次会酒,到时每年按每个会友的份额交钱,就是说,按顺序每人可轮流集到一百元现款,每人都能应付急用,如无急用,也可放债收利,这利是低利,不是吃人的阎王利。⑤

在邻近大城市的农村,也有实物借贷的存在。1931年,乔启明在南京郊外的江宁县淳化镇乡村的社会调查所得:

> 粮行在乡村的地位,好比就是农民的银行。农民要钱用时,每将自己出产的粮食,零星向粮行交换现钱。在每天的早晨,我们当可看见许多贫寒的小农手携筐篮,内盛米麦来到市镇上的粮行从事出卖。所卖的数量虽不多,不过三升或五升,而卖到的钱,却一方面可以作当日的茶资,他方面还可用作购买其他的物品的现款。

---

① 傅璇琮主编:《宁波通史·民国卷》,宁波出版社,2009年,第331页。
② 光绪《重修金山县志》卷一七,志余,风俗。
③ 民国《南汇县续志》卷一八,风俗。
④ 王立人主编:《无锡文库(第二辑)·无锡年鉴(第二册)》,凤凰出版社,2011年,第16页。
⑤ 叶浅予:《细叙沧桑记流年》,江苏文艺出版社,2012年,第42页。

粮行不但只作粮食买卖的生意,他还是个乡村放账惟一的机关。农人急需用款的时候,粮行每乘机放债,获利很高,并且还有确实的担保;同时粮行更利用农人借款还谷的方法,从中牟利,甚至不到一年,能收到百分之百利率之息金。凡是由粮行借钱不作正用的农人,利率更高。普通皆是付谷的,在每年收稻之时,许多农人的妻子终年辛勤,到了谷已落场,粮行主人却携驴至家,将谷负去,农人妻子只能灰心丧气,无可如何。这种事实,在南京一带却很普通。①

银行等不愿借贷给农民,而绝大部分的农家却急需借贷度日。20世纪30年代的社会调查载,"浙西农民各种贷款的来源,始终不脱亲友、地主、商贩,以及专做放债营生的土劣等身份,其信用范围至为狭小。而都市间之资本,并无流通于农村的机会,以存余在农村间之少数资本,自难使农村金融为有效的周转,苛重的抵押与高昂的利率,自为必然的结果"。② 1934年,浙江"兰溪共有当店4家:城内1家,游埠1家,诸葛2家。当物以动产为多,如衣服、被褥、珠宝、首饰等等,且亦间有以粮食及茧丝等作当品者。当期通例为18个月,惟近年以市场不景气,间可延长至20个月或24个月。质物利息,普通以2分计算。中国银行及地方银行,皆在兰溪城内设有堆栈,举办农产抵押;惟抵押款额至少自20元或50元起码,不能适合农民之需要,反而给粮食商人以资金周转而垄断市面之便"。③ 即使在距上海不远的浙江省嘉兴县,"私人借贷是调节农村金融最普通最普遍的一个方法。各处农民,除少数富有者外,几乎大都负债。少者数十元,多者千元,亏欠二三百元者,比比皆是"。④ 高息的民间借贷在乡村盛行,无论是农村商品经济相对发展的江浙两省,还是全国的统计均显示,传统的借贷方式仍占据主导地位。

表6-7　江浙两省农户借贷来源统计(1934年)　　　　单位:%

	银行	合作社	典当	钱庄	商店	地主	富农	商人
江苏	8.8	5.6	18.5	6.2	7.2	23.5	14.2	16.0
浙江	3.7	4.5	16.2	10.1	12.0	21.9	15.8	15.8

(资料来源:徐畅:《20世纪二三十年代中国农村高利贷分析》,中国社会科学院近代史研究所编:《中华民国史研究三十年(1972—2002)》,社会科学文献出版社,2008年,第849页。)

上表显示,江浙两省农户其借贷绝大部分来源于典当、钱庄、商店、地主、富农

---

① 乔启明:《江宁县淳化镇乡村社会之研究》,李文海主编:《民国时期社会调查丛编·乡村社会卷》,福建教育出版社,2005年,第103页。
② 韩德章:《浙西农村之借贷制度》,原载《社会科学杂志》第3卷第2期(1932年6月),转引自李文海主编:《民国时期社会调查丛编(二编)·乡村经济卷》,福建教育出版社,2009年,第36页。
③ 冯紫岗:《兰溪农村调查》(国立浙江大学农学院专刊第1号,1935年1月),转引自李文海主编:《民国时期社会调查丛编(二编)·乡村社会卷》,福建教育出版社,2009年,第345页。
④ 冯紫岗:《嘉兴县农村调查》(国立浙江大学、嘉兴县政府1936年6月印行),转引自李文海主编:《民国时期社会调查丛编(二编)·乡村经济卷》,福建教育出版社,2009年,第373页。

和商人,而这些借贷的主体部分是高利贷。据统计,全国平均约有87%的借贷,是周年利息在20%以上的高利贷。① 可见,近代以来城市新式金融业的发展,主要体现为服务于以进出口贸易为主干的资金流通,并未广泛惠及农民日常生计的急需。

---

① 徐畅:《20世纪二三十年代中国农村高利贷分析》,中国社会科学院近代史研究所编:《中华民国史研究三十年(1972—2002)》,社会科学文献出版社,2008年,第850页。

第七章 人口分布和迁徙

鸦片战争后,上海等通商口岸城市的崛起,各种近代交通方式的发展,城乡间经济联系及信息沟通空前增多,以及受太平天国等战事及灾荒等因素的影响,江浙沪地区的人口分布和迁徙呈现明显的变化。

第一节 太平天国战争前后的人口变动

太平天国战争前后,江浙沪相关地区的人口状况发生剧烈变动。

一、战争期间的人口损失

据统计,在1776年(乾隆四十一年),江浙两省每平方公里人口超过700人的有苏州府和嘉兴府;超过400人的有太仓州、松江府、江宁府、海门厅、常州府和绍兴府;超过300人的有扬州府、通州、镇江府、杭州府、湖州府和宁波府。以后,随着人口的增长,各地的人口密度有所变化,但江浙两省上述人口密集区的基本格局,一直延续到太平天国战争发生之前。①

表7-1 太平天国战争中江浙两省的人口损失　　　人口单位:万

省　别	1851年人口	战争死亡人口	死亡人口占战前人口的比例(%)
江　苏	4471.9	1679	37.5
浙　江	3027.6	1630	53.8

(资料来源:葛剑雄主编,曹树基著:《中国人口史》第5卷,复旦大学出版社,2001年,第553页。)

上表显示,太平天国战争中江浙两省人口损失巨大,两省合计死亡达3309万人。其中战事激烈的扬州府、江宁府、常州府、镇江府、苏州府和太仓州人口锐减,人口密度大大降低,未遭战争侵扰的苏北通州、淮安等府人口密度上升。但战争也使得上海城市人口猛增,因此苏南地区的人口密度仍居全省及全国前列。同样遭受战争破坏的浙江省,人口也剧减,原有的人口密集区大部分不复存在。在1880年,虽然嘉兴府人口密度仍达每平方公里354人,但较其最高峰时的人口已减少近三分之二。②

---

① 葛剑雄主编,曹树基著:《中国人口史》第5卷,复旦大学出版社,2001年,第691、692、708、709页。
② 葛剑雄主编,曹树基著:《中国人口史》第5卷,复旦大学出版社,2001年,第719、720页。

二、战争前后的人口变动

表 7-2　太平天国战争前后江苏省各地人口的变动　人口单位：万

府州厅	1851 年	1865 年	1910 年
苏州府	654.3	229.0	252.8
松江府	291.5	263.0	240.5
太仓州	197.1	144.7	124.3
镇江府	248.4	52.2	142.3
常州府	440.9	119.6	231.8
江宁府	622.5	149.4	204.5
扬州府	798.1	616.0	567.3
小　计	3 252.8	1 573.9	1 763.5
海门厅	79.1	83.8	112.3
通　州	303.8	311.4	367.7
淮安府	329.2	343.3	387.9
徐州府	369.8	385.6	434.1
海　州	137.2	144.3	170.0
小　计	1 219.1	1 268.4	1 472.0
合　计	4 471.9	2 842.3	3 235.5

(资料来源：葛剑雄主编，曹树基著：《中国人口史》第 5 卷，复旦大学出版社，2001 年，第 467 页。)

上表显示，江宁府、扬州府、镇江府、常州府、苏州府、松江府和太仓州在太平天国战争中共死亡人口 1 679 万。同一时期，相对少受战争破坏的苏北人口，按照战前苏北人口自然增长率的估计，净增了 49 万。[①]

表 7-3　太平天国战争前后浙江省各地人口的变动　　人口单位：万

府　名	1851 年	1865 年	1910 年
嘉兴府	309.0	109.1	122.9
杭州府	361.8	72.0	120.0
湖州府	290.7	63.2	113.0
严州府	99.1	46.9	61.4
衢州府	120.4	61.0	93.4
金华府	297.6	185.0	235.0
处州府	125.3	86.3	105.0
绍兴府	636.2	260.0	281.4
宁波府	264.1	174.0	204.4
台州府	300.1	202.6	232.1
温州府	223.3	237.1	280.4
合　计	3 027.6	1 497.2	1 849.0

(资料来源：葛剑雄主编，曹树基著：《中国人口史》第 5 卷，复旦大学出版社，2001 年，第 489 页。)

---

① 葛剑雄主编，曹树基著：《中国人口史》第 5 卷，复旦大学出版社，2001 年，第 468 页。

上表显示,太平天国战争之前浙江各地人口约有 3 027 万,战后锐减至约 1 497 万,人口损失比例约为 52%,战后才逐渐回升。

三、江浙人口的地区分布

表 7-4 清代中期至 1953 年江浙两省人口地区分布　　　人口单位:万

地　区	1776 年	1820 年	1851 年	1880 年	1910 年	1953 年
江苏省						
江宁府	394.1	525.2	622.5	165.9	204.5	304.5
扬州府	515.7	666.3	798.1	599.6	567.3	631.6
通　州	245.5	280.1	303.8	329.1	367.7	436.5
海门厅	57.0	72.0	79.1	92.4	112.3	136.7
海　州	103.3	122.6	137.2	152.3	170.0	260.6
徐州府	295.4	337.0	369.8	400.9	434.1	554.3
淮安府	263.0	300.0	329.2	357.5	387.9	539.6
苏州府	511.1	590.8	654.3	236.7	252.8	313.2
松江府	227.7	263.2	291.5	255.2	240.5	202.7
镇江府	177.0	219.5	248.4	72.9	142.3	187.9
常州府	311.5	389.6	440.9	149.1	231.8	442.3
太仓州	142.3	177.2	197.1	137.5	124.3	119.4
合　计	3 243.6	3 943.5	4 471.9	2 949.1	3 235.5	4 129.3
浙江省						
杭州府	268.2	319.7	361.8	85.3	122.0	212.8
嘉兴府	235.3	280.5	309.0	113.6	122.9	155.0
湖州府	215.3	256.8	290.7	76.7	113.0	139.2
严州府	127.4	146.1	99.1	51.3	61.4	87.3
绍兴府	426.5	539.2	636.2	267.1	281.4	326.0
宁波府	186.1	235.2	264.1	183.6	204.4	226.4
处州府	86.2	107.4	125.3	92.2	105.0	133.9
衢州府	102.0	114.1	120.4	70.3	93.4	115.8
金华府	204.8	255.0	297.6	200.3	235.0	295.0
温州府	162.0	201.7	223.3	250.6	280.4	327.3
台州府	222.7	277.4	300.1	211.9	232.1	263.8
合　计	2 236.5	2 733.5	3 027.6	1 602.9	1 849.0	2 282.5

(资料来源:葛剑雄主编,曹树基著:《中国人口史》第 5 卷,复旦大学出版社,2001 年,第 691、692 页。)

表7-5 江浙两省人口分布地区密度(1776—1953年)　单位：人/平方公里

地区	面积（平方公里）	1776年	1820年	1851年	1880年	1910年	1953年
江苏省							
江宁府	7 781	506.5	675.0	800.0	213.2	262.8	391.3
扬州府	15 620	330.2	426.6	510.9	383.9	363.2	404.4
通　州	6 863	357.7	408.1	442.7	479.5	535.8	636.0
海门厅	1 270	448.8	566.9	622.8	727.6	884.3	1 076.4
海　州	10 440	98.9	117.4	131.4	145.9	162.8	249.6
徐州府	16 690	177.0	201.9	221.6	240.2	260.1	332.1
淮安府	19 060	138.0	157.4	172.7	187.6	203.5	283.1
苏州府	6 762	755.8	873.7	967.6	350.0	373.9	463.2
松江府	4 157	547.8	633.1	701.2	613.9	578.5	487.6
镇江府	4 619	383.2	475.2	537.8	157.8	308.1	406.8
常州府	7 328	425.1	531.7	601.7	203.5	316.3	603.6
太仓州	2 317	614.2	764.8	850.7	593.4	536.5	515.3
合　计	102 907	315.2	383.2	434.6	286.6	314.4	461.6
浙江省							
杭州府	7 318	366.5	436.9	494.4	116.6	164.0	290.8
嘉兴府	3 209	733.3	874.1	962.9	354.0	383.0	483.0
湖州府	6 194	347.6	414.6	469.3	123.8	182.4	224.7
严州府	8 435	151.0	173.2	117.5	60.8	72.8	103.5
绍兴府	9 544	446.9	565.0	666.6	279.9	294.8	341.6
宁波府	5 937	313.5	396.8	444.8	309.2	344.3	381.3
处州府	18 360	46.9	58.5	68.2	50.2	57.2	72.9
衢州府	9 138	111.6	124.9	131.8	76.9	102.2	126.7
金华府	9 934	206.2	256.7	299.6	201.6	236.6	297.0
温州府	11 245	144.1	179.4	198.6	222.9	249.4	291.1
台州府	11 160	199.6	248.6	268.9	189.9	208.0	236.4
合　计	100 474	222.6	272.1	301.3	159.5	184.0	227.2

（资料来源：葛剑雄主编，曹树基著：《中国人口史》第5卷，复旦大学出版社，2001年，第708、709页。）

1949年江浙沪两省一市的人口数及自然变动,则有下列统计:

表7-6 1949年江浙沪人口数及自然变动

地 区	人 口	男	女	出生率%	死亡率%	自然增长率%	性别比
江苏	3 512.00	1 779.00	1 733.00	34.72	16.45	18.27	102.65
浙江	2 083.00	1 090.00	993.00	32.05	14.85	17.20	109.77
上海	502.92	274.87	228.05				120.53

(资料来源:葛剑雄主编,侯扬方著:《中国人口史》第6卷,复旦大学出版社,2001年,第162、183页。)

近代江浙城市人口及其变动状况,除了上海以外[1],尚缺乏较全面的确切统计。有学者利用海关资料,编制了晚清江南口岸城市的人口数字,其中上海以外的城市分别是:

表7-7 江南口岸城市人口(1891—1911年)

城市名称	1891年	1901年	1911年
镇江	135 000	140 000	184 000
苏州		500 000	500 000*
杭州		700 000	350 000*
宁波	250 000	255 000	350 000
温州	80 000	80 000	100 000

标*者原文数字如此。
(资料来源:[日]滨下武志著,高淑娟等译:《中国近代经济史研究——清末海关财政与通商口岸市场圈》,江苏人民出版社,2006年,第222、223页。)

另据估计,1906年(光绪三十二年)南京城市人口为40万。[2] 1910年(宣统二年),苏州城市人口约有25万余人。[3] 1911年(宣统三年),"宁波城区大约有40万名居民,而整个地区估计有400万人;英国人约有140人,除10人外其余都是传教士"。[4] 同年,"温州、处州两府人口为350万人,温州城估计有10万至12万个固定居民"。1910年(宣统二年)的调查显示,杭州及其郊区人口为231 171人,其中男性145 852人,女性85 319人,海关报告认为"这个数字似乎比实际要少"。[5] 时至1949年江浙沪地区的非农与农业人口及市镇与乡村人口的分布状况,则可参阅下表:

---

[1] 近代上海的人口变迁,详可参见邹依仁:《旧上海人口变迁的研究》。除前言、附录外,内分七个部分:鸦片战争以后的上海人口;旧上海人口的地区分布和人口密度;旧上海人口职业的分析;旧上海人口的籍贯构成和迁移资料;旧上海人口性别、年龄和婚姻情况的分析;旧上海人口的出生率和死亡率;旧上海外国人人口的变迁。
[2] 王云骏:《民国南京城市社会管理》,江苏古籍出版社,2001年,第105页。
[3] 陆允昌:《苏州洋关史料》,南京大学出版社,1991年,第98页。
[4] 陈梅龙等译编:《近代浙江对外贸易及社会变迁——宁波、温州、杭州海关贸易报告译编》,宁波出版社,2001年,第346页。
[5] 陈梅龙等译编:《近代浙江对外贸易及社会变迁——宁波、温州、杭州海关贸易报告译编》,宁波出版社,2001年,第167、247页。

表 7-8　1949 年江浙沪地区的非农与农业人口及市镇与乡村人口

地　区	非农%	农业%	市镇%	乡村%	非农/市镇	农业/乡村
江　苏	14.83	85.17	12.44	87.56	1.19	0.97
浙　江	14.79	85.21	11.83	88.19	1.25	0.97
上　海	93.01	6.99	90.00	10.00	1.03	0.70

（资料来源：葛剑雄主编，侯扬方著：《中国人口史》第 6 卷，复旦大学出版社，2001 年，第 485 页。）

第二节　人口迁徙

近代中国农村人口迁徙的主要方向，是闯关东、走西口、下南洋，其主要特征，是从人多地少之处，迁往地多人少之区，仍属中国传统社会农业人口迁徙的范畴。其中近代进入东北的移民，人数最多。诚如人口学家所言："纵览我国一二千年的人口迁移史，清末民初对东北的移民，强度可谓最大，效果亦称最佳，无论对中国人口地理还是中国经济地理，均产生了巨大而深远的影响。"[①]与此同时，也有很多人进入以通商口岸为主体的近代城市谋生，其中很多是迫于战乱和灾荒，这在江浙沪地区有诸多表现。

一、城乡人口流动

19 世纪中叶历时数年的太平军与清军之间的交战，给江南社会经济以重创。这一地区是明清以来的重赋区，人称"苏松太三属为东南财赋之区，繁庶甲于天下，而赋亦于天下为最重，比其他省有多至一二十倍者"。[②]以岁征漕粮计，清代江苏省额征漕粮正耗总计 250 余万石，在有漕八省即江、浙、皖、赣、鄂、湘、豫、鲁之中位居第一，而苏州、松江、常州、镇江、太仓四府一州就占 202 余万石，占全省总额的 80% 以上。[③] 19 世纪中叶的连年战火及其间的饥荒、瘟疫，使江南地区遭到严重破坏，人口锐减，大片土地抛荒，经济凋敝。据估计，战时江浙两省死亡人口分别达 1 679 万和 1 630 万，死亡人口占战前人口的比例分别是 37.5% 和 53.8%。[④]以苏南地区计，1810 年（嘉庆十五年）青浦县人口总数为 332 000 余人，1865 年（同治四年）降至 208 000 余人；嘉定县 1813 年（嘉庆十八年）有人口 436 000 余人，1864 年（同治三年）减为 305 000 余人；吴江县 1820 年（嘉庆二十五年）人口数是 304 000 余人，1864 年（同治三年）降至 113 000 余人。[⑤]

人口锐减，土地抛荒，直接影响政府的财政收入。战后，官府首重招民垦荒，苏南地区着力"招募淮北流民，给以工本、农具"；浙江湖州"迭经出示招垦，多有两湖、

[①] 胡焕庸等：《中国人口地理》上册，华东师范大学出版社，1984 年，第 340 页。
[②] 光绪《松江府续志》卷一三，田赋志，漕运。
[③] 李文治：《历代水利之发展和漕运的关系》，《学原》第 2 卷第 8 期。
[④] 葛剑雄主编，曹树基著：《中国人口史》第 5 卷，复旦大学出版社，2001 年，第 553 页。
[⑤] 李文治：《江苏省十一县人口变动情况表》，《中国近代农业史资料》第 1 辑，第 151 页。

皖及本省宁、绍、温、台客民搭棚垦荒"。① 官府的鼓动和江南地区相对更有利于农作和谋生的自然地理和社会环境吸引邻近省份大批人口迁入,缓解了战后劳动力的奇缺,有助于残破的社会经济的较快恢复。据估计,至1898年(光绪二十四年)苏南地区接纳了约160—260万移民人口,占当地人口的28%—45%。移民主要来自安徽、湖北和苏北,苏南战后接纳的外省移民大约为80—130万人。②

南京城在太平天国战争中人口损失尤其严重,战后设立招垦局,安徽、湖北及苏北的移民于是大量迁入。据1874年(同治十三年)《上江两县志》记载,城区中人口的70%来自湖北和安徽。在南京东南的宁镇丘陵地区,河南客民特别活跃。他们主要来自豫东南丘陵山区,20世纪20年代有学者甚至在南京附近编了一本豫南民歌选集,反映出河南移民在宁镇丘陵地区人数之多。直到常州南部的荆溪县(今宜兴),来自长江中游的移民仍为数甚多。③

与此同时,许多苏北人渡江南来,或购置田产,或承租耕种。由于迁出的人太多,以致苏北当地的许多土地抛荒。据记载,太平天国战争平息后,苏北人在镇江府金坛县购买或租种土地的非常之多,当时2斤大麦或一只鸡就可以换到一亩土地,800文钱也可买到一亩地,有的苏北人在金坛购地可达数百亩。唯有苏南地区东部的苏州府、松江府、太仓州等地,较少发现有外来移民介入,这是因为这一区域人口损失相对较小,更是由于当地土著居民抵制外来人口的迁入。④

太平天国战争曾波及浙江全境,浙西、杭州附近、浙北太湖之滨、宁绍地区及浙赣交界的金衢地区所受人口损失尤为严重。战后迁入嘉兴府的移民,分属省内绍兴、宁波、温州、台州等地区以及外省的河南、湖北、江苏等,其中以绍兴移民最为活跃。战后杭州的土著居民大约只剩7万人,外来移民则可能达到约16万人。以后陆续有杭州难民返乡者,杭州土著的比例可能增加,但战后移民之多无疑已深刻地改变了杭州城的人口构成。⑤ 在湖州府,战后外地客民主要迁入该府的西部和南部。据估计,至1889年(光绪十五年),湖州府西部孝丰、安吉、长兴三县的客民人口可能已达7万人。总之,太平天国战争中,浙江全省人口损失达1600万人以上,战后移民约有132万人。假定其中30%为外省移民,由人数仅有40万,说明浙江的人口损失日后主要是通过省内的移民加以逐步恢复的。⑥

在上海近郊的蒲淞,"自洪杨革命(指太平天国——引者)后,百业萧条,人口骤减,农田价值每亩仅钱十余串,实较他处为廉,故江北、绍兴等处客籍人民来此耕种

---

① 沈葆桢:《江南垦荒未便克期从事折》,《沈文肃公政书》卷七;《论客民垦荒之弊》,《申报》1882年7月30日。
② 葛剑雄主编,曹树基著:《中国移民史》第6卷,福建人民出版社,1997年,第434页。
③ 葛剑雄主编,曹树基著:《中国移民史》第6卷,福建人民出版社,1997年,第428、429页。
④ 葛剑雄主编,曹树基著:《中国移民史》第6卷,福建人民出版社,1997年,第430、431页。
⑤ 葛剑雄主编,曹树基著:《中国移民史》第6卷,福建人民出版社,1997年,第435、438、445页。
⑥ 葛剑雄主编,曹树基著:《中国移民史》第6卷,福建人民出版社,1997年,第448、449、453页。

者颇多"。①

在大力招徕垦民的同时,又有减赋的举措。面对土地荒芜、经济凋敝的局面,时任两江总督曾国藩认为再要科以原先的赋额,既不现实也无可能,同时他也需要笼络为数甚多的中小地主,以集结地主阶级的力量,尽快在原太平天国占领区或活动区重建封建统治秩序。1863年6月(同治二年五月),苏南战事接近尾声,曾国藩就与江苏巡抚李鸿章会奏请旨核减苏、松、太粮额,得到清廷允准。②自1865年(同治四年)起,苏、松、常、镇、太四府一州漕额由原先的2 029 000余石减至550 900余石,松江府由427 000余石减至310 900余石,核减率分别为37.2%和27.3%。③

减赋的推行,实际并不影响清朝政府的财政收入。由于"赋重民穷,有不能支持之势",在减赋前,苏南地区漕粮征收常常不能足数。据统计,19世纪30年代该地区实际约得额征漕粮十之七八,40年代为十之五六,50年代则"仅得正额之四成而已"。④所以,曾国藩奏请减赋时,就明言此举是"借减赋之名,为足赋之实"。⑤同时,他又附片提出"以核减浮粮为理漕之纲,即以办理均赋为治漕之用",规定以后征收漕粮,"绅衿平民一例完纳,永远革除大小户名目,不使州县陵虐小民,敢为暴敛而不顾,亦不使各项陋规困苦州县,迫使病民而不辞"。⑥虽然在具体执行时大打折扣,但毕竟使各级官吏及土豪劣绅有所收敛,漕粮负担严重不均的现象有所缓和,自耕农和一些中小地主因此有所得益。

太平天国失败后,曾国藩等人得以在苏南地区很快稳定局势,当地的社会经济渐趋复苏,与曾国藩等人的上述措施不无关系。若从更大的范围考察,"从社会经济来说,太平天国虽然没有改变土地制度,但它对部分地主分子的人身消灭和整个地主阶级的经济勒迫,又造成了地主分子的出逃和地主经济的萎缩,部分农民因此可以得到一定数量的土地。同时,内战之后人口大量减少,土地荒芜,经界变形,向存黄册、鱼鳞图册荡然无存,促成客民开垦得地的种种可能和永佃制大量形成"。"这个过程会产生相当数量的自耕农。在鸦片战争之后,西方资本主义势力的经济浸润首先开始于东南。因此,这些增多的自耕农面对的已不是旧时的自然经济了,他们离商品和市场近在咫尺,并时时受到刺激。这种经济环境无疑会使自耕农的增多促进生产和消费的增多。这些对后来资本主义生产关系的产生和发展,多少有点好处"。⑦

---

① 《上海特别市各区农村概况》,原载上海特别市社会局《社会月刊》第2卷第5—11号(1930年11月至1931年5月),转引自李文海主编:《民国时期社会调查丛编(二编)·乡村社会卷》,福建教育出版社,2009年,第435页。
② 《曾国藩全集·奏稿》六,岳麓书社,1989年,第3419—3420页。
③ 夏鼐:《太平天国前后长江各省之田赋问题》,《清华学报》第10卷第2期。
④ 《清史稿》,食货志,第3529页。
⑤ 《曾国藩全集·奏稿》六,岳麓书社,1989年,第3419—3420页。
⑥ 《曾国藩全集·奏稿》六,岳麓书社,1989年,第3425—3426页;《清史稿》,中华书局,第3541页。
⑦ 陈旭麓:《太平天国的悲喜剧》,《历史研究》1991年第1期。

二、上海的人口集聚

太平军进军江南期间,上海租界人口剧增①。据统计,1853年(咸丰三年)在租界居住的中国人共500人,1854年(咸丰四年)上海小刀会起义期间,约增至2万余人;而在1860年(咸丰十年)太平军第一次攻打上海时,竟增至30万人,1862年(同治元年)又达50万人②,一度还曾达到70多万人③。

在这些涌入上海外国租界的人口中,有相当一部分是逃亡的地主、官僚。太平天国始终以地主阶级作为其主要的打击目标,太平军所到之处,对封建地主、官僚的镇压是无情的。这就迫使江浙地区的封建势力,纷纷离家出逃。其中许多人携资偕眷逃往上海,企求在列强的庇护下,躲避农民革命的打击。租界成了他们主要的藏身场所。姚公鹤《上海闲话》卷上载:"太平军之发难,其初外人亦严守中立,故租界因得出战线之外,于是远近避难者,遂以沪上为世外桃源。"天悔生《金蹄逸史》亦称:"粤匪(指太平军,下同——引者)陷吴郡,吴中士民流离迁徙,以上海一隅为避秦之桃源。"④其逃沪人数之多,一度曾使"昆山河路为难民挤断,不能往返"⑤。这种状况曾引起一些封建官员的担忧,1861年11月(咸丰十一年十月)曾国藩在一封书信中写道:"上海东北皆洋,西南皆贼,于筹饷为上胯,于用兵则为绝地。即江南衣冠右族避地转徙,亦宜择淮、扬、通、海宽闲之处进退绰绰,不宜丛集沪上,地小人多,未警先扰。"⑥

除了逃亡的地主、官僚之外,下层民众在当时涌入上海的人口中,也占有很大比重。当太平军与清军在上海邻近地区展开激烈争夺战时,附近城镇、乡村遭受严重破坏,溃败的清军沿途又是烧杀掳掠。因此,许多下层民众为了躲避战乱之苦,也纷纷涌入上海。如1860年5月24日(咸丰十年四月四日),当太平军大兵压境时,苏州"阊门店铺闻(清军)溃兵在城外骚扰,俱各闭门不敢卖买……夜间城外兵勇放火烧毁房屋,彻夜火光烛天,见者胆寒……所烧房屋皆系昔日繁华之地,山塘南濠一带尽成焦土",⑦当地许多居民遂被迫迁往上海。另据1862年9月6日(同治元年八月十三日)《北华捷报》载:"最初流入租界的大批难民,主要是从西南方面各村庄而来,但以后自上海各方面传来警报,老百姓从各个方向到达河的这一边,以致租界附近和界内的道路与空地上都挤满了一批批男妇老幼,他们还牵着水牛与黄牛。"当时,上海周围"凡是能够逃难的人,都纷纷涌进租界,致使租界成为……

---

① 当时上海"华界"人口变动情况,因无统计数字可查,无法确知。
② 《上海研究资料》,上海书店,1984年影印本,第138页;《上海公共租界史稿》,上海人民出版社,1980年,第359页。
③ 上海社会科学院历史研究所编译:《太平军在上海——〈北华捷报〉选译》,上海人民出版社,1983年,第234页。
④ 谢国桢:《明清笔记谈丛》,上海古籍出版社,1981年,第130页。
⑤ 太平天国历史博物馆编:《吴煦档案选编》,江苏人民出版社,1983年,第1辑,第223页。
⑥ 太平天国历史博物馆编:《吴煦档案选编》,江苏人民出版社,1983年,第2辑,第151页。
⑦ 中华史学会主编:《太平天国》(中国近代史资料丛刊),上海人民出版社,1957年,第5册,第327—329页。

巨大的避难所"。[①]

表7-9 上海人口地区分布(1852—1942年)

年 份	"华界"人口%	公共租界人口%	法租界人口%	总计%
1852—1853	99.91	0.09		100.00
1865—1866	78.5	13.4	8.1	100.00
1909—1910	52.1	38.9	9.0	100.00
1914—1915	58.5	34.1	7.4	100.00
1925—1927	57.0	31.8	11.2	100.00
1930	53.9	32.2	13.9	100.00
1935	55.1	31.4	13.5	100.00
1937	55.9	31.7	12.4	100.00
1940—1942	37.8	40.4	21.8	100.00

(资料来源：邹依仁：《旧上海人口变迁的研究》，上海人民出版社，1980年，第92页。)

战时难民的流离，并非仅见于上海，江浙两省的相关数据，以抗日战争时期的统计较为翔实。据国民政府内政部1944年6月的估计，江苏流离人口为900万人；战后估计达125万余人，占总人口的34.28％。据浙江省政府在战时的调查，全省难民总数达500万人以上；战后，据国民政府对战区各省市的难民及流离人口的统计，其中浙江达518万余人，仅次于河南、江苏、湖北、湖南、河北、山东等省。[②]

三、移民与近代工业

近代工业的兴办和运营，需要大量的雇佣劳动者。1890年(光绪十六年)，参与创办上海机器织布局的经元善曾详细描述了棉纺织厂的用工所需：

> 查织机两张用女工一人，纺纱机两部女工一人，搓纱机两部女工一人，绕纱团机一部女工四人，扣机一部女工二十人，拉细条机一部男女皆可三人，轧花机一部男女皆可一人，拣花机一部男工一人，弹花机十五部合男工三人，剔花机一部男工一人，拉粗条机一部男工一人，绕纱轴机一部男工一人，浆纱机一部男工三人，刮布机一部男工二人，够布机一部男工一人，压布打包机一部男工三人，全局用洋匠四人，修机、烧煤等华工匠约四十人，小工约一百人。此指五百张织机日工而言，如开夜工加倍。男女工每日辛食二百文，洋匠每月一百七十五元，修机、烧煤等工匠每月五十元至十二元不等，另洋总工师一位每月四百元。大凡粗重事用男工，轻

[①] 上海社会科学院历史研究所译编：《太平军在上海——〈北华捷报〉选译》，上海人民出版社，1983年，第359、442页。
[②] 张根福：《抗战时期的人口迁移》，光明日报出版社，2006年，第151、171页。

细事用女工,教练尚易。①

1893年(光绪十九年),有2 000多名女工在该局劳作。② 同年12月24日《北华捷报》称:"新工业的创办给上海的中国人带来很大的好处,估计有一万五千或两万妇女被雇佣,从事于梳理禽毛以便载运出口,从事清检棉花与丝,从事制造火柴与卷烟。"

1895年(光绪二十一年)中日甲午战争后,列强在华经济扩张加速,同时受实业救国思潮和清朝政府鼓励工商政策的推动,中国民族工商业和近代城市经济有明显发展。1898年(光绪二十四年),在沪英国人亨德森描述:"在近几年中,各种工厂和棉纺织厂等如雨后蘑菇般地出现,如果有一个人1870年时在这里睡着,而在1898年时醒来,他可能几乎难以相信自己仍然是上海居民。"③

与原先因战乱涌入城市而呈现潮汐形态的人口升降不同,这一时期进入城市谋生的人口表现为持续增加的态势。1897年(光绪二十三年)的资料载,上海"新闸路和卡德路的结合部两三年前还是农田,而现在已盖起了数以百计的中国房屋"。次年6月在沪英国商人团体"中国协会上海分会"称,新闸路一带原先只是小村庄,此时"已发展为拥有3万人口的市镇"。④ 一项综合性的研究表明,"1910年代都市人口增加是与那个时期中民族工业扩大相对应的"。⑤

据统计,1895年(光绪二十一年)至1911年(宣统三年)上海工业产值的年平均增长率为9.36%,1911年(宣统三年)至1925年上升至12.05%;1925年至1936年有所减缓,但仍达到6.53%。⑥ 此外,从工业产出衡量,据估计1936年上海中外资本工业的总产值已达1 182亿元,比1895年(光绪二十一年)增加40多倍,约占全国工业总产值的50%。⑦ 与此相联系,上海工人总数猛增。据估计,1933年上海工人总数为35万人,比甲午战争前增加8.5倍,而同期上海城市总人口由90万人增至340万人,增长幅度不到3倍,足见工人的增速更快。⑧

当时流入中国最大都市上海的农村人口之多,远非其他城市可及。据1928年的社会调查,在上海西郊的蒲淞区,"近十年来,当地人口骤然增加。揆其原因,盖自英人越界筑路以来,交通便利,工厂日增,侨寓本区,络绎不绝,而固有农户亦静观趋势,大都化农为工。其周家桥地方,居户日多,市面日兴,为一新成之镇"。在上海北郊的彭浦区,"近来潭子湾、永兴路及中兴路一带,工厂林立,悉为客籍侨民

---

① 刘明逵:《中国近代工人阶级和工人运动》,中共中央党校出版社,2002年,第1册,第393页。
② 孙毓棠编:《中国近代工业史资料》第1辑,科学出版社,1957年,第1070页。
③ 吴乃华摘译:《英国议会文件有关上海法租界资料选译》,《清史译丛》第8辑,中国人民大学出版社,2010年,第173页。
④ 吴乃华摘译:《英国议会文件有关上海法租界资料选译》,《清史译丛》第8辑,中国人民大学出版社,2010年,第181,160页。
⑤ (日)滨下武志著,高淑娟等译:《中国近代经济史研究——清末海关财政与通商口岸市场圈》,江苏人民出版社,2006年,第223页。
⑥ 徐新吾等:《上海近代工业主要行业的概况与统计》,《上海研究论丛》第10辑,第137页。
⑦ 黄汉民:《近代上海工业企业发展史论》,上海财经大学出版社,2000年,第219页。
⑧ 张仲礼主编:《东南沿海城市与中国近代化》,上海人民出版社,1996年,第429页。

寄居之所"。在上海东郊的引翔区,"胡家桥一带,工厂林立,依工厂为生活者,半为客籍居民"。① 邹依仁《旧上海人口变迁的研究》亦指出:

> 上海地区人口的快速增加决不是仅仅由于辖区的扩大以及人口的自然增加,而主要是由于人口从广大内地迁入的缘故,……广大内地的人民,尤其是破了产的农民经常地流入上海,这是上海市区,特别是租界地区百余年来人口不断增加的主要因素。②

更大范围的考察,有同样的揭示。有学者指出,中国农民的贫穷化,主要"是高税率、高地租、高利息、内战的破坏与掠夺所造成的"。③ 20世纪30年代,有社会学家强调:"中国农村经济的崩溃的原因至多,然其中足以造成及加速农民离村者,择其言之,一为天灾,一为兵祸。"他在对江苏、河北、河南、广东等省的农村调查后,认为:"中国的离村现象,除极少数靠近工业城市之区域与工业化有关,而十九由于天灾兵祸之驱迫而成,是被动的而不是自动的,是病态的而不是常态的。"④

据统计,1929年上海全市28.5万多名工业职工中,纺织业有近20万人,其中大多数纺织女工是来自外地的农村妇女。此外在交通运输业中,又有近3万名码头装卸工人和8万多名人力车夫,他们几乎都是来自外地的破产农民。在商业方面,全市约有72 858家商业企业,共雇佣24万多名职工,其中也是以外地户籍居多。综合以上各业及其家属,总数不下数十万人之多。至抗日战争爆发前夕,上海的工厂职工已增至近50万人,加上商业职工、手工业工人、码头工人、人力车夫等,全市从事工商业及相关行业的人口已有128万多人。他们大部分是外来移民,连同其家属在内,成为总人口达数百万的上海城市人口的主干。⑤

其中,有些来自上海近郊,民国《上海县续志》载:"商市展拓所及,建筑盛则农田少,耕夫织妇弃其本业而趋工场,必然之势也";"近年东北各乡机厂林立,女工大半入厂工作"。⑥ 民国《川沙县志》称:"女工本事纺织,今则洋纱洋布盛行,土布因之减销,多有迁至沪地入洋纱厂、洋布局为女工者";该县北乡,原先"男事耕耘,女勤纺织,近来壮强男子多往沪地习商,或习手艺,或从役于外国人家,故秧田耘草,妇女日多,竟有纤纤弱者不惮勤劳者,此则今昔之不同也"。⑦ 1928年的社会调查载,上海近郊彭浦"村中妇女,均赴各工厂工作";在浦东的洋泾,"上海自通商以来,工商繁盛,外人原有之特区(指租界——引者)不敷发展,故近三十年来,外人在浦东沿岸建筑洋房工厂,迄今码头工场鳞次栉比。本区西北部农民,因见工资腾贵,弃

---

① 《上海特别市各区农村概况》,原载上海特别市社会局《社会月刊》第2卷第5—11号(1930年11月至1931年5月),转引自李文海主编:《民国时期社会调查丛编(二编)·乡村社会卷》,福建教育出版社,2009年,第435、436、427、444页。
② 邹依仁:《旧上海人口变迁的研究》,上海人民出版社,1980年,第13、14页。
③ 陈志让:《军绅政权》,广西师范大学出版社,2008年,第150页。
④ 吴至信:《中国农民离村问题》,《东方杂志》第34卷第15号(1937年)。
⑤ 张仲礼等主编:《长江沿江城市与中国近代化》,上海人民出版社,2002年,第384页。
⑥ 民国《上海县续志》卷一、卷八。
⑦ 民国《川沙县志》卷一四。

农就工者日多一日"。①

在嘉定黄渡农村,"许多男子都去上海谋生,每一家普遍总有一二人离开家乡奔入都市,因此剩余在农村的农力是妇女儿童和少数男子"。②民国《宝山县续志》载:"境内工厂,邑人所创办者,大都为棉织类,盖一因妇女素谙纺织,改习极易;一因土布价落,设厂雇工兼足维持地方生活。淞口以南接近沪埠,水陆交通尤宜于工厂,故十年之间江湾南境客商之投资建厂者视为集中之地,而大势所趋,复日移而北。"③当时,"郭乐在上海吴淞口建造永安第二纱厂的时候,就想到上海的郊区农村有大量的廉价劳动力"。④

有的来自毗邻上海的江浙地区,据1929年对在沪游民的一份抽样调查,在被调查者中,"以江苏人为多,占51%;浙江次之,占22%。然以籍贯言,除不明者外,固18省皆有也。大致以与上海交通联络便利者,其在沪流落之人数亦愈多,故苏为冠而浙次之,鲁有80余人,皖有60余人,鄂有50余人,河南、河北各30余人,湘、粤、赣各20余人。此外如黑、甘、滇、新以距沪较远,于此1471人中竟无一人"。⑤

1917年,留学美国的蒋梦麟回到其家乡浙江余姚蒋村,看到"许多人已经到上海谋生去了,上海自工商业发展以后,已经可以容纳不少人"。村里的老人告诉他:"很多男孩子跑到上海工厂或机械公司当学徒,他们就了新行业,赚钱比以前多,现在村子里种田的人很缺乏。"⑥1921年的社会经济调查载:

> 鄞县(包括宁波)的土地狭小,人口稠密,仅靠耕织一般不能自给自足,所以一直以来,这里到海外从事商业活动的居民较多。另外,生活在海边的人们多从事渔业或当船夫,其足迹不仅遍布甬江地区,还扩大到长江沿岸,向内地可深入到四川,以及各大江河的支流区域。

其中很多人去了上海,因为"与上海相比,宁波的劳动者的工资十分低廉,因为当地工业不发达,劳动力供给比较充裕,尤其是妇女劳动力"。⑦

1927年2月14日《时报》载:"上海近年以来人口日增,所需佣工亦日多,苏、松、常、镇、扬各地乡妇赴沪就佣者,岁不知几千百人。"江苏常熟的贫苦农民,"唯有向城市另谋生活之道,内地城市,工业尚未发达,无法容纳,大都转趋大城市,男子入工厂充劳役,女子多做人家的奴仆"。⑧据1937年的调查,上海丝织业职工,"大多来自浙东、浙西、江苏及其他地区,人数最多的首为浙东的嵊县、东阳、新昌,次为

---

① 《上海特别市各区农村概况》,原载上海特别市社会局《社会月刊》第2卷第5—11号(1930年11月至1931年5月),转引自李文海主编:《民国时期社会调查丛编(二编)·乡村社会卷》,福建教育出版社,2009年,第429,442页。
② 徐洛:《黄渡农村》,《中国农村经济研究会会报》第1期(1933年11月)。
③ 民国《宝山县续志》卷六。
④ 徐鼎新等整理:《永安企业口述史料》,《上海档案史料研究》第3辑,上海三联书店,2007年,第159页。
⑤ 《一千四百余游民问话的结果》,原载上海特别市社会局《社会月刊》第1卷第4期(1929年4月),转见李文海主编:《民国时期社会调查丛编·人口卷》,福建教育出版社,2004年,第304页。
⑥ 蒋梦麟:《西潮与新潮——蒋梦麟回忆录》,东方出版社,2006年,第123,125页。
⑦ 丁贤勇等译编:《1921年浙江社会经济调查》,北京图书馆出版社,2008年,第373,370页。
⑧ 殷云台:《常熟农村土地生产关系及农民生活》,《乡村建设》第5卷第5期(1935年9月)。

浙西的杭、绍、湖州,再次为浙东义乌、诸暨,江苏的苏州、常州,其他地方的人为数很少"。① 在英商上海电车公司:

> 工人的来源大多数是从农村中来的,按籍贯来说,车务部方面以苏北人占多数,其中尤以盐城人为多;其次为无锡、苏州、镇江一带的也不少。假若以省份来划分,则以江苏籍者占绝对多数;次为浙江、山东及其他。机务部则以宁波籍者为多,约占十分之六;其次为扬州、无锡、安徽籍者占十分之二,苏北帮占十分之二,大都为铁匠和小工。②

在近代工业较为发展的苏南地区,据统计,从20世纪20年代到40年代,约有15%至20%的无锡农村劳力在上海和无锡就业,而从城市寄回到农村的现金,约占农村纯收入的8%至12%。③ 1927年在邻近无锡的宜兴县乡村,"颇有入城进工厂作工者,甚有往苏、沪、锡等埠在纱厂纺织者。此亦以生活所迫,使其不得不如此也。统计全县由农妇变成工人者,可达六千之数"。④ 在无锡:

> 在昔农闲之候,农民之为堆栈搬运夫者甚多。近年来各种工厂日见增多,而乡间雇农大都改入工厂矣。乡间即使有一二雇农,均来自常熟、江阴、江北,工价年计三十元至六十元不等,而本地人之为雇农者,则不可多得矣。⑤

当时迁居城市的并非全是穷人,伴随着近代城市经济的发展,一些"乡居地主"向"城居地主"转化,离乡地主携带着从土地上积累起来的财富进入城市,把土地资本转化为工商业资本。因为与工商业利润相比较,出租土地所获的地租收益大为逊色。据1923年的调查,上海地区各县土地占有超过50亩者人数不多,而且越靠近上海市区其人数则越少。原因在于,上海发达的工商业与可观的利润,刺激地主把资金投入了工商业。⑥

据1912年的统计,苏州典当铺共50家,资本额1 741 701元;钱庄共13家,资本额211 400元。其中一部分是由所谓"城市地主",即由乡村迁入城市居住或一直居住城中的拥田数百、数千乃至数万亩的地主兼营的。⑦ 他们还因此成立了农务总会,先后开展了承领荒地、兴办农业试验场、进行农产品调查、改良种子和为第一次南洋劝业会提供参赛展品等活动。⑧ 1922年,浙东农村的土地有25%至33%属城市工商地主所有。⑨ 据20世纪30年代的调查,苏州城居地主已占当地地主总数的

---

① 朱邦兴等编:《上海产业与上海职工》(上海史资料丛刊),上海人民出版社,1984年,第137页。
② 朱邦兴等编:《上海产业与上海职工》(上海史资料丛刊),上海人民出版社,1984年,第242—244页。
③ 张东刚等主编:《世界经济体制下的民国时期经济》,中国财政经济出版社,2005年,第425页。
④ 《东方杂志》第24卷第16号(1927年8月),第89页。
⑤ 章有义编:《中国近代农业史资料》第2辑,三联书店,1957年,第639页。
⑥ 樊树志:《江南市镇:传统的变革》,复旦大学出版社,2005年,第31—33页。
⑦ 马敏等:《传统与近代的二重变奏——晚清苏州商会个案研究》,巴蜀书社,1993年,第11页。
⑧ 马敏:《拓宽历史的视野:诠释与思考》,华中师范大学出版社,2006年,第93—94页。
⑨ 章有义编:《中国近代农业史资料》第2辑,三联书店,1957年,第302页。

95%,常熟为85%,无锡为40%。①

如前所述,大量农村人口进入城市,主要是迫于战乱、灾荒和农村经济的凋敝。1930年的社会调查亦载:

> 上海自辟为通商口岸以来,工商业日益发达。农民致力田亩,辛苦艰难,收益且复短少,因以转就他种杂役,如店伙及工人等,收入均较农耕为多。即体力上之劳苦,较之雨淋日炙,带水拖泥者,不无轻易清洁。且因生于斯,长于斯,言语习惯无一不适。一般工商业者无不乐于雇用,而其亲友连带关系,离去乡土,入于都市,家主就雇于市场,妻女仍耕于农村者,亦常有事。但妇女童稚,缺乏经验,短于气力,春耕夏耘,田事每多遗误。其收益不佳,或因而亏本,自必难免。而地主之所征收,不能短少,反被种种逼迫,不能维持生活,往往随其家主而转入都市,以从事简易工作,若纱厂、纸烟厂、火柴厂等,皆需用女工、童工,以工资之所得,维持其生活,实较力田为愈也。故集中都市之原因,虽有种种,而经济的压迫,实其主要。②

当时城市所能提供的就业机会远不及实际需求,如时人所揭示的:"中国在旧工业(指乡村手工业——引者)中失了位置的人,虽然跑到都市中去,但是都市中的新兴工业还在幼稚时期,不能收纳乡村中投往都市的人口,因此造成中国今日乡村与都市的普遍失业现象。"③有鉴于此,1931年的社会调查显示,即使在紧邻工厂区的上海杨树浦,仍有很多人以务农为生,"查该处农家收入,以农产物为主,如夏作之麦类蚕豆,冬作之棉稻大豆等。以副兼业为佐,如纺织佣工以及小贩畜牧等。一般农民大抵以棉作为正项收入,一家生计咸赖是焉。其他如纺织佣工等,虽为一般农民之副兼业,然收入甚微,仅可稍资补益耳"。④

即使好不容易入厂找到工作,很多也是短期雇用的季节工。以上海荣家企业为例,"福新面粉厂由于原料供应不经常,一年之中只有在端午节新麦上市后才开足工,到九十月麦子做光就要停工,每年开工只有四五个月。端午节前后,粉厂就开始招进大批工人;到了重阳后,大批工人又被解雇而不得不离开工厂。被解雇出厂的失业工人,就得找寻新的工作。如果家里有田,还可回家种田,否则就要流浪挨饿"。据当时的工人回忆,"有时因为市面好,老板就拼命加班加点赶制。九月以后,或在市面不好的时候,老板就'死人不管',把工人踢开。过去厂里停工时,哪里有生活(指工作——引者),我就到哪里去做。我曾先后在泥城桥和杨树浦的轧花

---

① 张一平:《地权变动与社会重构——苏南土地改革研究》,上海人民出版社,2009年,第29页。
② 《上海市百四十户农家调查》,原载《社会月刊》第2卷第2号(1930年8月),转引自李文海主编:《民国时期社会调查丛编(二编)·乡村社会卷》,福建教育出版社,2009年,第493页。
③ 吴景超:《第四种国家的出路——吴景超文集》,商务印书馆,2008年,第60页。
④ 《上海市中心区百零六户农民生活状况调查录》,原载《社会月刊》第2卷第12号(1931年6月),转引自李文海主编:《民国时期社会调查丛编(二编)·乡村社会卷》,福建教育出版社,2009,第542—543页。

厂扛过花衣(指棉花——引者),还曾在杨家渡码头做过装卸工"。① 上海的机器缫丝厂,多数只是在新茧上市时开工几个月,其余时间停工歇业,上海《商业月报》1937年第7期的调查载:"绝大多数丝厂工人都来自农村,还有农村亲属可以依靠,值此丝业萧条之际,许多人回到其家乡,那些无依无靠者只好另寻出路。"

20世纪30年代的社会调查载:"城市工商业发达,工厂制造需人,交通运输需人,而其所需之人大抵来自乡村,足使乡村劳工感觉缺乏。一旦城市工商业衰颓,工厂制造减少人工,交通运输减少人工,则始而来自乡村者,失其在城市生活之凭藉,自有返回家乡。因回乡之分子多,乡村自感农工之太多。江苏江都县可为此种情形之代表。该县'向来常感农工之缺乏。因为乡村太苦,一般男子都跑向都市方面去做工,剩下的女子能力薄弱。现在都市经济破产,工厂停工,原来跑向都市去的,又回到农村,所以又感觉过剩'。"②

四、移民与城乡经济

与江浙两省相比较,上海的人口升降有其自身的轨迹和特点。1843年(道光二十三年)上海开埠至1949年间,上海的总人口增长约9倍,净增长的人口数亦达近500万人。这不仅在中国其他城市所未见,在世界城市人口史上亦罕见。其间,上海人口有三次是在短时间大量增加的。

第一次是在太平天国战争时期。1853年(咸丰三年)太平军攻克南京,1862年(同治元年)进军上海的前后,上海公共租界人口从咸丰五年(1855年,当时为英租界和美租界)的2万余人到1865年(同治四年)的9万余人,净增长约7万余人。法租界的情况类似,约增加4万余人。两租界人口合计,净增长约11万余人。1865年(同治四年)、1866年(同治五年),上海的总人口从1852年的54万余人增至近70万人。③

第二次是在抗日战争时期。1936年,公共租界人口为118万余人,法租界人口为47万余人。1941年12月太平洋战争爆发,日军侵占租界,据其1942年2月1日的调查结果,公共租界人口是158万余人,法租界人口为85万余人,上海租界人口与1936年比,激增78万余人,其中绝大多数是涌入租界躲避战乱的难民。与此相联系,先于租界被日军侵占的华界人口大量减少。1936年、1937年上海华界人口是215万余人,至1940年只有近148万人。但由于租界人口的激增,上海总人口还是净增10万人,即从1936年、1937年的380余万人,增至1942年的390余万人。④

---

① 上海社会科学院经济研究所编:《荣家企业史料》上册,上海人民出版社,1982年,第125页。
② 陈正谟:《各省农工雇佣习惯及需供状况》(中华文化教育馆1935年出版),转引自李文海主编:《民国时期社会调查丛编(二编)·乡村经济卷》,福建教育出版社,2009年,第1158页。
③ 邹依仁:《旧上海人口变迁的研究》,上海人民出版社,1980年,第3、4页。
④ 邹依仁:《旧上海人口变迁的研究》,上海人民出版社,1980年,第4、5页。

第三次是在解放战争时期。上海总人口从 1945 年的 330 余万猛增至 1948 年和 1949 年初的 540 余万,在短短三年间净增 208 万余。①

上海人口变迁的另一特点,是与战事演变、难民进出上海相联系的人口增减潮汐现象,即在战时人口剧增,战后则明显下降。如 1865 年(同治四年)公共租界人口是 92 000 余人,而在太平天国失败后,1870 年(同治九年)已减至 76 000 余人;1865 年(同治四年)法租界人口是 55 000 人,1879 年(光绪五年)减至 33 000 余人。又如 1945 年抗日战争胜利后,上海总人口由 391 万余人一度降至 337 万余人。再如 1949 年 3 月上海总人口为 545 万余人,同年 5 月上海解放,同年 12 月底,上海总人口即减至 506 万余人。②

就总的态势而言,无论从人口绝对增长额,而是从人口相对增长率考察,近代上海的总人口是逐渐稳步增加着,而且越到后期人口增加得越多越快。而其主要原因不是人口的自然增长,而是大量外地人口迁入的缘故。③

上海城市人口的剧增,带来一系列连锁反应,首先是房地产业异常兴旺。据一位目击者记载,太平天国战争期间,由于"江浙孑遗无不趋上海洋泾之上",以在租界谋得一立足之地为幸事,因而促使租界的房地产业极度发展,未几便出现"新筑室纵横十余里,地值至亩数千金"的局面。④ 而在 19 世纪 40 年代租界初辟时,"英国商人在黄浦滩一带购买的土地,每亩不过出价五十千至八十千文"。⑤ 时至 1852 年(咸丰二年),租界地价平均每英亩 50 镑,而到 1862 年(同治元年)竟高达 1 万镑。⑥

两者差距之大,令人瞠目,不少在沪外国人因此大发横财。据记载:"当太平天国军势炽盛时,江浙一带富绅巨贾争赴沪滨,以外侨居留地为安乐土。据统计所示,1860 年英美居留地间,华人已达三十万,而 1862 年竟增至五十万。此种避难的富豪都不惜以重金获得居留地间一栖止为万幸,西人于是大营建筑的投机,以最迅速的工程,最简陋的材料,就空地兴建大批房屋,以供给华人居住,而转瞬间获得千倍的巨大利益"。⑦

其次是商业的畸形繁荣。大量人口涌入上海,其中不乏携带厚资的地主、官僚。这给上海的商业以很大的刺激,特别是那些为逃脱太平军镇压离家别走的地主、官僚,逃亡上海以后,大多混迹洋场,过着醉生梦死的奢侈生活,借以发泄他们的愁绪。上海的商业,特别是那些消费性服务业很快出现畸形繁荣的景象。1862年 9 月 22 日(同治元年八月二十九日),一名从江苏吴江逃亡上海的地主在日记中

---

① 邹依仁:《旧上海人口变迁的研究》,上海人民出版社,1980 年,第 5 页。
② 邹依仁:《旧上海人口变迁的研究》,上海人民出版社,1980 年,第 5、6 页。
③ 邹依仁:《旧上海人口变迁的研究》,上海人民出版社,1980 年,第 7、13 页。
④ 《太平天国史料丛编简辑》,中华书局,1962 年 2 册,第 225 页。
⑤ 《上海研究资料》,上海书店,1984 年影印本,第 304 页。
⑥ (美)墨菲:《上海:近代中国的枢纽》(英文本),哈佛大学出版社,1953 年,第 10 页。
⑦ 中国人民银行上海分行编:《上海钱庄史料》,上海人民出版社,1960 年,第 15 页。

写道:"徒步至黄浦滩上,又觉耳目一新。店新开者极多,不及三月,风景又变矣。"其中有的还是那些逃亡地主、官僚自己开设的,如1862年(同治元年)吴江籍地主黄森甫就在上海外洋街与人合伙开办了生禄斋茶食店。① 当时,"沪上茶馆、菜馆两业生意最盛,利息颇厚……约计城厢内外茶馆共有四百余家"。② 目睹此景,一名文人慨叹:"当此时事艰难,而一切繁华奢侈之状毫不改移,彝场上添设戏馆、酒肆、娼楼,争奇竞胜。各路避难侨居者,尽有迷恋烟花,挥金如土。"③

再次是金融业的明显发展。大量游资流入上海,给金融业的发展提供了有利的条件。那些携带大笔资财逃沪的地主、官僚安顿下来后,有的便开办钱庄,通过金钱贷放、收划,从中谋利,"租界钱店当时均系避地官绅所开设"。④ 如原在苏州开设典当业的程卧云,1860年(咸丰十年)携带10万两白银逃至上海,不久便在上海开办了"延泰"号钱庄。⑤

金融投机业这时也很活跃。曾在吴江占地三四千亩的大地主柳兆薰,1862年(同治元年)率子逃沪后,即做起银洋投机生意,在他的日记中,曾详细记有当时不同种类的银元牌价一日三变的情况。⑥ 另据《申报》记载,1860年(咸丰十年)至1861年(咸丰十一年)间,江浙战事紧张,上海"乱信频传,人心惶惧,皆欲收取银洋,以便携带,银洋之价骤贵,而有人焉收买现钱,尔时人虽皆欲收藏银洋,而日用所需究不得不用现钱。收买者既日积月累,竟至市无银钱,以至百物皆昂。久而久之,贼(指太平军,下同——引者)信渐疲,银洋稍稍复出,而其人遂大获其利,空盘者更大受其亏"。⑦

19世纪60年代初叶,上海城市人口剧增,还促使商业重心的北移。上海自元代设立县治以后,主要的商业场所一直聚集在县城区域里(即今南市一带)。据乾隆《上海县志》载,当时,"凡远货贸迁皆由吴淞口进泊黄浦,城东门外,舳舻相衔,帆樯比栉,不减仪征、汉口"。⑧ 1843年(道光二十三年)上海开埠不久,列强就在上海强行开辟了租界,以后又发生小刀会起义者一度占领上海县城。这些都给上海旧有商业中心带来一定影响。但直到1860年(咸丰十年)以前,上海的商业重心仍在旧县城内。

在这以后,随着大量人口流入租界,特别是许多地主、官僚纷纷以租界作为其避身之处及活动和经营的主要场所,上海的商业重心于是逐渐由南市明显北移。作为旧式商业交易活动枢纽机关的钱庄业的变化,最能反映这种北移态势:"上

---

① 《太平天国史料专辑》,上海古籍出版社,1979年,第281、287页。
② 太平天国历史博物馆编:《吴煦档案选编》,江苏人民出版社,1983年,第6辑,第513页。
③ 王莘元:《星周纪事》,上海古籍出版社,1989年,第52页。
④ 姚公鹤:《上海闲话》,商务印书馆,1933年,第161页。
⑤ 中国人民银行上海分行编:《上海钱庄史料》,上海人民出版社,1960年,第26页。
⑥ 《太平天国史料专辑》,上海古籍出版社,1979年,第98页。
⑦ 中国人民银行上海分行编:《上海钱庄史料》,上海人民出版社,1960年,第26页。
⑧ 乾隆《上海县志》卷一,风俗。

海钱庄之起源,远在清乾隆年间。当时因上海南市豆麦交易极繁,而钱庄亦应时而兴。然当时所有钱庄均开设于南市。及1843年(道光二十三年)上海开埠,越二年,租界设立,北市逐渐繁荣,钱庄亦渐于北市设立。嗣后上海经1853年(咸丰三年)之小刀会及咸丰十年之太平军两次军事以后,南市商业因受军事影响,骤见凋零,北市则地处租界,并未波及,故上海钱庄之重心,自1860年(咸丰十年)以后,已由南市而逐渐移至北市。"①清人笔记也载:太平军东征期间,"商人借经商之名,为避兵之实,既连袂而偕来,即内地绅富,亦以租界处中立地位,作为世外桃源。商人集则商市兴,绅富集则金融裕,而领袖商业之金融机关乃次弟而开设矣,此为北市钱市发达之最初原因也"。②

另外,这一时期伴随租界人口密度增长而来的房地产业的兴旺和市政建设的发展,也推动了商业重心的北移。据1863年2月21日(同治二年一月四日)《北华捷报》载,"在过去,外国人住宅内的空地很多,现在在租界防御线的栅寨内,中国人的房屋以及中国人的街道,像魔术师变戏法一样出现在上海",大批流入租界的中国人,"很不方便地蝟集在狭隘的街道上,他们熙来攘往,如同登在蜂房内一样,每个人由日出日落都设法做点生意"。

次年1月,该报又称:"上海租界在刚告结束的一年内,所经过的改变是惊人的。每条大马路上都有高大的洋房兴建起来,中国行庄的数目也大有增长。这些表明租界的财富日益增长和重要性的迹象,可以从每天都有新行庄开张、新公司成立的情况而得到证实。所有这些新开张的行庄都是营业鼎盛,而所有这些新成立的公司,又都是完全依靠当地的财源筹集资本的。"③

与商业重心北移的同时,一些新的居民点和商业区开始形成。如徐家汇即成市于这一时期,这在地方志中有明确记载:"徐家汇在法华东南二里许,向为沪西荒僻地。清道光二十七年(1847年),法人建一天主堂,堂之西即明相国徐光启故居,其裔孙聚族于斯,初名徐家库。咸丰间,徐景星在东生桥东堍建茅屋三间,开一米铺,余则一片荒郊,绝无人迹。粤匪时,西乡避难于此者男提女挈、蚁聚蜂屯,视为安乐土,于是天主堂购地数亩及徐姓、张姓建平房数十间,外则开设店肆,内则安插难民,遂成小市集。同治二年(1863年),天主堂将肇嘉浜改道移东,又开辟马路,商贾辐辏,水陆交通。"④又如静安寺,"在法华东北四里许,本一大丛林,无所谓市也。粤匪时,英商开辟马路,渐成市集"。⑤上海城市范围因此有所扩大。

19世纪60年代初叶,正当那些逃亡地主、官僚钻营投机、醉生梦死,列强乘机加强、扩大租界经营之际,上海下层群众的生活则十分凄惨。他们中的许多人为躲

---

① 中国人民银行上海分行编:《上海钱庄史料》,上海人民出版社,1960年,第31、32页。
② 姚公鹤:《上海闲话》,商务印书馆,1933年,第161、162页。
③ 上海社会科学院历史研究所译编:《太平军在上海——〈北华捷报〉选译》,上海人民出版社,1983年,第478、494页。
④ 民国《法华乡志》卷一,沿革。
⑤ 民国《法华乡志》卷一,沿革。

过战乱的危害和清军的骚扰,暂避上海。而当时上海物价的腾涨,又使他们不胜其苦,濒于绝境。

1860年(咸丰十年)以后上海人口的陡然剧增,给市场供应造成极大压力,四周又是战火连绵,商品流通渠道不畅,随之而来的是上海物价暴涨。1862年(同治元年),英国驻沪领事曾有记述:

	太平军进攻上海以前的价格(每担)	目前的价格(每担)
大　米	铜钱4 000文	铜钱6 000文
面　粉	铜钱2 400文	铜钱4 400文
木　柴	铜钱450文	铜钱1 000文
柴　草	铜钱240文	铜钱600文
棉花梗	铜钱320文	铜钱800文
芦　秆	铜钱350文	铜钱800文。①

显然,与人们日常生活关系最大的粮食和燃料的价格,大幅上涨。

明清以后,上海地区农产品商品化程度日渐提高,稻田面积相对缩减,粮食供应很大程度上须依靠外地补给,正如当时人所记:"民间日用所需,莫切于米、麦两项。向来江、浙所产米、麦不敷民食,全藉湖广、江西、四川各省及福建之台湾络绎接济,"②"松属各县,木棉多于禾稻,历来民食皆赴苏州一带采购转运。"③1860年(咸丰十年)以后,面对巨大的人口压力,上海市场的粮食供应严重短缺,米价急剧上涨。到1862年(同治元年),每石米价已"贵至十七八千"④,较之道光年间的6 000余文⑤,每石米价净增约两倍之多。当时人曾这样记载:"近日米价腾贵,盖合江浙两省绅商士庶丛集沪城,食之者众。……每石十外千,合每斤七十文左右,父老以为从前所未有也。"⑥1862年5月(同治元年四月),一名清朝官员也在书信中写道:"沪上百物昂贵。"其中包括米、煤、盐、烛、纸等各种生活必需品。⑦

物价暴涨,特别是米价的急剧上涨,给下层群众的生计带来严重威胁。一些人只得靠杂粮充饥,许多人更是常常断顿挨饿。1862年5月(同治元年四月),乘坐海船"千岁丸"抵沪的一名日本人亲眼见到:"由于难民从四方拥来上海,米价不断腾升。现在米一百斤需钱九贯(每贯钱为一千文——引者)……此外百物均贵,上海贫民根本不可能有饭或牛、猪肉到口。今天(指1862年5月23日——引者)看到

---

① 《麦华陀领事1862年2月19日于上海致何伯提督函》,罗尔纲、王庆成主编:《太平天国》(中国近代史资料丛刊续编),广西师范大学出版社,2004年,第10册,第388页。
② 《中国近代货币史资料》,中华书局,1954年,第1辑上册,第11页。
③ 太平天国历史博物馆编:《吴煦档案选编》,江苏人民出版社,1983年,第4辑,第64页。
④ 太平天国历史博物馆编:《吴煦档案选编》,江苏人民出版社,1983年,第6辑,第532页。
⑤ 光绪《南汇县志》卷二〇,风俗。
⑥ 王荣元:《星周纪事》卷下,上海古籍出版社,1989年,第52页。
⑦ 太平天国历史博物馆编:《吴煦档案选编》,江苏人民出版社,1983年,第2辑,第336页。

我船雇来做短工的上海人真像饿鬼一般模样,骨头在皮下凸出着,我连一个肥壮的上海人也没有看到过。在这样景况下,近日饿死的人越来越多。"①

一些贫苦群众被迫起来为求生存而斗争。1862年3月22日(同治元年二月二十二日)《北华捷报》就曾报道:"大家知道,当茶叶从内地运到上海后,为要运至英国市场出售,必须重新包装一次。受雇从事包装的工人,按照这个行业大家同意的办法收取一定的费用。今年以来,有一批茶叶包装工人自行团结起来,他们任意订定规划,把包装费用增加百分之六十。"这些工人强调,由于上海"各项物价都在飞涨","我等如仍照旧时价格收费,势必损失金钱。我们因此成立共同协议,要求洋人提高工资"。② 这是中国工人阶级较早的一次有组织地反压迫斗争的确切记载,有很高的史料价值。在英国驻沪领事麦华陀的催逼下,清政府上海道台贴出告示,"宣布茶叶包装工人结成的团体是非法的",声称"茶叶包装工人所制订的章程应予撕毁并予以破坏,该工人等如敢再事冒犯,应予严惩不贷",强行将这次工人斗争镇压了下去。③

显然,1860年(咸丰十年)以后大量农村人口进入上海所产生的社会影响是多方面的和巨大的。它的直接结果,是刺激了上海城市经济的繁荣和推动了上海向近代化都市演变的进程。但这种繁荣并不是上海和江南乃至全国社会经济正常发展的结果,而是国内战争期间,由于大批人口和游资的涌入而触发的,基础并不稳固。一旦上述触发因素消退,这种繁荣便告萧条。

1864年(同治三年)太平天国遭到镇压,江浙地区那些原来逃至上海藏身的封建地主、官僚,纷纷赶回原籍追查田产,反攻倒算。许多原先为躲避战祸暂居上海的下层民众,也多返回家园谋生。上海租界人口陡然下降,1865年3月(同治四年二月)租界当局人口统计结果:是年上海租界人口从1863年(同治二年)至1864年(同治三年)的33万剧跌至137 000余人,实际数字可能更低。其中英、美租界从25万减至81 000余人,法租界从8万减至55 000余人。④

人口的锐减,立刻给上海的城市经济带来很大影响。其中,原先兴盛一时的房地产业所受的打击最大,一些外国投机者因此破产。当时在沪的一位法国人曾有这样的记载:1860年(咸丰十年)至1864年(同治三年),"这惶惶不安和危难重重的四年也是投机事业最疯狂,大发横财,穷奢极侈的时期。据说中国难民多得不计其数,得给他们房子住。大家都赶着造房子。适合当地人习惯的房子像耍魔术般地一片片建造起来。有钱的商人把他们的资金都投在造房子上,没有钱的人借钱造房子,职员、买办、邮差、佣人,所有的人都投入这个投机事业里去,并且都从中赚

---

① (日)峰源藏:《清国上海见闻录》,载蒯世勋等:《上海公共租界史稿》,上海人民出版社,1980年,第626—627页。
② 上海社会科学院历史研究所译编:《太平军在上海——〈北华捷报〉选译》,上海人民出版社,1983年,第273页。
③ 上海社会科学院历史研究所译编:《太平军在上海——〈北华捷报〉选译》,上海人民出版社,1983年,第274页。
④ (法)梅朋、傅立德著,倪静兰译:《上海法租界史》,上海译文出版社,1983年,第375—376页。

了钱。上海泡在黄金里"。

然而,"1864 年的结束标志了这个繁荣时期的终止。12 月,苏州被攻占立刻引起了大批难民的外逃,他们急乎乎离开这个过去来寻求避难处的港埠,而大家原指望他们会定居在那里的。住房,整个住宅区都变得空荡荡了;隔一个晚上,地皮就不值钱了;从 1864 年到 1865 年,房租降低了百分之五十。即使不是大部分,至少是许多房子都是贷款造的,因此许多人破产了"。① 事后有人回顾说:"从 1860 年到 1864 年,上海取得了前所未有的繁荣。然而太平天国战争的结束,标志了饥饿年代的开始……大批难民的突然出逃对上海造成了恶劣的后果",随之便出现了"商务交易的减少,商业的不景气"等萧条景象。②

尽管如此,19 世纪 60 年代初叶受太平军江南战事影响,大量农村人口涌入上海而引发的上海城市经济的诸多变化,毕竟使上海在向近代化都市演变的进程中向前跨进了一大步。诸如商业重心的北移、市政建设的推进和城区范围的扩大,都促进了上海城市经济的发展,并为以后的这一步发展提供了有利的条件。随着外资企业的增设和租界的扩展,涌入上海谋生的外地人越来越多。

1876 年(光绪二年)的《沪游杂记》不乏这方面的记载:"三国租界英居中,地广人繁,洋行货栈十居七八,其气象尤为蕃盛;法附城东北隅,人烟凑密,惟街道稍觉狭小,东为闽、广帮聚市处;美只沿江数里,皆船厂、货栈、轮舟码头、洋商住宅,粤东、宁波人在此计工度日者甚众";"上海雇轿随处皆有轿行,脚价甚昂,一永日非千文不可。自东洋车盛行,大为减色,向之千文者今则六七百文。轿夫以苏州、无锡人为佳,上身不动,坐者安稳。其次扬州人,不过脚步稍缓。若本地人抬轿,则一路颠簸,轿中人浑如醉汉矣";在当时的上海,"雇用女仆必由女荐头处唤来,大约无锡乡间荡口镇人最多,男仆亦然"。③

据统计,1852 年(咸丰二年)至 1910 年(宣统二年),上海城市人口从 54 万余人增至 128 万余人,净增约 74 万人,年均净增长约 13 000 人。其中的大部分来自江苏和浙江,1885 年(光绪十一年)上海约有 40% 的人原籍浙江,37% 的人原籍江苏,很多来自苏北,在长江以北的江苏山阳县,"咸同间,每遇水旱,耕者弃田庐,携妇孺过江就食。江南经寇乱(指太平天国——引者),榛芜待垦,去者或留而不归。光绪中叶,江南商埠繁盛,运河轮舶通。丰穰之岁,中下农民秋获毕,亦相率南下,麇集各埠,力食致饱,麦熟乃返"。④ 毗邻的盐城,"县境口逾百万,人满为患,佣力之供过于所求。江南各埠海通以来,竞事逐末,其乡村下县经洪杨乱(指太平天国——引者)后,户口未复,力食者稀,由是邑人往南者如水趋壑。秋禾既登,提挈而往沪、

---

① (法) 梅朋、傅立德著,倪静兰译:《上海法租界史》,上海译文出版社,1983 年,第 374—375 页。
② (法) 梅朋、傅立德著,倪静兰译:《上海法租界史》,上海译文出版社,1983 年,第 437—438 页。
③ 葛元煦:《沪游杂记》,上海书店出版社,2009 年,第 2、103、96 页。
④ 民国《续纂山阳县志》卷一,疆域、风俗。

锡、嘉善,人逾数万;苏、湖、常、润(润州,即今镇江——引者),并盈千百。男子引车操舟,行佣转贩;女子缫丝纺棉,补绽浣洗,麦熟乃返其家,无恒产者辄留而不归"。①时至1935年,两者所占的比重有所变化,在沪原籍浙江和江苏者分别为37%和53%,总共约占上海总人口的90%。②

据调查,当时流入上海的外来人口,"大多数为失业之后,无业可得,以及毫无把握莽莽撞撞至上海谋事"。③ 他们中的大部分人并没有如其所愿,在城市里找到稳定的工作,而是依旧难有温饱。人力车夫,是其中引人注目的一个社会群体。1897年(光绪二十三年)时,上海公共租界内人力车执照数为48 888张,1901年(光绪二十七年)时为60 915张,1908年(光绪三十四年)又增至98 071张,到1924年,租界内人力车数量已超过13 000辆。20世纪30年代时,上海街头有执照运营的人力车已有2万多辆,城市人口平均每150人一辆,人力车成为电车、汽车以外,市民外出主要的交通工具。④ 全凭体力的人力车夫,原先都是农民。据1934年上海市社会局对304名人力车夫的抽样调查,其中95.7%是苏北人。⑤ 另一项社会调查也记载,上海人力车夫的籍贯"多属于苏北东台、盐城、阜宁、高邮、泰县等处,少数则属于南通、海门"。他们分早晚两班,"早班每月约可拉20天,晚班每月约可拉15天,平均每天可赚1元左右,家庭生活万分清苦,终年住草棚,穿破衣,吃小米"。⑥

在近代城市经济较为发展的上海,劳动者失业的情况也很严重。据1934年5月上海市社会局的统计,仅华界内的无业游民就有29万人之多。⑦ 即使按照最低年份的比例推算,1930年至1936年间整个上海的失业或无业的人口至少为60万或70万人以上。⑧ 这就导致这些流入城市者大多成为触目皆是的城市贫民,或勉强糊口,或依旧衣食无着、流落街头,其中很多人在城市边缘地带搭建了成片的窝棚栖身。⑨ 1949年的上海棚户区分布图显示,"上海城市建成区几乎完全被棚户区所包围,这时的棚户区人口超过100万,占城市总人口的四分之一,棚户区充当了城区与外围乡村区域的连接带"⑩。

据20世纪30年代的调查,上海租界的10名人力车夫中,"大约有6万是没有家眷的,他们都住在车行里,由承放人搭建二层三层搁楼供给车夫居住。在每一家车行的二层搁楼上,须住着二三十个车夫;一间三层通搁,则须容纳四五十个车夫。他们在地板上铺着肮脏的被席,依次的排列着。他们中间拥挤得没有一些距离,这

---

① 民国《续修盐城县志》卷四,产殖,劳动。
② 邹依仁:《旧上海人口变迁的研究》,上海人民出版社,1980年,第7、112—115页。
③ 《一千四百余游民问话的结果》,原载上海特别市社会局《社会月刊》第1卷第4期(1929年4月),转见李文海主编:《民国时期社会调查丛编·人口卷》,福建教育出版社,2004年,第304页。
④ 马长林:《上海的租界》,天津教育出版社,2009年,第138页。
⑤ 上海市社会局:《上海市人力车夫生活状况调查报告书》,《社会半月刊》1934年第1期。
⑥ 朱邦兴等编:《上海产业与上海职工》上海史资料丛刊》,上海人民出版社,1981年,第674、675页。
⑦ 阮清华:《上海游民改造研究(1949—1958)》,上海辞书出版社,2009年,第29页。
⑧ 邹依仁:《旧上海人口变迁的研究》,上海人民出版社,1980年,第31页。
⑨ 详可参阅蔡亮:《近代上海棚户区与国民政府治理能力》,《史林》2009年第2期。
⑩ 吴俊范:《河道、风水、移民:近代上海城周聚落的解体与棚户区的产生》,《史林》2009年第5期。

里的空气是污浊的,地板是龌龊的,臭虫、白虱是这里的特产"。在有家眷的4万名车夫中,"约有2万以上是过着草棚生活的,他们在沪西越界筑路一带空地上花费一二十元,有的每月还要付几角钱的地租(有的没有地租),搭一间简陋的棚舍,勉强作为栖身之所"。① 棚户区的生活环境,只能用非人来描述:

> 草棚大率建于泥地之上,四周墙壁或用竹篱,或用泥草碎石等泥凝物,顶覆稻草,窗是大都没有的。通常一座草棚是一大间,长二丈,宽一丈余,也有用芦席或板壁隔成小间,前部为炉灶和休息之所,后部为卧室厕所。地下没有沟渠的设置,一遇天雨,积水是无法排泄的。②

城市边缘地带成片的棚户区,也见于其他口岸城市。如有学者所指出的:"这在有大量来自华北乡村移民的天津,表现得非常明显。你很难将租界内住洋楼、穿西装、吃西餐者与住在城市边缘的窝棚里,过着与乡村农民相差无几生活的新移民相提并论。"③据1921年的调查,杭州"当地有不少被叫做江北佬的人,他们是从长江以北移居而来的从事零工、杂役业的下层人民。其收入仅仅只能糊口。这些人多是贫穷的,有的在陆上租房,有的就居住在随他们而来的系在运河边上的破旧的小船上。傍晚时分,从其附近经过,发现蓬头垢面的妻子、子女在河边淘米,敝衣褴褛的幼儿在一边又哭又闹,其情景真让人觉得可怜。他们生活在杭州城外的湖墅附近,这样的家庭约有1 000户之多"。④

据1934年的调查,"南京自奠都(指1927年——引者)以来,户口日增,而棚户之增加尤速,……有人说奠都以前仅有棚户4 000余户,此说果确,则奠都至今,棚户增加了9倍左右,因为现在棚户已有38 000户以上了";"总之,南京棚户自奠都以来,有飞跃的增加,至今仍增加不已。究其原因,实甚复杂,言其大端,则一因南京渐成现代的大都市,吸引人口之力增加,二因农村经济破产,农民被迫离村趋市"。⑤

严酷的现实,使得很多流入城市的农村人口很难在城市安家或长期立足,1912年至1921年海关十年报告载:"在劳动力方面,过去那种农民从四乡涌向上海,拿低微的日工资争做任何工作的日子,已一去不复返了……人们不再把上海看作是理想的福地,他们倒是担忧,这里生活费用甚高,不易找到一个安身之处。"⑥民国江苏省嘉定县《望仙桥乡志续稿》载,在位于上海附近的该乡,"宿、靖客民业小贩、厂工,

---

① 朱邦兴等编:《上海产业与上海职工》(上海史资料丛刊),上海人民出版社,1981年,第676页。
② 上海市政府社会局:《上海市工人生活程度》,中华书局,1934年,第55页。
③ 刘海岩:《空间与社会:近代天津城市的演变》,天津社会科学院出版社,2003年,前言,第4页。
④ 丁贤勇等译编:《1921年浙江社会经济调查》,北京图书馆出版社,2008年,第31页。
⑤ 吴文晖:《南京棚户家庭调查》,国立中央大学1935年版,转见李文海主编:《民国时期社会调查丛编·底边社会卷》,福建教育出版社,2004年,第745、746页。
⑥ 徐雪筠等译编:《上海近代社会经济发展概况(1882—1931)——〈海关十年报告〉译编》,上海社会科学院出版社,1985年,第210页。

泛宅浮家,冬来春去,盈亏难于考察"。① 如1931年的一份调查所揭示的:"他们的迁徙非因都市直接生产的工商业的繁荣需要劳力而被吸收到都市的,徒以天灾、战争、匪乱(系当时的用语——引者)、土地不足等原因的循环,逼着乱跑。"②

一项综合性的统计表明,通商口岸体系形成后中国城市的发展变化,从总体上说,应是城市体系的"近代化",而不是所谓的"城市化"。与此相联系,在1930年代前期各省乡村迁徙的人口中,仍以在乡村地区间相互迁徙的比例为最大,城市与乡村互相迁徙的比例则较为接近,而其中由城市回迁乡村的比例甚至还要更高一些。③ 上述史实,充分暴露了当时众多贫苦农民迫于生计,辗转于城乡之间、彷徨失所的基本状况。

---

① 民国《望仙桥乡志续稿》,风土志,风俗。
② 李文海主编:《民国时期社会调查丛编·乡村社会卷》,福建教育出版社,2004年,第278页。
③ 姜涛,《通商口岸体系的形成与中国近代城市体系的变动》,《四川大学学报》2006年第5期,第22—24页。另有一项时段更长的综合性研究也表明,近代中国是城市化很低的国家。1949年,欧美发达国家的城市人口占其总人口的28.4%,中国城市人口5 700万,仅占总人口10.6%。详可参阅姜进主编:《都市文化中的现代中国》,华东师范大学出版社,2007年,第25页。

第八章　区域内部的发展落差

鸦片战争后,以1843年上海开埠为契机,各种近代经济成分率先在江浙沪发生发展,其总体经济实力在近代中国名列前茅。但就区域内部具体考察,仍可发现受各种因素的制约,有较明显的发展落差。

第一节　区域内部的梯度发展差异

总体而言,上海自1843年(道光二十三年)被迫对外开埠通商后,经济社会生活诸多方面在中国率先发生了一系列深刻变化,有学者认为其"因此而成为中国迈向现代过程中的一个先行区域和特殊区域"。① 支撑这种地位的形成并在百余年间屹立不摇的主要因素,既有唐宋以来江南经济始终居全国前列的深厚底蕴,又有五口通商后上海及江南始终是中外经济交往中心地区的持续效应。客观地说,近代上海的崛起,意义深远。仅从经济地理的角度考察,在开埠前,上海的区位优势受人为的政策限制和压抑,并没有能充分展示。自开埠后,这种束缚被打破,经济规律的作用得以逐渐显露,外贸重心从广州移至上海应是生动例证。而列强在华势力的扩张,清朝政府统治的衰弱,虽是一种特定的历史现象,然又使得上海在其经济发展进程中,很少受到先前的那种人为限制或政区束缚之类的约束,较多的是客观经济规律在发生着作用,以上海为中心的近代江浙沪经济地理的演进,当是这种作用的产物。主导这种演进的列强在华活动的主旨,是追逐尽可能多的经济利益,这也就决定了其活动的区域偏在,即主要集中在经济发展潜力大、水陆交通便捷、城乡人口相对密集的上海及毗邻的苏南和浙东北即习称的长江三角洲,对此应有足够的认识。1903年(光绪二十九年)在中国游历的美国人盖洛感慨道:"许多肤浅的环球旅行家都根据上海来认识中国,这是个严重错误,因为这个海港城市尽管是在中国,但并不是真正的中国。"② 清末民初在华的德国传教士卫礼贤也认为:"我们不能被急剧变化中的表象蒙住了眼睛,外来文明对中国老百姓的心态的影响,决不会像表面上那么深远。我们不要忘记,上海和其他现代城市,只不过是中国的一小部分。"③ 即使在江浙沪地区,近代上海及毗邻的苏南和浙东北,与相距较远的苏北和浙西南相比较,从经济地理的角度而言,就有较明显的梯度发展差异④。

---

① 周武:《近代口岸社会再认识——晚清上海城市社会变迁的几个问题》,《学术月刊》2013年第2期。
② (美)威廉·埃德加·盖洛著,晏奎等译校:《扬子江上的美国人——从上海经华中到缅甸的旅行记录(1903)》,山东画报出版社,2008年,第7页。
③ (德)卫礼贤著,王宇洁等译:《中国心灵》,国际文化出版公司,1998年,第409页。
④ 即使在今天,苏南与苏北的经济发展差异仍是明显的。2011年下半年作的《长三角二十二城市调查研究报告》显示:长三角区域经济发展很不平衡,当苏南在讨论"财富的增加能不能有效地增加人们的幸福感"时,苏北却还在强调"要幸福,必须提高收入"的问题。详可参阅上海《社会科学报》2012年6月28日,第1版。

一、上海、苏南与苏北

此处的苏南和苏北,是以长江为界划分。如前所述,1949年前,上海城区以外的府县属江苏省管辖,为苏南的一部分。近代苏北地区的含义,往往有不同的解释。① 本书这里所说的苏北,是指经济地理角度广义上的"苏北",具体包含江苏省长江以北、陇海铁路以南的广大区域,北至丰县、沛县、萧县、砀山(今属安徽)与鲁、豫接壤,南达南通,隔江与苏南、上海相望,东临黄海、东海,西邻皖、豫。其中除徐州和海州(今连云港)有局部丘陵以外,大部分地势比较平坦,多为海拔10米以下的平原,包括黄淮冲积平原、江淮平原、滨海平原和长江三角洲平原,通称苏北平原。虽是平原地区,但总体上说,尤其是与苏南比较,苏北的自然地理环境明显欠佳,属灾害频发区域。具体表现为,苏北平原处于暖温带与北亚热带的交界处,气候的变化较大。当季节变换的时候,春季有时寒潮太强,使春季锋面波动在本区内不能充分发展,减少了降水机会,往往形成春旱。夏季雨水集中,又会形成洪涝灾害。

苏北平原历史上的干旱,在农田水利系统脆弱的情况下,常会出现颗粒无收、人口被迫外出逃荒的严重后果。此外,当长江口河川径流与海流合力作用时,苏北平原南部常常遭遇潮灾的侵害。这种侵害,不仅使沿海灶民和盐民聚落受到极大损失,还冲破海堤,涌入堤西农田,造成卤水倒灌,土地盐碱化严重,农业失收。但更严重的自然灾害,乃是黄河自南宋始逐步夺淮入海,至清咸丰五年(1855年)黄河全部夺淮入海后,形成的连年的洪水灾害。至清末黄河北去,淮河失去故道南下长江后,整个苏北平原的自然生态和社会生态,几乎已到了崩溃的危险境地。② 这种状况,甚至引起海外媒体的关注。1912年3月24日,美国《纽约时报》的记者对苏北农村55户家庭作了调查:

> 8户家庭中仅有1户家中尚有存粮。为所有人准备的食物都是红薯叶和胡萝卜头,而3户中便有1户只能吃榆树皮。在这55户家庭中,已有4人被饿死,其他人中有不少最多只能再活几天。在这一地区,如果没有外部援助,至少会有三分之二的人饿死,因为离粮食收获还有整整4个月。这里的情形反映了苏北灾区的普遍状况。据在此居住多年而且熟悉当地情况的传教士估计,苏北约有100万人面临饥饿威胁。③

其间,每逢灾年,当地民众往往被迫背井离乡、外出逃荒求生。经济相对发展的苏南和上海,成为他们主要的去向。其移动线路,大多是苏北——苏南——上

---

① 详可参阅潘君祥主编:《上海会馆史研究论丛》第一辑,上海社会科学院出版社,2011年,第129页;徐民华等:《近二十年苏北研究的域外视角》,《江海学刊》2003年第4期。
② 吴必虎:《历史时期苏北平原地理系统研究》,华东师范大学出版社,1996年,第149、150、153、155、163页。
③ 郑曦原编:《共和十年:〈纽约时报〉民初观察记(1911—1921)·社会篇》,当代中国出版社,2011年,第465页。

海。进入苏南者,大多成为农业雇工,有的进入苏州、无锡、常州等城市谋生,也有的来到上海,但多处于社会的底层,艰难度日。[①] 连年频发的自然灾害,严重阻碍了苏北平原的经济和社会发展。这种地理环境不断恶化的状况,直到1949年以后才有真正的改变。[②]

此前,虽有张謇着力推动的南通经济较为发展的一抹亮色,但不足以改变整个苏北地区与苏南地区相比,经济社会明显呈现长期凋敝的状况。时至1930年,有实地踏访者这样记述:"进入沛县县城就好像进入一个农村,人们都在忙于农作。如果有人驾着一辆装着一些粗糙货物的马车沿着路边贩卖,就成了所谓的布店。我们看到的那些仅有的店铺,只是小货摊的规格。在沛县全境,仅有大约三十家店铺的资本投入超过1000元。将其所有的资本相加,仅仅相当于上海一个小商号的资本水平,虽说沛县在土地面积上是无锡县的三倍。"[③]

二、浙东北与浙西南

此处的浙东北主要是指近代浙江省辖的杭嘉湖平原和宁绍平原,该省此外的地域通称浙西南。浙东北一向是浙江比较发达的地区,但即使在这一地区,也有发展不平衡的状况。如1922年,有人记述了距杭州不远的萧山东乡农村的贫困:"(其)占全县四地面积三分之二以上,南沙一带紧邻钱塘江,上受江水冲刷,下受江潮激荡,从民国初元,坍去每亩价值三十五元的膏腴地二十多万亩,这都是经三五十年农人底血汗所汇成的。地坍了,人呢,逃的逃,死的死。逃不了死不去的,便挤拢来谋划地种。人稠地窄的农业地带,平常的年岁已经是吃菜过冬了,东乡南沙沿江一带居民,到冬天粮食断绝时,很有许多用菜代米饭。"[④]

但相对而言,近代浙西南地区的经济发展状况,明显滞后于浙东北。1911年(宣统三年)辛亥革命前夕,浙江金华革命志士曾办有《萃新报》,据知情者回忆:"创办《萃新报》的共同动机,原因当时金衢两府属僻在山区,对沪杭各大城市的交通,全靠不定期不定时的民船(行期有时须一二星期),所以风气相当闭塞,一般人对外间情形知道得很少,所以办此一定期刊物来开通民智的。此刊的性质实有类于剪报,新闻大都取自上海各日报,专论则转载当时国内外有名期刊如《浙江潮》之类。自撰者只社论一篇,是每期都有的。"[⑤]

即使在当代,受各种因素的制约,浙西南一些地区的经济发展仍明显落后。有学者指出,这些欠发达地区,首先是因为恶劣的自然地理环境而引起的。在温州的6个欠发达县中,文成、泰顺为纯山区县,苍南、平阳和永嘉为半山区县,洞头为海

[①] 熊月之主编:《上海通史》,上海人民出版社,1999年,第221—222页。
[②] 吴必虎:《历史时期苏北平原地理系统研究》,华东师范大学出版社,1996年,第165、166页。
[③] 吴寿彭:《逗留于农村经济时代的徐海各属》,《东方杂志》第27卷第6期。
[④] 沈定一:《浙江萧山县水灾状况》,沈定一著,陶水木编:《沈定一集》,国家图书馆出版社,2010年,第574—575页。
[⑤] 上海市文史馆编:《辛亥革命亲历记》,中西书局,2011年,第188页。

岛县。在温州西部山区,山地占据绝大部分,文成、泰顺县有"九山半水半分田"之说;在温州的中部,主要是低山、丘陵,苍南、平阳、永嘉县境内,两者分布很广,如永嘉、平阳、苍南县的山地面积分别占总面积的86.3％、62.8％、64％,这种地理状况,是造成其欠发达的主要原因。①

第二节　长江三角洲经济区的雏形

1843年上海开埠后,辐射并明显带动了江浙沪地区的经济发展,以上海为中心的长江三角洲经济区的雏形也初具轮廓。

一、晚清时期②

经济地理学和区域经济学中的"经济区",是指在一定的地理空间范围内,由一组经济活动相互关联、组合而形成的,专业化地域生产、市场交换统一的经济地域单元。一般认为,经济区是社会生产地域分工发展到资本主义阶段以后的表现形式。划分经济区常用的四项指标为:区域性、综合性、专业化、中心城市,其中,内在联系、中心城市、交通要道都是综合经济区划的重要原则,基本的尺度就是商品、资金、资源、人才市场形成的网络。

晚清时期,上海开始崛起,长三角经济区开始浮现。

1843年(道光二十三年)以后,以上海、镇江等口岸的开埠通商为导向,随着对外开放规模的扩大,长三角最佳的地理区位,从太湖流域转移到位于长江与黄浦江交汇处的上海。在东亚经济的地域分工中,上海获得了最佳的区位、广阔的海陆向腹地,得以利用港口水运低成本的优势,发展相应的临水型产业,迅速成为长三角货物的中转枢纽,上海港与其直接或称核心腹地地区的长三角,构成了特定的地域经济联系体。由于规模与集聚效应,上海逐渐成为长三角的经济中心、金融中心和门户口岸。

对照有关长三角区域内部的经济联系,晚清上海港的直接经济腹地,实可视为当时的长三角经济区。其西部顶点——南京,具有水陆并用的优势,尤其是津浦铁路、京沪铁路通车以后,内地的煤、铁、棉丝等,先运到南京再转运外国。进口的钢材、机器等,也先运到南京,再分运附近各地。晚清时期,上海日益成为南京经济联系的重要对象,如南京附近的六合县米谷"乾嘉以后则多贩运至浙江海宁之长安镇,光绪间及改趋无锡、上海,近以宁沪、津浦通车,又用包袋由车转运"③。

其西北顶点——扬州,据民国中央银行的调查,扬州的通汇地点"因盐务及交通关系,大致以湖北、湖南、江西、安徽长江沿岸及江苏省各地为限,最重要者为上

---

① 谢健:《东部发达城市的欠发达地区发展研究——以温州为例》,上海三联书店,2010年,第85页。
② 此段由吴松弟和方书生撰稿。
③ 民国《六合续志稿》卷一四,实业。

海、镇江、南京、下关……"①。1912年津浦铁路通车后,江北运河渐趋衰落,削弱了上海与扬州的联系。

其东北边界——南通、海门,与上海一江之隔,但在近代航运业兴起以前,当地出产的棉花、土布,大多经苏北平原销售北方。1903年(光绪二十九年)张謇开办了"大达内河轮船公司",航行于如皋、海门一带,1904年(光绪三十年)创立南通与上海之间的"大达轮步公司",1912年后延伸到扬州,主要航行于长江北岸。定期航班的开通,促进了南通、海门与上海的联系。

其南部边界——杭州,随着上海开埠与贸易的成长,杭州连同杭嘉湖地区其他城镇的进出商品,大多直接纳入上海港货物的集散范围。1896年(光绪二十二年)杭州被辟为通商口岸,以及内河轮运开通,沪杭两地的经济联系更为频繁密切,汽艇拖着中外商号的货船,定期往返于上海与这些新口岸之间。

其东南边界——绍兴,人烟稠密,商业繁盛,产品运销各地,蚕茧、茶叶、棉花,大多贩运至上海,所以绍兴的汇兑市场,首先以上海为主,其次是杭州、宁波。

晚清时期,上海港与长三角之间,通过铁路和蛛网般的内河水道,获得了便捷的交通联系,引发了长三角地区物流、城镇以及区域经济地理格局的重组,逐渐形成了近代以来,以上海为中心的经济区。上海与长三角各地区,彼此之间已不仅仅是一般的互补性的商品交换,而是一种资金、技术、产业的地域分工,是区域经济协作体。民国时期,人们已将这一片地域称为"大江三角洲地区",意味着现代意义上的"长三角经济区"的浮现。

概言之,晚清时期浮现的长三角经济区,已具备独立经济区的几个特征:

其一,上海是区域经济中心;

其二,长三角是区域经济中心上海最为核心的经济腹地;

其三,太湖流域是长三角的核心地区,是主要资源的集中地;

其四,苏、杭、嘉、湖、镇、锡、常、扬各城市,构成连接长三角经济区的各个主要支点,区域网络的密度从中心向边缘递减;

其五,长三角内部与沿海的水运交通是影响区域内部经济整合的基础。

二、民 国 时 期②

民国是长三角经济区的雏形时期,其大致可分为以下亚区。

(一)沪苏锡常地区

棉纺织业和丝织业是这一地区最主要的产业部门。苏州、武进、镇江、丹阳、宜兴、溧阳、溧水、高淳、句容、嘉定、太仓、松江、南汇、青浦、金山、崇明等地,都从上

---

① 《扬州金融调查》,《中央银行月报》第3卷第10号(1934年10月)。
② 此段由吴松弟和方书生撰稿。

海、无锡采购机纱织布①。上海设立机器缫丝厂后,又形成了丝织业以上海为中心、无锡次之,苏州、镇江又次之的分布格局。

1. 无锡、苏州、常州

无锡。20世纪初,随着生丝出口贸易的扩大,近代缫丝技术的传入与新式商人的投资,无锡发展为长三角另一个机器缫丝中心,其他产业也得到发展。20世纪30年代初,无锡有工厂171家,大约6万工人,资本总额1 500万元,主要有缫丝、针织、棉织、碾米类,是当时江苏境内的工商业繁盛之地,有"小上海"之称。

苏州。新式工业欠发达,但传统的丝绸、手工艺品和农产品加工业颇为兴盛。商业金融在长三角有一定的地位,资金主要来自上海的银行和当地富户的存款,镇江、南京等地常常在投付江北的资金不够时,依赖苏州的补给,因此"吴县之金融,实为南京、镇江与上海之中介"。苏州的富户大多在上海经商,"投资本地的极少,故本县成为一大规模的消费区域"②。苏州的小轮船,通达苏南浙北的主要城镇。

常州。交通便利、农产丰富,传统的手工业和新式的机械制造业颇为兴盛,县城、奔牛、戚墅堰的市镇商业发达。交通网络以常州为中心,连接江阴、镇江、无锡、金坛、扬中等地,内河城镇之间均有航船往来。

2. 松江、嘉定、丹阳、常熟、吴江、青浦。

松江。处在沪杭铁路线上,与闵行、上海、平湖、朱泾、嘉兴、杭州等地均有小轮船往来。农产品主要销往上海,土布等制品销往长江沿线。

嘉定。主要农产为米、棉,尤其是棉花,手工制品、纺织品也颇多。有县城至南翔、安亭至太仓和青浦的航船,还有小轮通往上海、苏州。

丹阳。处在运河与沪宁铁路之间,农产品与丝绸多对外销售,县境各地均有航船往来。

常熟。工商业较兴盛,交通以内河小轮船为主,县内各地均有航船往来。

吴江。小轮船和陆路交通均便利,与上海、苏锡常、杭嘉湖等地往来密切。

青浦。青浦水路交通便利,与上海、安亭、黄渡等地均有内河小轮船通行。

(二)嘉兴湖州地区

1. 嘉兴、湖州。

嘉兴。县境有工厂22家,资本798 200元,职工约1 600③。金融方面,钱币视上海市价波动。蚕丝业和染织业的产品,多行销上海、常州等地。手工布厂的纱线来自上海,成品运销嘉兴、湖州等地。米谷销售于嘉善、松江、上海、平湖、海盐、盛

---

① 实业部国际贸易局:《中国实业志·江苏省》,上海民光印刷公司,1932年,第二编第三章,第68、69页。
② 实业部国际贸易局:《中国实业志·江苏省》,上海民光印刷公司,1932年,第二编第四章,第40页。
③ 实业部国际贸易局:《中国实业志·江苏省》,上海民光印刷公司,1932年,第三编第七章,第95页。

泽、桐乡、吴兴、崇德、杭州等地。

湖州。县内均通行内河小轮船。生丝多运销上海。

2. 海宁、嘉善、桐乡、崇德、平湖。

海宁。商业以地处沪杭铁路线的硖石镇最为繁盛。

嘉善。邻近上海的西塘镇,其商业超过县城。

桐乡。水路通畅,上海的洋货、杭州的纸张等均有销售。

崇德。蚕桑业颇盛,产品销往沪杭等地。

平湖。商货经水路运销沪杭,市面钱币行情,多依上海及嘉兴为准。

(三)苏中地区

1. 南通、海门。

南通。与上海隔江相望,有轮船往返其间,经济联系密切。

海门。有轮船通行启东、崇明、上海。

2. 启东、泰州。

启东。有轮船通行海门、崇明、上海。

泰州。输入商品以舶来货为大宗,大多来自上海。上海至扬州的小轮船经过泰州。

3. 如皋、高邮、东台。

如皋。内河小轮船北通海安,南至南通。

高邮。镇江至淮安的小轮船,从境内经过。

东台。稻麦销往上海、无锡、泰兴、泰县、南通、如皋等地。

(四)宁镇扬地区

1. 南京、江宁、句容、溧水、高淳、江浦、六合。

南京。转口运输较多,所产土布多销往北方省份。

江宁。所产大多供给南京。

句容。县城商店较多,所售多为日用品。

溧水。商业不盛。

高淳。与溧水相邻,商业亦欠盛。

江浦。浦镇的商业,超过县城。

六合。粮食、杂粮、蚕丝输往上海、南京、无锡等地,小麦输往上海、无锡,杂粮运到浦口、南京、镇江,鸡蛋专销南京。

2. 镇江、扬州、仪征、扬中、靖江。

镇江。通过运河与其他水路,沟通运河沿线和淮河中下游的大部分地区。海关资料表明,北至黄河与运河的交界处,南到扬州,东面直至苏北沿海,都为镇江的转口贸易区。

扬州。工业落后,当地除了一家电气公司,几乎没有新式工业,手工业主要是日用品、化妆品和手工艺品。商业主要供本城消费。在扬州活动的主要是盐商,以及与此相关的80余家钱庄。钱庄分盐帮与铺家,前者规模远大于后者,每年的资金流动大约千余万。对外联系分为南路与北路,南路连接镇江、苏州、上海,北路连接芜湖等地区。

仪征。民间织席业发达,主要从苏州、宁波获得原料。

扬中。为长江沙洲的新垦地,居民多在江南谋生。

靖江。有轮渡与江阴往来,县城颇小,市镇商业平常。

(五) 杭绍地区

旧杭州府和绍兴府所属各县,主要与杭州、上海发生商业联系;旧金华府所属各县以及旧衢州府所属各县,都经过兰溪与杭州发生商业联系。

杭州。商业兴盛,沪苏之货物多经沪杭铁路及内河小轮船,自金衢严来者多经内河小轮船输运。

绍兴。出产以丝织品为多,货物多以船只外运。市面钱币,以杭州汇兑市场为涨落。

余杭。购货直接由上海批发,由内河小轮船输运。

萧山。商人贩运,多至上海或杭嘉湖宁绍等地。

临安。土产远者销沪苏徽宁,近者销余杭,以纸为大宗。茶叶细者销沪上。

富阳。茶叶行销沪杭等处,纸张运销苏杭绍。

于潜。笋干行销杭沪各属,为数甚巨。

新登。丝茧销于上海,纸销宁绍等地。

昌化。茶叶销于沪苏杭,木炭纸销于杭绍。

武康。货物多购自沪杭,土产多销往苏杭。

安吉。米谷竹木,多销往沪杭苏湖。

诸暨。陆路通东阳、义乌、浦江,航路达杭宁绍。

(六) 宁波地区

鄞县。海轮一夜可达上海,商业往来密切。

慈溪。大宗商务渐趋宁沪,钱币涨落以上海、宁波为准。

镇海。在外经商者多,有在沪上成巨富者。

定海。水产多鲜运上海。

嵊县。商贩多在沪杭宁绍等处。

总的说来,在中国传统社会,农业依赖土地且缺乏规模经济,因而形成了分散的点状空间经济形态,人口主要分散在农村,即使区域最大城市(例如苏州)的规模也比较有限,城市居住区一般是城市城墙之内的街坊,这类城市一般毗邻交通要道(例如苏州在大运河沿岸),本身所生产的产品比较少,主要提供剩余农产品的交换。近代商业发展起来后,快速增长的对外贸易带动了城乡的产业分工,促进了城

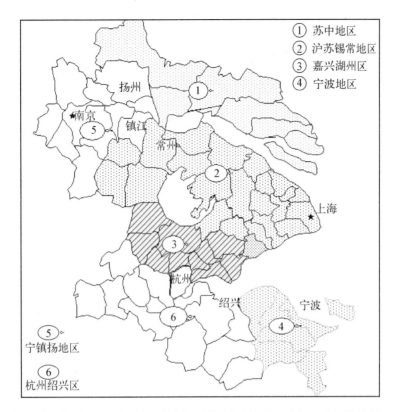

图 8-1 长江三角洲经济区雏形的六亚区(任远等主编《全球城市——区域的时代》,复旦大学出版社 2009 年版,第 99 页)

市的发展和经济的增长,改变了经济增长的空间均衡。进出口贸易的主要受益地区是上海等口岸城市及其毗邻地区,例如沪宁、沪杭铁路沿线地带,江、浙的边缘地区所获得的回报相对较少。只有比较多地参与国际分工,且能在分工中不断提高效率的产业或地区,才能够有效地提高产量与生产率,获得更多的比较收益与边际效益。近代工业发展起来后,经济增长对土地的依赖性相对下降,规模经济与空间集聚形成,形成了经济增长的空间不平衡。同时,伴随着自然经济向市场经济的转变,在国际或区际贸易的推动下,经济活动将会高度集中在贸易成本最低的区域,如沿海沿江和交通干线两侧。

近代长江三角洲地区生产与流通空间所展示的图景,较清晰地体现了这一地区近代经济增长的空间路径:市镇(成为小区域产品中心)——中等城市(成为地方化经济中心)——大城市(成为创新、服务中心)。近代市场塑造了城镇网络,促成了早期资本在市镇、中等城市、大城市的积累,随着市场交易效率的提高,更多的要素被卷入,市镇提供初始的自然资源,中等城市进行初步的手工作坊式加工,大城市进行技术创新与交易服务,利用优势参与世界市场。通过大城市的经济集聚优势,尤其是租界城市相对完善的制度保障、信息与标准,与中小城市的廉价资源、人力相配合,形成区域经济增长的发动机、齿轮、传送带,形成近代中国长江三角洲地区持续的经济增长。

表图总目

表1-1　上海、广州丝茶对英出口量(1843—1856年) / 9
表1-2　上海、广州对英进出口贸易总值(1844—1856年) / 10
表2-1　开埠初期上海华商外贸业(1844年3—10月) / 33
表2-2　进出上海港船舶总吨位(1844—1899年) / 35
表2-3　上海港内河小轮船注册统计(1901—1911年) / 40
表2-4　沪苏杭甬间的内河运输船(1896—1901年) / 40
表2-5　江苏各地内河小轮公司及轮船航线(1912年) / 43
表2-6　上海与江苏各地间内河轮船航线经过站点(1912年) / 45
表2-7　20世纪30年代初上海与浙北间内河轮船航运 / 46
表2-8　20世纪30年代初上海与浙北市镇间内河航班 / 46
表2-9　1925年苏杭线客票价格表 / 50
表2-10　无锡至上海等地的若干内河航线 / 52
表2-11　上海内河轮船公司由上海始发的航线 / 54
表3-1　沪杭甬铁路沿线各站物产运销一览 / 72
表4-1　1930年各国在沪投资及占对华投资的比重 / 113
表4-2　20世纪上半叶上海30人以上工厂数占全国的比重 / 113
表4-3　南京机器工业一览表(1898—1927年) / 119
表4-4　南京等9城市工厂概况(1930年) / 120
表5-1　20世纪二三十年代江浙两省几个地区的土布产量 / 154
表5-2　上海著名的川沙籍营造厂一览表(1880—1933年) / 162
表5-3　1912年各省农牧垦殖公司统计 / 165
表5-4　上海民族机器工业内燃机产量估计(至1931年累计数) / 173
表5-5　上海民族机器工业所产内燃机用途百分率估计
　　　　(1931年止) / 174
表6-1　1936年江浙各埠输出、输入上海货值占该地百分比 / 181
表6-2　1899年长江以北段运河货运统计 / 185
表6-3　江浙沪口岸商品中转境内外比例(％)(1900—1905年) / 189
表6-4　华侨投资上海商业分类情况统计(1900—1949年) / 192
表6-5　外商银行在华地区分布(1936年) / 195
表6-6　上海钱庄家数(1781—1937年) / 199
表6-7　江浙两省农户借贷来源统计(1934年) / 206

表 7-1　太平天国战争中江浙两省的人口损失 /208
表 7-2　太平天国战争前后江苏省各地人口的变动 /209
表 7-3　太平天国战争前后浙江省各地人口的变动 /209
表 7-4　清代中期至 1953 年江浙两省人口地区分布 /210
表 7-5　江浙两省人口分布地区密度(1776—1953 年) /211
表 7-6　1949 年江浙沪人口数及自然变动 /212
表 7-7　江南口岸城市人口(1891—1911 年) /212
表 7-8　1949 年江浙沪地区的非农与农业人口及市镇与乡村人口 /213
表 7-9　上海人口地区分布(1852—1942 年) /217

图 1-1　19 世纪末江浙沪通商口岸地域分布 /24
图 4-1　1933 年长江三角洲地区工业规模分布 /131
图 8-1　长江三角洲经济区雏形的六亚区 /241

参考征引文献目录

一、已刊档案、官方文书

中国第一历史档案馆编:《英使马戛尔尼访华档案史料汇编》,国际文化出版公司,
　　1996年。
中国第一历史档案馆编:《鸦片战争档案史料》,天津古籍出版社,1992年。
中国第一历史档案馆编:《清代军机处电报档汇编》,中国人民大学出版社,2007年。
太平天国历史博物馆编:《吴煦档案选编》,江苏人民出版社,1983年。
《四国新档·俄国档》,台北中研院近代史研究所,1966年。
章开沅等编:《苏州商会档案丛编》第1辑,华中师范大学出版社,1991年。
上海市档案馆编:《日本在华中经济掠夺史料(1937—1945)》,上海书店出版社,
　　2005年。
南通市档案馆编:《大生企业系统档案选编》,南京大学出版社,1987年。
南通市档案馆等编:《大生集团档案资料选编》,南通市档案馆等2007年印行。
南通市档案馆、张謇研究中心:《大生集团档案资料选编·纺织编(二)》,方志出版
　　社,2003年。
南通市档案馆等:《大生集团档案资料选编·盐垦编(一)》,南通市档案馆2009年
　　刊印。
南通市档案馆等:《大生集团档案资料选编·盐垦编(二)》,南通市档案馆2009年
　　刊印。
陈旭麓等主编,谢俊美编:《轮船招商局》(盛宣怀档案资料选辑之八),上海人民出
　　版社,2002年。
中国第二历史档案馆编:《中华民国史档案资料汇编》第5辑第1编"财政经济"
　　(四),江苏古籍出版社,1994年。
《筹办夷务始末》(道光朝),中华书局,1964年。
《筹办夷务始末》(咸丰朝),中华书局,1979年。
《筹办夷务始末》(同治朝),中华书局,2008年。
《筹办夷务始末补遗(道光朝)》,北京大学出版社,1988年影印本。
《清实录》,中华书局,1986年影印本。
朱寿朋:《光绪朝东华录》,中华书局,1958年。
赵尔巽等:《清史稿》,中华书局,1977年。

二、海关资料、外交文书

中国第二历史档案馆等编:《中国旧海关史料(1859—1948)》,京华出版社,2001年。

天津海关译编委员会译编:《津海关史要览》,中国海关出版社,2004年。

镇江市图书馆藏:《清末民初镇江海关华洋贸易情形》,《近代史资料》总103号,中国社会科学出版社,2002年。

杭州海关译编:《近代浙江通商口岸经济社会概况——浙海关、瓯海关、杭州关贸易报告集成》,浙江人民出版社,2002年。

陈梅龙等译编:《近代浙江对外贸易及社会变迁——宁波、温州、杭州海关贸易报告译编》,宁波出版社,2003年。

海关总署本书编译委员会:《旧中国海关总税务司署通令选编》,中国海关出版社,2003年。

徐雪筠等译编:《上海近代社会经济发展概况(1882—1931):〈海关十年报告〉译编》,上海社会科学院出版社,1985年。

陆允昌编:《苏州洋关史料》,南京大学出版社,1991年。

李必樟译编:《上海近代贸易经济发展概况:英国驻上海领事贸易报告汇编(1854—1898)》,上海社会科学院出版社,1993年。

三、地方志、总集

正德《松江府志》。

嘉靖《太仓新志》。

万历《常熟水利全书》。

崇祯《松江府志》。

崇祯《太仓州志》。

乾隆《乍浦志》。

乾隆《吴江县志》。

乾隆《续外冈志》。

乾隆《宝山县志》。

乾隆《上海县志》。

道光《元和唯亭志》。

道光《刘河镇记略》。

道光《乍浦备志》。

道光《厦门志》。

同治《长兴县志》。

同治《南浔镇志》。

同治《湖州府志》。

同治《安吉县志》。

同治《苏州府志》。

光绪《太仓州镇洋县志》。

光绪《重修华亭县志》。

光绪《菱湖镇志》。
光绪《平湖县志》。
光绪《昆新两县续修合志》。
光绪《常昭合志稿》。
光绪《重辑枫泾小志》。
光绪《盛湖志》。
光绪《川沙厅志》。
光绪《江阴县志》。
光绪《松江府续志》。
宣统《续修枫泾小志》。
宣统《上元江宁乡土合志》。
宣统《黄渡续志》。
宣统《蒸里志略》。
民国《续修江都县志》。
民国《宝山县续志》。
民国《宝山县再续志》。
民国《上海乡土志》。
民国《嘉定县续志》。
民国《嘉定疁东志》。
民国《法华乡志》。
《民国上海县志》。
民国《青浦县志》。
民国《青浦县续志》。
民国《盛桥里志》。
民国《南汇县续志》。
民国《章练小志》。
民国《陈行乡土志》。
民国《奉贤县志稿》。
民国《上海乡土地理志》。
民国《松江志料》。
民国《昆新两县续补合志》。
匡尔济:《嘉定乡土志》。
民国《南浔志》。
民国《吴县志》。
民国《乌青镇志》。
民国《上海县续志》。
民国《杨行乡志》。

民国《真如志》。
民国《江湾里志》。
民国《濮院志》。
民国《丹阳县续志》。
民国《川沙县志》。
民国《月浦里志》。
《光绪桐乡县志》。
民国《双林镇志》。
民国《盛湖志》。
民国《木渎小志》。
民国《阜宁县志》。
民国《泗阳县志》。
民国《六合续志稿》。
民国《上海县续志》。
民国《续纂山阳县志》。
民国《续修盐城县志》。
民国《望仙桥乡志续稿》(上海乡镇旧志丛书)，上海社会科学院出版社，2004年。
民国《杨行乡志》(上海乡镇旧志丛书)，上海社会科学院出版社，2006年。
民国《陈行乡土志》(上海乡镇旧志丛书)，上海社会科学院出版社，2006年。
殷惟和：《江苏六十一县志》，商务印书馆，1936年。
姜卿云：《浙江新志》，1936年铅印本。
余绍宋等：《重修浙江通志稿》，民国年间稿本，浙江图书馆1983年誊录本。
沈秋农等主编：《常熟乡镇旧志集成》，广陵书社，2007年。
戴鞍钢、黄苇主编：《中国地方志经济资料汇编》，汉语大词典出版社，1999年。
新编《青浦县志》，上海人民出版社，1990年。
新编《吴江丝绸志》，江苏古籍出版社，1992年。
史梅定主编：《上海租界志》，上海社会科学院出版社，2001年。
袁采主编：《上海侨务志》，上海社会科学院出版社，2001年。
《皇朝经世文编》。
《皇朝经世文续编》。
《皇朝经世文四编》。

四、报刊

《申报》。
《江南商务报》。
《杭州商业杂志》。
《时务报》。

《中外日报》。
《东方杂志》。
《北华捷报》。
《农学报》。
《字林沪报》。
《档案与史学》。

五、文集、笔记、年谱、信札、回忆录、游记、日记

《曾国藩全集》,岳麓书社,1989年。
《陶澍集》,岳麓书社,1998年。
翁同龢著,谢俊美编:《翁同龢集》,中华书局,2005年。
郑观应著,夏东元编:《郑观应集》上册,上海人民出版社,1982年。
张謇:《张季子九录》,中华书局,1933年。
张謇著,张謇研究中心、南通市图书馆编:《张謇全集》,江苏古籍出版社,1994年。
沈定一著,陶水木编:《沈定一集》,国家图书馆出版社,2010年。
经元善著,虞和平编《经元善集》,华中师范大学出版社,2011年。
刘献廷:《广阳杂记》,中华书局,1957年。
钱泳:《履园丛话》,中华书局,1979年。
纳兰常安:《宦游笔记》,台北广文书局,1971年。
梁章钜:《浪迹丛谈》,中华书局,1981年。
姚公鹤:《上海闲话》,商务印书馆,1933年。
王莘元:《星周纪事》,上海古籍出版社,1989年。
王韬:《瀛壖杂志》,上海古籍出版社,1989年。
周作人:《知堂回想录》,安徽教育出版社,2008年。
曹汝霖:《曹汝霖一生之回忆》,中国大百科全书出版社,2009年。
蒋梦麟:《西潮与新潮——蒋梦麟回忆录》,东方出版社,2006年。
夏衍:《懒寻旧梦录》(增补本),三联书店,2006年。
叶浅予:《细叙沧桑记流年》,江苏文艺出版社,2012年。
段光清:《镜湖自撰年谱》,中华书局,1960年。
盛宣怀著,北京大学历史系编:《盛宣怀未刊信稿》,中华书局,1960年。
曾国藩著,中国社会科学院近代史研究所资料室编:《曾国藩未刊函稿》,岳麓书社,
    1986年。
《柳兆薰日记》,太平天国历史博物馆:《太平天国史料专辑》,上海古籍出版社,
    1979年。
陈左高等编:《清代日记汇抄》,上海人民出版社,1982年。
黄炎培著,中国社会科学院近代史研究所整理:《黄炎培日记》,华文出版社,
    2008年。

陈亦卿：《沪杭甬铁路修筑与营运的追述》，全国政协文史资料委员会：《文史资料存稿选编·经济(下)》，中国文史出版社，2002 年。

汪佩青：《沪宁、沪杭甬两路接通和统一调度的经过》，《文史资料存稿选编·经济(下)》，中国文史出版社，2002 年。

沈叔玉：《关于沪宁、沪杭甬铁路的片断回忆》，《文史资料存稿选编·经济(下)》，中国文史出版社，2002 年。

邵力夫等：《上海南火车站》，本书编委会编：《20 世纪上海文史资料文库》，上海书店出版社，1999 年。

盛国策：《旧上海的长途汽车》，上海市政协文史资料委员会：《上海文史资料存稿汇编》，上海古籍出版社，2001 年。

六、资料汇编和辑录

交通部、铁道部交通史编纂委员会：《交通史·航政编》，1935 年编印。

交通部、铁道部交通史编纂委员会：《交通史·路政编》，1935 年编印。

实业部国际贸易局：《中国实业志·江苏省》，上海民光印刷公司，1932 年。

《通海垦牧公司开办十年之历史》，1911 年刊本。

上海市政府社会局：《上海市工人生活程度》，中华书局，1934 年。

罗志如：《统计表中之上海》，国立中央研究院，1932 年。

严中平等编：《中国近代经济史统计资料选辑》，科学出版社，1957 年。

彭泽益编：《中国近代手工业史资料》，中华书局，1962 年。

孙毓棠编：《中国近代工业史资料》第 1 辑，科学出版社，1957 年。

汪敬虞编：《中国近代工业史资料》第 2 辑，科学出版社，1957 年。

李文治编：《中国近代农业史资料》第 1 辑，三联书店，1957 年。

章有义编：《中国近代农业史资料》第 2、3 辑，三联书店，1957 年。

姚贤镐编：《中国近代对外贸易史资料》，中华书局，1962 年。

聂宝璋编：《中国近代航运史资料》第 1 辑，上海人民出版社，1983 年。

宓汝成编：《中国近代铁路史资料》，中华书局，1963 年

台北中研院近代史研究所：《清季中日韩关系史料》，台北中研院近代史研究所，1972 年。

江苏省博物馆编：《明清苏州工商业碑刻集》，江苏人民出版社，1981 年。

上海博物馆编：《上海碑刻资料选辑》，上海人民出版社，1980 年。

中国史学会主编《太平天国》(中国近代史资料丛刊)，上海神州国光社，1952 年。

罗尔纲、王庆成主编：《太平天国》(中国近代史资料丛刊续编)，广西师范大学出版社，2004 年。

陈元晖主编：《教育思想》(中国近代教育史资料汇编)，上海教育出版社，2007 年。

王铁崖编：《中外旧约章汇编》，三联书店，1957 年。

上海市机电一局等编：《上海民族机器工业》(中国资本主义工商业史料丛刊)，中华

书局,1966年。

上海市工商行政管理局编:《上海市棉布商业》(中国资本主义工商业史料丛刊),中华书局,1979年。

上海社会科学院经济研究所编:《荣家企业史料》,上海人民出版社,1982年。

上海社会科学院经济研究所编:《南洋兄弟烟草公司史料》,上海人民出版社,1958年。

上海社会科学院经济研究所编:《刘鸿生企业史料》,上海人民出版社,1981年。

朱邦兴等编:《上海产业与上海职工》(上海史资料丛刊),上海人民出版社,1984年。

上海市档案馆等编:《近代中国百货业先驱——上海四大公司档案汇编》,上海书店出版社,2010年。

熊月之主编《稀见上海史志资料丛书》,上海书店出版社,2012年。

江阴市政协学习文史委员会编:《江阴文史资料集粹》,上海古籍出版社,2004年。

丁贤勇等译编:《1921年浙江社会经济调查》,北京图书馆出版社,2008年。

李文海主编:《民国时期社会调查丛编·底边社会卷》,福建教育出版社,2004年。

李文海主编:《民国时期社会调查丛编·人口卷》,福建教育出版社,2004年。

李文海主编:《民国时期社会调查丛编(二编)·社会组织卷》,福建教育出版社,2009年。

李文海主编:《民国时期社会调查丛编(二编)·乡村经济卷》,福建教育出版社,2009年。

李文海主编:《民国时期社会调查丛编(二编)·乡村社会卷》,福建教育出版社,2009年。

王立人主编:《无锡文库(第二辑)》,凤凰出版社,2011年。

孙晓村等编:《浙江粮食调查》,上海社会经济调查所1935年印行。

郑曦原编:《帝国的回忆——〈纽约时报〉晚清观察记(1854—1911)》(修订本),当代中国出版社,2007年。

郑曦原编:《共和十年:〈纽约时报〉民初观察记(1911—1921)·社会篇》,当代中国出版社,2011年。

对外贸易部海关总署研究室编:《中国海关与邮政》(中国近代经济史资料丛刊),中华书局,1983年。

高景岳等编:《近代无锡蚕丝业资料选辑》,江苏古籍出版社,1984年。

张謇印行:《南通地方自治十九年之成绩》,张謇研究中心、南通博物苑,2003年重印本。

中国人民银行上海市分行编:《上海钱庄史料》,上海人民出版社,1960年。

王春瑜编:《中国稀见史料》第1辑,厦门大学出版社,2007年。

林举百编:《通海关庄布史料》,1962年油印本。

云南省档案馆编:《清末民初的云南社会》,云南人民出版社,2005年。

姚谦:《张謇农垦事业调查》,江苏人民出版社,2000年。

《上海研究资料》,上海书店,1984年影印本。

上海社会科学院历史研究所译编:《太平军在上海——〈北华捷报〉选译》,上海人民出版社,1983年。

《太平天国史料丛编简辑》,中华书局,1962年。

《太平天国史料专辑》,上海古籍出版社,1979年。

上海市文史馆编:《辛亥革命亲历记》,中西书局,2011年。

徐鼎新等整理:《永安企业口述史料》,《上海档案史料研究》第3辑,上海三联书店,2007年。

上海市社会局:《上海市人力车夫生活状况调查报告书》,《社会半月刊》1934年第1期。

七、专著、论文集

许地山:《达衷集》,商务印书馆,1928年。

刘大钧:《吴兴农村经济》,中国经济研究所,1939年。

张辉:《上海市地价研究》,正中书局,1935年。

杨荫溥等编著:《本国金融概论》,邮政储金汇业局1943年印发行。

容闳:《西学东渐记》,湖南人民出版社,1981年。

谢国桢:《明清笔记谈丛》,上海古籍出版社,1981年。

蒯世勋等:《上海公共租界史稿》,上海人民出版社,1980年。

张同铸主编:《江苏省经济地理》,新华出版社,1993年。

程潞主编:《上海市经济地理》,新华出版社,1988年。

熊月之等主编:《上海:一座现代化都市的编年史》,上海书店出版社,2009年。

刘石吉:《明清时代江南市镇研究》,中国社会科学出版社,1987年。

樊树志:《明清江南市镇探微》,复旦大学出版社,1990年。

樊树志:《江南市镇:传统的变革》,复旦大学出版社,2005年。

唐力行等:《苏州与徽州》,商务印书馆,2007年。

何一民主编:《近代中国城市发展与社会变迁(1840—1949年)》,科学出版社,2004年。

邹依仁:《旧上海人口变迁的研究》,上海人民出版社,1980年。

丁名楠等:《帝国主义侵华史》,人民出版社,1973年。

黄苇:《上海开埠初期对外贸易研究》,上海人民出版社,1961年。

上海社会科学院经济研究所等:《上海对外贸易》,上海社会科学院出版社,1989年。

《浙江航运史》(古近代部分),人民交通出版社,1993年。

郭孝义主编:《江苏航运史(近代部分)》,人民交通出版社,1990年。

刘明逵:《中国近代工人阶级和工人运动》,中共中央党校出版社,2002年。

茅家琦等:《横看成岭侧成峰:长江下游城市近代化的轨迹》,江苏人民出版社,1993年。

《上海港史话》编写组:《上海港史话》,上海人民出版社,1979年。
杜恂诚:《民族资本主义与旧中国政府(1840—1937)》,上海社会科学院出版社,1991年。
樊百川:《中国轮船航运业的兴起》,四川人民出版社,1985年。
丁日初主编:《上海近代经济史》第2卷,上海人民出版社,1997年。
徐德济:《连云港港史(古近代部分)》,人民交通出版社,1987年。
汪敬虞:《唐廷枢研究》,中国社会科学出版社,1983年。
汪敬虞:《19世纪西方资本主义对中国的经济侵略》,人民出版社,1983年。
宓汝成:《帝国主义与中国铁路》,上海人民出版社,1980年。
熊月之主编《上海通史》,上海人民出版社,1999年。
张忠民主编:《近代上海城市发展与城市综合竞争力》,上海社会科学院出版社,2005年。
丁贤勇:《新式交通与社会变迁——以民国浙江为中心》,中国社会科学出版社,2007年。
杨文渊主编:《上海公路史》第1册,人民交通出版社,1989年。
刘荫棠主编:《江苏公路交通史》第1册,人民交通出版社,1989年。
虞晓波:《比较与审视——"南通模式"与"无锡模式"研究》,安徽教育出版社,2001年。
陈其广:《百年工农产品比价与农村经济》,社会科学文献出版社,2003年。
张后铨主编:《招商局史(近代部分)》,人民交通出版社,1988年。
徐之河等主编:《上海经济(1949—1982)》,上海人民出版社,1983年。
陈国灿:《江南农村城市化历史研究》,中国社会科学出版社,2004年。
张忠民:《经济历史成长》,上海社会科学院出版社,1999年。
徐之河等主编:《上海经济(1949—1982)》,上海人民出版社,1983年。
万灵:《常州的近代化道路》,安徽教育出版社,2002年。
陶士和:《民国浙江史研究》,陕西人民出版社,2003年。
张国辉:《洋务运动与中国近代企业》,中国社会科学出版社,1979年。
吴承明:《帝国主义在旧中国的投资》,人民出版社,1955年。
张仲礼主编:《近代上海城市研究》,上海人民出版社,1990年。
徐新吾等:《中国近代缫丝工业史》,上海人民出版社,1990年。
徐新吾:《近代江南丝织工业史》,上海人民出版社,1991年。
宋钻友等:《上海工人生活研究(1843—1949)》,上海辞书出版社,2011年。
徐新吾等主编:《上海近代工业史》,上海社会科学院出版社,1998年。
黄汉民等:《近代上海工业企业发展史论》,上海财经大学出版社,2000年。
潘君祥等主编:《近代中国国情透视》,上海社会科学院出版社,1992年。
汪敬虞:《中国资本主义的发展和不发展》,中国财政经济出版社,2002年。
张海林:《苏州早期城市现代化研究》,南京大学出版社,1999年。

严中平主编:《中国近代经济史(1840—1894)》,经济管理出版社,2007年。
汪敬虞主编:《中国近代经济史(1895—1927)》,人民出版社,2000年。
马俊亚:《规模经济与区域发展——近代江南地区企业经营现代化研究》,南京大学出版社,1999年。
张鸿雁等:《1949中国城市》,东南大学出版社,2009年。
本书编写组:《大生系统企业史》,江苏古籍出版社,1990年。
金普森等主编:《浙江通史》,浙江人民出版社,2005年。
傅璇琮主编:《宁波通史》,宁波出版社,2009年。
张海鹏等:《中国十大商帮》,黄山书社,1993年。
上海社会科学院经济研究所:《上海资本主义工商业的社会主义改造》,上海人民出版社,1980年。
许涤新等主编:《中国资本主义发展史》第2卷,人民出版社,1990年。
许涤新等主编:《中国资本主义发展史》第3卷,人民出版社,1993年。
林金枝:《近代华侨投资国内企业史研究》,福建人民出版社,1983年。
吴必虎:《历史时期苏北平原地理系统研究》,华东师范大学出版社,1996年。
邹依仁:《旧上海人口变迁的研究》,上海人民出版社,1980年。
严中平:《中国棉纺织史稿》,科学出版社,1955年。
徐新吾:《江南土布史》,上海社会科学院出版社,1992年。
徐新吾等主编:《上海近代工业史》,上海社会科学院出版社,1998年。
李学昌主编:《20世纪南汇农村社会变迁》,华东师范大学出版社,2001年。
孙家山:《苏北盐垦史初稿》,农业出版社,1984年。
胡国枢:《光复会与浙江辛亥革命》,杭州出版社,2002年。
杜恂诚:《民族资本主义与旧中国政府(1840—1937)》,上海社会科学院出版社,1991年。
胡焕庸等:《中国人口地理》上册,华东师范大学出版社,1984年。
葛剑雄主编,曹树基著:《中国人口史》第5卷,复旦大学出版社,2001年。
葛剑雄主编,曹树基著:《中国移民史》第6卷,福建人民出版社,1997年。
张根福:《抗战时期的人口迁移》,光明日报出版社,2006年。
马敏等:《传统与近代的二重变奏——晚清苏州商会个案研究》,巴蜀书社,1993年。
马敏:《拓宽历史的视野:诠释与思考》,华中师范大学出版社,2006年。
张一平:《地权变动与社会重构——苏南土地改革研究》,上海人民出版社,2009年。
吴景超:《第四种国家的出路——吴景超文集》,商务印书馆,2008年。
张仲礼等主编:《长江沿江城市与中国近代化》,上海人民出版社,2002年。
张仲礼主编:《东南沿海城市与中国近代化》,上海人民出版社,1996年。
陈志让:《军绅政权》,广西师范大学出版社,2008年。
马长林:《上海的租界》,天津教育出版社,2009年。
阮清华:《上海游民改造研究(1949—1958)》,上海辞书出版社,2009年。

王云骏:《民国南京城市社会管理》,江苏古籍出版社,2001年。

谢健:《东部发达城市的欠发达地区发展研究——以温州为例》,上海三联书店,2010年。

张丽:《非平衡化与不平衡——从无锡近代农村经济发展看中国近代农村经济的转型(1840—1949)》,中华书局,2010年。

黄华平:《国民政府铁道部研究》,合肥工业大学出版社,2011年。

张东刚等主编:《世界经济体制下的民国时期经济》,中国财政经济出版社,2005年。

吴松弟等主编:《走入中国的传统农村——浙江泰顺历史文化的国际考察与研究》,齐鲁书社,2009年。

朱偰:《汗漫集》,凤凰出版社,2008年。

聂宝璋:《聂宝璋集》,中国社会科学出版社,2002年。

张仲礼主编:《中国现代城市:企业·社会·空间》,上海社会科学院出版社,1998年。

吴承明:《市场·近代化·经济史论》,云南大学出版社,1996年。

章开沅:《章开沅学术论著选》,华中师范大学出版社,2000年。

姜进主编:《都市文化中的现代中国》,华东师范大学出版社,2007年。

潘君祥主编:《上海会馆史研究论丛》第一辑,上海社会科学院出版社,2011年。

上海市历史博物馆编:《都会遗踪》第5辑,学林出版社,2012年。

八、译著、资料辑译

(美)马士著,张汇文等译:《中华帝国对外关系史》,三联书店,1957年。

(美)墨菲著,章克生等译:《上海:现代中国的钥匙》,上海人民出版社,1986年。

(美)费正清编,中国社会科学院历史研究所编译室译:《剑桥中国晚清史》,中国社会科学出版社,1985年。

(英)肯德著,李宏等译:《中国铁路发展史》,三联书店,1958年。

(德)卫礼贤著,王宇洁等译:《中国心灵》,国际文化出版公司,1998年。

(美)郝延平著,陈潮等译:《中国近代商业革命》,上海人民出版社,1991年。

(美)里默著,卿汝楫译:《中国对外贸易》,三联书店,1958年。

(日)滨下武志著,高淑娟等译:《中国近代经济史研究——清末海关财政与通商口岸市场圈》,江苏人民出版社,2006年。

(日)宇野哲人著,张学锋译:《中国文明记》,中华书局,2008年。

(美)周锡瑞著,张俊义译:《义和团运动的起源》,江苏人民出版社,1994年。

(日)内藤湖南、青木正儿著,王青译:《两个日本汉学家的中国纪行》,光明日报出版社,1999年。

(美)威廉·埃德加·盖洛著,晏奎等译校:《扬子江上的美国人——从上海经华中到缅甸的旅行记录(1903)》,山东画报出版社,2008年。

(美)施坚雅主编,陈桥驿等译校:《中华帝国晚期的城市》,中华书局,2000年。

容闳著,恽铁樵等译:《容闳自传》,团结出版社,2005年。

(法)梅朋等著,倪静兰等译:《上海法租界史》,上海译文出版社,1983年。

(美)托马斯·罗斯基著,唐巧天等译校:《战前中国经济的增长》,浙江大学出版社,2009年。

(英)苏慧廉著,张永苏等译注:《晚清温州纪事》,宁波出版社,2011年。

严中平辑译:《英国鸦片贩子策划鸦片战争的幕后活动》,《近代史资料》1958年第4期。

严中平辑译:《英国资产阶级纺织利益集团与两次鸦片战争的史料》,《经济研究》1957年第2期。

严中平辑译:《怡和书简选》,《太平天国史译丛》第1辑,中华书局,1981年。

《上海日资纺织厂罢工资料选译》,《近代史资料》总114号,中国社会科学出版社,2006年。

(英)艾约瑟:《访问苏州的太平军》,王崇武等编译《太平天国史料译丛》,神州国光社,1954年。

虞和平等译校:《大来日记——1910年美国太平洋沿岸联合商会代表团访华记》,《辛亥革命史丛刊》第9辑,中华书局,1997年。

(英)胡夏米撰,张忠民译:《"阿美士德"号1832年上海之行记事》,《上海研究论丛》第2辑,上海社会科学院出版社,1989年。

陈吉人:《丰利船日记备查》,杜文凯等编:《清代西人见闻录》,中国人民大学出版社,1985年。

陈梅龙等:《宁波英国领事贸易报告选译》,《档案与史学》2001年第4期。

吴乃华摘译:《英国议会文件有关瓜分狂潮时期列强争夺中国铁路权益资料选译》,《清史译丛》第6辑,中国人民大学出版社,2007年。

吴乃华摘译:《英国议会文件有关上海法租界资料选译》,《清史译丛》第8辑,中国人民大学出版社,2010年。

九、论文、译文

吴寿彭:《逗留于农村经济时代的徐海各属》,《东方杂志》第27卷第6期。

殷云台:《常熟农村土地生产关系及农民生活》,《乡村建设》第5卷第5期(1935年9月)。

徐洛:《黄渡农村》,《中国农村经济研究会会报》第1期(1933年11月)。

吴至信:《中国农民离村问题》,《东方杂志》第34卷第15号(1937年)。

《南汇织袜业现状》,《工商半月刊》第5卷第11号。

李积新:《江苏盐垦事业概况》,《东方杂志》21卷11号(1924年)。

郭孝先:《上海的钱庄》,《上海市通志馆期刊》第1卷第3期。

李文治:《历代水利之发展和漕运的关系》,《学原》第2卷第8期。

《扬州金融调查》,《中央银行月报》第3卷第10号(1934年10月)。

夏鼐:《太平天国前后长江各省之田赋问题》,《清华学报》第 10 卷第 2 期。

刘选民:《中俄早期贸易考》,《燕京学报》第 25 期(1939 年 6 月)。

陈学文:《明清时期的苏州商业》,《苏州大学学报》1988 年第 2 期。

周振鹤:《城外城——晚清上海繁华地域的变迁》,复旦大学文史研究院、哈佛大学东亚系编:《都市繁华——1500 年来的东亚城市生活史国际学术研讨会论文集》(2009 年编印)。

王树槐:《清末民初江苏省城市的发展》,台北《近代史研究所集刊》第 8 辑。

严中平:《太平天国侍王李世贤部宁波攻守纪实》,《严中平文集》,中国社会科学出版社,1996 年。

赵永良:《百余年来无锡农村集镇的变迁》,《中国地方志通讯》1984 年第 1 期。

赵永复、傅林祥撰《历史时期上海地区水系变迁》,《上海研究论丛》第 12 辑,上海社会科学院出版社,1998 年。

王庆成:《上海开埠初期的华商外贸业——英国收藏的敦利商栈等簿册文书并考释(上)》,《近代史研究》1997 年第 1 期。

陈国灿:《浙江城市经济近代演变述论》,邹振环等主编《明清以来江南城市发展与文化交流》,复旦大学出版社,2011 年。

冯筱才:《虞洽卿与中国近代轮运业》,金普森等主编:《虞洽卿研究》,宁波出版社,1997 年。

闵杰:《浙路公司的集资与经营》,《近代史研究》1987 年第 3 期。

闵杰:《清末上海对沪杭铁路的投资》,《上海研究论丛》第 9 辑,上海社会科学院出版社,1993 年。

钟华:《20 世纪 30 年代南浔镇的社会状况》,梅新林等主编:《江南城市化进程与文化转型研究》,浙江大学出版社,2005 年。

汪熙:《关于买办和买办制度》,《近代史研究》1980 年第 2 期。

丛翰香:《关于中国民族资本的原始积累问题》,《历史研究》1962 年第 2 期。

徐新吾等:《上海近代工业主要行业的概况与统计》,《上海研究论丛》第 10 辑,上海社会科学院出版社,1995 年。

侯风云:《南京现代工业化的进程及其特点(1865—1937)》,《民国研究》总第 15 辑,社会科学文献出版社,2009 年。

严学熙:《近代中国第一个民族资本企业系统》,《中国社会经济史研究》1987 年第 3 期。

朱健安等:《辛亥革命前后的湖州工业》,《湖州师专学报》1991 年第 3 期。

王水:《清代买办收入的估计及其使用方向》,《中国社会科学院经济研究所集刊》第 5 辑,中国社会科学出版社,1983 年。

丁日初等:《对外贸易同中国经济近代化的关系》,《近代史研究》1987 年第 6 期。

林刚、唐文起:《1927—1937 年江苏机器工业的特征及其运行概况》,《中国经济史研究》1990 年第 1 期。

严学熙:《蚕桑生产与无锡近代农村经济》,《近代史研究》1986年第4期。
吴承明:《中国资本主义的发展述略》,《中华学术论文集》,中华书局,1981年。
张丽:《江苏近代植棉业概述》,《中国社会经济史研究》1991年第3期。
经盛鸿:《日伪时期的南京郊县农业》,《中国农史》2009年第4期。
巫宝三等:《抗日战争前中国的工业生产和就业》,《巫宝三集》,中国社会科学出版社,2003年。
林刚:《试论大生纱厂的市场基础》,《历史研究》1985年第1期。
林刚:《再论中国现代化道路的民族性特征》,《近代中国》第7辑,立信会计出版社,1997年。
陶士和:《民国时期杭州民间资本发展的几个特征》,杭州文史研究会编印:《民国杭州研究学术论坛论文集》(2009年12月,杭州)。
汪敬虞:《十九世纪外国在华银行势力的扩张及其对中国通商口岸金融市场的控制》,《历史研究》1963年第5期。
徐畅:《20世纪二三十年代中国农村高利贷分析》,中国社会科学院近代史研究所编:《中华民国史研究三十年(1972—2002)》,社会科学文献出版社,2008年。
陈旭麓:《太平天国的悲喜剧》,《历史研究》1991年第1期。
徐民华等:《近二十年苏北研究的域外视角》,《江海学刊》2003年第4期。
徐新吾等:《上海近代工业主要行业的概况与统计》,《上海研究论丛》第10辑。
姜涛:《通商口岸体系的形成与中国近代城市体系的变动》,《四川大学学报》2006年第5期。
蔡亮:《近代上海棚户区与国民政府治理能力》,《史林》2009年第2期。
吴俊范:《河道、风水、移民:近代上海城周聚落的解体与棚户区的产生》,《史林》2009年第5期。
郝宏桂:《"棉铁主义"与清末民初江苏沿海地区的产业转型》,《民国档案》2010年第2期。
薛毅:《试论煤炭工业对徐州城市发展的历史作用和影响》,《江苏师范大学学报》2013年第1期。
周武:《近代口岸社会再认识——晚清上海城市社会变迁的几个问题》,《学术月刊》2013年第2期。

十、工具书

曾业英主编:《五十年来的中国近代史研究》,上海书店出版社,2000年。
张海鹏主编:《中国近代史论著目录(1979—2000)》,上海人民出版社,2005年。
周惠民主编:《1945—2005年台湾地区清史论著目录》,人民出版社,2007年。
马钊主编:《1971—2006年美国清史论著目录》,人民出版社,2007年。

后　记

  本书的撰写和问世，要特别感谢吴松弟教授及其研究团体的鼓励和帮助，两位审稿专家张忠民、朱荫贵先生精到的指点，华东师范大学出版社领导的扶持和项目编辑庞坚先生的精心编辑。期待各位读者不吝指教。

戴鞍钢

2013年初春于复旦大学

索引

一、地名索引

A

安吉 140,214,240,246

B

宝山 1,17,18,26—29,47,66,80,81,89,111,112,141,143—145,147—149,159,161,182,183,203,220,246,247

滨海 28,36,167,170,234

C

苍南 235,236

曹娥江 72,73,136

昌化 240

长江 1—7,9,13,14,18,19,23,24,26,27,30,31,33,37,39,49—51,53,54,58—62,69,73,75,76,80,90,92,95,106,114,127,130,131,135—138,143,151,153,172,183—186,190,196,198,201,214,215,219,220,229,231,234,236—238,240,243,252,254,257

长江三角洲 1,2,4—6,13,14,16,19,29,30,43,44,48,54,63,65,68,69,73,74,80,86,94,100,101,103,117,121,128,130,132,149,174,177,189,233,234,236,240—242,244

长兴 47,82,86,125,127,140,214,246

常熟 15,29,30,38,40,41,43—45,48—51,55,59,83,84,86,87,90,95,96,100,102,135,138,140,143,151,154,164,186,188,220,221,238,246,248,256

常州 2,4,5,13,15,24,25,30,39,40,43—45,48,49,51—54,99,101,102,116—118,123,131,135—137,140,149,151,152,154,174—177,202,208—211,213,214,221,235,238,253

崇德 239

崇明 1,30,38,39,43—45,55,58,60,131,143,151,154,155,172,237,239

处州 20,96,164,170,209—212

川沙 1,47,55,79,86,100,144,159—163,174,176,183,219,243,247,248

慈溪 81,123—125,134,139,203,240

D

大丰 167,168,172

大茅山 2

丹阳 86,89,134,143,154,158,237,238,248

砀山 154,234

淀山湖 2,30,38

定海 16,139,194,195,203,240

东海 1,126,138,191,234

东台 167—169,172,230,239

东阳 73,77,78,125,220,240

F

丰县 234

奉化 82,125,134,203

奉贤 1,48,87,156,177,247

阜宁 143,167,169,182,230,248

富阳 82,124,139,240

G

高淳 154,237,239

高邮 143,230,239

H

海安 2,167,239

海门 2,15,30,39,44,45,57—59,62,74,
　　 75,93,131,134,135,137,138,151,154,
　　 167,172,186,208—211,230,237,239
海宁 46,77,82,86,136,139,154,164,
　　 236,239
海盐 22,47,124,139,170,195,238
海州 60,74,75,143,183,184,234
杭嘉湖平原 1,13,108,139,235
杭县 130,132,139
杭州 2,3,6,8,12,13,16,18,20—24,30,
　　 38—43,45—50,55,56,63,66—78,82,
　　 85,86,88,90—98,100,103,120,123—
　　 125,127,136,137,139,149,158,164,
　　 165,169,170,180,181,183,184,189,
　　 194—196,200—202,204,208—212,214,
　　 231,235,237—240,246,248,254,258
杭州湾 2,8,21,31,96
虹口 17,26,100,106,108—110
洪泽湖 19,185
湖州 2,11,39,41,43,44,46,47,50,53,
　　 66,68,69,85,86,91,94,96,124—127,
　　 135—137,139,140,157,158,165,170,
　　 191,192,195,204,208—211,213,214,
　　 221,238,239,246,257
淮安 5,43,143,183,185,208—211,239
淮河 1,19,39,185,234,239
淮阴 154
黄浦江 2,8,22,26—30,79,86,87,106,
　　 110—112,145,146,236
黄岩 20,139

J

嘉定 1,13,17,29,30,47,54,63,80,81,
　　 84,85,87,89,91,141,143,154,155,159,
　　 160,183,187,213,220,231,237,238,247
嘉善 13,42,73,96,124,141,154,165,
　　 177,229,238,239
嘉兴 2,22,31,42,46,47,51,55,66,68,
　　 69,72,73,76,82,85,86,88,89,96,124,
　　 127,135—137,154,158,165,195,202,
　　 204,206,208—211,214,238,239
建德 77,195
江都 19,39,81,223,247
江南 2—4,7,11,13—19,21—23,29—32,
　　 38—40,42,45—47,51,52,54,57,67,69,
　　 75,76,81—83,88,89,92,94—99,107,
　　 108,110,116,118—121,123—125,127,
　　 135,138,139,143,152,153,164,175,
　　 180,185,186,193,195,200,202,204,
　　 212—214,216,221,228,229,233,240,
　　 244,248,252—254,257
江宁 2,6,23,43,101,116,123,128,158,
　　 205,206,208—211,239,247
江浦 82,239
江山 73,75,77,82
江苏 1,3,4,8,9,11,13—16,18,19,24,
　　 31,32,39,43—45,47,49—54,59,61,63,
　　 65—67,69,74—77,80—85,87,89—91,
　　 94,95,100—102,112,114,116,118,120,
　　 122,128—132,134—136,138—140,142,
　　 143,149,151,152,154,157—159,165—
　　 172,182—186,188,189,200,202,205,
　　 206,209—221,223—225,227,229—231,
　　 234,236—238,243—245,248—258
江阴 39,51,52,54,55,62,81,83,86,89,
　　 99,102,117,135,136,138,151,152,154,
　　 182,221,238,240,247,251
金华 12,20,73,75,77,78,124—126,195,
　　 201,209—211,235,240
金匮 135,140
金山 1,55,82,141,143,154,205,237
金坛 86,89,90,117,135,136,143,
　　 214,238
缙云 93,96
景宁 96

靖江　52,59,86,99,135,154,202,239,240

句容　89,154,237,239

K

昆山　15,21,30,38,43,45,52,54,61,63,84,87,89,90,134,140,143,177,216

L

兰溪　20,75,77,78,93,124,195,206,240

乐清　20,96,139

里下河　2

丽水　82,124,125

溧阳　39,51,52,68,86,90,135,136,140,154,237

连云港　60,74,75,234,253

涟水　154,170

临安　6,82,240

临海　82,94,139

浏河　29—32,80,89

六合　44,53,236,239,248

龙泉　20,96

龙游　73,75,77

M

闵行　17,22,46,48,55,79,82,90,238

莫干山　70,96,112

N

南汇　1,43,46—48,55,79,85,86,88,100,138,143,154,155,159,161,162,174,187,205,227,237,247,254,256

南京　2—4,6,9,16,18,21—24,41—44,47,48,53,55,58,66,76,77,81—83,87,89,90,92,95,96,100,101,103,105,114,116,118—121,128,130,131,135,143,149,158,163,164,168,172,181,189,194,196,200,202,205,206,212,214,223,231,236,238,239,243,245,246,253—255,257,258

南京路　193

南市　47,68,79,100,101,110—112,225,226

南田　139

南通　4,22,29,39,43,45,48,55,58—60,74,80,81,86,100,102,105,120—123,126,127,130—132,134,135,138,149—151,154,155,166,167,169,170,172,191,230,234,235,237,239,245,249,251,253

宁波　4,6,8,9,11—13,15,16,18,20,22—24,30,33,36,37,39—42,45,48,56—58,62,66,70,71,73,82,86,88,92—98,100,103,104,120,123—125,127,134,139,142,147,149,154,159,164,165,169,177,181,184,187,189,194,195,200—204,208—212,214,220,221,229,237,240,246,254,256,257

宁海　93,139,147,203

宁绍平原　1,12,56,235

P

沛县　234,235

邳县　154

邳州　143

平湖　22,31,44,46,55,69,82,83,86,96,124,136,139,140,154,164,165,182,238,239,247

平阳　20,96,126,235,236

浦江　26,77,111,240

Q

启东　45,131,154,167,172,239

钱塘江　1,21,69,70,73,78,86,136,169,180,235

青浦　1,22,29,41,47,48,67,85,87,141,143,154,155,183,188,202,213,237,238,247,248

青田　16,96,164

清河　185

清江　39,43,64,65,128

清江浦　19,45,64,185

庆元　96

衢县　75,77,78

衢州　12,82,124,125,170,195,201,204,209—211,240

R

如东　86,167

如皋　45,58,59,134,169,237,239

瑞安　96,124,139

S

沙洲　2,86,99,138,240

上海　1—49,51,52,54—118,120—123,125—130,132—164,169,171—181,183—204,206,208,212,214,216—231,233—241,243—258

上海港　4,7,9,12,14,16,21,26,30—33,35,37—40,56,63,106,108—110,137—141,155,156,183,184,190,197—199,203,204,236,237,243,253

上虞　45,139,170

绍兴　8,12,17,42,45,62,66,81,82,88,93,95,96,98,124,130,139,154,157,158,169,181,186,195,201,208—211,214,237,240

射阳　167

嵊县　82,88,195,220,240

石门　22,77,165,182

石浦　39,57

寿昌　52,77

泗阳　154,185,248

松江　1,2,13,29,30,33,38,44,55,67,69,73,80,81,85,86,102,137,138,141,143,154,155,174,177,187,208—211,213—215,237,238,246,247

松阳　20,96

苏北　3,5,18,19,39,51,52,58—60,74,75,121,154,155,165,167—170,172,176,177,183,185,208,209,214,221,229,230,233—235,237,239,254,258

苏南　2,5,7,13,29,30,43,51,54,75,90,98,117,118,128,137,140,141,151—154,156,163,176,179,208,213—215,221,233—235,238,254

苏州　2,3,5—7,13—18,21—24,30—32,38—41,43—52,54,62,63,66,67,69,76,80,82,84—86,89,90,92,94—96,100,101,116—118,120,127,130,135,137,138,140,141,149,152,154,158,164,181,183,186,189,198,200—202,208—214,216,221,225,227,229,235,237,238,240,245,246,250,252—254,256,257

苏州河　2,41,63,78,79,111,112,145,146

宿迁　39,154

睢宁　154

遂昌　96,125

T

台州　20,45,62,82,93,141,170,181,204,209—211,214

太仓　2,27,29—31,38,43,80,81,84,85,87,89,94,137,138,143,153,154,183,208—211,213,214,237,238,246

太湖　2,3,11,13,29,30,32,49,51,53,76,85,108,117,130,135,136,139,140,143,174,176,177,214,236,237

泰顺　1,96,235,236,255

泰兴　44,45,54,59,143,155,239

泰州　2,43,149,239

汤溪　75,77

桃源　185,216,226

天目山　2

天生港　45,55,58—60

通州　2,15,39,44,57—60,74,94,114,134,137,138,151,165,208

桐庐 187,188,195,205

桐乡 22,77,124,181,238,239,248

W

温岭 139

温州 12,18,20,22,23,40,41,45,56,58,70,82,86,93,94,96—98,103,104,123,124,141,142,149,164,165,169,181,184,186,194,195,200—202,209—212,214,235,236,246,255,256

文成 235,236

无锡 4,5,13,24,39—41,43,45,47—49,51—54,68,80,81,83—87,89,90,92,95,96,99—102,105,114,116—118,120,123,126—128,130,132,135,136,140,141,149,151,152,154,157,158,163,174—178,191,194,202,204,205,221,229,235—239,243,251,253,255,257,258

吴江 21,41,50,76,117,135,157,202,213,224,225,238,246,248

吴淞 9,17,25—30,38,45,47,62—66,79,80,85,95,100,106,144—148,220,225

吴淞江 2,18,26,29,30,38,41,47,87,111,143,145—147

吴县 47,54,81,100,130,135,140,238,247

吴兴 46,47,55,116,130,139,157,158,181,192,195,239,252

武进 43,47,55,81,89,99,101,120,131,135,154,237

武康 70,73,82,240

武义 126

X

下关 23,236

象山 39,57,139,203

萧山 45,73,75,82,96,124,136,139,235,240

萧县 128,154,234

孝丰 124,214

新昌 220

新登 139,240

新阳 21,30,134

兴化 112,143

Y

盐城 43,167,169,221,229,230,248

雁荡山 20

扬中 238—240

扬州 2,5,6,19,39,42,43,45,53,59,60,117,128,131,143,149,154,183,208—211,221,229,236,237,239,240,256

仪征 225,239,240

宜兴 39,51,52,68,83,86,117,135,140,154,214,221,237

义乌 73,75,78,124—126,221,240

鄞县 125,132,134,139,203,220,240

永嘉 82,96,139,195,235,236

永康 126

于潜 240

余杭 82,124,240

余姚 96,125,134,138,139,181,195,203,220

玉环 96,139

元和 13,30,38,65,88,107,137,246

云和 96

运河 2,5,6,13,14,18,19,21,22,24,29—31,38—40,45,51,62,64,69,70,74,77,88,92,127—129,154,175,180,183—185,201,229,231,237—240,243

Z

乍浦 15,16,22,31,32,79,83,96,246

浙北 2,45,46,125,137,156,214,238,243

浙东北 5,163,233,235

浙江 1—4,8,11,12,15—17,20—22,30,31,33,40,41,44,45,47,54,56,58,62,

66—72,74—79,82,83,85,86,88,91,93—98,100,103,104,107,114,123—127,130,132—136,139—143,149,150,154,158,164,165,167,169,170,177,180—182,184,186—188,191,194,195,200—206,208—214,217,220,221,229—231,235,236,244,246,248,251—257

浙西　29,30,32,82,170,201,206,214,220

浙西南　5,12,56,233,235

震泽　21,46,47,50,140,156,157

镇海　39,57,82,103,134,139,195,203,240

镇江　2,5,13,18,19,23,30,39,42—45,47—49,53,59—62,64,65,74,77,78,83,87,89,92,116—118,120,127,128,131,135,137,142,149,151,154,163,171,181,183—186,189,194,198,201,208—214,221,236—240,246

舟山　16,39,57

诸暨　75,124,136,221,240

租界　7,8,15,17,18,21,22,25—28,41,60,68,69,78—81,91,95,99—102,111,112,114,115,132,145,148,197,198,216—219,223—226,228—231,242,248,252,254,256

二、企业、机构、铁路、公路名索引

A

安达纺织厂　112

B

宝昌丝厂　108
宝兴面粉厂　129
伯维公司　106

C

长利保险公司　204
长兴煤矿　125,127
朝阳煤矿　119
崇明轮船公司　60

D

大阪公司　19
大达轮步公司　39,58—60,237
大达内河轮船公司　43,58,59,237
大东惠通银行　126,191
大隆机器厂　110,173
大纶缫丝厂　127
大清邮政局　95,97,98
大生轮船公司　59
大生纱厂　58,59,75,121—123,150,151,258
大同面粉厂　119,120
大中华纱厂　118
戴生昌轮船局　19
德广德昌机器厂　112
东方公司　57
东海轮船公司　126,191

F

发昌机器厂　109
飞达铅印厂　113
丰和小轮公司　19
阜海开垦股份公司　166

G

公和永机器缫丝厂　112
公和永丝厂　117
公平丝厂　108,162
公兴铁厂　44
光华火柴厂　124
广德昌机器造船厂　109
郭氏永安纺织集团　111

H

杭州畜牧公司　169
合昌机器厂　109
合义和缫丝厂　124
和丰纱厂　124

亨耀电灯厂　119
恒昌祥机器厂　43
恒大纱厂　113
恒茂机器厂　43
鸿安轮船公司　19
厚生机器厂　118,176
厚生丝织厂　127
虎林丝织公司　127
沪杭公路　82,85,87,88
沪杭甬铁路　65,68—73,76,87,243,250
沪杭甬铁路局　68,70
沪闵公路　79
沪太路　80,85
华昌轮船公司　19
华昌煤业码头公司　54
华东煤矿股份公司　129
华通小轮公司　19,42
华兴玻璃厂　126,191
华洋人寿保险公司　204
华章造纸股份有限公司　112
华中电信公司　102
汇源米厂　174

J

建昌铜铁机器厂　109
建业机器厂　119
江北火柴厂　129
江北兴业公司　172
江海关　18,19,26,60,95,162,184,185,246
江南汽车公司　81,83
江南铁路　75,76
江南制造总局　7
江苏铁路公司　66,67,69
江苏造酸厂　112
交通银行　195
金利源仓栈　126,191
金陵电灯厂　119

金陵自来水厂　119
津浦铁路　64,65,74,77,87,129,184,185,236,237
津镇铁路　64,65
久新珐琅厂　113

K

开源永缫丝厂　124

L

礼和洋行　186
立兴公司　45,46
利澄轮船公司　52
利国驿煤铁矿　128,129
龙华机场　103
龙章造纸厂　127
陇海铁路　74,75,129,234
伦华缫丝厂　127
轮船招商局　38,39,53,57,62,75,87,100,129,199,203,245

M

马勒船厂　112
茂生洋行　188
美孚石油公司　86,186—188
美艺花边公司　161
美最时公司　19
棉利公司　109,156
民信局　94—98
模范丝厂　127
幕府山煤矿　119

N

南市电灯厂　112
南洋劝业会　221
南洋兄弟烟草公司　111,114,163,251
南洋印刷局　119
内地自来水厂　112
内外棉纺织公司　112
宁绍商轮公司　57

P

票号　193,196,197,200—202,204
平阳矾矿　126
浦东水厂　112

Q

旗昌轮船公司　61,62,203
旗昌缫丝局　108
旗记船厂　110
钱庄　16,66,105,121,126,127,129,191,
　　193,195—204,206,221,224—226,240,
　　243,251,256
乾生丝厂　117
勤昌机器厂　173
青三铁路　74,75
清洋布店　190
庆记轮船局　43
庆记轮局　46,50
琼记洋行　61,63,126,191
求新铁厂　44
求新制造机器轮船厂　110,113
衢州水险公司　204

R

仁济和保险公司　203
日清汽船会社　49,50
荣昌铁厂　43
荣家企业　118,204,222,251
荣永记轮局　51
瑞丰轮船总公司　43
瑞纶丝厂　108

S

三友实业社　160
沙船　14,17,36—38,74,186,197
上川交通股份有限公司　79
上川铁路　79
上海电报局　94,129
上海电话局　100,101
上海纺丝局　108

上海机器厂　173,174
上海机器轧花局　109,156
上海机器织布局　108,109,111,156,217
上海内河轮船公司　54,243
上海熟皮公司　109
上南长途汽车公司　79
上南公路　79,88
申新纺织公司　112
世经缫丝厂　124
顺昌和记轮局　19
四明银行　194
苏嘉铁路　75,76,85
苏经丝厂　116
苏纶纱厂　116,152

T

太古洋行　58,59
泰昌轮船局　19,43
天宝树木公司　168
天利氮化厂　112
天泰轮船局　19
天原电化厂　112
天章丝织厂　127
通海垦牧公司　121,127,165,166,169—
　　172,250
通惠公纱厂　124
通久源机器轧花厂　123
通益公纱厂　124
通裕铁厂　109
通源轮船局　44,46
同昌纱厂　113

W

吴长泰机器厂　173
吴淞铁路　64,65
吴淞铁路公司　64
吴祥泰机器厂　173
吴兴缫丝厂　116
武林铁工厂　124

X

锡澄公路 81
锡湖铁路公司 68
锡沪长途汽车公司 81,83,90
锡沪公路 83,85,89
锡宜公路 81
锡虞公路 81
先施保险公司 204
祥生船厂 106
翔康轮船公司 52
协兴轮船公司 51
燮昌火柴公司 127
新商河轮船公司 52,53
新商内河轮船公司 43
新祥机器厂 173
新永安汽船局 46
新中工程公司 173
信成银行 194
兴化铁厂 112
徐州 74,102,128,129,142,143,149,154,183,184,209—211,234,258
浔震电灯公司 127

Y

亚细亚石油公司 86
延昌永缫丝厂 116
严东轮船公司 52
扬子保险公司 162,203,204
杨瑞泰营造厂 162
杨思蔬菜种植场 169,171
洋布公所 190
耀华电灯厂 129
耶松船厂 106,107
业勤纱厂 151,152
怡和丝厂 108,126,191
怡和洋行 15,58,63,64,107,108,117,123,163,176,203
银号 66,201

英联船厂 112
英美烟草公司 188
永昌机器厂 109,173
永和轮船局 43
永顺汽船局 46
永泰丝厂 117,128
邮局 71,95—99
裕昌缫丝厂 117
裕华毛绒纺织厂 113
裕兴轮船公司 44
豫康纱厂 118
源记公司 109,156
源康丝厂 117,118
允康人寿保险公司 204

Z

闸北水电公司 112
章华毛纺织厂 112
招商内河轮船公司 39,43,49,52
浙赣铁路 75—78
浙江地方实业银行 195
浙江铁路公司 44,67,68
浙江兴业银行 127,194
振华造漆厂 112
振记轮船公司 51
振新纱厂 118
振艺机器缫丝厂 117
正昌公司 45,46
正广和汽水公司 127
中法印染厂 113
中国玻璃公司 126,191
中国电话公司 99
中国航空公司 102—104
中国酒精厂 113
中国通商银行 193
中国银行 71,127,163,195,206
中华轮船公司 52
中华码头公司 54,163

中华铁工厂 173,177

三、商品、行业名索引

C

蚕桑 2,5,116,133—137,139—141,149,157,239,258

草席 164

茶叶 2,8,9,12,14,22,33,34,72,91,107,108,133,228,237,240

抽水机 174—178

绸缎 13,14,30,120,150,158,164

刺绣 2,56,159,164

G

灌溉业 175

H

花边 159—161,186

黄草编织业 159

J

机纱 58,151,152,154,237

辑里丝 139,157

M

毛巾 120,150,159—161

棉布 13,17,121,122,127,150,152,157,179,185,190,192,251

棉花 5,17,22,34,47,48,58,75,80,86,108,109,123,133,134,137—139,141,143,145,149—152,155,156,169,170,172,174,179,182,218,222,227,237,238

棉纱 9,51,58,122,124,153,154,159,161,185

N

内燃机 110,173,174,176,243

P

皮具 164

S

生丝 9,22,51,67,92,108,117,126—128,133—136,139,140,156,157,192,198,238,239

石雕 164

蔬菜 5,47,72,73,137,143,145—149,169,171

丝绸 2,8,13,21,85,130,131,158,164,165,195,202,238,248

丝织业 2,119,121,124,135,156—158,164,220,237,238

T

陶瓷 2,133

铁器 2

土布 17,22,47,58,122,133,151—154,159—161,182,219,220,237—239,243,254

X

锡器 164

Y

洋纱 17,18,58,111,152—154,159—161,165,184,186,219

印刷 2,7,95,99,110,112,115,119,124,129,154,237,238,250

Z

造纸 2,112,115,124,127

轧花业 109,150,155,156,173

针织业 164

织缎业 158

织袜业 159,161—163,256

纸伞 164,165

四、人名索引

B

贝润生 118

C

陈炽 171

D

端方 25

H

赫德 95
黄炎培 58,79,249

J

简照南 114
蒋介石 83,84,163
蒋梦麟 124,220,249
经元善 129,138,200,217,249

L

李鸿章 38,62,63,108,129,156,185,194,215
李平书 79
刘国钧 118
刘鸿生 54,115,129,251
刘锦藻 127
刘靖基 118
刘坤一 19,25,27,28,66
刘铭传 64
卢永祥 79,103

M

穆湘瑶 79,169

R

荣德生 118
荣宗敬 118
容闳 65,78,252,256

S

沈云霈 74
盛宣怀 27,66,129,194,199,245,249
孙多森 112
孙中山 172

T

汤寿潜 58

W

王一亭 58
吴铁城 83,84

X

薛南溟 118
薛寿萱 118

Y

杨宗瀚 118
叶澄衷 127
虞洽卿 57,58,82,126,257

Z

曾国藩 18,37,215,216,249
张謇 28,39,58—60,66,74,75,121—123,165—167,169,170,172,235,237,245,249,251
张之洞 23,39,95,109,116,129,140,141
周舜卿 116—118,128
朱葆三 126
朱志尧 126
左宗棠 64,128